U0755586

博学而笃志，切问而近思。

（《论语·子张》）

博晓古今，可立一家之说；
学贯中西，或成经国之才。

作者简介

　　郭镇之，清华大学教授、博士生导师，兼任中国新闻史学会外国新闻史研究委员会会长。1989年1月获中国人民大学新闻学博士学位。1988—1994年在中国社会科学院新闻研究所从事新闻学、大众传播学与广播电视学的研究工作。1994年到中国传媒大学电视系工作，1997年提升教授。担任博士生、硕士生导师。2005年正式到清华大学新闻与传播学院任教。

　　曾由国家公费派出，在加拿大、美国、韩国和德国做访问学者。曾到英国、意大利、瑞典参加学术活动，并在国内组织国际会议。主要研究方向是广播电视史论、中外广播电视研究和大众传播史论，代表作有：《中国电视史》、《北美传播研究》、《传播理论：起源、方法与应用》（主译）、《中外广播电视史》等。

普通高等教育"十一五"国家级规划教材

当代广播电视教程·新世纪版

中外广播电视史

郭镇之　著

（第三版）

复旦大学出版社

内容提要

　　这是一本以广播电视专业学生为教学对象、以世界和中国广播电视事业的发展经验为教学内容的史论性教材。全书分为"外国广播电视事业"和"中国广播电视事业"两大部分。上篇对广播电视的科技进步、体制发展及未来趋势等方面作了宏观阐述，并以翔实的材料和凝练的笔法对主要国家的广播电视事业作了深入的梳理贯通。下篇的中国广播电视事业，则"以时为经，以事为纬"，融史料和论述于一体，对中国本土的广播电视事业发展状况构筑了完备的框架。

　　新版作了较多的变动：外国篇修改了近几年发生重大变化的广播电视现象；中国篇将港澳台的广播电视史略放入中国广播电视体制的整个发展脉络，仍然独辟一章，但调整了章节顺序；本版对数字化和网络传播带来的广播电视的新变化记录在案；对外国人名、注释等作了规范、简化等处理。

　　本书侧重媒介与社会的互动关系，观点立足于深入的研究，屡有新的见解；史料选择丰富精当，叙述严谨清晰。不仅适用于广播电视本科专业学习使用，而且对广电研究者和从业者也颇多启发。

当代广播电视教程·新世纪版
编 委 会

丛书主编暨编委会主任：孟　建

编　　委：（按姓氏笔画排列）

于　丹　北京师范大学艺术与传媒学院副院长，教授、博导

王　宇　中国传媒大学学科建设办公室主任，教授

王　甫　中国传媒大学博导，中央电视台高级编辑

石长顺　华中科技大学广播电视与新媒体研究院院长，教授、博导

祁　林　南京大学艺术研究院副教授、博士

李丹林　中国传媒大学教授

吕新雨　华东师范大学传播学院教授、博导

仲富兰　华东师范大学传播学研究中心主任，教授

刘燕南　中国传媒大学传媒研究院教授、博导

吴丰军　浙江大学传媒与国际文化学院副教授

吴　郁　中国传媒大学播音主持艺术学院教授

陆　地　北京大学新闻与传播学院教授、博导

孟　建　复旦大学新闻学院教授、博导

郭镇之　清华大学新闻与传播学院教授、博导

胡正荣　中国传媒大学副校长，教授、博导

胡智锋　中国传媒大学教授、博导，《现代传播》主编

曹　璐　中国传媒大学新闻传播学院教授、博导

黄匡宇　华南理工大学新闻传播学院教授

魏永征　中国传媒大学博导，香港树仁学院教授，上海社会科学院研究员

总序

  "当代广播电视教程·新世纪版"这套丛书终于由复旦大学出版社出版了,掠过心头的是阵阵的喜悦!

  不断演进的社会、飞速发展的科技,引发了传播内容与形式的深刻变革,也推动了媒介领域的巨大革命。其间,广播电视的出现和发展,正在全球范围内影响着人类文明的进程,形成着独特的文化社会现象。可以说,人类社会从来没有像今天这样强烈地感受到"信息化时代的来临,媒介化社会的形成"。广播电视(当然我们注意到了网络出现对媒体间壁垒的消融和整合),作为建立在新技术基础上现代传媒族群中极为重要的媒介,以其特有的传播特征和方式,建构了当今社会交往的特殊形态,酿就了人类新型的思维方式,催生了当代社会崭新的生存方式。

  应当说,经过半个多世纪,特别是改革开放以来的二十多年,有一批有志于此的人士在广播电视的教学和科研领域进行了孜孜不倦的努力,取得了可喜成果。其间,最为值得注意的是,一个努力构建有中国特色广播电视学学科体系的研究目标已逐步明晰起来,并开始为之倾注气力。根据中国传媒大学赵玉明教授的研究,至 1992 年 11 月,国家技术监督局颁布的国家标准《学科分类与代码》中,将"广播与电视"列为"新闻学与传播学"学科范围的二级学科,下设"广播电视史""广播电视理论""广播电视业务"等三级学科。1997 年 3 月出版的全国哲学社会科学规划办公室主编的《哲学社会科学各学科研究状况与发展趋势》中称"90 年代以来,广播电视已成为一个独立的学科";1997 年颁布的研究生学科、专业目录有"广播电视艺术学";1998 年颁布的本科生专业目录中有"广播电视新闻学""播音主持艺术""广播电视编导"等专业;2002 年出版的复旦大学徐培汀教授的专著《二十世纪中国的新闻学与传播学》的前言中称"本书视广播电视学为独立学科",并在第六章"广播电视学研究"中作了专门论述……

  我们之所以"津津乐道"于广播电视"学",其关键之处在于,我们既然已经看到了"广播电视的出现和发展,正在全球范围内影响着人类文明的进程,形成着独特的文化社会现象",那么,我们就完全有理由尽快地将广播电视学——这一学科的理论体系和教学体系呈现在世人面前。这也就是说,我们要将广播电视学科的壁

垒,真正竖立起来!在这方面,复旦大学新闻学院也做了不懈努力。2003年初,复旦大学新闻学院在全国率先申报"广播电视学"博士点获得成功。这一勇于突破新闻传播学原有学科目录,打破广播电视学科建设中条块分割状况,将广播电视新闻与广播电视艺术多个一级学科按照学科群进行大整合的举措,在新闻传播教育界形成了相当的影响,在广播电视教育领域的影响更大。

也正是在这重要的时代背景和学科背景下,有着我国新闻传播教育最悠久历史的复旦大学新闻学院,在复旦大学百年华诞之际,与复旦大学出版社紧密携手合作,将编辑出版一套具有较为完整理论体系和教学体系广播电视丛书的重任担当了起来。经过为时两年的努力,这套丛书终于问世了。这对于新闻传播院系的师生,对于广播电视的从业人士,都是一个福音。

如果说"当代广播电视教程·新世纪版"这套丛书有什么最显著的特点,首先,这套丛书是从努力构建中国广播电视学学科体系的高度来进行整套丛书的创意、企划和构建的。这整套丛书的整体出版思路是:在厘定构建中国广播电视学学科体系(理论体系、实务体系和教学体系)的前提下,按照宏观(意识与理念)、中观(体制与机制)、微观(运作与技巧)来进行丛书完整架构设计和资源配置的。

在宏观层面,丛书充分注重了广播电视本体论的基础研究和创新理论,如《当代广播电视论纲》全面、系统地梳理了中国广播电视学体系的框架,并科学、深入地阐述了中国广播电视学的理论;《中外广播电视史》突破了传统写作思路,引入广播电视传播思想史的视角,将相关的体制、管理、节目等作为史的脉络进行梳理贯通。而《电视文化的观念》则在文化学研究的背景下,积极探索了广播电视作为特有文化传播现象的发生机理、传播规律和审美特征。如在中观层面,丛书充分注重了广播电视体制和机制的开拓性研究,如堪称我国第一部的《影视法导论:电影电视节目制作人须知》,即从法学研究的角度审视了广播电视机制运行中的一系列法律问题,既有理论的完整性,又有实践的操作性;又如《广播电视节目营销》《电视制片管理学》《世界电视产业新论》,则在我国深入推进文化体制改革的背景下,将研究的视角转向了广播电视产业特性研究,努力在广播电视的市场营销和广播电视制片管理特别是广播电视产业进程等领域进行拓展,其重要性和创新性十分突出。体现在微观层面,这套丛书一方面十分注重现代广播电视的实务理念、实务操作(包括新技术支持)的全面创新,如《当代广播实务教程》《当代电视实务教程》《当代电视摄影制作教程》《广播电视评论教程》《当代广播电视播音主持》等著作,每本著作都可以说是一个全新体系的范例。而另一方面,这套丛书则又大大拓宽了广播电视实务领域,如《电视节目策划学》《电视节目形态学》《电视纪录片教程》,甚至《视听率教程》也进入了我们的视野。显然,这在国内是非常具有突破意义的。

"当代广播电视教程·新世纪版"这套丛书的又一个特点是注重了"与时俱进"。一方面,这套丛书紧紧追踪中国新闻传播事业的飞速发展,特别是密切关注中国广播电视事业的改革前行;另一方面,又极为关注世界范围内新闻传播格局的快速嬗变,特别是广播电视业界的前沿发展。当然,在这套丛书每本著作都尽可能好地体现上述想法的同时,我们还在丛书中专列了一本《当代广播电视前沿》,以充分体现出这套丛书紧逼前沿、全面概览、透彻评析的特点。我们设想,《当代广播电视前沿》每年都修订再版,以跟上飞速发展的广播电视事业的需要。

　　"当代广播电视教程·新世纪版"这套丛书的第三个特点就是,该丛书的作者基本上都是活跃在广播电视教学、研究领域的一流学者。这么多专家、学者在百忙中参加到该丛书的编撰中来,亲自撰稿,本身就说明了许多问题。值得一提的是,这支专家队伍,不但在他们的研究领域中都取得了骄人的成绩,而且,他们中的许多人,近年来常到海外讲学、研究。正是这样,才能保证这套丛书拓展了广阔的国际背景。

　　"当代广播电视教程·新世纪版"这套丛书第四个特点是其浓郁的精品意识。平心而论,我们现在广播电视方面的书已出版了许多,但是,其质量状况令人堪忧。正因为如此,复旦大学出版社破例让这套丛书进入了复旦大学"博学"出版精品系列。其目的,就是要打造出我国广播电视界的一套名牌丛书,特别是要推出一套真正为诸多高等院校认可并具有权威性的教材。

　　有人感言,讲"感谢"两字最多的莫过于一年一度的奥斯卡电影颁奖典礼中的获奖答词。2004 年,一位奥斯卡电影获奖者上台领奖前首先发誓说:"今天,我站在这里决不讲'感谢'二字了……"可是,一开口,又"感谢"连篇了。既然"感谢"出自内心,来自肺腑,就不必回避!因此,对于这套丛书的出版,我要借作序的机会说些感谢的话:首先要衷心感谢的是复旦大学出版社。特别是感谢总编辑高若海先生和编辑章永宏,是他们在诸多广播电视书籍纷至沓来的时刻,选择了我作为主编来组织这套丛书,并为这套丛书的出版倾注了大量心血;其次要衷心感谢的是,参加丛书写作的各位专家学者,有了他们投入、专注的耕耘,才有了这套高水平的丛书。感谢所有帮助了这套丛书出版的人们!

　　今年是中国农历的鸡年,在众多咏鸡的诗歌中,明代诗人的"平时不敢轻言语,一叫千门万户开"是我最喜欢的。但愿这套酝酿、筹划、积累良久的丛书,像唤开千门万户的雄鸡报晓,叩开读者的心扉,唤起读者的共鸣。

孟　建

2005 年 2 月 28 日于复旦大学

目录

下篇 中国广播电视事业

上篇　外国广播电视事业

第一章 广播电视的科技与事业

广播电视是电子传播媒介。从技术上说，广播电视是将声音、文字、图像等消息转变为连续的电子信号，通过有线和无线的方式传播出去，供视听者收听收看的传收媒介。英文 broadcasting 包括广播和电视，中文的"广播"通常指音频广播，电视广播简称"电视"。

广播电视是大众传播媒介。大众传播媒介的传播是"一对多"的传播，是大规模人群聚集的现代社会特有的现象。大众传播通过大众媒介进行传播，主要指机构传播者通过技术/工具/机器传播媒介向大规模的异质化人群进行各类消息发布的活动。广播电视对视听者的传播是最有代表性的大众传播，广播电视是当今社会最有影响力的大众传播媒介。作为大众媒介，广播电视具有一些独特的交流性质。首先，是广播电视传播的即时性。广播电视传受双方的活动可能同时进行，这种即时性所带来的交流"现场"的生动感受，较之延时的感受，更有"身临其境"的感染力。其次，是广播电视传播的直感性，广播电视是对视听感官的直接刺激，较之抽象的符号，例如文字、数字，生动形象的广播电视更具有情感的影响力。第三，是由以上特点而来的广播电视传播对象的广泛性，较之印刷品等大众媒介，广播电视没有文字阅读的"门槛"，它本性上是通俗的、大众的、休闲的、娱乐的。传统上，规模巨大、成分各异的人群在同一时间接受直观通俗的相同信息，这种传播可能产生极为明显的动员效果。

广播电视的这些传播特征来自电子媒介的技术特质，涉及多种方面和多个层次的科学技术。这些科学技术的发现和发明经历了长期的实践和曲折的过程。当然，在网络时代，网上广播电视的性质和特点都发生了一些变化。

第一节 广播电视科技的发明

广播电视并不是某一个人的发明。在广播电视科技发展的历程中，世界上许

许多多的科学家、专业技术人员和业余发明者为此作出了贡献,其中一些最杰出的代表以他们的名字标志着早期电子科技一步步的前进足迹。广播电视科技是全人类的财富。

一、电子媒介的科技基础

电子传播需要三个基本条件:首先,它需要有推动远距离传送的动力来源;其次,它需要有进行传播的发射和接收渠道;此外,借助电波传递声音、图像和其他音像信息,需要有附载在电波上的编码解码方式。动力、渠道、编码这三项基本要素,既有硬件,又有软件,缺一不可,没有其中任何一项,电子传播便不可能实现。

电子传播主要通过三种重要的方式进行。第一种是传导,即电流通过导线直接传递的过程,有线传播一般通过电线直接传导的方式进行;第二种是感应,即通过切割磁力场电流产生感应电磁波,电磁感应是无线接收的工作原理;第三种是辐射,即透过空气介质的直接传播,广播电视台的发射机便是通过天线发射强大的无线电波,将信号即节目播发出去。世界电子传播媒介的发展大致经历了从有线传播到无线传播,再从无线传播到有线—无线相互结合、综合立体式传播这样的发展轨迹。

1. 电能的发现及应用

自然界中的电,首先是以"磁力"的形式被人类发现的。早在战国时代,中国人就发现了电磁现象,并利用这种现象发明了指示方向的仪器——"司南",即指南针。公元前800年,在欧洲的一个小城镇,希腊人也发现了同样的现象,并用该城的名字命名了这种现象,即今天的"磁"(magnetism)。随着中国指南针向西方世界的流传,到中世纪,人们已经普遍认识到电磁现象和磁铁的简单应用方法。

人类是通过"静电"开始发现电的产生方式的。古代的人发现,琥珀经摩擦后可以吸附微粒,即产生静电。公元前600年,希腊人根据这种发现,首先为静电取名。英文的"电"(electricity)一词来自希腊语,原来便是"琥珀"(elektron)的意思。

电的应用开始于1745年,那一年,两位欧洲科学家用化学方法生产出可用于做功的强电流:在荷兰的莱顿,用"莱顿瓶"产生的电流可以传过两英里长的导线。意大利科学家伏特于1790年发明了蓄电池,即用化学方式产生电流并储存起来的方法。今天人们用"伏特"来计量电压。

人们还发现了自然界中电现象和磁现象之间的联系,发现在这两种力之间存在相互转化的关系。法国科学家安培据此发现了"电磁感应"现象,今天,人们用"安培"来表示电流强度。英国物理学家法拉第根据"电磁感应"定律,发明了发电机。从此,电被人类制造出来,并逐步由科学技术引进人们的生活。19世纪后半期,人类从蒸汽机时代迈进电器和电子时代,电子传播媒介应运而生。

电子科技的发明对大众传播的革命性作用最初表现在无线电领域,广播电视起初主要指无线广播电视。

2. 无线电通信的发现与发明

无线电的发明得益于许多人的贡献。1864年,苏格兰理论物理学家和数学家马克斯韦尔提出了著名的电磁波理论,后人据此发明了无线电和雷达。

对电磁波技术和设备的发明贡献最突出的科学家包括德国物理学家赫兹。1887年,他首先验证了马克斯韦尔关于电磁波发生和接收的理论,1888年,他测量了电磁波的速度和各种不同波长的电磁波的参数,从而为电磁学的发展和无线电广播的应用奠定了实验基础。今天,电磁波振动频率的单位是以"赫兹"(周波/秒)命名的。

检波仪器也得到发展和改良。1890年,法国物理学家布兰利发明了金属屑检波器,这是一种玻璃管,里面填满金属碎屑,一旦接触电磁波,金属碎屑便聚集起来。这种仪器原本粗陋,经英国物理学家洛奇加以改进,得以更好地"拾取"电磁波,并于1894年命名为"检波器"(coherer)。加拿大人费辛顿(Reginald Fessendon)于1902年发明了电子检波器,不用金属屑,而用液体传导,从而降低了噪声。1906年,美国人皮卡德和邓伍迪发明了更实用的晶体检波器。晶体材料的采用,后来引起整个媒介科技的革命性变化。

1895年,俄国喀琅施塔得大学教授波波夫(Alexander Stephanovitch Popov)和意大利青年发明家马可尼(Guglielmo Marconi)同年宣告发明了无线电传送技术。然而,波波夫专注于研究可以预告雷雨的检测装置,并非通讯系统;他的发明也主要用于俄国海军的军事用途,而非商业市场。旧俄时代的落后制度也使波波夫的发明缺少世界影响。因此,在无线电技术的发明和应用设备的推广过程中,马可尼发挥了更为重要的作用。

马可尼出身于富有的意大利商人家庭,在学校时功课不好,却对无线电通讯技术产生了浓厚的兴趣。马可尼在父亲的菜园里进行试验,当他从家中的阁楼上发出无线电信号时,竖立在菜园中一棵树上的小旗便应声倒下。21岁的时候,马可尼完成了无线电器材的发明,信号可以传送几英里的距离。马可尼向意大利政府建议开发无线电事业,但昏庸的官僚却对他的发明不感兴趣。马可尼的母亲是爱尔兰人,于是,1896年,马可尼来到英国。当时的大英帝国是海上强国,殖民地遍布全球,而且正在努力寻找加强通讯联络的方法。加上英国邮政部总工程师本人

也是无线电爱好者,于是,英国支持了马可尼的事业。

1896年,马可尼在英国取得了他的第一个专利权,获准到世界各地推广他的无线电报系统。马可尼通过加高天线的方法,使无线电信号传送的距离越来越远。1899年,信号通过了英吉利海峡。1901年12月,27岁的马可尼带着一个拴着无线电盒子的风筝,来到加拿大纽芬兰的圣约翰港口。初次尝试失败了,因为线绳断了,风筝消失在大海中。12月12日,试验成功。莫尔斯电码"S"越过大西洋波涛汹涌的浪头,从英国最西端的康沃尔市传送到北美洲的东端。全球无线电通讯的可能性终于得到证实。1909年,没有大学文凭的马可尼获得了诺贝尔物理学奖。

二、广播电视科技的发明

马可尼的发射方法是让发电产生的火花从仪器的一端跳到另一端,因而电波是断续的。那种"火花塞"式的电波用于传送时断时续的莫尔斯电码正合适,却不适于传递人声。传递人声的广播电波必须是连续的。

起初,发明家也没有"调谐"的概念,无法选择收听的内容。所有声波同时在空中出现,相互干扰,一片混乱,达不到有效传送信息的目的。1898年,英国科学家洛奇运用共鸣原理,生产了第一部调谐器。1906年,长期供职于美国通讯部队的邓伍迪将军发明的晶体检波器,经物理学家皮卡德加上一根"猫须",即天线,就可以接收清晰的声波了。

1.(音频)广播的发明

电子工程教授费辛顿出生于加拿大,曾在爱迪生的实验室和美国气象局工作,研制用于气象预报的无线电发射系统。为了传递人声,他提议制造一种新型的发射机。1900年,费辛顿得到了美国通用电器公司的帮助,与总工程师亚历山德森(Ernst. F. W. Alexanderson)合作研制一种能够产生高频连续电波的交流电发射机。他们的设计经过一系列错误的开端和数不清的修改,最终于1911年完成。到1915年,他们已能生产当时最好的交流电发射机。改进后的"亚历山德森发射机"成为早期无线电广播的标准设备。

费辛顿虽然是一名富有才华的科技专家,但其商业经营能力低,脾气又古怪,多次与投资者发生纠纷,还陷入专利权争议和法律诉讼。结果,费辛顿的公司被迫出售给西屋电器公司(WE)。由于加拿大政府将本国的无线电经营特许权交给了英国的马可尼公司,费辛顿一直颇为气愤;他对马可尼商业上的成功也耿耿于怀,因而心情郁闷。

但费辛顿也有闪光耀眼的时刻。1906年圣诞节前夜,费辛顿在美国马萨诸塞

州的布兰特罗克镇首次播放歌曲和圣经,成为历史记载的第一次广播试验活动。演播前,他在报纸上作了预告,并用莫尔斯电码发出信号,通告报界和大西洋上的来往船只。据说当时他是唯一的"演员"。他的广播产生了回应,引起了轰动效应。

对早期的无线电广播而言,真空管的诞生比其他任何改进都有意义。美国发明家爱迪生于 1883 年发明了真空管白炽灯。科学家发现,连续电流使得受热的灯丝产生电子——这被称为"爱迪生效应"。1904 年,在马可尼公司工作的英国科学家弗莱明用真空管中的两样东西——阴极和阳极——控制电流方向,发明了二极管,即直流检波器。1906 年,美国人德佛雷斯特(Lee de Forest)在弗莱明的装置上仅仅做了个小小的改动,增加了第三样东西——栅极,就产生了"三极管"。在德佛雷斯特之前,矿石收音机一度风行;但它的弱点是不能放大信号,微弱的声音只能用耳机收听;而且,摇动"猫须"寻找想要收听的频率也相当困难。三极管可以极大地增加电信号的强度,增大了真空管的检波效益。不仅如此,三极管还可以产生连续的高频电磁波,用于声音和音乐的广播。德佛雷斯特意识到,他的发明对无线电广播具有极大的重要性,他在日记中写道:"我已经发现了一个看不见的空中帝国。"1906—1907 年间,他取得了三极管的专利权,德佛雷斯特将其命名为"音频管",这是德佛雷斯特对广播的主要发明和最大贡献。

1908 年,德佛雷斯特在法国埃菲尔铁塔上广播唱片节目,被 25 英里外的法国军事电台收到。两年后,他又从美国纽约大都会歌剧院实况播出了由世界著名歌唱家卡卢索演出的歌剧。尽管有信号干扰,大约 50 名观众还是听到了清晰的节目。他偶尔也举办音乐和广播谈话节目,以促进销售。1916 年,他曾定期播出新闻简报和唱片。在其自传中,德佛雷斯特称自己是美国的第一位唱片骑师(DJ)。

然而,尽管德佛雷斯特取得了堪称辉煌的成功,但也遇到了麻烦。马可尼公司起诉德佛雷斯特剽窃弗莱明的二极管专利,德佛雷斯特被逮捕,接受审讯。他虽然勉强逃脱了罪名指控,但法官却劝告他放弃发明生涯,去找一份"普普通通园艺一类的工作"做。面对巨大的财政危机,德佛雷斯特以极其低廉的 5 万美元价格,将他的音频管专利权出售给美国电话电报公司(AT&T),后者用这项专利技术放大长途电话的声音,获利无数。

1918 年,另一位美国的少年发明家阿姆斯特朗(Edwin Armstrong)以反馈电路的方式改进了扬声器,可以省去接收天线,而且不影响接收效果。最终,笨重和耗电的真空管为更轻巧的晶体管所取代。1947 年,美国贝尔实验室的三位科学家——布莱顿、肖克利和巴丁发明了晶体管。晶体管不仅体积更小,耗电更少,效果更佳,而且具有抗电击作用。为此,他们三人获得 1956 年的诺贝尔物理学奖。

最初的声频载波调制方法都是调制波幅的,即调幅制(AM),音波受静电和空

中杂波干扰大,音质欠佳。1933 年,阿姆斯特朗发明了调制频率的方法——调频制(FM)。调频方法的最大优势是抗静电干扰,可以避免声音失真。同时,调频广播覆盖的区域有限,可以在不同的地区使用同一波段进行各自的广播。

由于调频立体声广播音质优美,不失真,主要用于音乐广播。1941 年,美国联邦通讯委员会(FCC)批准电视伴音采用调频方法。自 20 世纪 70 年代以来,调频广播逐渐占据了广播业的主导地位,迫使调幅制广播电台逐步放弃了音乐节目,而以谈话为主。

2. 电视(广播)的发明

带有视听双重感染力的电视具有特别的魅力,但是,电视涉及的技术也要复杂得多。电视除了音频广播传递的一切因素(从远距离传来的连续声波)之外,还加上了一项关键的要素——活动图像,在广播的基础上,电视的发明主要与图像技术有关。

远距离传送图像是人类长期的愿望。早在 19 世纪 70 年代,富有想象力的人们就对"电视"作了逼真的描述,表达了人类对电视的憧憬。由于 1876 年贝尔发明电话和 1877 年爱迪生发明唱机,1878 年,英国的《笨拙》杂志登载了一幅漫画,预言爱迪生将很快发明新的"电话镜"。根据想象,这幅漫画描绘了一种双向的、可视的音像系统:通过一面宽阔的银幕和一套隐藏式镜头及电话,在伦敦的父母正与在锡兰(今斯里兰卡)的女儿讲话。不过,实际的情况是,直到 1889 年,爱迪生才申请了电影(而不是"电话镜")的专利权。

(1) 视觉原理的发现和视觉器具的发明

电视的理论基础主要是对视觉原理的发现。长期的生活经验使人们发现了"视觉暂留"现象:当物体在人们眼前消失之后,视网膜上会短暂地保留物体的影像,因此,将系列静止图像作快速移动,可以产生连续动感。例如,描绘奔马连续动作的不同位置产生了多幅图画,在视者面前快速拉动这些图画时,看起来就好像马在奔跑一样。

发展视觉的各种装置也被一一发明出来,这是一些模拟和扩大眼功能的器具。13 世纪,眼镜的发明改善了有缺陷的视觉。其后,显微镜、望远镜、幻灯机一步步开掘着、扩大着人们的视野。

电视的史前时期开始于照相术和电影。照相术使人类经历的图像被保留下来。1829 年,法国人达古埃尔发明了可以长期保留的相片,这种相片需要长时间的曝光。1884 年,美国人伊斯曼发明了活卷胶片。起初,照相机又大又笨重,1888 年,名为"柯达"的简易照相机问世,野外摄影风行起来。

视觉暂留现象的发现产生了电影。19 世纪 70 年代,活动电影技术被发明。1888 年,爱迪生提出了活动电影放映机的构想,随后获得专利。90 年代,这种活动电影放映机的街头娱乐装置"西洋景"也流传到中国,被称为"拉洋片",它可以让观众通过一个小孔观赏盒子里的活动影像。当广播事业于 1920 年正式诞生时,无声电影正是欧美各国时髦的大众娱乐。1926 年,电影胶片携带声音的技术难题终于解决了,30 年代,有声电影逐渐取代了无声电影。电影是与电视关系最密切的技术艺术媒介。

（2）光电效应和荧光效应的发现与应用

"光电效应"所指的现象是,当光线照射到光敏物质时,会使它产生电,其电力强弱取决于光线强弱,它们之间的关系是成正比的。1873 年,英国工程师梅和史密斯发现,准金属物质硒是一种发电体,其产生电流的能力随光线照射的强度而变化。据此,1888 年,光电池问世了。

荧光效应的原理与光电效应正好相反。当电流冲击荧光物质时,会导致其发光,而发光的强弱也与电流强弱成正比。1839 年,法国科学家白克勒尔发现,给某种化学物质充电,可以使其发光。荧光屏的闪烁正是电流冲击屏幕荧光物质的结果。

（3）图像分解与扫描技术的发明

图形传送的关键技术是图像分解与扫描技术。美国人凯瑞发明了图像分解的方法,1875 年,他制成了一个模拟人眼的装置。1880 年,法国人勒布朗等人发现了眼睛扫描的原理,人们只要将图像分解成许多像素,用一根电线,就可以将它们顺序传送出去。于是,图像同时呈现的空间方式就变为像素线性传递的时间方式了。当然,这种电流传送的连续过程非常迅速,是在瞬间完成的,人们的肉眼不能分辨。

不久,机械扫描的方法被发明出来。1884 年,德国工程师尼普可夫（Paul Gottlieb Nipkow）用一个布满螺旋状系列小洞的圆盘传送活动图像成功。尼普可夫转盘后来被用于机械电视。德国人威勒则发明了一种名为"镜鼓"的镜像技术,后来也用于早期电视。

（4）机械电视的发明

在研制机械电视最有贡献的国家中,除了德国,还有英国和美国。在英国,早期电视的试验活动是与贝尔德（John Logie Baird）的名字分不开的。在英国,贝尔德被称为"电视之父"。这是一位自学成才的苏格兰人,对新生事物充满了好奇心。1925 年 4 月,贝尔德在伦敦的塞尔弗里奇百货商店首先向公众展示了一台根据尼普可夫原理制造的机械电视机。1926 年 1 月 26 日,他向英国皇家学会的 40 多位成员及新闻界作了演示,映出一个办公室勤杂工的活动影像。从此,贝尔德确立了

电视发明家的地位。他成立了贝尔德电视发展公司,源源不断地产生了许多发明,并获得大大小小的专利,还推出轰动一时的表演:1927 年,他将电视信号从伦敦传至格拉斯哥;1928 年,他用漂浮在大西洋上的汽船作中继站,将图像从伦敦送到纽约;1941 年,他发明了三个螺旋孔加上红绿蓝滤色器的机械电视系统,可以播出彩色电视。但是,贝尔德发明的机械电视设备性能比较差,实用性不强,他的发明成果最终被英国广播公司淘汰。

美国发明家詹金斯(Charles Francis Jenkins)则不太走运。他的电视研究几乎一直与贝尔德并驾齐驱,但他从未得到贝尔德式的荣誉。詹金斯 1895 年曾与人共同发明了电影放映机。后来,在通用电气公司和西屋公司的支持下,他的研究从电影领域转向电视。1922 年,他申请了一项专利,是用两个棱镜分解图像的仪器,将分解的信号分别传送到终端,然后再合成图像,投射到荧光屏上。1923 年 12 月,他向《无线电新闻》和《流行无线电》杂志的编辑分别演示了他的发明,成为历史上第一次有文献记载的电视演示。1923 年,詹金斯将美国总统哈定的肖像从华盛顿传到费城。1925 年 6 月,将一个风车转动的图像从位于马里兰州的海军无线电台传送到他在华盛顿的实验室,距离 5 英里之遥。詹金斯的机械电视系统在当时也是相当先进的,扫描线早早便达到了 60 行。

在 AT&T,贝尔实验室充分利用大公司的资源进行实验,1923—1924 年,试验发送传真成功。1925 年 1 月,贝尔实验室开始研制机械电视。1927 年 4 月 7 日,AT&T 的试验电视系统将美国商业部长胡佛发表的演讲从华盛顿传送到纽约。这是首次美国官方政要出现在电视屏幕上。

虽然机械电视的研制取得了明显的成果,但它的缺点也是十分突出的。首先,机械电视太笨重,贝尔德的机械电视在一次转播中把地板都压塌了;其次,机械噪声大,震耳欲聋,这对演播节目也是不适宜的;而且,机械电视还不易操作,工作中极易"抛锚"。机械电视的弊端导致了全电子电视的发明。

(5)全电子电视的发明

1878 年,英国科学家克鲁克斯发明了阴极射线管。据此,德国斯特拉斯堡大学物理学院的教授布劳恩(Karl Ferdinand Braun)于 1897 年发明了一种简单的电子显像管,这种观察电信号的视觉仪器后来被称为"布劳恩管"。

1904 年,俄罗斯圣彼得堡大学技术学院的物理学教授罗辛(Boris Rosing)开始将"布劳恩管"用于影像的传递,1908 年试制出实用的阴极射线管,罗辛对电视的贡献使他获得了俄罗斯技术学会的金奖。1911 年,罗辛选择了一名学工程的学生来帮助自己,这个学生名叫佐里金(Vladimir Kosma Zworykin)。

"十月革命"后,罗辛不知所终;佐里金却于 1919 年移民美国,1920 年加入西

屋公司的研究机构。1923年，佐里金发明了光电显像装置，这是全电子电视的关键部分。佐里金为这个新发明取名映像管（iconoscope）。这个自造的词是根据希腊语的"形象"（eikon）和"看见"（skopein）两个词变形组合而成的。1925年，佐里金展示了他的映像管，却不受西屋公司重视。最后，他从美国无线电公司（RCA）的副总经理、同是俄罗斯移民的萨尔诺夫（David Sarnoff）那里得到了他需要的鼓励和财政支持。

　　萨尔诺夫是最早看到机械电视在走下坡路并认识到它的局限性的一个人。虽然他明白，将电视送回实验室将延迟它的诞生，而且会拖许多年，但他选择了这条路。当佐里金与萨尔诺夫讨论研制全电子电视系统的计划时，佐里金提出的预算是10万美元；但最后，RCA的总投资额是5 000万。1928年，第一台光电设备研制成功，佐里金将它命名为显像管（kinescope）①，kine是"运动"的意思，scope是"观察仪器"的意思。1929年5月9日，佐里金的小组进行了首次展示，用一架35毫米的电影放映机作为节目来源，接收装置是全电动的，没有一点机械的部分，图像在光线昏暗的房间里非常清晰。在提出设计7年、研制产品经过两年改进之后，1930年11月9日，摄像机正式露面，它摄取的图像质量与图像来源一样好。1935年，电子电视24帧画面的扫描线改进为343行。此时，机械电视系统的扫描线虽然达到200行，但显然已经走到事业的尽头。

　　对电子电视的发明作出贡献的还有美国少年发明家方斯沃兹（Philo Farnsworth）。1921年，当方斯沃兹只有15岁的时候，便产生了关于电视的设想。他向科学课的老师解释自己的设想，并在黑板上画满了电子电视的示意图，给老师留下了深刻的印象，多年后还记忆犹新。1927年，方斯沃兹展示了他的发明：一种每秒30帧图像、扫描线为100行的全电子电视，名为"图像分解仪"（image dissector，又名"光电析像管"）。由于佐里金与方斯沃兹对全电子电视的想法接近，方斯沃兹曾指控佐里金剽窃了他的设计。法院最终判决不存在侵权。1941年，在与RCA、AT&T的另一场专利权诉讼中，当年科学课老师的证词和他在校时的笔记成为有力的证据，方斯沃兹因而胜诉。不过，虽然方斯沃兹赢得了一系列专利权诉讼，但他的资金仍然十分紧缺。在广播电视领域里，合群的人比较有利，可以得到大公司、政治家和大学的资助和支持。但方斯沃兹是孤独的发明家，尽管他的科技造诣极高，却很难与人相处，也不善于将成果投入商业开发。

　　萨尔诺夫承认，方斯沃兹是"除RCA之外，对电视的贡献比任何美国人都大"

---

　　① kinescope这个词原来指显像设备，后来也称影视转换节目，特别是拍摄电视播出的节目后转制的影片，叫做"电视屏幕纪录影片"（不是通常意义上的"纪录片"）。

的人。当然,萨尔诺夫本人在电子电视研制过程中的组织作用也得到了应有的承认。广播电视制造者联合会赞扬他为"美国电视之父"。

在电子传播和广播电视历史上,那些没有或只有较少技术背景的非科学家的贡献说明,技术发明不一定是职业行为,而很可能与兴趣、好奇心与钻研精神有关。业余爱好者的活动推动了无线电和广播电视的创新。

此外,在科学史上也有很多事例表明,科学发明来自不谋而合的思想。独立研究的科学家几乎是在同时分别推出了相似的伟大发明,说明科学技术的发明是社会需求和时代条件的产物。那些伟大的发明家不仅是许多先驱者的突出代表,也是英雄辈出的时代的幸运儿。当然,他们需要经济的支持,才可能将先进的科学技术转化为社会的公共事业。

思考题

1. 电子传播媒介特别是广播电视是怎样一步步发明出来的?描绘一下大致的轮廓。

2. 对早期广播电视技术发明的历史,你有何见解?

第二节 广播电视事业的诞生

近代以来,电子媒介是最引人注目的传播发明。广播电视的进步,既依赖于硬件的发明与创造,又得益于软件的开发和应用。人类最初是通过电报和电话等有线的形式认识电子媒介的。无线电的发明和应用则是广播的史前期,在无线电应用的基础上产生了音频广播,又派生出视听兼备的电视广播。近代电子传播事业还依赖于信息符码系统的发展,符号含义及其意义转递是传播赖以进行的基础。

一、近代电子传播事业的发展

自古代以来,人们就使用人和动物传递消息。早期远程传播有各种方式。中国古代便建立了驿站系统,由驿马接力传送消息。公元前 776 年,希腊人首次派鸽子携带获胜者的名字从奥林匹克运动会赛场飞往各地。公元前 490 年,希腊士兵从马拉松跑到雅典,传送希腊战胜波斯的战争消息。用于传递信息的其他工具还有镜子、旗帜、钟鸣、火光、鼓角等。据说,中国长城的烽火狼烟北美印第安人也会使用。从罗马帝国到电话时代,旗语都曾是海上通讯的手段。

1844 年,伴随一次成功的有线电消息传送,电报诞生了。电报是点对点的传播,点对点传播是广播的先驱。最初,"空间和时间的消灭者"是用来形容电报的,

后来，人们用这句话来形容电话，形容广播，又用来形容电视。

1. 电动的文字传播——电报

电报是以文字传递消息的电子传播媒介。"电报"（telegraph）一词来自希腊文，graph 是"书写"的意思，tele 是"从远处传来"的意思。在电报发明之前，消息的延误造成许多误解。前一天的友军也许已经成了敌人，属于刚刚交战的敌国。在美国 1812 年战争期间，血腥的奥尔良之战实际发生于战争已经结束，然而停战的消息尚未传达到南方的时候。

美国肖像画家莫尔斯（Samuel Morse）首先发明了实用型电报。"莫尔斯电码"是近代电报的基础。1832 年，在从欧洲返回美国的轮船上，一位物理学家向莫尔斯谈起电力用于通讯的前景，启发了莫尔斯的灵感。1837 年，电报试验基本成功。莫尔斯发明的，实际上是一种用电流传送字母信号的编码方法。在此之前发明的电报系统，是用单独的一条线来代表每一个英文字母，类似打字机，系统相当复杂。莫尔斯尝试用一条电线传送各种文字信息。起先，他用电流停顿"长"和"短"的间隔来代表不同的字母；后来，他加上了"点"和"划"的区别。例如，英文字母"E"最常用，因此，用最容易的"点"（·）来代表。

1840 年，在许多同时进行电报发明的人中，莫尔斯幸运地首先取得了专利权。美国国会拨款 3 万美元，资助他进行公开展示。莫尔斯在相距 40 英里的美国首都华盛顿和巴尔的摩市之间拉了一条电线。1844 年 5 月 24 日，莫尔斯用电报传送了一句话：What hath God Wrought?（上帝创造了什么?）于是，这个日子被认为是电报的诞生日。

从技术角度讲，莫尔斯的发明实在太简单了，很难保障其不遭模仿和侵权，因此，莫尔斯希望政府购买他的专利，由政府统一经营电报业。但按照美国的习惯，企业应由私人经营，政府对购买莫尔斯的专利不感兴趣。1847 年，第一根电报专线卖给了莫尔斯。紧接着，各种大大小小的电报公司纷纷涌现。到 1851 年，穿越美国全境的电报线均已开通。1856 年，电报业巨头西联（Western Union）公司兼并了大多数小公司。

传送电报的海底电缆及时铺设起来。几经失败，1866 年，横穿大西洋的海底电缆最终铺设成功，从此天堑变通途。从欧洲的爱尔兰到北美的纽芬兰，海底电缆每分钟可传递 6 个词，虽然按今天的标准看来这种速度实在太慢，但在当时，电报仍然有效地促进了商业消息的传递和外交信息的沟通。

电报发明后，欧美各国纷纷采用。1865 年，在巴黎召开的世界电讯会议规定，按政府第一、电信部门第二、商业第三、私人第四的顺序，安排电报轻重缓急的排

序。这次会议后来产生了国际电报联盟,在国际范围内协调电讯领域的秩序。这一机构现在是联合国下属的国际电信联盟(ITU)。

电报不受风雪、迷雾等恶劣气候的影响,可以长距离便捷地传送消息,因而促进了经济的发展。电报也加剧了行业之间的竞争。1860 年,美国曾在密苏里州到加利福尼亚州之间建立了定期的邮政传递服务——"快马邮递",电报网开通之后,仅仅存在 16 个月的"快马邮递"便于 1861 年消亡了。

同一时期,通讯社发展起来。1840 年,为了传递墨西哥战役的消息,位于纽约的五家美国报纸组成美联社。19 世纪 50 年代,英国的路透社从信鸽邮递经济消息开始,扩展到用电报报道一般新闻消息,特别是国际新闻消息。

2. 声音的有线传播——电话

电报虽然解决了远距离传送文字信息的问题,但它也有缺陷。一个是早期的电报速度很慢,线路常出故障;其次,电报必须由经过训练的报务员来操作,对个人而言并不方便;此外,电报是通过抽象的简练文字来传送的,很难表达感情和语气;而且,电报还是单向的,缺乏即时的反馈与交流。人类力求完美和永不知足的天性促使电话的诞生。

苏格兰裔的电话发明者贝尔(Alexander Graham Bell)生于加拿大,1870 年移居美国。他原本是从事聋人教育的语言教师,精于发声现象,但对其他科学所知甚少。他在电机工程师华生的帮助下,经过了无数次失败,攻克了数不清的难题,终于完成了电传声音的实验。1876 年 2 月 14 日,在庆祝美国建国百年的费城博览会上,贝尔展示了他的电话系统,这个日子后来被认为电话的发明日。从此,人类开始了电传声音的时代。

1878 年,贝尔公司在美国康涅狄格州纽黑文市建立了第一个电话系统,最初仅有 21 个用户。但电话逐渐受到人们的欢迎。同时,电话专利也受到侵权者的袭扰,不仅小公司仿冒产品,像西联公司这样财大气粗的电报业巨头也加入竞争。1879 年,一位富翁提议与贝尔公司合作,以廉价收购股票的方式挤垮西联公司。于是,西联公司马上放弃了在电话领域的竞争,以换取贝尔公司不染指自己的领域——电报。然而,贝尔公司仍然在 1881 年吞并了西联公司;只不过,因为违反了《反垄断法》,又于 1914 年被迫将其出售。城市间的电话线也是 1881 年开始联网的。1885 年,美国电话电报公司(AT&T)在贝尔公司的基础上成立。1915 年,连接美国东西海岸的电话干线建成。不久,整个北美大陆都被电话网覆盖了。

AT&T 在美国和世界电讯业一直居于领先地位,后来在美国广播电视史上也扮演了重要角色。不过,最初的电报和电话并未用作大众传播媒介,而是从事点对

点的传播,即个体交流(或称人际传播)。人们常说的作为传媒的广播电视最初主要指无线广播电视。

3. 电磁波传递文字消息——无线电报

电报和电话是通过长距离的电线和电缆传送的,出了故障未免麻烦,维修起来也不方便。电磁波的发现为传播的进步提供了新的可能性。无线电传播的时代到来了。

在无线电技术应用方面最重要的发明家、创新者和推广者是马可尼。1897年,马可尼在英国邮电部的支持下,建立了生产无线电器材的英国马可尼公司,其后又建立了子公司美国马可尼公司。接下来的是,马可尼公司向全球的推广和无线电工业的大笔盈利。到1910年,无线电报不仅形成了广泛迅捷的通讯网络,经济上也已经比电缆电报便宜了。

(1) 无线电用于消息传递

无线电首先被用于岸对船、船对岸、船对船的通讯联络。应用无线电通讯最多的是军队,在第一次世界大战中,无线电通讯的情报作用格外引人注目。

但在公众看来,无线电最有影响的用途是海上救险。1912年4月,豪华巨轮"泰坦尼克"号在从英国驶往美国的处女航中,夜间遭遇冰山,发生了灾难性的沉船事故。3小时后,706人获救,因为在58海里之外的一艘轮船接到了求救信号,并迅速赶来;而停泊在仅仅10海里之外的"加利福尼亚人"号轮船却因船上唯一的无线电报务员下班睡觉,没有收到无线电信号。这次惨剧最终导致1 517人遇难。"泰坦尼克"海难是所有灾难事件中流传最广的故事,产生了数百本(篇)书籍和文章、好几部电影。1985年,"泰坦尼克"号轮船被打捞起来,还演绎出一部新的好莱坞大片。如果没有无线电,这次灾难无人可以幸免;而后来人们也可能永远找不到"泰坦尼克"的踪影了。

在报告"泰坦尼克"海难消息的过程中,美国马可尼公司年轻的报务员萨尔诺夫因连续播发幸存者的姓名及其他消息而名声大震。不久,他便被提拔为美国马可尼公司的商务经理,后来成为美国无线电公司(RCA)的总经理、董事长。

(2) 电子工业的权力之争

第一次世界大战之前,无线电技术的开发导致几大世界级电气公司的技术纷争。巨头之一是英国马可尼公司及其美国子公司。马可尼通过推销无线电事业,赢得了很高的声誉和巨大的财富,他的公司掌握着一些关键技术的发明专利权,资金雄厚,经营有方,是国际无线电领域无可争议的领袖。在这一领域里还有另外几个巨头:一个是1886年建立的美国西屋电气公司(WE);一个是1892年由两个重

要的公司合并而成的通用电气公司(GE);还有一个便是1885年成立的美国电话电报公司。每个公司手中都握有一些重要的专利权,而且个个都想垄断这一领域。通用电气公司掌握着费辛顿交流电发射机的专利权,西屋公司则得到了费辛顿的接收机专利权,德佛雷斯特的音频管专利权出售给了美国电话电报公司。于是,几个公司各自拥有一部分缺少了其他公司的部分就不能工作的技术,没有哪一个公司可以独立制造出一套最先进的无线电发射和接收系统,同时却不侵犯他人的领地。几大巨头互不相让,在早期美国电子工业史上演出了一场权力争夺战。

在第一次世界大战中,英国海军以"国防利益"为由,接管了马可尼公司散在各地的高功率无线电台。美国参战后,也照章办理,命令全国所有无线电台(包括商业电台)都归海军管辖。于是便产生了两个重要的后果:第一是,美国海军快刀斩乱麻,以简单迅速的方法解决了专利权纠纷,所有美国公司和实验室的发明都必须无偿地为军队所用,改进其无线电系统;第二是,海军接管了45座沿海商业无线电台,包括马可尼公司的8座高功率电台,而且在战争结束后仍不愿意归还。

已经强大起来的美国不能再忍受二等国家的地位。美国海军认为,无线电这种重要的国际通讯工具不应由外国(英国)的一家子公司(美国马可尼公司)来掌握。所以,战争后期,通用电气公司曾准备向马可尼公司出售亚历山德森发电机,被海军阻止。战争结束后,在美国海军及美国政府的强大压力下,英国马可尼公司不得不退出美国市场。1919年10月17日,通用电气公司斥资成立美国无线电公司,购并了英国资本的美国马可尼公司。西屋公司、美国电话电报公司等纷纷入股。新一轮的角逐开始了。

二、广播事业的诞生

正如有线电报引出了电话一样,无线电报自然引发了人们对无线电话的向往。于是,在用无线电进行远距离文字信号传送试验的同时,人们也发明了声音的载波方式,借助电波频率与振幅的调制技术,可以让电波与声波一致,并用电波将声音传送出去。

在第一次世界大战爆发前,只有少数人预见到无线电的其他用途,其中一个就是萨尔诺夫。1916年,他曾给马可尼公司的总经理写下一份著名的备忘录,提议公司开发一种名为"无线电音乐盒"的产品,将无线电变为大众媒介,向家庭传送消息和娱乐。他以令人难以置信的精确性,描绘了未来广播服务的内容。可惜就整体而言,马可尼公司对广播并不感兴趣,因此,萨尔诺夫的建议被束之高阁,但此举

奠定了他后来的地位。

1. 试验性广播电台出现

在马可尼时代,人们只使用"无线(电)"(wireless)一词。在"泰坦尼克"号惨剧发生后不久,"射(电)"(radio,今译"无线电")一词开始使用,这个词来自拉丁语radius,是"射线"的意思。"广播"(broadcasting)一词在第一次世界大战中开始使用,最重要的概念是:这种传播的接收者不止一人。

加拿大人费辛顿和美国人德佛雷斯特是早期试验广播电台的突出代表。1906年圣诞之夜,费辛顿从美国马萨诸塞州布兰特罗克镇广播的圣诞歌曲和路德圣经被认为是广播时代的开端。但是,费辛顿和德佛雷斯特都没有建立一个播出定期节目的真正广播电台,他们广播的用意主要是试验技术和宣传"产品"。

在美国其他地方出现了一些定期播出的私人电台。1909年,在加利福尼亚州的圣何塞市,工程和无线电学院的赫罗德(Charles D. Herrold)开始播出预订节目,每周一次,内容有音乐和新闻,还在一些旅馆的大厅为公众安置了收音机。在欧美许多城市也出现了类似的业余电台。早期电台的共同之处是,它们都是试验性的,缺乏持续有力的财政支持,电台功率很小,业余电台的主人互相认识,相互收听和通过无线电交谈。

第一次世界大战后,美国广播媒介再次蓬勃发展,并获得了新的便利条件。首先,数千名业余爱好者在战争期间经过军队无线电通讯的训练,有可能也有热情用矿石晶体制作自用的收音机,他们成了基本的听众群体;其次,在战争中,通讯技术获得长足进步,接收效果更好,传播范围更广;再者,无线电工业界开始认识到,广播是可以赚钱的事业。

2. 第一批广播电台诞生

西屋电气公司的工程师康拉德(Frank Conrad)是一位无线电爱好者,他早在第一次世界大战之前便在自家的汽车房里安装了一套小型的广播设备。1920年4月,他用原有的业余电台呼号8XK试验播放自制的节目,又因为对连续不停地讲话感到厌倦,就用唱片取而代之。没想到,他开始收到其他无线电爱好者的来信,评论播音的质量,并请他播出某一唱片,或在某一特定时间播出节目。于是,为了满足这些"听众"的"点播"要求,康拉德开始定期播出节目。

由于需要许多新出的唱片,于是康拉德便向当地的唱片商店借用,并答应在广播中提一下该商店的名字,作为报答。商店主人倒是发现,播出过的唱片销售量超过了其他唱片;但这种"广告"经验却被唱片行业忽略多年,未能有意识地加以利

用。康拉德的广播被百货商店注意到,于是在当地报纸上刊登广告,宣传康拉德的广播,并出售用以接收康拉德节目的大众化收音机。后来,康拉德所在的西屋公司决定将广播电台永久化,作为维持收音机销售的先决条件。1920年10月27日,负责颁发电台执照的美国商业部分配给西屋公司一个商业性海岸电台的呼号——KDKA。

1920年11月2日,在美国宾夕法尼亚州的匹兹堡市,西屋电气公司创办的KDKA电台利用美国总统竞选的大好时机,围绕选情通报这一公众关注的焦点,大张旗鼓地开始了定期广播。由于宣传广泛、影响重大,KDKA成为历史记载的美国第一家正式广播电台,1920年11月2日这一天也被认为世界广播事业的诞生日。

但是,当时的西屋公司尚未认识到广播电台本身的商业作用,而仅仅将它当作刺激收音机消费的一种手段。果然,有了广播电台所制造的节目需求,西屋公司售价25美元的矿石小收音机相当畅销。其后,西屋公司在马萨诸塞州的斯普林费尔德市和新泽西州的纽华克市也开办了广播电台。与此同时,竞争迫使RCA开始生产萨尔诺夫提议的"无线电音乐盒",并在离纽约不远的新泽西州建立了广播电台;通用电气公司在纽约州斯克内克塔迪市的厂区也开办了广播电台;美国电话电报公司则在纽约市开办了后来著名的WEAF电台。1922年年初,有28家电台活跃在广播领域;半年后,是378家;年底,是570家。收音机销售极快,20年代末,已有半数美国家庭拥有至少一架收音机。

在与美国毗邻的加拿大,马可尼公司拥有的蒙特利尔XWAF电台与美国KDKA电台差不多同时创办。到1923年,加拿大已经有30多座广播电台在播出了。英国于1922年12月开办了正式的商营广播电台——英国广播公司。其他欧洲国家也纷纷将原先的试验电台纳入正式的法规管理。法国和苏联于1922年,德国于1923年分别开办了广播。在中国上海,1923年年初,一位美国人奥斯邦(E. G. Osborn)利用一位张姓日本华侨的资本开办了中国无线电公司(XRO)广播电台。日本于1925年在东京、大阪、名古屋等地开办了广播电台。澳大利亚于1923年开办了广播。一个新兴的事业开始了。

3. 无线电行业的利益纠纷

第一次世界大战期间,美国海军从控制通讯工具中尝到了甜头,战后,它还想继续垄断无线电行业。但是,军事垄断意味着独裁和军国主义,而美国刚刚打完一场反对轴心国独裁和军国主义的战争,似不应混同一类;此外,无线电是一项赚钱的商业,这已被马可尼公司的成功经验所证明,美国的哲学和政治经济学是反对政

府干预自由企业的,是保护商业利益和自由竞争的,因此,海军的建议未被政府和公众认可。但海军关于购买马可尼公司的建议却被美国政府接受,并由海军幕后支持,通用电气公司出面谈判。最终,马可尼公司明白,它实际上已别无选择:海军还占用着它的电台设备,无意归还;美国政府反对英国独霸无线电事业,明确支持本国企业;通用电气公司拒绝向马可尼公司出售其新式发电机,而这是无线电的关键设备。于是,马可尼公司被连锅端走,通用电气公司的子公司 RCA 取而代之。

RCA 与通用电气公司订立了相互准许使用专利权的协定。但是仅仅几个月后,美国电话电报公司和通用电气公司的强劲对手西屋公司就分别以专利权折算的方式入股 RCA。于是,RCA 拥有几大巨头的 2 000 项共同专利,成为无线电和广播工业的中心。

几大巨头这样划分它们的势力范围:通用电气公司和西屋公司生产各种无线电设备,由 RCA 出售;美国电话电报公司通过它的子公司西部电气公司制造广播发射机。然而,相互准许协定在实施中产生了矛盾:美国电话电报公司积极地在自己的电台之间建设优质的电话线联营网,却让其同盟者的各大电台使用较差的电话线联网;通用电气公司、西屋公司和 RCA 则认为,美国电话电报公司作为一家电话公司,其实是没有资格介入广播事业的。于是,紧张、摩擦与冲突便产生了。

此时,广播事业的利润已明显高于无线电事业。1923 年,RCA 靠出售无线电器材获利仅 300 万美元;而借发售收音机获利 1 100 万。1925 年,争执不休的合同各方决定申请仲裁。1926 年,仲裁决定,美国电话电报公司应拥有对电台间网络设施的垄断权,同时,退出广播业务领域。在各方的压力下,美国电话电报公司售出了它在 RCA 中的股份,它的"旗舰"WEAF 电台则以 100 万美元的价格出售给 RCA。

4. 广播广告的发明

起初,作为听众主体的业余无线电爱好者并不买收音机,他们自己装配收音机。购买收音机的,是不懂技术的普通人。广播最初也未用来播发广告,其节目只是促销收音机的手段。早期广播节目也很简单,有些电台只是播放旧唱片。但随着听众越来越多,对节目的要求也越来越高。一般听众不像无线电爱好者那样,只满足于听到清晰的声音效果,而要求丰富多彩的表演内容。而此前仅仅为满足表现欲而参与演播的演员,此时却不再热心于免费的义务劳动,而要求付演出费了。唱片商也开始索求播放音乐的版税。广播节目的费用日益增长。高额的经济负担迫使实力弱的一些广播电台退出了这个领域。萨尔诺夫建议由公共经费资助广播节目,但无人理睬他的呼声。一些广播电台向听众征收捐款,也不很成功。

是美国电话电报公司首先设法解决了经费的难题。它依照付费公用电话的惯例,动员客户到 WEAF 广播电台播发消息,同时收取费用,称之为"付费广播"。第一个广告于 1922 年 8 月 28 日晚间播放,是昆斯堡公司促销房产的 10 分钟广告,宣传纽约附近某乡村公寓的种种优越性,连播 5 天,效果甚佳;为此,它仅付费 100 美元。在纽约 WEAF 电台的门口立刻排起了等待做广告的长队。尽管最著名的业余者杂志《无线电广播》谴责付费广播,国会甚至开始讨论禁止所有广播广告的一项提案,但美国电话电报公司低调周旋,以守为攻。同时,WEAF 的广告做法获得了商业部长胡佛的鼓励,许多广播电台也纷纷效法。而听众只要广播节目有所改进,似乎并不反对播出广告。

早期广告仅限于播出赞助公司的名称。其后,广播电台将广播栏目与娱乐团体的名称挂起钩来。再后来,出现了广告歌曲、情节性广告。到 1929 年,美国的广播广告费已增至 2 000 万美元,广播事业立足于牢固的经济基础上了。

很快,美国的商业广告方法便被许多国家仿效。但英国、加拿大、德国、法国在最初的商业电台时期,都借鉴美国的经验,只播出非直接广告,即通报工商企业名称的广告。

5. 商营广播网的建立

美国商营广播网在世界上是首创。它的出现基于三个主要原因:一个是广播者的愿望,因为从经济角度考虑,联播节目更为便宜;第二是听众的愿望,因为边远地区缺乏上佳的演员,他们希望由中心城市的明星来改进节目;第三是广告者的愿望,因为联播有利于远距离、大范围的商品推销。

这回,又是美国电话电报公司领了头。1922 年,它用电话线将纽约的 WEAF 电台和波士顿的 WNAC 电台连接起来,联播了一次萨克斯管演奏会。1923 年,美国电话电报公司在华盛顿建立了它的第二家广播电台 WCAP,还铺设了一条连接两地的优质电缆,以便进行永久性的"联网广播"。到 1923 年年底,6 个最大城市的广播电台连接起来;1924 年,横贯美国大陆的 26 家电台连成了一个网。

根据合同规定,RCA 等联盟单位是不得擅自联网的。RCA 有时租用美国电话电报公司较差的电话线路播出临时节目,效果往往不理想。后来,巨头们以美国电话电报公司出售广播电台同时取得联播网独家所有权的做法解决了争端。于是,1926 年,RCA 成立了专事广播的子公司——全国广播公司(NBC),并由经理人员在地图上勾勾画画用的彩笔区分,成立了两个广播网。红网由过去美国电话电报公司在各地的骨干电台组成,商业上最成功,节目也非常大众化;蓝网由过去 RCA、西屋公司和通用电气公司各自建立的电台组成,主要播出高雅节目。此后,

美国电话电报公司专心于基础设施建设，并出租线路。

一年后，1927年，哥伦比亚广播公司开办的另一家广播网（稍后改名CBS）加入了竞争。

6. 国际广播出现

随着短波广播技术的发展，声音传播的距离越来越远。荷兰、英国、法国、德国是最早利用短波广播电台对其殖民地和其他国家的侨民进行广播的国家。1932年，英国广播公司（BBC）开始用英语对全世界进行广播，当年12月25日，英国国王乔治五世成为第一个向其全球臣民发表讲话的君主。法国对非洲开办了主要针对殖民者的法语广播。

由于国土广大，苏联很早就开始利用短波进行国内广播，并逐步推广到国际广播。早期，苏联是唯一真正理解外语在国际广播中的宣传意义并认真加以利用的国家。1927年，苏联电台隆重播出了"十月革命"10周年莫斯科庆祝活动的外语节目，并从1929年开始对东北亚地区播出汉语、朝鲜语和英语节目。不久，莫斯科国际广播电台成立，开始连续提供德语、法语和英语节目。

20世纪30年代中期，人们逐渐认识到广播的宣传作用。1933年，德国的希特勒掌权后，任命戈培尔为宣传部长，开始以外语进行国际广播宣传。1934年，意大利开始用阿拉伯语对阿拉伯世界进行广播。在第二次世界大战中，国际广播发挥了巨大的"心理战"作用，美国于1941年年底卷入战争，并于1942年开始广播《美国之音》（VOA）。

三、电视事业的诞生

1900年8月25日，法国人波斯基在巴黎国际电子大会上宣读论文，首次使用了television的英文名称。英文的"电视"名称来自希腊语，是"远处"（tele）和"景象"（vision）两个部分的结合。

1. 第二次世界大战前电视的开发

在20世纪二三十年代，对电视的研究和试验最有贡献的国家是英国、美国和德国，电视事业也首先是在这几个国家诞生的。许多有声有色的历史事件在电视上得到了最初的反映，其中最著名的，有1936年8月第11届德国柏林奥运会、1937年5月12日英国国王乔治六世的加冕典礼，还有1939年美国纽约世界博览会的实况报道。

1929年，BBC开始试播电视，最初采用的是贝尔德的机械电视系统，播出的是

无声图像。1930 年,BBC 播出了声像俱全的多幕电视剧——《花言巧语的男人》,但是图像质量不好,扫描线只有 30 行。1932 年,在英国传统的"德比"赛马期间,有 4 000 人聚集在伦敦,观看了用贝尔德系统进行的电视转播。1935 年,BBC 建立了电视节目机构。

在合作试验机械电视的过程中,贝尔德与 BBC 不断发生冲突。支持贝尔德的人说,BBC 的官僚主义作风正在消灭一个孤独的天才。而谨慎的 BBC 也有自己的道理,它认为,贝尔德的装置系统过于简陋,没有发展前途。

1931 年 3 月底,一个媒介行业的新巨头——电气音乐公司(EMI,中国称"百代公司")在英国诞生。EMI 是由几家唱片公司与电气公司合并组成的,RCA 悄悄地在其中占了 27% 的股份。EMI 的电视设备中采用了佐里金的部分系统,每秒 25 帧画面,扫描线是 405 行,它用于 BBC 的电视试验广播,画面质量远远高于贝尔德 204 行扫描线机械电视系统。

1936 年 11 月 2 日,BBC 在伦敦郊外的亚历山大宫以一场规模盛大的歌舞开始了电视的正式播出。这一天被认为世界电视事业的诞生节日。在最初的播出中,BBC 交替使用贝尔德和 EMI 的机器,但简陋的贝尔德系统实在无法与 EMI 的产品媲美。尽管贝尔德使劲攻击带有美国技术和股份的 EMI,指责 RCA 妄图垄断英国电视市场,仍无济于事。他的设备还经常发生故障。1937 年 2 月,BBC 最终决定停止使用贝尔德的机械电视系统。

BBC 以相当正规的形式开始播出节目,有游戏、音乐、戏剧、拳击和表演,以及各种各样的户外转播,从加冕典礼到板球比赛。美中不足的是接收机价格昂贵,从 75 畿尼①到 170 畿尼不等。因此,在当时的伦敦,电视机不足 3 000 架。常常有世界各地的人到 BBC 来参观,其中美国人最多。他们对英国高质量的电视画面和规范有序的节目播出,特别是室外活动报道十分惊奇。1938 年 9 月 30 日,BBC 的伦敦电视台播出了英国首相张伯伦从慕尼黑谈判归来的事件,节目的名称叫做"我们时代的和平"。这次直播的事件由三架摄像机拍摄,用电缆传回亚利山大宫,实时播出。这是世界上第一次实况转播的新闻报道。

德国也于 1935 年成立了电视节目机构,并于当年 3 月 22 日开始在柏林正式播出定期节目。纳粹德国在电视诞生的仪式上宣布:"今天我们迈出了全球电视节目的第一步,我们将完成最伟大、最神圣的使命:把领袖的形象深植于每一个德国人心中。"在柏林奥运会期间,德国以极大的力量进行了电视报道,仅柏林一地便设立了 28 个集体收看点,每台电视机前平均有 360 人;还通过电话线向莱比锡等城

---

① 英国货币单位,1 畿尼等于 21 先令,1 先令为 12 便士。

市传送比赛。10 多天的运动会电视观众达 16 万人。这是世界上最早的电视体育直播。从宣布正式播出的时间来看,德国比英国早。但是,在世界上,没有人把纳粹政府的电视诞生日作为世界电视的纪念日。

美国的机械电视试验活动本来是开展得最早的。1927 年,通用电气公司在纽约附近的斯克内克塔迪市建立了一座试验电视台,于 1928 年 1 月采用机械电视系统开始试播节目,电视机的屏幕只有 4×3 英寸。9 月 11 日,试验中的电视台试播了第一部情节剧《女王的信使》,声音部分是由通用电气公司的广播电台播出的,画面由试验电视台播出。三部摄像机在拍摄中都是不动的,只用特写镜头。

资金雄厚的原有广播行业,是电视发展的主要力量。1930 年,萨尔诺夫成为 RCA 的总经理,并领导美国电视转向全电子系统。但是,经济萧条使电视研制陷于停顿。看到英国电视蓬勃兴旺的发展景象,萨尔诺夫深感美国已经落后。在萨尔诺夫的敦促下,1939 年 4 月 1 日,RCA 的全电子电视新系统在实验室完成。

1939 年 4 月 30 日,世界博览会在美国纽约举行。NBC 试验电视台转播了博览会的实况。在博览会上,罗斯福总统致开幕词,成为有史以来在电视上出现的第一位美国总统;RCA 的总经理萨尔诺夫也通过电视讲了话,风头很健。但当时美国的电视制式标准尚未确定,电视台不能提供正规的节目,因此,大众对这个新的技术玩意儿反应冷淡。

世界上其他国家的电视试验也在进行之中。1931 年 4 月 29 日,苏联首次试播电视,1939 年 3 月 10 日,莫斯科电视台开始定期播出节目。1932 年,法国在巴黎建立了试验性电视台,1935 年开始不定期播放节目。意大利也于 1939 年开始电视试验播出。这是第二次世界大战爆发前仅有的几个电视国家。

2. 第二次世界大战中电视事业的挫折

第二次世界大战给新生的电视事业带来了极大的挫折。英国、法国和苏联的电视台在战争期间先后停播。美国和德国的电视虽然在战争中维持播出,但美国电视处于停滞状态,而德国的柏林电视台也在纳粹覆灭前的最后时刻被盟军炸毁。

德国对波兰的突然袭击打断了英国的电视事业。1939 年 9 月 1 日,BBC 中断正在播放的米老鼠动画片,开始了延续 7 年的停播。由于事发突然,电视台甚至来不及向观众说明,便径直关机,将机器都封存起来。

战争期间,美国广播业界对电视的技术标准还在争论不休。NBC 的电视播出时断时续,质量甚差。1940 年,负责电讯和广播管理的美国联邦通讯委员会成立了一个各方均可接受的全国电视标准委员会(NTSC),以建立统一的电视标准。1941 年 1 月,委员会公布了新的 NTSC 制式标准。新标准自 1941 年 7 月 1 日起

实施。当时美国全电子电视采用的制式是黑白颜色,525 行扫描线,每秒 30 帧画面,图像采用调幅制,伴音采用调频制,在甚高频段播出。接着,NBC、CBS 获准开始商业播出,亦即播出带有广告的常规电视节目。不到半年,1941 年 12 月 7 日,珍珠港事件发生。战争打断了美国电视事业的进程。

3. 第二次世界大战后各国电视的建立

世界电视的真正发展是在第二次世界大战之后。一旦遇到合适的条件,富有生机的电视便再度活跃起来,原有电视而在战争期间停播或陷于停顿的国家纷纷重新推动和发展电视事业。1945 年 5 月 7 日,苏联在"无线电节"开始恢复电视播出,1949 年 6 月,改建后的莫斯科电视中心正式播出。1945 年 11 月 8 日,法国政府颁布法令,成立法国广播电视公司,该公司自 10 月起已从埃菲尔铁塔播出电视节目。

英国恢复电视播出的仪式颇具戏剧性。1946 年 6 月 7 日,BBC 从 7 年前停播的米老鼠节目的中断处开始,恢复了电视播出。不过,原本电视事业领先的英国,由于战争的破坏,实力已大不如前。其后,西欧、北欧、南欧国家纷纷开办电视。

德国在战后分成了东西两个部分。西部的联邦德国在美国、英国和法国的监督下于 1952 年开始电视广播,东部的民主德国于 1955 年开办电视广播。东欧国家中,波兰、捷克斯洛伐克、南斯拉夫、罗马尼亚、匈牙利、保加利亚纷纷播出电视,并推动了中国电视的发展。

美国战后电视台迅速发展,从战争期间的 6 家电视台一下子猛增到 1946 年的 108 家。为了控制规模,美国于 1948 年实行了暂停批准电视台的政策。1952 年"冻结"政策解除之后,美国电视事业在全球率先走向繁荣。在北美,加拿大人是从收看美国电视开始接触这个新媒介的。1952 年 9 月,公营的加拿大广播公司开始独家经营电视广播。

早期,在第三世界国家中,由于受美国影响,拉丁美洲最先发展电视。1950年,墨西哥、巴西和古巴正式引进电视。在亚洲,菲律宾于 1953 年最早开办电视。1954 年,摩洛哥在非洲最早开办电视。大洋洲的澳大利亚于 1956 年开办了电视。在伊斯兰世界,宗教习俗不那么严格的伊拉克、阿尔及利亚、黎巴嫩于 20 世纪 50年代开办了电视。20 世纪 50—60 年代,亚洲、非洲国家和地区纷纷建立电视台。

20 世纪 60 年代,电视技术日趋成熟,电视媒介蓬勃发展,电视节目日益繁荣。电视逐步进入黄金时期,并不断拓展自己的疆域。在许多地方,电视成为众多大众传播媒介中首屈一指的交流工具。

思考题

1. 在广播电视的史前时期,近代电子媒介及其传播有哪些明显的进步?
2. 广播事业的早期实践为后来广播电视的发展奠定了哪些条件?
3. 简述广播电视事业诞生的经过。

第三节　广播电视科技的革新

广播电视科技经历了一个多世纪的改进,至今仍在变革之中。这种变革的过程凝聚着许多民族知识精英的心血,也是国际竞争的产物。同时,随着科技和事业的发展,公司的技术和财力基础雄厚,团队合作明显,个人的作用不像早期那么突出了。

迄今,广播电视的巨大进步主要归功于与视听传播有直接关系的纪录媒介的发明,彩色技术和高清技术的发展,特别是卫星、线缆和互联网等传播平台的发达。当前世界上最热门的技术发明集中于数字化技术及其广泛应用。

一、纪录媒介的发明

即时传播的"场"效应是广播电视传媒的极大优势。但是,直播又是非常艰苦的劳动。而且,直播极易出错,最初的广播电视节目也难以保存。相对于蒙太奇化的电影,原生态的直播电视时间感冗长,技艺手段也嫌单调。于是,人们力求采用综合性的传播方式。纪录媒介改变了整个广播电视的传播形态,实现了艺术时空的大解放。

1. 录音设备的改进

最先发明的声音存储方法是滚筒和唱盘录音法。1877 年,美国发明家爱迪生发明了采用竖行唱针在锡箔或石蜡上记录声音痕迹的手摇滚筒式机械唱机。从此,人类的声音留下了痕迹。唱机的英语名词(Phonograph①)来自希腊语,是"写下""声音"的意思。1887 年,美国发明家伯里纳获得两项重要的发明:唱盘和横行唱针,从此,录下的声音可以长期保存并进行复制了。一个全新的行业发展起来。

在广播出现的早期,唱片成为广播节目的主要来源,此后,录音材料也一直是填充广播大块时间的内容。1947 年和 1948 年,美国哥伦比亚广播公司和美国无线电公司的工程师分别发明了 33 1/3 rpm(每分钟转动圈数)和 45 rpm 的微型针

---

① 　在美国英语中,唱机为 gramophone。

头密纹唱片,从而结束了 78 rpm 唱片长达半个世纪的统治。每分钟 33 1/3 转速的长时唱片用于储存多个曲目的唱片集非常合适,而每分钟 45 转速的唱片,则更适于存储一支支的单放曲。新唱片音质好,放时长,很适合广播采用。直到 20 世纪 60 年代家用收录机特别是卡式录音机出现,电唱机的流行才被取而代之①。

与唱机加唱片的方式相比较,磁式录音更加简便。20 世纪 20 年代,钢丝录音机首先在欧洲采用,并逐渐流行开来。1929 年年底,英国广播公司开始采用钢丝式录音机进行长时间的录音广播。但钢丝录音机的保真度不好:钢丝常被拉长,导致音调失真,不适用于音乐录音;而且钢丝又难于整理和剪辑,使用并不方便。于是,更持久、更可靠的复制手段被发明出来,那便是磁带录音机。30 年代中期,德国发明并开始使用磁带式录音机。40 年代后期,美国流行歌手克劳斯比(Bing Crosby)常到广播电台作演播,为照顾不同的时区,通常的做法是在一个晚上做两次实况演播,克劳斯比嫌麻烦。他战时曾到欧洲作劳军演出,见到过刚刚发明的磁带录音机,于是他建立了一个基金会,专门搜集磁带录音专利,并委托安培克斯(Ampex)公司进行研制,逐步改进了技术和设备。1948 年,安培克斯公司推出"卷轴式"(轴对轴)录音方法。到 50 年代初期,磁带录音机已成为大多数美国广播电台的标准设备,不同时区的广播只需在播音间重放磁带即可实现。1958 年,立体声录音方式发明,从此记录的音质更加优美动听。20 世纪 80 年代,激光唱盘(CD)出现了。激光唱盘耐磨损,可以反复地用于音乐广播。1987 年,CD 的销售量首次超过了录音带。现在,世界上先进的广播电台和电视台大多使用各种数字高保真度音频设备。

2. 录像设备的发明

最初,电视中采用的纪录媒介是胶片电影。稍后的视听存储技术方式是电视屏幕纪录设备,然后才是磁带录像、激光视盘和各种数字视频存储工具。

早期电视转播映在银幕上的电影。一部电影放映机,加上一个指向电视镜头的特殊开关,就能把每秒放映 24 格画面的光学机械媒介转变为每秒播放 30 幅图像的电子媒介了。利用某种分隔装置,甚至可以把多部电影放映机的活动画面投入一个电视镜头。

然而,在很长的时间里,电视播出的图像还是难以保留。1947—1948 年,电视屏幕录像机问世了,它可以用胶片同步记录电视播出的声音和图像,产生电视屏幕纪录影片。到 1953 年,美国用于记录电视节目的胶片每年达一亿英尺。但是,屏

---

① "文化大革命"中的中国曾短暂流行过大众化的塑料薄膜唱片,便宜但音质欠佳。

幕录像机拍摄的影片质量赶不上电视直播画面的质量。而且,这种综合电视和电影两种手段的机器价格昂贵,且难于操作。

磁带录音机的出现启发了人们用同样技术保存图像的愿望。较之电视屏幕纪录影片,录像带优势很多:它无须冲印,省工省时;图像还可以即时倒放,并可反复使用。然而,采用电子方法记录图像技术复杂,需要的带宽也大,同步传送的速度必须更高。美国在录像技术领域是领先者。20世纪50年代初期,由于电视事业的发展,电视台对节目的需求量大大增加,又由于美国分为多个时区,直播电视覆盖不易,磁带录像技术便发展起来。最初进行拓荒的还是克劳斯比的公司。为克劳斯比研制录像设备的安培克斯公司采用旋转磁头横切录制方式,大大减少了磁带的消耗量,使整个工艺流程发生了革命。1956年4月,在芝加哥召开的全美广播业者会议上,安培克斯公司展示了使用4个旋转磁鼓的2英寸磁带录像机,这种录像机画面效果与直播电视相比,几可乱真。这个发明顿时引起轰动。

录像机结束了大多数演播室的直播节目。电视变成以录制节目为主的媒介了。1956年11月,CBS首先播出第一个录像节目——《爱德华兹新闻评论》。到20世纪60年代初,美国各大电视网均已使用磁带录像机,而淘汰了低效的电视屏幕录像机。从此,地方电视台不必实时转播电视网的节目,电视节目实现了表演时间和播出时间的区别,制播分离开始了。

轻型摄像机和可移动式录像机的结合产生了电子新闻采集设备(ENG)。ENG使所有采用胶片方式的电视新闻都过时了。ENG和卫星通讯设备相结合,又产生了卫星新闻采集设备(SNG)。20世纪80年代以来,ENG和SNG被广泛应用于对新闻和重大事件的同步报道。借助卫星,新闻实现了全球的即时传播。

日本在录像机的研制方面后来居上。1959年9月,东芝公司公布了采用斜切线的螺旋式录像技术。其实,安培克斯公司早就发明了一种斜切线的方式,但为了保护其原有的横切线录像工艺的市场,安培克斯公司决定将发明秘而不宣。然而最终,日本发明的双磁头斜切线方式取代了美国的4磁头横切线方式,成为专业录像机新的普遍标准。

在录像机市场上,日本并非唯一的赢家,它遇到一个强劲的对手——荷兰的飞利浦公司。1972年,飞利浦公司推出了可录制1小时节目的卡式录像带,还发明了可以随时录制电视机中正在播放节目的录像机,从而敲开了家庭市场的大门。1976年,日本胜利公司也推出了家用型录像机,一卷卡带可录两小时节目,正合乎录制1.5小时电影的要求。70年代,盒式磁带录像机进入家庭。1986年,世界电影业从盒式录像带获得的收入首次超过了影院票房收入。1980年,索尼公司推出

8毫米磁带摄录像机,摄像机开始走入家庭,成为日常生活的记录者。这是当今网络上用户生产内容(UGC)的起源。

其后的录像技术和设备是激光视盘(VCD)和数字式激光视盘(DVD),它们是大工业企业的产物。纪录媒介的参与改变了广播电视播出的形态;音像设备悄悄改变着媒介传播的整个格局,也带来很大的文化冲击。如今,一代代新的电子媒介还在不断发明,为人们带来日益接近完美的视听享受。

二、彩色电视和高清晰度电视

如果说,录音录像大大改变了广播电视的时空格局的话,色彩的引进则极大地改进了电视传播的视觉效果。彩色电视的图像更为逼真,表现力更为丰富,能给人带来巨大的情感冲击。高清晰度电视的开发则显示了电视质量朝完美方向的持续努力。同时,彩色、高清晰度电视也带来市场的变化和对生产者利益的冲击,导致激烈竞争。

1. 美国彩色电视制式的确定

20世纪40年代初,美国的两大广播网CBS和NBC分别完成了彩色电视的研制,并先后投入试验播出。NBC及其母公司RCA准备开发彩色全电子电视,但技术尚不成熟。CBS研制的"场描制"方法图像清晰,但采用的是机械系统。1950年9月,美国联邦通讯委员会(FCC)原则上认可了CBS开发的彩色机械电视系统。然而,CBS的系统有一个致命的弱点,即不能与业已占据市场的黑白颜色全电子电视设备兼容。于是,在RCA、NBC及其他无线电制造商的说服下,FCC又改变了主意,决定再次成立全国电视标准委员会(NTSC),以确定美国彩色电视的技术标准。1953年,委员会建议采用RCA-NBC开发的"点描制"系统,作为美国彩色电视的技术标准,这个彩色全电子电视制式可以兼容原有的黑白电视标准,全名是"正交平衡调幅制",后来又称NTSC制。它于1953年12月17日获得FCC的确认,1954年,NBC正式播放彩色电视节目。此后,彩色电视制式之争由美国国内转向国际范围。

美国的彩色电视制式在世界上引起了轰动。美国还劝说它的一些追随者采用了美国的彩色电视制式。但美国制式出于兼容的需要,技术上过于迁就黑白电视,其色彩并不令人满意。于是,此后世界各国纷纷开发彩色电视,先后研制出的制式有20多种[①],尤其是在美国技术基础上改进的法国和德国制式,研究进展神速,优

---

① 在"文化大革命"中,中国也曾研制彩色电视制式。

势非常明显。

2. 彩色电视制式的全球竞争

1958年,法国在美国 NTSC 制式的基础上开发出"顺序传送和彩色存储制",即 SECAM 制式,它在防止高山和建筑物对图像色彩的干扰方面大有改进,但对黑白电视的兼容性能却有所下降;此外,它还需要占用较宽的 14 兆赫频带。1963年,德国也在 NTSC 制式的基础上研制成"相位逐行交变制",即 PAL 制式,这种制式的优点是传送范围广,保真度高。

彩色电视设备拥有广阔的市场,谁的制式能在世界上通用,谁就能获得丰厚的利润。因此,经多方淘汰最后剩下的美、法、德三家具有竞争力的彩电制式在全球范围展开了激烈的市场争夺,大队人马带着各种机器,到世界各地现场表演,竭力兜售。1965年,在国际无线电传播咨询委员会维也纳会议上,彩电之争达到高潮。美、法两国总统都亲自过问会议情况。此后,美国制式在欧洲处于劣势,法、德两国继续竞争。法国拉到了苏联加盟,并加紧在东欧等地推行 SECAM 制式。由于政治和外交因素的介入,法国制式曾一度占据上风,在1966年7月国际无线电传播咨询委员会奥斯陆会议上,赞成法国制式的有37票,联邦德国制式得16票,美国制式仅获8票。由于会议对彩电制式的推荐缺乏约束性,其后三方各行其是。1967年,PAL 制和 SECAM 制先后在欧洲投入实际应用。最终,全球的彩电制式形成"三分天下"之势:苏联和东欧国家采用了 SECAM 制式;西欧、北欧、大洋洲和非洲部分、亚洲大部分国家(包括中国)采用了 PAL 制式;美洲国家,还有日本、菲律宾、中国台湾等地采用了 NTSC 制式。

随着全球传播时代的到来,世界人民越来越不满于"三国鼎立"的割据局面。尤其是在欧洲,随着欧洲一体化的进程,彩电制式的藩篱势必要打破。1982年,英国首先提出"复用模拟分量"(MAC)的编码制式,得到欧洲各国的支持和采用。这是一种适用于卫星广播等新媒介的彩色电视传输通用制式。目前,世界上各种制式的彩电节目都可以通过电视制式转换装置相互转换。

3. 高清晰度电视的全球推广

经过20多年的研制,日本广播协会(NHK)于1981年首次展示高清晰度电视,立刻引起世界瞩目。高清晰度彩色电视的扫描线为1125行,是原 NTSC 制式525行扫描线的两倍多,每秒钟画面60帧,比以往的30帧增加了一倍,宽高比例为16比9,而不是以往的4比3,据说更符合人眼视物的要求。

在开发高清晰度电视的过程中,至少有索尼、东芝等11家大公司参与其事,日

本首相、通产省、邮政省也都给予了大力支持,而大小电视台则积极配合,显示了日本传统的"一致对外"的团队精神。也就是说,日本以其特有的国民素质和国家制度,保证了它在高清晰度电视研制方面先声夺人的地位。而在美国,如果政府部门参与工业界开发新技术,会遭到"不公平竞争"与"行业垄断"的指控,那是违反宪法的。

紧接着,日本紧锣密鼓地开始了全球的推销活动。然而出乎意料,日本得到的更多的是警惕、疏远、应对和竞争。美国工业界一开始还赞赏日本的发明;但是,各电视台一致反对采用这种被称为"缪斯"(MUSE)的日本制式,部分原因是 MUSE 制式与美国原来的 NTSC 制式不能兼容。用 MUSE 制式发射机播放的节目,普通电视机要安装一个昂贵的解码器才能收到,而图像的清晰度还在原先电视机的标准之内。

1988 年 9 月,RCA 和 NBC 向众议院电讯委员会递交了一份报告,提出在美国的高清晰度电视趋于完美之前,退而求其次,先以次高清晰度电视作为过渡。这种"重兼容、轻完美"的思路与当年彩电争议时的情景如出一辙。涉及民族经济利益,FCC 立即对此项原则表示赞同。

此后,美国开发的高清晰度电视采用了最先进的数字技术,不同于日本的模拟制式,从而后来居上。1996 年,FCC 决定,美国企业界集体合作研制的"大同盟"数字式高清晰度电视标准为美国的高清晰度电视标准。FCC 还规定了播出数字电视节目的时间表。1998 年 11 月 1 日,第一批 23 家美国电视台开始播出数字式高清晰度电视节目。

如果说美国在采用日本制式的问题上还曾有过犹豫的话,那么欧洲几乎是从一开始便坚定不移地拒斥日本独霸世界高清晰度电视市场的野心。在 1986 年 5 月召开的国际无线电咨询委员会会议上,由于拉拢美国成功,日本制式差一点就被推荐成为世界通用的高清晰度电视制式了,但它遭到欧洲成员的否决,功败垂成。

为了与原有的电视机兼容,欧洲广播联盟在实施高清晰度电视方案时采用的是渐进方式。1991 年,欧洲高清晰度电视联营集团"TV-1250"成立。"1250"是新制式的扫描线行数。参加这一联合试制活动的成员包括欧洲最有实力和影响的公司:荷兰的飞利浦公司、德国的西门子公司、英国广播公司和英国卫星广播公司、意大利广播公司、法国电讯公司等。当年在荷兰海牙举行的欧洲科技"尤里卡"计划会议确认,欧洲高清晰度电视以"高清晰度复用模拟分量"(HD-MAC)制式为唯一的标准制式,这是用于卫星直播传送的一种彩色电视制式,具备对欧洲普遍采用的 PAL 和 SECAM 两种彩色电视制式的兼容能力。

日本按既定方针,有条不紊地积极推进高清晰度电视。1989 年 6 月 3 日,

NHK通过卫星直播的第二频道每天在14:00时段试验播出一小时高清晰度电视节目,日本因此成为世界上第一个每天播出高清晰度电视节目的国家。不过最终,日本各界达成共识:模拟电视应该淘汰。为了解决骑虎难下的模拟制式遗产问题,在过渡阶段,日本致力于发展兼容数字与模拟两类制式电视机及其节目的机顶盒。

随着更广泛的数字化趋势,许多国家制定了向数字式高清晰度电视转换的基本方针。

三、卫星传播与线缆传播的发展

在改进电视内容表现技术的同时,科学技术专家也在探索信号的输送方式,孜孜不倦地寻求远距离通讯的途径。1945年,英国科普作家阿瑟·克拉克(Arthur Charles Clarke)在一份专业杂志上发表了题为《星际转播》的文章,最早提出了卫星传播的思想。克拉克因而被称为"通讯卫星之父"。克拉克的想法基于人们对微波特性的认识。由于微波是直线传送的,因此在弧形的地球表面传播的范围有限。如果将微波发射台的位置尽量提高,所覆盖的面积便相应扩大;如果能将微波站建在太空,其涵盖能力就将超过任何地球表面的转播站。克拉克设想,将人造卫星射入太空22 300英里(约35 860公里)处,由于此处地球的吸引力与卫星绕轨道运行时的离心力相等,就可以将卫星与地球之间的相对距离固定下来。而如果让卫星以同样的方向和速度与自转的地球一道运转,卫星就可以悬在地球上空,处于相对静止的动态位置,从而成为一座空中转播站。用三颗这样的卫星就能够覆盖整个地表,形成全球性的通讯网。克拉克的文章只为他挣得40美元的稿费,但其后却为业界创造了无与伦比的商业价值,并给人类带来巨大的福利。10多年后,克拉克的构想变成了活生生的现实。

1. 通讯卫星的发明

早在1946年,美国海军便无意中发现,他们打到月球去的一个雷达信号竟然被反射了回来。从1959年开始,美国海军干脆利用月球作为华盛顿与夏威夷之间通讯的中继工具。单纯反射而无控制能力的卫星被称作"被动式卫星",月球成了最原始的被动式通讯卫星。但是,如果用人类可以自由控制的人造球体传播信息,岂不更好?太空竞赛的时代来临了。1957年10月,苏联发射了"斯普特尼克1号"(Sputnik 1)人造卫星,这是人类征服太空的伟大创举。但"斯普特尼克"卫星的政治宣传影响远远大于实用经济价值。1960年8月,美国发射了一个被称作"回声1号"的大气球。与普通气球不同的是,"回声1号"的周身被包上了一层铝壳,可以

将声音和信号清晰地由一个地区反射到另一个地区。"回声1号"是被动式人造通讯卫星的始祖。同年10月4日,美国第一次成功地发射了主动式通讯卫星"信使2号",这颗实验性卫星既能接收,又能播发无线电讯号,引起举世瞩目。

主动式卫星实现了广播电视节目的远程传播。1962年6月19日,美国航空航天局(MASA)和美国电话电报公司合作发射了"电星1号",这颗位于600英里低空椭圆形轨道上的卫星首次成功地转播了电视信号。7月10日,反映美国、加拿大、墨西哥等美洲国家12城市居民生活的电视节目被传送到欧洲的巴黎和伦敦,再经欧洲电视网传送各国,估计约有1亿欧洲人观看了这个历时22分钟的越洋转播电视节目。此后,巴黎和伦敦又向美国回传了节目。不过,由于这个卫星与地球运行不同步,相对位置时时改变,美洲和欧洲每天最多只能通讯102分钟。1962年12月13日发射的另一颗非同步卫星"转播1号"原准备转播肯尼迪总统向日本人民的一次演讲,但他于1963年11月22日被刺身亡,日本人民首先看到的是关于这次悲剧的实况报道。

美国"同步2号"卫星于1963年7月26日升空,因当年2月发射的"同步1号"卫星失败而成为世界上第一颗同步卫星。1964年8月发射的"同步3号"是第一个圆满进入轨道的同步卫星。由于它位于太平洋国际换日线和赤道的上空,地理位置特别优越,因而成为第一颗固定的可以从事洲际电视转播的通讯卫星。1964年10月在东京举行的第18届奥运会便是经"同步3号"卫星将实况转播至美洲和欧洲各地的。这次奥运会是第一次用卫星转播实况的奥运会。

1964年8月20日,国际通讯卫星组织正式成立。第二年的4月6日,国际通讯卫星组织的第一颗国际商用同步卫星升空,名为"国际电讯卫星1号",又称"晨鸟"卫星。"国际电讯卫星1号"的发射成功,标志着世界进入国际卫星传播的新时代。过去,国际新闻影片必须利用飞机传送,手续既繁,时效又差。有了"晨鸟"之后,重大新闻即可进行实况转播了。1965年启用当年,"晨鸟"卫星便转播了72小时节目,其中最引人注目的,有英国伦敦经济学院学生史密森与美国副总统汉弗莱关于越南战争的越洋电视辩论;有在基辅举办的世界田径锦标赛;有美国的重量级拳王卫冕战等。1966年,电视转播增加到186小时,但使用"晨鸟"卫星的国家还是只有5个,每个国家只有一个地面站。1967年7月25日,欧美亚和大洋洲的14个国家利用卫星作了一次全球性的电视转播,节目名称是《我们的世界》,延续2小时,观众人数达3.5亿,这次全球电视转播使世界人民大饱眼福。此后,系列"国际电讯卫星"陆续问世,通讯能力百倍增强,转播价格大幅度下降。

通讯卫星最初是用于国际传播的。但是,随着卫星传播技术的不断改进,效益极大提高,成本日益低廉,在一些地域广阔、地形复杂、人口分布不均的国家和部分

地区,国内卫星也逐步成为一种普遍的电视覆盖方式。这种大面积覆盖的方式较之地波接力的方式更为简便、经济、可靠。此外,国际威望、政治影响也是发展卫星的考虑因素之一。于是,一些地域大国,例如苏联、加拿大、印度尼西亚、澳大利亚等,都积极建设国内的卫星通讯网。

苏联是第一个发射国内通讯卫星的国家。不过,1965 年发射的"闪电 1 号"后来成为覆盖东欧国家的国际卫星系统。加拿大于 1973 年建成了世界上第一个国内卫星传播网:1972 年发射的"阿尼克 1 号"卫星成功地将 12 条彩色电视线路及一万多条电话线路传送到边远地区,特别是少数民族聚集的角落。"阿尼克"(Anik)一词是加拿大北部因纽特人语言中"兄弟"的意思。1976 年 8 月,印度尼西亚委托美国发射了一颗通讯卫星——"帕拉帕 1 号",从而成为第三世界国家中第一个拥有国内通讯卫星的国家。在澳大利亚,1985 年发射了国内通讯卫星"澳星 1号",此后,几乎全部电视节目和一些广播节目都使用卫星播出了。美国最早发射的国内通讯卫星是 1974 年 4 月 13 日由西联公司发射的"威斯塔 1 号"。

通讯卫星传送的节目一般需要通过地面线缆进行发行分配。在直播卫星技术尚未完善和卫星设备价格高昂的时期,卫星和线缆相互结合的有线电视形式,是卫星电视重要的传播方式。

2. 线缆传播的进步

最初人们认为,线缆(在当时,主要是电话线)只是一种向私人住户提供通讯服务的技术方式。但是,在 20 世纪 30 年代,AT&T 公司的贝尔实验室完成了同轴电缆的技术改进,可以在同一条线缆上传送好几套不同的信号,特别是可以传送双向信号。于是,美国的广播网开始用电缆连接附属广播电台,用于联播共享节目。

在历史上,有线广播技术比较简单,大多是以电话线连接基层民众的单通道网络,不利于听众选择和反馈,却有利于政府动员群众。有线广播在社会主义国家使用比较广泛。

有线电视是以宽带同轴电缆或光纤网络在本地传送和分配节目的电视系统。它最初的功用是改善收视状况,扩大收视范围,这种电缆系统被称为"社区天线电视"(CATV),也称"共用天线系统"。此后,有线电视的功能大大扩展。与单纯转播节目的早期共用天线系统不同,有线电视台是提供节目服务的播出机构,播出的内容包括电视节目和音像制品,传送渠道则包括地面微波、线缆、空中卫星等。提供有线电视节目服务的多系统运营机构也常常被称为"超级电视台",以区别于传统类型的地波电视台。

随着有线电视技术的成熟和网台分工的明晰,有线电视的从业者逐渐分为网

络基础设施的所有者及节目传输者、频道节目的经营者、各类节目的制作提供者，它们有的是合并的，有的是分离的，越来越多的有线电视台采用卫星作为节目的主要传输渠道。

有线电视服务系统主要分用户每月缴纳少量接线费的"基本级"节目服务和用户缴纳基本费和某些频道专用费的付费电视节目服务。基本级节目常常带有广告。付费频道又分多个频道搭配订阅的打包节目、单个频道付费的整套节目和看一次节目付一次费的计次付费频道等多种。

（1）有线电视的诞生与发展

1949 年，有线电视最初出现在美国宾夕法尼亚州与俄勒冈州之间的多山地区。经营者在高山顶上设立天线，接收节目，然后将节目信号用电线传送至当地的各家各户。当时，由于美国处于电视牌照的"冻结"时期，新台不允许设立，于是将远处信号引进本地的 CATV 广受欢迎。加拿大的有线电视系统开办也较早，目的是转播距离不远的美国电视台的节目。

英国早在 20 世纪 20 年代就出现了有线广播。1936 年电视诞生后，有些地区因为位置偏远，经济效益不被电视开发商看好，迟迟看不到电视。于是，50 年代初期，有人尝试沿用广播的办法兴办有线电视。

为了保护无线播放的地波电视，早期各国法令大多规定，有线电视仅限于转播，禁止自行制作和播出节目。由于超高频电视、微波传送和转播台的大量发展逐渐改善了地面传送手段，长期以来，有线电视的发展一直处于低潮。

然而，随着电视制作和播出设备操作的简化和价格的低落，随着录像机等纪录媒介逐步进入社会和家庭，有线电视的优势日益突出。首先，它不受空中电波的干扰，具有清晰的传播效果；其次，它的频带宽，频道多，选择范围大；再次，它可以设计用来进行双向交流，根据用户的需求进行针对性的服务。于是，自 20 世纪 70 年代开始，随着各国广播电视政策的调整，有线电视迅速发展。

各国在发展有线电视事业时经历了各不相同然而大体一致的过程。美国由 20 世纪 60 年代的限制政策转变为 70 年代的开放政策和 80 年代的鼓励政策。联邦德国于 1976 年制定政策，开始让邮电系统按部就班地进行基础设施建设。日本是世界上电缆技术系统最为先进的国家之一，虽然不多的有线电视系统用户主要分散在乡村和边远地区，但大都采用光导纤维和星型分配系统，可以发展双向交流节目和各种专项服务。法国政府以国家力量推动有线电视计划的发展，并建立了高科技示范点。英国也逐步调整了市场政策，允许有线电视引进外资，自主经营。

然而，在世界各国中，有线电视最发达的国家，却并非电视事业最发达的国家，反而是那些地理或人口小国——它们往往与电视文化先进的国家为邻。加拿大是

地理大国、人口小国。比利时、荷兰是人口较少的地理小国。这三个国家分别与美国、英国、法国和德国接壤，越境电波不请自来。于是，它们以先进的技术设施从邻国引进节目，既方便，又经济。然而，便利的接收条件却抑制了本国电视行业的发展，并面临着削弱本民族文化特征的危险。

（2）欧洲国家有线电视的发展

芬兰的有线电视在欧洲处于领先地位。赫尔辛基电视台成立于1973年。1975年，它成为欧洲地区第一个全天播出定期节目的有线电视台。赫尔辛基电视台于1982年3月开始转播试播阶段的空中电视台节目，在欧洲是第一家。空中电视台是由媒介大亨默多克（Rupert Murdoch）创办的第一个立足欧洲跨国播出的商业卫星电视机构。

荷兰不仅电视技术先进、工业发达，拥有飞利浦等国际著名的电子工业公司，而且是欧洲有线电视最为普及的国家之一。比利时也是世界上有线电视最为普及的国家。不过，比利时有线电视网主要转播邻国的荷兰语、法语和德语节目。

相比之下，欧洲几个大国有线电视的发展反而要缓慢一些，其中原因，除了人口较多、地理范围更广、投资大、见效慢之外，主要由于本国的无线电视事业发达，市场处于相对饱和状态。无论是原有的电视广播媒介，还是政府，起初均反对有线电视的发展。特别是无线电视台，更是将有线电视视为经济威胁，千方百计阻挠其成长。

随着线缆的新技术潜力逐步被认知，20世纪80年代初期，各国政策开始改变。法国和联邦德国大致同时制订了有线电视发展计划。德国的有线电视规划完全由政府一手独揽，通过邮电系统加以推进，发展步骤也是照章执行，因而得以有条不紊循序渐进。至1990年，注重效率的德国人已将有线电视网扩展到60％的电视家庭，1995年，德国的有线电视用户绝对数量在国际上仅次于美国，居第二位。法国有线电视的发展则相距甚远，1990年，有线电视覆盖率仅达13％，用户总数不到40万。发展缓慢的原因，主要是80年代中期法国电视体制进行改革，地波频道大增，节目质量提高，而有线电视网节目贫乏，费用却高，缺乏市场竞争力。

英国情况起初与法国大同小异。英国于1984年颁布《有线广播电视法》，对有线电视进行规制。1992年公布的修订案中，正式允许有线电视经营电话业务，同时引进外资，充实因资金不足而陷于疲软的有线电视市场。此时，美国和加拿大的有线电视经营者正因国内市场趋于饱和，转而将资金投入国际市场，外资的进入有效地推动了英国有线电视的发展。至1990年7月，英国各大城市的有线电视经营许可证均各有得主，有线电视网开始加速扩展，但90％的资金依赖大洋彼岸的英国有线电视业受到美国经济形势的极大制约。

（3）美国有线电视的发展

美国政府的有线电视政策经历了由限制到开放的过程。早在 1968 年，FCC 曾通过了《收费电视条例》，但条件苛刻，如规定不得播出公开上映 2—10 年内的影片，不得播出连续节目，10％以上的节目必须是电影和体育以外的内容等。1970 年 2 月 2 日，FCC 公布了全面的《有线电视条例》，将有线电视正式纳入自己的管理范围，该条例规定，有线电视系统在转播无线电视台的节目和完成地方政府及社区机构规定的提供交流渠道的义务之后，如仍有空余频道，可以开办收费节目。但是，为了保护空中播放的电视，这个条例限制的规定仍然大于鼓励的政策。1972 年 6 月 16 日，FCC 发布了《关于建立国内卫星通讯网络的第二次报告和命令》，明确提出了"多数参与政策"，即只要拥有从事卫星通讯业务所必需的财政资格和技术条件，并且其申请符合公共利益，国内所有申办卫星频道的申请者均可获得批准。这项政策是 FCC 的 7 名委员以 4：3 的微弱优势勉强通过的，后来被称为"天空开放政策"，它是美国卫星-线缆电视的基本决策之一。1974 年，美国国内通讯卫星发射，从此美国进入卫星和有线电视传播的新时代。到 1996 年，美国有线电视网已经覆盖全国人口的 95％以上，有线电视的订户已超过全国电视家庭的 65％了。

卫星与有线电视相互结合，完全改变了人类的传播环境，带来了节目的丰富，也带来了内容互相重复，竞争异常激烈等问题。各国电视都力求办出独家的特色，也随时准备模仿他人的成功之道。随着技术的进步，电视传播开始采用直播卫星。

3. 卫星电视的突破

直播卫星指主要播放电视的广播卫星。它与一般通讯卫星的根本区别，是电视节目可以不必经过地面卫星站的中转而直接到达用户家庭。作为电视传播手段，直播卫星具有卫星传送的超长距离和节目不受地波干扰的高质量，因而成为电视传播的重要方式。

一般通讯卫星发射功率有限，多在 100 瓦左右。要分配给 20 多个转发器，信号强度自然不高。因此，低功率和中功率的通讯卫星需要社区共用天线或有线电视系统作为中介，才能到达用户家中。直播卫星的微波天线经过特殊设计，能对准一个特定的区域发射强力聚点波束，这种强力电波比一般卫星信号强 20 至 40 倍，所需接收设备自然小巧得多。后起的直播卫星大多采用数字压缩技术，一个频道可以播发多套节目。

（1）日本直播卫星的发展

日本在直播卫星的发展方面是先行者。1984 年 1 月，日本发射了世界上第一

颗应用直播卫星"百合花-2a"号。此后,NHK 开始进行试验性电视广播,向日本边远地区一些很难接收常规电视节目的地点传送节目。1986 年,"百合花-2b"又成功发射,NHK 用它播出第二频道的电视节目。到 1987 年 5 月,日本大约有 14 万用户接收卫星直播电视节目。

1987 年 7 月 4 日,NHK 开办一套 24 小时连续播出的独立卫星电视节目,这使 NHK 成为世界上第一个播出整套卫星直播电视节目的电视台。除了每天播出 10 多个小时的新闻节目(主要是国际新闻)之外,还有大量高质量的娱乐节目,其中音乐节目采用的是数字化技术。百合花-2b 卫星则主要用于新技术的试验,如高清晰度电视节目播出。经过两年的试验,1989 年 6 月 3 日,NHK 的卫星直播电视节目转入正式播出,且 24 小时全天候播出。

尽管日本在电视领域技术领先,资金雄厚,而且日本人与其他亚洲人具有相似的文化价值观和艺术欣赏标准,对开拓亚洲电视传播市场相当有利;但日本对在亚洲开办直播卫星电视节目一直持谨慎态度。主要原因是政治性的。例如,1989 年日本开办的两个全天候卫星频道溢播到韩国,遭到韩国的强烈抗议,认为它侵犯了主权,并对韩国人的思想和道德准则产生了有害的影响。结果,NHK 道了歉,并收缩了这两套节目的传送范围。

（2）泛欧洲传播的电视卫星

1980 年,德国和法国联合制订了一个电视直播卫星计划,决定在德法两国各生产一颗卫星,每颗传送 4 套电视节目,以覆盖整个欧洲。1987 年,联邦德国的高功率广播卫星 TV-SAT1 号刚刚进入轨道就发生故障,计划失败了。1988 年 11 月,法国阿丽亚娜火箭将法国实验性的 TDF-1 号卫星送入太空轨道,使它成为欧洲第一颗电视直播卫星。1989 年 8 月,联邦德国的电视直播卫星 TV-SAT 2 号卫星终于发射成功。同年,法国和德国开始合办欧洲文化电视台。

欧洲第一颗商用卫星于 1988 年 12 月发射升空。这个名为阿斯特拉 1 号的卫星在卢森堡注册,是一颗中功率通讯卫星。阿斯特拉 2 号卫星于 1990 年 10 月发射成功。1991 年,欧洲通过卫星传播的电视节目有 50 多套,除了可以采用碟形天线直接接收外,主要通过有线电视网转播,服务整个欧洲。英国卫星广播公司于 1990 年 4 月开始播出节目。当年 11 月,它与英国空中广播公司合并,共同播出付费的三套电影和体育节目、两套由广告支持的基本级节目。

（3）美国的泛美卫星电视

自美国 1974 年发射第一颗国内卫星"威斯塔 1 号"之后,在"天空开放政策"的鼓励下,以卫星频道传送、有线电视系统分配的各类节目公司应运而生。到 20 世纪 90 年代之前,美国已经使用着 30 多颗国内通讯卫星了,其中最著名的是休斯公

司的"银河"卫星系统,由多颗卫星组成,全部用于有线电视传播。美国于1993年和1994年分别发射了两颗电视直播卫星。1994年6月,美国直播电视公司和美国卫星广播公司各自开办了直接入户卫星电视节目。

美国把它的直播卫星网扩大到拉丁美洲。在美国的影响下,拉丁美洲卫星直播电视发展迅速。1996年7月,拉丁美洲直播电视节目首先在委内瑞拉落地。美国卫星直播业的发展促进了付费电视业的兴盛。因为有更好的技术、更低的价格和更灵活的市场策略,直播卫星节目从有线电视网中吸引走不少订户。

自20世纪70年代以来,借助高新科技的创新和发展,借助卫星联网的广播开始复兴,电视则成为众多媒介竞争环境中领导潮流的角色。进入80年代,电视技术领域发生变化,最主要的是高清晰度电视技术的提出、与通讯卫星相结合的有线电视媒介的发展和直播卫星频道的出现。90年代以后的广播电视融入更广泛的传播环境,加入数字技术的潮流,并奔向信息高速公路的前景。

思考题

1. 电视科技的革新主要表现在哪些方面? 各有什么特点?
2. 试评述纪录媒介、彩色电视、高清晰度电视、卫星和线缆传播的发展。

第四节　广播电视的发展趋势

一、网络传播

进入21世纪,数字化成为世界传播技术的主流。网络成为新的传播平台,对原有的大众媒介造成很大的冲击。传统的印刷媒介领域首当其冲,报纸、杂志、书籍迅速被互联网"大举入侵"。起初,因为科技和政策门槛较高,广播电视还处于相对"安全"的地位,但随着一代又一代的"新媒介"不断出现,并以不可阻挡之势攻城略地,传统的广播电视领地也被网络传播逐步蚕食。"打不败便加入",融合成为唯一可行的策略。

1. 互联网新媒介

互联网兴起于20世纪60年代冷战时期的美国,本来是为了防御敌对一方的核打击而刻意造就的分散性军事通讯网络。互联网最初的应用实验基地是美国的大学,而那里正是美国公共广播电视的大本营,其时也成为互联网民主生长的公共领域。从一开始,多中心、交互式互联互通便成为网络新媒介的突出特征。90年

代冷战告终,互联网走出军事和学术的"深闺",走入公众,迈向市场,开始了商业化的进程。此时,改革开放的中国也与世界一道,及时登车,加入了这个新的传播场域。

与信息时代的来临相应,随着高新科技的发展,各个国家都在进行传播市场政策的重建。美国政府于1993年提出的"信息高速公路"的设想,是以光导纤维为骨干的高速传输通道和数字化双向超大容量信息网络。

对电视而言,第一个具有威胁性的新媒介是联网电脑。电脑网络以其存储的巨大空间、传递的极高速率,对原有的大众传播媒介造成很大的冲击。特别是,视听者可以直接在网上听广播、看电视。随着光纤宽带网络投入应用,网上传播广播电视已非梦想。其次具有威胁性的是移动终端,特别是手机。随着21世纪移动互联网的出现和普及,用户在任何时候,甚至任何地点,都可以随意进入各种信息源,享受网上各种各样的服务。

值得注意的是,电脑网络将大众传播与人际传播结合起来,用户既可以接近公共消息渠道,选择、复制、增加甚至改变原有的信息,又可以随时进行人际沟通,即时交流。不仅如此,国际性的互联网还打破了国界。通过互联网,国与国之间已不存在完全的隔绝——每个人都可以连通整个世界。

与此同时,社交媒介的繁荣成为传播生态中最主要的影响因素,如基于美国学友网络的Facebook(中文翻译为"脸谱"或者"脸书"),自2004年诞生以来,在短短十多年的时间里,网上社群已经遍布全球。而2011年诞生于中国的微信,是专业的互联网公司开发的一个社交软件,以多样化的服务方式,借助中国超量的人群规模,成为国内甚至全球最重要的信息传播方式、娱乐方式和关系建立及维护方式。2014年春节期间,微信创造了一种"发红包"的游戏,一举获得数百万参与者,从除夕至大年初一,总计抢红包7 500万次以上,领取到的红包总计超过2 000万个。

2. 数字化与三网融合

数字化已经成为世界传播技术的主流。互联网广播电视传播的突破,就要归功于数字化多媒体技术,亦即集交互处理、信号传输和声像编码技术于一体的数字信息技术。多媒体技术的核心是统一采用数字方式综合处理及混合传送的媒体形态,可以将文字、图形、声像消息融于一体。通过数字化的方式,新型的电脑网络具有对各种形式信息的兼容性、获得信息的灵活性和传播双向的互动性。数字技术在广播电视中广泛运用于数字压缩多套卫星广播、数字地面电视广播、数字音频广播、有线电视数字播出和整合系统数据广播等。各种交互式付费点播节目、"自选电视"等受众参与的电视品种大受青睐。

　　无论是广播电视、电脑、通讯三大产业的融合还是多媒体电视的发展,都离不开数字技术的开发与应用,数字化的进程决定了广播电视业的发展方向。新闻的采访、编辑、储存、发布和传递的每个环节都在数字化的进程之中。不仅如此,电信行业、广播电视行业还认识到,它们通过入户及互动的途径,掌握着用户消费的"大数据",这是一个规模巨大、可以无限开发的大市场。

　　多媒体技术带来信息媒体间的竞争关系和融合趋势。20世纪90年代,美国的信息媒介之间开始出现大规模的兼并浪潮,美国有线电视和电话系统开始大力争夺宽频网。美国四大广播公司纷纷开办网上广播电视,开展联机型双向信息服务。

　　1996年7月,美国微软公司与NBC联手,开播24小时新闻和谈话卫星频道——微软全国广播公司频道(MSNBC)。该频道的新闻信息与专题报道还在互联网上并行播出。英国、法国、加拿大等国纷纷投入巨额资金,参与信息时代的竞争。欧美国家的"取消规制"运动使得传播媒介相互渗透,向外扩张的竞争能力大大加强。在亚洲,韩国、日本、新加坡和其他国家在媒介融合竞争方面也不甘落后。

　　"三网融合"是一个在中国流行一时的词语,指电信、广播电视和互联网的相互进入、统筹服务。在世界上,传输系统及其服务行业相互进入的这种过程,主要指电信、广播电视和有线电视的互相融合:传统广播电视的基础设施为无线网络,如微波线路;电信线路包括有线电信网和卫星通讯网;有线电视网络则是后起的以城市为基础的电视节目光纤传输网。多媒介融合市场的目的是打破电子传播行业的条块分割;总体方针是增进市场参与和媒介竞争。在美国,这种相互进入的过程开始于20世纪70年代,政策奠定于90年代。

　　美国自从1996年电信法案打破了电话、广播电视和有线电视之间的行业壁垒以来,相互进入和市场兼并成为常态。英国、法国等发达国家也大多以法规和政策的方式推动电子媒介及其传播渠道的多元融合。由于市场已经开放,进入各种网络的有Triple Play(三种媒介)或者Quad Play(四种媒介)的经营者,亦即多系统运营商(multiple systems operator)。

　　移动互联的技术发展速度惊人,短短十年间,网络基础设施在信息技术发达的国家遍地开花。这一次,中国搭上了新技术的快车。2010年,中国国务院决定加快推进电信网、广播电视网和互联网的三网融合政策。2015年9月4日国务院办公厅发布"三网融合推广方案",确认了三网融合政策的实施,从而使长期以来争论不休的广播电视和电信行业的"双向进入"问题尘埃落定。

　　3. 网上视频传播

　　进入21世纪,新技术媒介导致了广播电视的融合发展和数字化转型,广播电

视开始大规模地通过网络传播。

针对大众的电子传播媒介经过了广播、窄播和个体化传播三个明显的进化阶段：首先是广播电视对非特定受众实施单向传播的大众化服务阶段，以统一生产、大量消费为特征；其次是以有线电视、卫星电视的受众日益分化为特征的"窄播"阶段，呈现为兴趣指向和消费结构各不相同的受众群体服务的特征；第三是网络化媒介按照用户个人选择提供相应服务的"订制型"阶段，表现出为"单个化受众"提供特定视频服务的特征。不同阶段的广播电视可能同时并存，但从传播主体、传播手段、呈现方式、财源结构、收费方式、受众特点、服务形态、节目编播以及节目制作等方面都发生着深刻的变化。

例如，美国奈飞(Netflix)等公司推出的《纸牌屋》成为运用大数据成功策划、网上热播的电视剧。2013 年 2 月 1 日，《纸牌屋》第一季以流媒体网站一次推出全本13 集节目的方式，将整部电视剧"一股脑儿"放在了网上。《纸牌屋》不同于在电视上播出、需要剧迷们守着"追"看的传统电视剧，而以付费播放的方式随时在网络上收看，口碑和收视率均大获成功。此后，许多预计成功的电视剧均采用了首先在网络传播的方式；有的网络电视剧则采用加载广告的方式提供网上点播收看。

进入新世纪之后，借助新传播技术，美国开发出两大类代表性的网上视频传播方式，一种是"YouTube"式，也称分享式，其基础是互联网用户上传与分享个体生产的内容，以鲜活接地气见长；另一种是"Hulu"式(来自中文的"葫芦"与"互录"的音译)，是由传统广播电视经营者提供的专业化高品质节目，背靠长期积累的优质库存。两种方式各有所长，均能满足各种消费者的不同需求。其中，基于传统媒体优势的"Hulu"方式已经在付费点播的基础上迅速实现了盈利；而更能代表互联网民主和分享特点的 YouTube，虽然名声更响，却还在摸索有效的营利模式。

二、全球传播

不断进步的技术更新导致全球、世界各地区、各国和各个地方的网络交叉覆盖、多向流通的新的传播景观，世界进入国际传播的新时代。按照流行的语汇，这种跨越国界、志在覆盖全球的传播方式被称作"全球传播"。在全球传播中，广播电视奋勇当先。

网络基础设施创造了一个全球的"即时世界"，从此，广播电视进入跨国传播的新时代。各种合法和非法的越界传播现象，包括世界性的、区域间的合作机构，一些国家"溢播"节目甚至"盗用"内容的行为，都使广播电视不断冲破政治、经济、社会的藩篱，麦克卢汉关于"全球村"的预言正在变为现实。

但是，高新科技也导致对"特洛伊木马"效应的警惕。由于涉及国家和民族利

益,经济的、技术的问题往往演变为政治的、文化的争议。体量较小的国家结成地区性的联盟,使得地区性传播成为顺应全球化的另一种方式。

1. 全球传播与广播电视

全球广播电视的传播形式多种多样。有商业性的基本频道或者付费频道,有专为散在世界各地的某一语言文化群体服务的商业性全球频道,有为居住在国外的侨民服务的国际电视节目,也有从事国际宣传的广播电视,等等。全球传播的内容也十分丰富,包括国际新闻流通、全球娱乐信息流通等,其中卫星电视的跨国播出和影视产品的全球流通是当今全球传播最令人关注的现象。

全球传播的时代,是电视的时代。这是因为,电视使传统媒介与新技术相互结合,不断突破视听疆域;电视是新闻、意识形态和娱乐性传播的集中体现,其作用广泛而强大;就受众的规模而言,在世界上各个国家,电视都是影响最大的传播媒介。但是,如今从事全球传播的主要不是传统的电视,而是新型的电视——卫星直播电视和卫星与互联网、有线电视等其他方式相互结合的综合传播系统。

新型电视发展了传统电视的特长,是一种可以借助非语言方式传播的媒介,它采用一种人类共通的视觉语汇来表现生活,因而在克服国际语言障碍方面比广播优越,更胜于报纸。电视传播主要采用新闻、纪录片、电视电影等直接诉诸视听感官的声像节目形式,具有强烈的文化感染力。

（1）美国有线电视新闻网的全球发展

1980 年 6 月 1 日,全球第一家全天 24 小时播出新闻的商业性美国有线电视新闻网(Cable News Network,CNN)诞生于一片怀疑与嘲弄声中。没人相信观众需要成天不断地收看新闻,甚至有人用鸡汁速食面连锁店(Chicken Noodle Network,缩写也是 CNN)来取笑 CNN。

十年后,CNN 的电视覆盖面已达美国全境的 98％,收视率与美国三大广播公司已不相上下。在国外,许多饭店、旅馆、大使馆、商业机构、证券交易所都订购 CNN 的新闻。到 1985 年,CNN 首次盈利。

CNN 成功的途径其实非常简单:24 小时播放新闻,播放新闻事件的现场实况,随时播放最新的消息;但作为全球传播媒体,CNN 的特色是国际新闻,一系列国际政治事件为 CNN 提供了千载难逢的成功机会。1983 年,CNN 报道了韩国航空公司 007 号班机被苏联空军击落、美国在贝鲁特的海军陆战队司令部被炸和美军入侵格林纳达的消息。1984 年,CNN 开始在美国民主党和共和党全国代表大会的会场分别设置了实况转播室。1985 年,CNN 连续 17 天报道美国环球航空公司被劫机一案。1986 年,美国航天飞机"挑战者"号升空失事爆炸,CNN 是唯一在

现场进行报道的电视网。在 1989 年动荡的岁月里，CNN 更是不遗余力地转播北京天安门广场的政治风波、欧洲柏林墙的倒塌和罗马尼亚的政治动乱。CNN 影响了事件的急剧变化，并使 150 多个国家的观众成为历史现场的见证人。它在同一时刻向全球提供同一信息和供讨论的同一话题，使人们获得相通的情感和"同为一体"的强烈感受。在 CNN，禁止使用"外国"一词，而以"国际"一词取而代之。

CNN 的创办不仅改变了新闻传播的世界格局，而且改变了国际政治、经济和外交活动的方式。1989 年年底，苏联谴责美国入侵巴拿马，有关人员先给 CNN 驻莫斯科的办事处打电话，向 CNN 记者宣读了谴责书，然后才通知美国大使馆。

CNN 是最早采用手提式上行卫星发射设备的新闻网，这种名为 SNG 的装备保证了 CNN 在 1991 年海湾战争时期通讯系统中断的情况下，仍然能够从伊拉克发回最新消息及其图像。作为留在炮火中的唯一西方电视机构，海湾战争使 CNN 名声大震。当时，得知伊拉克发射了"飞毛腿"导弹，美国国家安全事务助理立即将电视转到 CNN，看导弹在哪里着陆。

得益于 1989 年至 1991 年的世界政治、军事形势，占尽先机的 CNN 逐步在全球站住了脚跟，建立了欧洲台、亚洲台和拉美台。从此，世界重大的政治外交活动、国际突发事件甚至战争场面，都可以栩栩如生地、实时地展现在世界人民面前了。但 CNN 遇到来自英国的 BBC 等世界级对手的有力竞争，也遇到了来自美国本土各大媒介机构的强大挑战。

（2）电子媒介的全球角逐

到 20 世纪 90 年代中期，CNN 已经不能独领风骚了——它的同行和对手都已醒悟过来，并行动起来。此时，盈利数亿美元的 CNN 使得其他传媒公司再也按捺不住利润的驱动。各大电视网争相开办 24 小时新闻频道，一场广播电视的激烈角逐在全球范围内拉开序幕。

在 1995 年 12 月全国广播公司（NBC）和微软公司（MS）宣布合作开办 24 小时有线电视新闻频道（MSNBC）及其网络版之前，美国广播公司（ABC）与"美国在线"（AOL）、默多克的福克斯（FOX）网与美国最大的有线电视经营者电讯公司（TCI）刚刚宣布类似的计划。自 1995 年 8 月 CNN 被时代华纳公司兼并后，线上线下传媒公司经历了眼花缭乱的兼并重组浪潮。

1990 年 10 月，美国新闻总署成立广播电视局，下属机构有美国之音和电视电影处等，其中电视电影处主管世界电视网的节目发行。1989 年 5 月，法国开始对非洲传送卫星节目，到年底，已有 24 个非洲电视台固定收转。

BBC 于 1987 年开办了 BBC 欧洲电视台，1991 年 4 月改为 BBC 世界电视台，开始对亚洲和中东地区进行电视广播，一年后它的信号到达非洲。1995 年 1 月，

BBC世界电视台开办24小时娱乐频道,同时开办新的24小时国际新闻和信息频道——BBC《世界》频道。《世界》频道采用商业化经营,自称将以真正全球性的观点报道国际时事。1995年2月1日,《世界》频道进入美国。中国中央电视台(CCTV)于1991年10月向亚洲播放第四套节目。1991年11月,中国香港地区的卫视中文台开始每日24小时向中国大陆和台湾地区,以及日本、韩国、东南亚等地播放信息和娱乐节目。

与侧重宣传性的国际广播不同,采用新技术的广播电视大多是集信息和娱乐为一体的文化传播,致力于培育一种对本国友好亲善的关系,并向世界展示本土的文化。跨国媒介的全球电视则主要以提供服务、满足需求的手段达到商业盈利的目的。

2. 区域性电视的跨国传播

在新媒介的冲击下,人们发现,传统的国家概念发生了部分变化,电视节目的"籍别"不再仅仅以国家为标准了。跨国节目市场作用增强。最早顺应这种变化并积极对策的是欧洲。

(1)欧洲的区域间无疆界电视

随着大容量线缆、卫星直播等新的媒介方式的发展和运用,在欧洲,一个国家的电视节目在许多国家都可以接收,以多国观众为对象的电视机构也迅速增加,这使得新老经营者都卷入了竞争。欧洲人很快意识到,进行泛欧广播要比单个国家开展卫星广播更为可取。

泛欧电视广播是整个欧洲统一进程的一部分,合作的途径集中于卫星广播。1989年3月,有23个成员国的欧洲委员会拟订的《关于跨国电视广播的欧洲协议》在没有反对票的情况下获得通过。同年10月3日,欧洲共同体通过了有关电视越境广播的指令。此后,采用法语的电视五台(由法国、瑞士、比利时等国合办,后加上加拿大)、采用德语的三星电视台(由德国、瑞士和奥地利三国合办)纷纷出现,旨在弘扬本语言族群的文化。

欧洲视听政策最初以强烈的文化动机为表现,但事实证明,经济因素始终占据重要位置。欧共体是一个经济组织,在文化事务管理中缺乏必要的国家权威性。所以,它更强调经济行为的一面,即市场行为。

泛欧广播的商业卫星机构和卫星系统有多个,其中最主要的是位于卢森堡的阿斯特拉欧洲卫星系统。卢森堡广播公司(CLT)是欧洲主要的广播机构,它位于欧洲大陆的有利地理位置,并且最大限度地利用了这种优越性。经营阿斯特拉卫星系统的欧洲卫星公司创立于1985年3月,由欧洲各大银行和商业机构共同投

资,总部设于卢森堡。1995 年 12 月,阿斯特拉成为在欧洲率先开始数字服务的卫星,商业上极为成功。

（2）亚洲的跨国卫星电视传播

在 20 世纪 90 年代以前,除日本以外,亚洲国家的电视节目都是用地波传送的,每个国家最多使用 3 个全国广播频道,而且媒体以国营广播机构为主。各国的卫星广播主要是面向国内的,越境广播被认为"文化侵略"。

1990 年,中国香港地区政府批准和记黄埔有限公司、中国信托和投资公司、香港大东电报局组成合资公司,通过"亚洲 1 号卫星"经营泛亚洲卫星电视广播服务。1991 年 5 月 15 日,香港的卫星电视台（Star TV,后起中文名"星空卫视"）开办,从 10 月开始每日 24 小时播出。星空卫视最初使用两个转发器,以中国台湾地区和印度为目标发射北南两大波束信号,共播出 5 个频道（体育、音乐、中文、新闻、合家欢）的节目。向北用的是 NTSC 制式,向南用的是 PAL 制式。除中文台用国语广播外,其余四个台都用英语播音,因为香港当局要保护原有电视台,所以禁止卫视台在三年内使用广东话播出。直到 1994 年卫视台才获准开办广东话节目。香港卫视台起初以亚洲百分之几的上流阶层为对象,不加密,不收费,只要安装大型卫星天线即可收看,经费来源主要是广告。它的覆盖面是东到日本,北到蒙古,西到土耳其,南到印度尼西亚的广大亚洲地区。

1993 年香港卫视台发展迅速,观众已遍及东亚 40 多个国家和地区,主要观众在中国大陆及台湾地区和印度。当年 7 月,默多克出资 5.25 亿美元,控制了星空卫视 63.6% 的股权,成为它的最大股东。默多克控股后,星空卫视台从泛亚传播改为按照特定地区和不同语言编排节目、采取针对性服务的政策,并向收费的方向发展,主要目标地区是 5 个:印度、中国大陆和台湾地区、印尼和日本。默多克采取灵活的商业政策,竭力与各目标对象区域政府合作。由于中国政府抗议 BBC 的新闻节目,1994 年,卫视台将北部地区节目中的 BBC 国际新闻和时事节目停播,改为电影台,由免费变为加密收费,成为第一个收费频道。1996 年,随着中国和英国关系的改善,BBC 节目重返星空卫视台部分频道。星空卫视台最重要的贡献之一,是修正了亚洲人对跨国传播的传统观念。人们对国际传播的看法开始从"文化侵略"的反面看法转变为"信息传播"与"文化交流"的积极观点。

1996 年 3 月 31 日,采用普通话播出的泛亚凤凰卫视台开办对中国大陆的电视广播,并很快在中国大陆取得引人注目的商业成功。最初,今日亚洲有限公司和默多克新闻集团下属的星空卫视在凤凰卫视中各占 45% 的股份。

在谈论香港卫视台的时候,人们不能不谈及它的最大股东默多克,也很难不谈到他的全球战略及经营管理思想。默多克 1931 年出生于澳大利亚,从父亲手中继

承的只是一家澳大利亚的地方小报。他真正涉足广播电视业是1985年从美国开始的。为了获准进入美国市场,他不惜加入美国籍。默多克在五大洲广播电视市场都拥有庞大产业。他还创办了美国第四大电视广播网——福克斯广播公司,在英国空中卫星广播公司拥有40%的股份。

默多克追求从软件到硬件的纵向一体化,并极力扩大市场规模。他追求新技术,总是与最有力的竞争对手合作。在全球化战略中,他能够很好地适应当地的政治、文化背景,他对各国放宽限制的前景有极强的预见性,认识到亚洲国家终将打开紧闭的传播门户。

有星空卫视台领路,跨国传播公司纷纷于1992年开始向亚洲地区进行卫星广播。"亚太1号""亚洲2号"卫星相继升空后,又为亚洲电视业的发展带来新的机遇。在亚洲,最重要的卫星系统是"帕拉帕"卫星、"亚洲"卫星和"亚太"卫星。

亚洲第一颗电视卫星是印度尼西亚的"帕拉帕1-A号"卫星。它于1976年发射后,一直用于覆盖本国,可以覆盖印尼4万多个岛屿。第二代B系列"帕拉帕"卫星开始在亚太地区进行国际服务。1992年4—6月,美国ESPN、CNN和HBO等卫星频道利用"帕拉帕"卫星进入亚洲电视市场。

亚洲卫星公司由英国、中国大陆及香港地区的三家公司共同投资,各承担三分之一的资本。1990年4月,"亚洲卫星1号"由中国的长征火箭发射成功,它的全部24个转发器都用于电视广播,因此被称为"亚洲的阿斯特拉卫星"。中国中央电视台和几个边远地区的地方电视台是亚洲卫星的早期用户,但"亚洲1号"卫星最著名的用户是星空卫视台。1994年6月,拥有24个转发器的"亚太1号"卫星发射。ESPN、CNN和HBO又纷纷转向"亚太1号"。亚太卫星公司70%的资本属于中国,上行和下行线路由中国邮电部管理。

在亚洲,中国是地区性的卫星大国。中国于1985年开始使用国际通讯卫星传送国内电视节目,从90年代后期开始,中央电视台、中国教育电视台、省级电视台的卫星节目都上了星。

亚洲是世界上差异最大的地区。亚洲地区存在不同的政治和经济制度,不同的民族语言、文化、宗教、习俗,以及对卫星不同的需要和愿望。亚洲卫星的数量、节目套数及卫星电视用户的增长数目在五大洲名列前茅。但是,与欧洲协调统一的政策相比,亚洲跨国信号的覆盖处于无序混乱的状态,节目传播呈复杂、多元的格局,亚洲各国对境外卫星电视所持态度也各不相同。当然,各国的政策都在变化之中。

孟加拉国、不丹和尼泊尔允许使用卫星天线。在一些海湾国家,如阿拉伯联合酋长国、科威特和阿曼,使用卫星天线也是合法的。从一开始,日本的政策便对卫

星不予限制。泰国、印尼和菲律宾已批准开放天空。印度允许外来电视，同时又态度明确地表示要击败外来电视。

中国大陆实行许可证制度。中国政府未完全禁止销售用于接收国内卫星节目的碟形天线，并在一定范围内允许接收境外电视节目，例如三星级以上的宾馆和经过批准的有关单位，但不允许个人自行安装设备、接收节目。台湾的政策起初是法律禁止而实际非法转播不受限制，后来可在得到批准并交纳税款后使用卫星天线。巴基斯坦、老挝在得到批准并交纳费用后可以使用卫星天线。韩国、新加坡有控制地转播卫星节目。缅甸政府规定，政治家、外交官员和只有外国人居住的旅馆才可以安装卫星天线。

马来西亚起初和伊朗一样严令禁止使用卫星天线，但后来有限开放了外国卫星广播电视。1996年1月，马来西亚第一颗卫星"东亚1号"发射成功，马来西亚的环宇电视台开始播放国内媒介的广播电视节目。从1996年10月1日起，马来西亚允许人民有限制地接收马来西亚卫星"过滤"后的转播。马来西亚的节目审查标准是严格的，特别是对含有暴力、恐怖、性和反体制文化的节目更是严格限制。这些标准也用于审查外国节目。马来西亚卫星电视和广播公司在转播新闻时一旦发现政治上的不妥之处，立即进行技术处理——包括遮画面、剪声音等。马来西亚对娱乐、音乐、电视剧等频道也进行审查。广告除了商品宣传之外，还必须包括礼仪、勤劳等教育性和公益性的内容。由于马来西亚自己已开办卫星广播，马来西亚主张"由亚洲人向亚洲传送节目"。

三、市场化传播

随着卫星电视频道、有线电视系统雨后春笋般的涌现，对节目的需求量突然膨胀，影视产品市场火爆起来。以多频道为契机，以音像制品为媒介，国际合作拍片成为潮流，全球企业到处建立。而与全球市场相伴的，是国际媒介的兼并、融合趋势，节目市场经济机制的变化以及在商业环境中公共广播电视的生存危机。

1. 世界节目市场的形成与发展

早在20世纪20年代，美国好莱坞的电影已经普及世界大多数国家。意大利、法国、英国及德国的电影在世界市场上也占有重要地位。欧美五国垄断了世界电影市场。在欧美五国中，美国又是垄断性的输出者。在60—70年代，电视成为国际传播的主要市场。随着影视事业的发展，这种西方特别是美国垄断的形势有增无减。

（1）美国影视节目的国际流通

联合国教科文组织1973年曾委托学者对电视传播不均衡的现象进行过一次

研究,发现在国际传播中存在两个特点:一是电视节目大部分是单向流通的,由几个大的节目输出国向其他国家流通;二是这些流通的节目以娱乐类的节目为主。十年后再作调查,研究的国别有些改变,但情况出入不大。20 世纪 80 年代中后期,不仅发达国家与发展中国家之间单向流通的传播格局没有发生大的变化,一些先进的资本主义国家也感受到美国电视节目单向流动的威胁。加拿大和澳大利亚一贯是美国影视片的稳定市场,此时德国、英国、意大利和法国也都成了美国节目最热销的地方。

除了影视戏剧,美国和西欧国家也大量制作和发行纪实节目。专播纪录片的美国有线电视《探索》频道从 20 世纪 80 年代中期创办以来,已在世界各地赢得大批观众。拍摄纪录片所费不赀,只有财大气粗的大公司和规模巨大的全球市场才供应得起,但拍成的保留节目市场也很可观。成立于 1963 年的世界电视新闻社拥有世界上最大的新闻影片资料库,资料储存在伦敦、纽约和华盛顿。设在伦敦的环球国际公司是世界上最大的体育节目库存机构之一。美国档案影片公司除了出售资料片和相片之外,也从事电视片的制作,主要是传记片。这些节目公司资源丰富,利润惊人。

节目模式成为交易品。例如,CBS 热门的《60 分钟》节目模式出售到国外,澳大利亚、新西兰、泰国和俄罗斯在获得节目版权后,都制作了当地版的《60 分钟》节目。当然,最频繁的节目模式版权交易发生在一个新兴的节目类别——游戏类真人秀节目。在这个领域,美国未能一家独大。

随着全球广播电视市场的形成,为了顺应全球化的趋势,各国在节目政策和策略方面都出现了一些新的动向。

(2)加拿大取道欧美走向全球

由于受到美国最直接的影响,加拿大比较早地领悟到影视节目出口的极端重要性。于是,在 1982 年,加拿大"电视电影公司"成立。电视电影公司的前身创立于 1967 年,名为"加拿大电影发展公司",最初的目的只在于资助电影。因为美国一直统治着加拿大的电影市场,在加拿大,本国生产的电影只占 7%,其余绝大多数是好莱坞的产品。后来,政府认识到,电视才是更重要的媒介,也是唯一能为加拿大人所控制的传播系统。于是,在获得财政资助方面,电视得到与电影至少相同的地位。

1982 年加拿大"电视电影公司"成立之后,公共机构加拿大广播公司(CBC)的节目制作资金逐渐被转移给独立制片公司和独立制片人,它自己则由节目制作者变为节目购买者,制播分离渐成趋势。但是,CBC 支付的节目播出费从未超出节目成本的 20%;电视电影公司的资助也从未超出节目制作经费的三分之一。经费

的不足迫使加拿大电视制作业通过国际合作者获得额外的资金,并通过国际市场获得收益。

加拿大在国际合作方面经验丰富,与超过 30 个国家签订了国际合作的协议。加拿大与欧洲国家的合作常常采取"双生子"的办法,即制作两个国家各自的版本,相互允许发行和减税。加拿大以相似却又区别于美国的节目,满足了世界电视节目市场的需求。高质量的家庭与儿童节目、奇特的加拿大景观和动植物、"亲社会"的效果这些因素,使加拿大纪录片在欧洲,甚至在美国都获得了广泛的知音。使用着世界上最大的语种——英语,也帮助了加拿大电视节目的成功。依靠与美国语言和文化方面的相似性和对美国市场趣味的深入了解拾遗补缺,20 世纪 80 年代中期,加拿大制作的节目开始进入美国有线电视网,到 90 年代,加拿大成为美国有线电视最大的外国原创节目提供者,占其全部节目的 30%。加拿大通过进入美国这个世界上最重要的市场,通过与其他国家的合作而走向了世界。

（3）拉丁美洲电视小说出口强劲

在拉丁美洲,美国进口节目的垄断现象导致对"文化帝国主义"的批判,使那里成为"媒介帝国主义"理论的摇篮。但是,随着那一地区媒介行业的成熟,在批评美国向其他国家倾销节目的同时,拉丁美洲国家也积极将本国的节目制作业推向世界。

在拉丁美洲,媒介行业被极少数大公司主宰着,它们特别擅长制作南美洲的"电视小说"——这是美国好莱坞的肥皂剧与地域原创性杂交的成功流派。电视小说利用了拉丁美洲民族文化的接近性,以吸引拉丁美洲人;同时模仿美国肥皂剧中人性的普遍原则,走向了世界。

在拉丁美洲所有制作电视小说的媒介中,墨西哥的特莱维萨以先发制人的动作和经济、技术、经验及发行渠道等方面的综合优势独步一时。特莱维萨更多的是以节目制作公司而非电视网的面目出现的,它开办电视剧学校、经营音乐唱片和杂志出版业。在国际电视节目市场上,墨西哥的肥皂剧出口到 80 多个国家,节目销售占其总收入的 70%。委内瑞拉电视网是世界西班牙语节目最大的出口公司之一,电视小说占委内瑞拉电视网西班牙语出口节目的 85%。巴西的环球电视公司一直主宰着巴西的广播电视业,葡萄牙语电视剧出口数十个国家。

（4）日本致力于电视节目的输出

日本电视节目中的外国节目一般不多。进口的节目以美国和英国为主,内容主要为电影和电视剧,其次是动画片。日本观众普遍更喜欢国产节目。与日本节目相比较,外国电视节目很难进入市场前列。

一种早已有之但未必引起足够重视的节目形式,此时因为数字科技的创新而

成为世界流行的现象,那就是动画片,包括用 3D 方式呈现的动画片。漫画历史悠久的日本是世界的动画片生产大国。20 世纪 90 年代,日本加紧了对各国的电视节目输出,出口和进口的比例一度达到 8：1,输出对象主要是西欧和东亚各国,输出节目 95％以上为动画片。世纪之交,不仅日本的动画片出口持续强劲,电脑游戏节目又在世界上红火起来。在日本的影响和示范下,韩国的电视节目也在亚洲掀起了一阵"韩流"。

(5)韩国电视剧借助国家政策形成"韩流"

韩国于 1987 年走向民主开放,逐渐取消了单一公营的体制。20 世纪 90 年代,民营电视加入竞争,促进了电视业的发展。

长期以来,韩国经济以"发展主义"为理想,以产品出口为导向。但在 20 世纪末期的亚洲经济危机中,政府认识到,旧的经济模式已经失效,需要寻找新的经济增长点。在向"知识、信息强国"迈进的过程中,在"文化立国"的政策支持下,韩国的流行文化,特别是以青春偶像剧、家庭伦理剧见长的韩国电视剧被赋予重要使命,成为文化输出工具。

韩剧以"亚洲价值观"为号召,倡导尊老爱幼、家庭和谐的东方式社会关系,以符合西方流行文化的方式展示青年男女的浪漫爱情,被世界各国普遍认可,尤其在亚洲文化圈内获得了广泛的认同。韩剧之所以能够形成"韩流",除了跨文化的"东方策略"之外,还因为韩国采取了与众不同的市场战略,包括政府支持的产业政策,传播寡头对市场的有限垄断,文化界对消费时代大众文化趋势的敏锐把握,以及制作和播出、导演和制片合一的有效经营模式等。韩国电视剧最成功的地方是通过大众流行文化攻克了巨大的中国市场,包括港澳台地区,从而获得了规模经济效应。

(6)中国大陆、香港和台湾的电视共同市场

在亚洲电视市场中,最重要的是被称为"大中华文化圈"的电视市场。"大中华文化圈"是一个文化和历史的概念,其外围可包括亚洲部分地区和世界华人聚集点,但以中国大陆和香港台湾地区为核心。位于大中华文化圈边缘的新加坡、马来西亚,包括流散世界的华裔人群对大中华文化社群的影响力有限。

改革开放之初,大陆曾经是香港和台湾影视节目单向流通的市场,比较受欢迎的大陆节目只有表现民族文化和风光景物的纪录节目。进入新的世纪,随着大陆电视节目娱乐性持续加强,大陆市场的吸引力也越来越强,出现了一种反向的流动——港台演艺和制作人才纷纷北上,合拍节目日益流行。

2. 电子传播媒介的融合与竞争

数字化的文字、图像、声音开辟了娱乐、信息和通讯大融合的广阔前景。与此

同时,全世界通讯业和大众传播媒介行业都在合并,出现了前所未有的媒介整合的新浪潮。

（1）国际媒介的兼并趋势

自 1995 年夏季起,美国各大媒体企业间的大合并以及广播电视业与相关行业间的大融合引人注目,接连爆出大公司合并的特大新闻,所涉及公司之大、合并费用之高,为第二次世界大战后所少见。7 月 31 日,迪士尼公司以 190 亿美元资金与大都会-ABC 合并;8 月 1 日,西屋电气公司以 54 亿美元的资本与 CBS 合并;8 月 22 日,时代华纳公司以 75 亿美元的股份与特纳广播公司合并。一些规模较小的公司的合并消息也不时出现。

美国《1996 年电信法》通过之后,美国政府对电视业的管理规定大幅度放宽。广播电视业与电讯业、电脑业、娱乐业等多种行业的相互渗透与融合进一步加剧,打破了无线电视与有线电视、电视业与电讯业的传统领域划分。电话行业投资有线电视业,有线电视巨头又纷纷染指电讯、电脑业。印刷媒介也纷纷加入互联网络。2000 年 1 月,全球最大的互联网接入商美国在线宣布,以 1 660 亿美元的价格收购全球最大的传媒集团时代华纳公司,创下了传媒业跨行业兼并的历史纪录。然而,三年后,这家世界最大的媒介企业 2002 年亏损额达到 987 亿美元,又创下了美国企业有史以来最大的亏损纪录。

在欧洲,兼并的浪潮也在兴起。1997 年 1 月,卢森堡广播公司(CLT)和德国贝特斯曼公司的子公司乌发(UFA)公司正式宣布合并,成立卢森堡—乌发广播公司,成为欧洲最大的传播公司——它拥有 19 家电视台和 23 家广播电台,分布在 10 个欧洲国家。1997 年,法国新频道电视台兼并荷兰电视网,各自排名第 30 和 44 位的两个媒介机构合并后是欧洲第一大付费电视公司。

世纪之交,这种兼并和融合的趋势有增无减。这样的悲喜剧常常上演。一些超大型企业集团先后出现,加强了对媒介传播市场的垄断。经过这样的兼并,各种媒介相互渗透,人们再也分不清谁是谁了。

（2）版权经营与付费机制

在全球市场经济的时代,欧洲为适应越界电视广播的新形势,共同制定了跨国广播电视著作权的法规。随着卫星电视节目的发展,从 1993 年起,欧洲联盟国家开始制定版权协定,于 1993 年 9 月 27 日通过《部长理事会关于调整卫星广播及有线系统转播中著作权及与之相关的诸权利的处置规则的指导原则》,这个协定将欧洲视为单一广播区域,并在政策上与《伯尔尼保护文学和艺术作品公约》《保护表演者、音像制品生产者和广播组织的罗马公约》的规定相一致;欧洲委员会于 1994 年 5 月 11 日通过了《关于跨国卫星广播中著作权及邻接权诸问题的欧洲协约》;加上

1991 年 10 月生效的欧共体《关于无国界电视广播的理事会指导原则》和 1993 年 5 月欧洲委员会的《关于跨国电视广播的欧洲协约》,构成了比较完整的欧洲跨国广播电视的法制框架。

以往,人们一直认为,用于传送节目的卫星机构与使用权利人作品的广播机构属于不同的性质,节目的传播权归属于广播发射权,而不是卫星传送权。到 20 世纪 90 年代,直播卫星的节目可被视听者直接接收,卫星传播与广播的差别越来越小。于是,新的观念是:利用直播卫星进行的广播,当其波束超过一个以上国家时,著作权人的利益不仅在本国,而且还应在其他条约参加国中受到保护。有线系统在转播卫星节目时,有权采取不同的处置原则,做出或者接受、或者拒绝的排他性选择,接受的话,要向卫星频道付版权费,并由其转交著作权人。有线系统在播放其他国家的节目时需要事先获得著作权人的许可。

起初,为了培育收视市场和观众取向,发达国家对于版权持一定程度的放任态度。但在培养起受众市场及其收视偏好之后,各版权大国对协约的执行渐趋严格。随着数字化联网和多屏化收看方式的普及,除了传统的广告赞助之外,日益精准的对象订制和收费服务变成了通行的行业准则。

在数字化多媒介融合的时代,多屏化收视方式日益普及,电视媒介机构由单一式广播媒体转向复合型媒体。广播电视、有线电视和网络电视,各种媒介形态之间相互协作,在利益分配方面则各自独立。影视产品提供者可以利用服务的时间差扩大利润,从首映—租赁—计次付费播出—加密频道播出—基本频道播出—传统电视台播放,各个阶段均可产生价值。包括有线电视、网上音视频在内的广播电视收费方式逐步多样化。除了传统的广告赞助之外,有线网络系统分基本收费、打包收费,节目的计次收费、点播收费(亦即按系统收费、按频道收费、按节目收费和特别服务收费)等不同层级的收费标准。

世界商业广播电视的广告机制来自美国的创造。在早期,由于电波信号的接收效果难以测量,使得节目制作者和编播者只能通过间接渠道获取价值补偿。例如,欧洲国家普遍实行的是视听接收费的征税制。在美国,商业广播的创意来自电器制造商推销产品和电讯行业出售时间的思想,演化出美国"免费广播"的实践。在这种体制下,商业广播电视基本靠间接性财源——广告费——支持。

市场规模决定广告价格。美国的经验表明,市场越大,广告收入越多,越可以制作优质高价的节目,反之则只能生产廉价的节目。此外,受众人数越多,节目制作的人均成本越低,市场规模再一次起作用。所以,市场规模是关键。扩大市场规模的手段包括跨国传播、跨地区传送、长期反复重播节目和向个别用户专门播出节目等,竭力从空间上和时间上对市场规模进行扩展,从而达到获取最大利润的目

标。美国电视节目的全球目标就是为了最大程度地扩大市场规模。

但是，在 20 世纪 90 年代前后，情况发生了变化。网络环境下，跨媒介传送和多屏面收看的传播方式已经普及。此外，数字化的信息技术使得付费收看的精准模式渐成趋势——伴随全球化节目的，是直接收费的经济机制。在收费机制创新方面美国行动最早。一个新的多媒体时代的电视经营机制首先在美国出现。

世纪之交，美国的节目经营机制出现转变。自 1989 年起，美国观众直接负担的费用总额一直呈上升趋势。在整个财源结构中的比例，观众直接负担的费用 1989 年为 45.8%，1995 年上升至 56.9%。1991 年是个转折点，当年观众直接付费的比例首次突破 50%，而来自企业的广告费和赞助费用则降至 47.9%。这种强劲的势头表明，电视产业结构将向收费型转变，观众直接付费将成为视像媒介收入的主要来源。

中国电视观众长期习惯了免费的模式，而在版权机制尚不严格的网络时代也养成了免费追剧的风尚。然而，随着法治意识特别是版权要求的强化，官方传播媒体首先加强了版权管理；而随着网络付费的日益普及，在 2014—2015 年，中国受众的付费意愿和付费行为也有了明显的增加。据爱奇艺发布的《网络视频个人付费行业研究报告》的数据，2014 年年初至 2015 年年初，中国视频个人付费市场规模从 2.1 亿元成长到 5.9 亿元，年度同步增幅高达 178.1%，用户付费比例占比已达 11%[①]。

版权贸易在中国逐步规范化，由于相对比较便宜，网络媒体率先购买新剧版权，进行视频播出。新一代电视观众也开始乐意以可以接受的价格在网上先睹为快。围绕着版权和"扫黄"进行的打击行动，也整顿了市场秩序。2016 年新年伊始，法院对"快播"案例的审判，进一步对非法使用产品的行为敲响了警钟。

3. 公共广播电视的困境

自 20 世纪 80 年代"取消规制"以来，各国竞相开放私营电视，公营电视受到严峻挑战，处境日益艰难，这种困境尤以欧洲为甚。于是有人预言，始于欧洲的公共广播电视业最终将在其诞生地消亡。

展现在世人面前的欧洲公共广播电视模式具有其显著特点，它的经费历来由政府通过税款或拨款提供，或由公共团体捐助；它必须向公众提供内容广泛的各种信息，进行社会教育，制作大多数人喜闻乐见的文艺娱乐节目；它担负着将本民族

---

① 吴姗、张意轩：《长期烧钱撑不住　单一广告难持续　网络视频走出免费时代》，《人民日报》2015 年 11 月 12 日 14 版。

特有的文化发扬光大的使命。

某些公营广播电视在与其私营对手的长期较量中获得过重大胜利。它们获胜的途径,一靠国家法规的保护,二靠自身富有竞争性的实力。在英国,皇家特许的优越地位曾保证了英国广播公司(BBC)的成功。在联邦德国,较强硬的法规继续保障公营的电视一台和二台的主导地位,而且允许它们介入卫星电视的某些业务领域。在意大利,公营的意大利广播公司在插播广告的时间上享有宽厚的待遇,在上税时又享有极大的灵活性。由于意大利私营广播电视由传媒大亨贝鲁斯科尼所垄断,因此公营广播的竞争对手不是一群,而只有一个。

然而,对欧洲各国的电视业来说,80年代是一个商业意识被强化的年代。有些公共广播电视媒介走上了商业化的道路。法国历史最长的电视一台由公营转为商营后,立即将法国的公共广播电视事业,甚至连同其商营对手,都推入恶劣的处境。

除了经济压力,公共广播电视面临的另一种压力是"使命"问题。英国的BBC虽然被政府的白皮书称为广播电视业的"中流砥柱",但它与政府就节目审查制度和播出内容进行的一次次争论使本来就不和睦的关系加深了矛盾。德国和意大利的公营广播电视业则历来受到政党派系的牵制。

斯堪的纳维亚各个国家的公共广播电视历来享有垄断特权,但在少量商业电视卫星频道的冲击下,那里的广播电视节目也发生了缓慢的变化。东欧各国自20世纪80年代末期以来,一直处于动荡和混乱的转型状态之中,市场化、商业化和私营化是大众传播媒介最明显的趋势。美国始终是商业电视的天下,少量生存困难的公共广播电视只起到拾遗补阙的作用。

于是有人说,在21世纪市场经济环境中,公共广播电视可以退出历史舞台了。但更多的学者却说,需要改变的是公共广播电视的机制,而不是它的使命。公共广播电视牵制了私营商业广播电视的"唯利是图"取向,平衡了整个传播的生态环境,它的长期存在是毋庸置疑的。进入新世纪,以BBC为代表的公营广播电视在国家政策的持续支持下,也以积极适应市场环境的战略和策略,逐步站稳了脚跟。

思考题

1. 试述电子传播媒介发展的数字化趋势。

2. 世界广播电视节目市场有哪些特点、动向和趋势?

3. 在全球传播市场化的趋势中,公共广播电视会消亡吗?谈谈你的看法。

第二章 广播电视体制

从社会特征来看,广播电视是大众传播媒介。作为一种社会机构,广播电视诞生和发展的过程伴随着经济、政治、文化的持续变迁,也受到国家制度和法规政策的重大影响。

第一节 广播电视体制概述

广播电视体制是一国广播电视事业赖以建立和组成的所有制形式和结构方法。广播电视体制包括"制度"和"体系"两个部分,它既包含理念和法规的基础,又包含组织和经营的内容。广播电视体制主要取决于国家对广播电视事业进行管理的法律和行政规定,特别是广播电视事业的所有权和经营权;它也包括广播电视传媒机构组成的方法和遵循的路线、方针、政策。

广播电视是综合性的传播媒介,具有多方面的特性和功能。它们既是新闻传播媒介,又是文化教育媒介,更是娱乐消闲媒介。广播电视既可作为政治宣传的武器,又可作为大众沟通的渠道,它还是强烈依赖技术的传输工具。广播电视这种综合性的特征,使得对它的管理非常复杂,与传统的报业有很大的不同。

在世界绝大多数国家,电视(television)广播与音频广播(radio)一道属于共同的广播事业(broadcasting)的组成部分,广播体制和电视体制通常也是合二为一的。广播电视体制是在广播时代逐渐形成的;到了电视时代,广播电视体制逐步完备。后来,有线电视和卫星传播参与进来,形成与早期广播电视有很大差别的新型广播电视。与互联网结合的智能电视机、互联网广播电视及移动终端、移动电话(手机)上传播的广播电视节目,则是最近加入"组织"的新成分,它们带来了管治方法的新变化。

一、广播电视体制的起源与基础

自音频广播诞生以来,各国政府一直在仔细地研究这种新的传播媒介的特性,思考着对待它们的方法,包括法律规范、税赋征收、内容的检查控制和管理机构的设立。无线电爱好者广泛参与的开发过程奠定了广播的"民主"基础,规范广播的法制机器则在试验中逐步完备。

在广播诞生的初期,任何一个国家的广播体制和政策都面临着这样的法律问题:广播应当对社会承担哪些使命,提供哪些服务? 一般公众如何能够利用这个新媒介,又怎样介入传媒的活动? 传媒机构享有的自由有多宽泛,其限度在哪里? 等等。广播管理的问题也面临多种的抉择:广播对人民的服务究竟应该由资本进行市场运作,还是由国家监督、税赋支持? 是由私人投资者作为商业经营,还是由一个特许的公共机构实行独家垄断? 传播的权力是由国家直接操纵,还是由公众团体共同分享? 决策的核心问题是,当广播媒介过分活跃时,政府要有压制它的手段;在它不够积极时,要考虑推进它的途径。当然,最重要的一点是,要使广播持续发展,必须有支持它的经济机制和相应的传媒政策才行,必须使经营它的机构得以生存或有利可图才行。各个国家从自己的经验出发,对这些问题做出了不同的规定。多数西方国家,特别是欧洲国家,选择的是公共资金承担公共服务的广播体制;美国则做出了另类的商营选择;社会主义国家苏联及其东欧伙伴,也开发出独特的国营体制。

电视体制是在广播体制的基础上建立和发展起来的。当电视于 20 世纪 30 年代后期开始运作时,广播早已颇具规模。因此,电视体制从一开始便带有许多广播遗传的因素。然而,电视与广播又有很大的不同。广播开始出现时,是具有一定专业知识的业余无线电爱好者的天地,技术相对简单,成本相对便宜。而电视技术复杂,耗资巨大,一开始便在政府和大工业的财政和技术支持下,由专业技术人员从事开发。比较而言,广播更侧重文化教育;而新生的电视更偏向娱乐。因此,欧洲公共广播的理念首先就是在电视中突破的。

生产方式与社会性质不同,传媒体制便不一样。因此,对广播电视的法律和政策规定集中在经济机制上。但不同的文化传统和政治意识形态也有很大的影响。此外,确定广播体制的,还有许多客观的条件或偶发的因素。

1. 影响广播电视体制的先决条件

决定广播电视体制的,除了政治经济制度和社会意识形态之外,还有其他一些自然的和社会的先决条件。这些影响广播电视体制的因素有幅员、人口、语言、地

理（地形地貌）、地缘关系、经济发展水平、文化传统等许多种，且相互作用。

美国、加拿大、澳大利亚、中国、巴西等国的广播电视传媒在长时期内都是地方性的，因为这些地理大国无法保证广播电视以同等的方式覆盖整个国土。在俄罗斯和印度，统一的全国性广播电视节目在不同时区重复广播是一种理想的方法，因为这两个领土大国横跨多个时区。而在边界参差的奥地利，广播若要为全体人口服务，电波势必溢出到周边8个国家。蕞尔小国卢森堡从一开始便认识到，广播节目不可避免地会越境传播，因而它采取了跨国广播的政策——送货上门，向周边国家提供娱乐节目；同时，靠播出广告获取利润。

人口稠密的较小国家用于广播电视覆盖的费用较低，例如新加坡、荷兰。英国则由于苏格兰和威尔士地区地形复杂、人口分布不均，因而很难用统一的电视频道覆盖全国；但是英国采用等额的统一收费制度，尽管边远山区的覆盖成本大大高于从当地获得的视听费收入，但这些亏损可望通过覆盖大城市受众的财政盈余来补贴。

美国人口分布不均，所以产生了地方主义的广播政策：没有哪一个广播电视网拥有覆盖全国人口的执照。而且，按照个人主义的哲学信条，美国也不可能实行英国式的统一收费制度；因此，是由商营广播网与地方广播电视台在收费协议的基础上连接成网。卫星时代到来之前，在美国人口密集、资源丰富的地方，观众可获得数十个甚至上百个有线电视频道的服务。而在边远地区，只有少量的节目来源。

语言既是传播的利器，也是传播的障碍。欧洲以语言的多样化著称，特别是在一些小国家，人民精通多种语言的现象十分普遍。例如，卢森堡的官方语言有法语和德语；比利时通行佛兰芒语、法语和德语；荷兰人大多懂得荷兰语、英语、德语和法语，而分布在北欧不同语言地区、族群很小的拉普民族，广播电视播出的信号若要到达它的所有人口，就得覆盖整个斯堪的纳维亚国家。在尼日利亚，只有英语才能成为这个国家大众传播的通用语言；而所有土著居民，则另外使用几十种部落语言。采用不同语言的广播电视，既可以是一个文化象征，成为民族的黏合剂；也可能是分裂力量，导致国家支离破碎。

加拿大除了幅员辽阔和地形复杂的问题之外，还有一个由两种官方语言形成的社会障碍。加拿大政府早就认识到，在一个内部有裂痕，又深受强大邻国美国影响的国家，广播电视是将人民凝聚起来成为一个统一民族的最佳工具。此外，在地域广大、人口稀少的偏远北部，分散的印第安部落和接近北极的因纽特人还需要特殊服务。因此，加拿大将传播政策置于维持国家统一的首要地位。

在国际上，只有政府才能代表某个国家得到制定国际政策的参与权和分配各国频道的管理职责。于是在早期，建立全国性的广播电视机构，向人民提供统一服

务的思想应运而生。

2. 广播电视的"公共服务"概念

与传统的报业不同,从广播初创阶段起,人们就认为广播是"公共"的媒介,是应当严格管理和规范的事业。这和电波频率的有限性与电子传播范围的无边界特点有关。无线电和广播初创阶段电波信号相互干扰的历史将频率管理的需要提上了各国政府的议事日程;后来人们发现,电视对社会的影响极为明显。

从自然属性上讲,广播电视是技术性的通讯媒介。有人曾将电报、电话包括广播电视与汽车、火车等专事运输的交通工具相提并论,认为它们只不过是传送消息或节目内容的运载方式而已。这些运载工具在现代社会被称为"公用事业",它们所从事的活动被称为"公共服务"。于是,广播的"公共服务"概念便根据对它的"公用事业"的界定产生了。

然而,作为大众传媒,一旦进入人类的交流活动,广播电视事业便具有更多的社会属性。因此,各国也一致认为:广播电视不仅是一种物质载体式的公用事业,其传播活动更是一种媒介与人密切互动的文化行为。广播电视作用于广泛的社会领域,在日常生活中发挥着巨大的沟通与整合的功能,对它们的文化影响不能放任自流。于是,社会组织和各界人士便依其对广播电视形形色色的认识、观念、关系和权益,对广播电视及其自然和社会属性做出了各式各样的理解、界定、应用和评价。

各国的精英人士认为:广播电视频率是公共资源,广播电视传播是公民人人皆可享有的普遍权利。不过,由于电子资源有限,实施广播电视服务的便只能是被选中从事传播的专门机构,这些机构接受社会的委托,向人民提供服务。于是,"公共传媒"和"公众信托者"的概念便发展起来了。这些见解逐步流行,成为世界各国人民的共识。

然而,怎样进行这种公共服务呢?谁来担任这个"公共信托者"呢?答案产生了分歧。起初,英国和大多数欧洲国家的选择是在法律基础上建立一个统一的独占式公共广播体制,代表国家从事全国性的普遍公共服务广播;美国对"公众信托者"的概念有不同的理解,它认为商业经营也是一种普遍的服务方式,因而选择建立在广告基础上运作的商营广播体制。

二、广播电视体制的分类及特点

广播电视体制是传媒社会属性的集中体现。不同国家采取的广播电视体制,往往是由历史形成并在实践中逐步发展的。

在世界广播电视历史上,曾经出现过几种以国家为单位大致区分的广播电视体制类型,一种是私营商业占主导地位的体制,以美国为典型;一种是公共服务体制,以早期的英国和"二战"后的德国为标本,可分为英国式全国独占的广播体制和德国式地区分散的广播体制;还有一类是苏联式社会主义国营体制。几种体制各有利弊,没有一个国家的广播电视堪称完美。因此,几十年来,各种体制既互相竞争,又相互借鉴,融合、演变的结果是各国体制都已不属"纯粹",而具有多种异己的成分在内。其中,后期英国式的公共服务与商业经营大体平衡的"公商并营"体制成为新的体制模式,曾经在世界上十分流行。自 20 世纪 90 年代以来,随着全球化与媒介的兼并、融合,各国又纷纷转求美国的商业化经验。如今,在一个国家范围内,多种体制杂然纷陈已是常规的现象。

从本质上区分,广播电视体制可以分为公法制(公共服务传媒)、商营制(私营商业传媒)和国营制(公有国营传媒)三种不同的体制。其中,国营体制已经式微;公法体制面临严峻的挑战;只有商营体制呈上升趋势,但也在经历时代的考验。

1. 私营商业制(商营制)

在世界上,所有国家的广播在起源时期都经历过短暂的无政府状态。从技术方面说,由于广播来自电报、电话和无线电,又因为电气公司在行业发展中起到关键作用,因此,早期各国广播大多采用了公司经营、促销产品的商业模式。那时,广播节目是副业,是为推销收音机而附带经营的。其后,广告的采用使广播事业立足于稳定的经济基础上,产生了名副其实的商营制。第二次世界大战结束后,商营广播电视体制得到了巩固和发展。

在世界广播电视领域始终坚持商营体制的是美国。在美国,虽然也有少量非商营的公共广播电视机构,但它们在社会上影响不大,属于非主流的现象。私营商业体制是美国广播电视的主流,这种制度将广播电视的经营看作纯粹的市场行为。

在广播早期,美国便选择了广播电台的私人所有制。按照自由主义和民粹主义的传统,美国国会认为,广播不应当由政府经营。1922 年第一次华盛顿无线电会议对广播确立了三个基本的信条:第一,频率资源属于大众,属于全体人民;第二,由于广播频率有限,联邦政府应该在广播频带中建立秩序,管理和约束广播行为;第三,私人所有的电台也可以为公众利益广播,它们应该而且必须提供公共服务。这便是《1927 年无线电法》及此后所有美国广播电视法规所根据的美国"信托制"模式的来源。

美国广播体制的法制基础是 1934 年美国国会通过的《1934 年通讯法案》及其后修订的《1996 年电信法案》,其中都规定了"公众的利益、便利和必需"的准则。

同时,广告这种"人人有权进入,有钱便可进入"的操作方式,后来成为美国广播事业的经济基础。

美国广播制度基于自由主义的思想理论基础,其渊源来自资本主义上升时期的英国。自由主义思想是一种崇尚个人自由的意识形态,这种理论认为,个人不是受他人主宰的附属品,而是能够在矛盾的事实面前分辨真伪、选择好坏的有理性的动物。正如人人都有追求财富的权利一样,追求真理也是人类不能放弃的天赋权利之一。大众传播媒介被视为人们在寻求真理的道路上的伙伴,是传播消息(事实)与观点(思想)的自由市场。资产阶级的新闻自由理论是在反抗封建君主专制的斗争中发展起来的,具有极大的历史进步意义;但是这种理论忽略甚至认可在资本主义社会中由于财富的不平等而导致的人的权利并不平等这一基本事实。

尽管美国法律对商营广播服务于公众利益的可能性存在种种美好的设想,但在实践中,情况却是另外一种样子。对于使用公共频道资源"为公众利益服务"的广播者来说,广播执照实际上是一种经济和技术特权,而不是一种人人皆可享有的权利。执照制度确立并保护着电台、电视台私人所有者的产权,但对广播电视网的运作方式和节目内容,法规监督却极其有限。

在自由主义理论指导下,产生了美国独特的商营广播电视体制及其实践。传媒的频道资源虽然属于公共所有,但媒体的机器设备却属于私人财产。媒体以服务公众的义务换取使用频率的特权。然而,物质财富的差异导致经济机会的不平等。由于广播电视事业所费不赀,拥有传媒资产、享有传播权利的,只能是大工业和资产阶级。因此,私人所有的美国商营广播电视业实际上由少数人在支配着公众权利。

在"信托制"的名义下,美国广播电视自称服务于整个社会,服务于全体"消费者"。"消费者"是商业社会对人民的根本界定。商营广播电视的节目以娱乐为主,通过吸引大量受众注意的方式为广告客户提供商业宣传的机会,从而赚取高额广告费。

美国广播电视体系遵循典型的商业经营思路,基本是按商业公司的方法来运作的。因此,就经营而言,它的方法反而是最单纯的:那就是市场取向,利润驱动。商营媒体通过广播电视服务获取利润,它的经营目标主要是向广告主提供大规模的受众;而为了吸引和保持受众,又要向消费者提供娱乐性强的节目。因此,商营广播电视传媒的服务是间接的,也就是说,它是通过服务受众(提供节目)来服务广告主(提供消费信息接受者)的。"计算人头"的商营需要产生了专门的调查统计行业,以确认广播者与广告者之间买卖商品(受众)的资质和数量,商品价格(广告费)就建立在这些资质和数量上。广播网与附属台的交易、广播公司与节目提供者的

交易,也完全是按照市场供求关系以商业合同的方式运作的。

广播电视是美国市场利润丰厚的商营行业,也是美国社会中影响巨大的传播力量。当然,美国的商营广播电视也不是完全自由的,它要在法律允许的范围内活动,而不能随心所欲,为所欲为。在获取商业执照,即获得频道资源时,传媒公司必须承诺公共服务的义务,并接受资格审查。广播电台和电视台虽然不受美国政府的管辖,但必须接受法律的监管和规制的裁判。广播电视的经济自由度低于一般的商品生产。独立法规机构联邦通讯委员会(FCC)依法对广播电视及其他电子传播媒介实行行业管理。但这种管理是相当有限的,例如,对于最重要的节目内容,FCC 无权干涉,只能在公众投诉后由有关部门处理。

由于商营广播电视主要以营利为目的,基本遵循"利润第一"的原则,极力追求高收视率,因此节目内容只能针对最大多数人的较低趣味,娱乐漫无节制,具有突出"性"和"暴力"的"天然"倾向;加上广告成灾,因而受到很多批评。这种批评来自公众,来自各种利益团体,也来自政府部门——亦即传媒的所有使用者和消费者。

2004 年 2 月 1 日,在橄榄球超级杯赛文艺演出的压轴节目中,男歌星贾斯汀突然扯掉了女歌星珍妮·杰克逊的右侧上衣,使其右胸外露。CBS 虽然紧急卡掉镜头,但也出现了限制级画面。亿万美国观众顿时大哗,FCC 在短期内收到 50 多万份投诉信件。3 月 11 日,美国国会以压倒多数通过《广播净化执法法案》,经总统签署后成为法律。但另一方面,事件的两位歌手表面上声名狼藉,实际上名利双收。同时,几乎所有电视台都以播报新闻的方式不断播放这个露胸画面,招徕观众注目,不雅画面成为吸金利器。

即使是在资本主义世界,美国传媒追逐利润的纯自由经济做法也常常招致忧虑和不满。长期以来,欧洲资本主义国家大多没有照搬美国的体制,而认为它的经验是独特的,是无法奉行的。不过,商营电视的节目娱乐性强,生动活泼,吸引力大,富有经济效益。近年来,随着媒介全球化、经济混合化的进程,广播电视私营商业化的浪潮呈上升趋势。

拉丁美洲一些国家的广播电视受到美国的长期影响,它们大多是实行商营体制的。不过,在这些国家中,政府的控制较美国要有力得多。

2. 公共服务制(公法制)

公共服务性广播电视体制可以以西欧,特别是英国和德国为代表。英国对世界广播电视体制有两个最大的贡献,其一是创立了以英国广播公司(BBC)为楷模的公共服务广播体制;其二是树立了公共服务和商业经营并举的广播电视经营典范。而循规蹈矩、一丝不苟的德国,二战后则以最为彻底和分散的形式,实践了公

共服务的目标。然而，公共广播体制有一些内在的矛盾，它被规定的"非商业"和"非政府"性质为广播电视的资金来源带来疑问，并使公共传媒处于两难境地。

欧洲公共服务广播体制的基础来源于两个明显的传统：一个传统是电子传播事业的公用事业起源及其政策。自从16世纪以来，公用事业（例如邮政交通）一向遵循国家垄断的政策，并保持了丰厚的垄断利润。在电子媒介经历了初期短暂的自由发展以后，欧洲国家大多将电子传媒纳入公共服务的国家垄断体系，予以限制。另一个传统是对印刷传媒的自由主义政策，亦即宪法对"出版自由"和"新闻自由"权利的保障，这种自由主义政策的特点是文化的开放性。广播电视具有电子媒介和文化事业的双重身份，因此受制于两种反复交替的政策趋势，在"开放"与"限制"的两极之间左右摇摆。

长期以来，西欧各国虽然情况不尽相同，但相似之处甚多，政策具有趋同性。在这些国家，通常有一个主导性的公共广播电视体系，由2—3个频率/频道组成，播出全国性的节目。公共体系一般不由政府直接控制，而由政府任命或批准一个半独立的传媒机构从事具体的广播活动，并处于立法机构的常规监督之下。由于政府一般是由几个主要的政党轮流执政的，所以，这种体制保证了执政党对传媒的控制权和主要的反对党对传媒的参与权。在这种体制下，公共体系的经费来源主要是向国民征收的使用接收机的税款（视听费）。与其他文化机构相比，欧洲国家的广播电视体系长期以来在财政上是稳固的，在政治和文化方面具有相当大的影响力。总的说来，欧洲公共广播电视体制加强了本民族的文化特征和价值观，促进了艺术的繁荣发展，创造了高质量文化的非常成功的范例。由于成功，它长期被认为是天然合理的模式，很少有其他体制的选择被提上社会的议事日程。

但是，商营电视的"榜样"首先在英国打破了公营广播体系的一统天下。随着高新科技的突破和传播媒介的发展，自20世纪80年代以来，统一性全国公共体系赖以建立的"频道资源有限"的状况已不复存在，要求向新的参与者开放广播电视市场的呼声日益强烈。80年代末，或者由于国家内部对传媒体制的解放，或者由于国家外部越境节目的涌入，公共体系的垄断已被打破。结果，欧洲国家单一公共体系的一统天下纷纷消失，取而代之的，是以更复杂的方式组合的传媒机构和代表社会更广泛兴趣和多样化需求的节目内容。

（1）英国公共体制的变迁

英国公营广播的实践集中体现了公共服务的精神与社会责任的理想。英国的公营广播事业发轫很早。根据"社会公器"的界定，1922年成立的私营合资的BBC于1927年改组成为从事公共服务的传媒机构，这在世界范围内是一次创举。BBC是获得国家法律特许的，国王的特许状赋予BBC崇高的地位。BBC在政治上相对

独立,它接受政府和社会的监督,但向议会负责。长期以来,BBC 在运作上是完全非商营的,它不播广告,费用来自视听接收费,接收费则根据 BBC 的需要和公众支付的可能逐步增加。BBC 的节目一向以格调高雅和制作精良著称,是精英文化的典型代表。在第二次世界大战中,BBC 的对外广播更为它赢得"客观公正"的美誉。但 BBC 高高在上的文化优越感和训诫说教式的说话方式也引来受众的不满,特别是早期 BBC 的电视节目延续广播传统,过于庄重严肃,娱乐性较差,导致社会各界对商营电视的呼唤。

出于打破垄断、倡导竞争的动机,英国政府于 20 世纪 50 年代中期开放商营电视,建立了独立电视(ITV)系统;70 年代早期,终于开放商业广播。从此,商营的独立广播电视体系与专注公共服务的 BBC 系统平分秋色,形成"双峰对峙,二水分流"的并存格局。

英国的商营独立体系与美国式的商营广播电视并不一样。作为管理机构的独立电视局(ITA)及其接替者独立广播电视局(IBA)和独立电视委员会(ITC)等,都是准官方的公共机构,负责管理和监督私营商业传媒的运作。它拥有发射设备,负责技术操作,向商营节目公司有偿提供广播设施的使用权。这些管理机构还对商营广播电视的节目和广告进行审查。商营节目公司则租用频道,编制节目,招徕广告,赚取广告费。

在公共体系 BBC 与商营独立体系的竞争中,英国议会一方面保护和扶持注重文化教育的 BBC,另一方面批评它的墨守成规和裹足不前;对独立系统,则一方面鼓励它在市场上的活跃表现,同时又抑制它对商业利润的过分追逐,以此求取竞争的平衡和社会的公益。这种政策既刺激了公共广播体系的内部活力,又形成了对商营体系的外部制约。

(2) 德国公共体制的变化

德国采用的是更为分散的地方公营的广播电视体制。德国的公共广播电视体制产生于对希特勒政权极权主义历史的拨乱反正,它吸取了英国公共广播体制的经验,并采取了最为分散的各州联邦形式。各州政府拥有广播管理权,联邦政府对广播电视则不能进行控制。这是因为,盟军占领时期的英美诸国希望广播成为独立于国家本身的因素,以免法西斯主义卷土重来。德国公共广播电视的经费来自视听接收费和少量的广告费,虽允许播放广告,但严格控制其商业性。长期以来,广告时长固定,在每天的固定时间集中播放;而且,绝对不得中断节目播出。

在西欧、南欧和北欧,许多国家效仿英国广播公司的全国性体制,并长期维持公营机构独占经营的地位。在商业主义操作方式泛滥之前,欧洲的公共广播电视具有一些十分醒目的特点:

首先,就广播电视内容而言,公共广播电视的节目是面面俱到的。美国公共广播电视说它自己是商业主义汪洋大海中的孤岛:商营电视播出娱乐性强的电视连续剧《达拉斯》;公共电视却要播出帕瓦罗蒂的高雅歌剧。而在西欧,公共广播电视既要播出《达拉斯》,又要播出帕瓦罗蒂的歌剧。因为公共广播电视的财政支持来自全民的税收,所以它必须为全民服务。当然,这种服务有时是分别进行的,例如BBC-1是大众文化频道,BBC-2是高雅文化频道。

其次,就传播功能而言,公共广播电视是自治的。它所接受的,只是非常一般化的规定,对它的限制和指令极少。长期以来,BBC借以立足的法律基础只是空洞的文件:特许状及与政府的协议,也就是说,公共广播电视对自己的使命和服务可以有灵活的自我解释和巨大的活动空间。

第三,就社会舆论表达而言,公共广播电视应该具有多样化、普遍性的特点。它发表广泛的社会、政治和文化组织的声音:政府的、产业界的、工会的、各种社团的,等等,它不是按人们在市场上的份额,而是以他们在社会中平等的地位来体现和表达意见和看法的。同时,公共广播电视的普遍性表现在受众、节目、趣味、价值观和特色等诸多方面和层次。

第四,就文化角色而言,公共广播电视是民族语言、精神、美学的体现,总体格调偏向高雅。公共广播电视负有崇高的文化整合使命,是将社会、国家和民族联系在一起的权威角色。例如,法国人便称广播电视为"法国的声音"。

第五,就社会地位而言,公共广播电视在政治生活中位置独特。传统上,公共广播机构都是高度政治化的组织;同时,在所有国家,都是由政府的意愿来决定公共广播电视的执照、拨款和法律限制,因而显示出政治控制与传媒独立的博弈现象。

第六,就经济机制而言,公共广播电视具有非商业主义的传统。欧洲人充分认识到商业与文化的冲突,所以有意识地避免商业精神压倒和扭曲文化品格。在美国,广告是需要拼命讨好的"尊贵客人";而在欧洲,广告是"不受欢迎的来访者",在餐桌上居于比较卑微的位置。

公共广播电视是理想的精神与世俗的权力之间斗争的场所。在理想主义的信念与现实主义的选择之间,在不偏不倚的传统与有组织的社会利益之间,在传媒的自我期许与政府的政治控制之间,在所有这些矛盾相遇的地方,公共广播机构一直在经历着激烈的"内心冲突"。在新的形势下,欧洲公共广播电视的弱点也变得十分明显:

首先,传统上对公共广播电视提出必须面向所有人的要求,而社会中各种相互矛盾的利益主张使它陷入尴尬。其次,随着市场经济的盛行,经济因素的制约变得

越来越强烈了,财政标准成为衡量公共广播电视服务的中心议题,人们希望公共广播电视节目"惠而不费",而多少带有行政弊端和官僚习气的公共机构则与人们的期待大相径庭。第三,反对迎合低级趣味的要求使公共广播电视拒绝平庸;而与受众密切互动及接受评估的要求又使它追求大众趣味;最终,屈服于商业主义流行文化又使它失去了平衡社会和引导文化的独特作用。公共广播电视的存在本身也成为疑问。说到底,决定公共机构使命和地位的是政治意愿和公共决策。由于欧洲各国政府越来越不情愿负担公共广播电视的费用,将它推入与私营传媒进行商业竞争的恶劣环境,导致公共广播电视的根本困境。

3. 公有国营制(国营制)

虽然集体主义与威权主义在本质上并不相同,但西方学者常常将社会主义的集体主义与历史上英国等君主国家实行的威权主义相提并论,甚至将它与德国纳粹的极权主义归入一类。这是因为,在将团体利益置于个人权利之上的某个方面,这些思想体系有相通的地方。两种思想都认为:集体价值高于个人价值,社会的稳定比个人的自由更重要;社会是应该协调一致的,不仅在行动方面应该一致,在思想方面也应该统一。事实上,产生于封建时代的威权主义思想是其后各个时代的基础。后来的所有理论都是对它的回答:或批判,或修正,或推进。自由主义是对专制主义的反抗与否定。社会责任理论被认为是自由主义理论与威权主义理论的"合题"。在这里,我们对历史上存在的主要思想源流的探讨是历史诠释性的,而不是道德评判式的。

公有国营的广播体制规定,广播电视事业为国家所有,由政府部门经营。在历史上,公有国营式的广播电视体制以苏联为代表,社会主义国家与许多第三世界的发展中国家都曾经或者仍然在采用这种体制。采用公有国营制的国家认为,广播电视是民族国家的宣传工具,旨在推行政府的政令,并对民众进行思想教育和行为引导,广播电视等大众传播媒介的主要任务是促进社会建设和国家发展。实行这种体制的国家以较严格的意识形态尺度对广播电视事业实行比公共服务广播电视更为直接和十分有力的政治控制和行政干预。

苏联曾是采用公有国营体制的典型代表。长期以来,苏联主管广播电视的机构是苏联国家电视和广播委员会,这个委员会直属苏联部长会议,领导全苏广播电台、中央电视台和对外广播的莫斯科广播电台,统管全国广播电视的对外联络事宜,向国内外派驻记者,并领导地方电视和广播委员会及全国的广播电视事业。苏联中央广播电台、中央电视台办有数套面向全国的广播电视节目,分不同时区,由各地转播或重播,传媒财政来自计划经济和国家拨款。

东欧国家的情况与苏联大同小异。在社会主义体制下,东欧国家都有一些基本的共同特点,最重要的是:传媒追随它所从属的政治体制,传媒的活动服从于政府控制社会的目标。在改革前的东欧,均实行国家所有制和政府对传媒的垄断,并有严格的纪律,禁止传媒独立或自治。传媒管理机构(一般是国家广播电视委员会)服从执政党的领导,媒体则接受广播电视委员会对节目内容的指令性安排,一般由电信部门负责广播电视节目的发射。执政党以直接的方式控制媒介的传播内容,政府的教育、文化、宣传和信息部门也以各种各样的方式影响着节目的传播。广播与电视体系平行地操作,节目侧重于政治宣传,对儿童的教育、体育、文学艺术、民歌等文化内容,对来自西方的节目产品则以严格的政治标准加以限制。

以上介绍的,只是对历史上广播电视体制大致的几种类分,不可能囊括千差万别的个别现象。此外,广播电视体制也绝非一成不变,各种成分会随着情况的改变而不断调整,并逐渐融合。

三、新媒介引发的取消规制浪潮和再度规制努力

取消规制(Deregulation,也称取消规则)是 20 世纪后期主要发生在经济领域的降低甚至取消政府监管的理论趋势和实践倾向。在 20 世纪中期,随着信息社会的来临和新媒介的不断涌现,许多国家出现了呼吁采取更灵活、更有效的经济规制的改革呼声。

20 世纪 70 年代末至 80 年代,新自由主义经济理论盛行,取消规制与私有化、市场化改革一道,在交通、能源、传播、金融等新兴的经济领域成为风尚。由于线缆、卫星等新的电子传播媒介陆续加入传播领域,取消规制在新媒介经济中的表现特别突出。

根据取消规制的理论,政府的监管是僵化和低效率的,可能限制新媒介经济的发展;而包括 FCC 在内的独立规制机构,还可能会被其规制对象——通讯传播行业及其产业——所俘获,成为既得利益甚至垄断行为的保护者和代言人。而政府监管越少、越简单,市场竞争便越充分,越有利于创新媒介及其产业的发展与国家的经济增长。

取消规制的潮流从 20 世纪 70 年代末开始,大致延续到世纪末。那正是传播新技术蓬勃发展的时期。虽然这种潮流在世界各国都有所体现,但在工业发达国家的表现却最为突出。在传播领域,代表性的"取消规制"样本便是美国《1996 年电信法案》。这一法案一反美国历史上对电子传播媒介相互隔离、严格区分、限制进入的管控传统,对媒介所有制作出了重大的调整与改变。这是自 1934 年《通讯法案》施行半个多世纪以来最重大的一次全面立法。

1996 年美国电信法案的主要政策调整,是根据"信息高速公路"的构想,取消了电话行业内部、广播电视行业内部和电信与广播电视行业之间的准入限制,开放市场以促进竞争。根据打通市场的原则,1996 年电信法允许长途电话公司、地区电话公司和市内电话公司相互参与、互相渗透,电话公司还可在营业区域内开办影像传输业务,兼营有线电视;也允许无线广播电视在特许的条件下兼营有线网络和有线电视,从而取消了电话、无线广播电视和有线电视事业之间的行业壁垒,使几个市场互联互通。

《1996 年电信法案》颁布后,获得一片赞扬声。然而,取消规制的理论和实践从开始风行的时候起便引起争议,随着政府监管的松弛,出现了越来越多的问题,如失去监管的电信经营者的低质服务和无序竞争,给消费者带来无穷烦恼。在此背景下,"再度规制"(reregulation)的呼声又出现了。特别是在新新媒介——互联网、移动终端——进入传播领域之后,针对潜力巨大但后果难料的新传播方式,社会的担忧与日俱增。伴随着垃圾邮件和诈骗短信指数式的增长,公众对新媒介侵犯隐私的抱怨不断。同时,搜索引擎导致的新闻作品侵权纠纷显著上升,网上播出的广播电视节目也常常引起版权争议,尤其是跨国黑客的骚扰行为,使网络新媒介的管控成为世界性的管治难题和全球治理的热门话题。对此,各国政府都在探索之中,中国政府尤为努力。对于如何进行新媒介的管理,既发掘新媒介的潜力,又保障社会和公民的福祉,是所有国家的努力方向。

思考题

1. 广播电视体制包含哪两方面的内容?决定广播电视体制的有哪些主要的因素?

2. 从实质上说,世界历史上有哪几种主要的广播电视体制?各有什么特点?

第二节　美国广播电视体制

美国广播电视体制在世界上独树一帜。很少有国家在广播电视传媒的商业性质方面体现得像美国那样持久、彻底。但是,对于工商业化的美国社会来说,传媒制度又是非常具有共性的,它类似所有其他的工商产业,而较少强调广播电视作为文化事业的独特性。美国模式以商业经营的好坏来定义文化表现的优劣。在它由"消费者决定"的传媒"民主"中,受教育较少的人的趣味占据统治地位,因为他们人数最多。

然而,这种体制的发展又是那么繁荣,那么兴旺。它对全世界都产生了强有力

的影响。不管是从好的方面还是从坏的方面,美国广播电视都影响着世界。

一、美国商营广播体制的建立

与一般人道听途说的印象不同,美国早期的广播,是原本意义上的公共广播,也就是大家都可以自由使用的广播。19世纪末20世纪初,在广播传媒的商业潜力被充分认识之前,1 000多名业余爱好者、院校教育者在发展广播这种新的通讯技术方面起到了先锋作用。但频率的相互干扰导致1912年《无线电法》的颁布,此法规定的内容限于无线电报务,责成美国商业部向申请者颁发无线电使用执照。

1. 商营与非商营广播的早期斗争

第一次世界大战结束后,在政府的支持下,美国无线电公司(RCA)于1919年成立。RCA是通讯工业巨头通用电气公司(GE)、西屋电气公司(WE)和美国电报电话公司(AT&T)的合资企业,并成为美国国际通讯政策"被选中的"私营工具。起初,RCA并不打算进入赔钱的广播节目领域。

1920年11月2日,西屋公司在匹兹堡开办的广播电台KDKA大张旗鼓地开始了定期广播,标志着美国广播事业的诞生。其他电气大公司纷纷跟上。同时,业余者的通讯电台发展迅速。到1923年,70多家院校办的教育广播电台也获得了商业部的执照。非商营广播电台还包括教会和政府电台。那时,对广播的主要期望是文化——它促进相互了解和社会交往,是填平阶级鸿沟和消除文化机会差异的工具。

起初,在400多家电台中,没有任何一家采用"出售时间"的商业资助形式。对广播经费的来源,人们建议从各州税收中支付、由市政拨款或建立公共基金。然而,1922年,AT&T在纽约市建立的WEAF电台创造了广告经济的新形式。

WEAF电台将广播视为另一种形式的公用电话,发现广播拥有一种可供出售的商品——时间,于是率先就空中广播的时间收费。不过,WEAF的新举措在1922年第一届华盛顿无线电会议上遭到尖锐的批评,与会者一致谴责这种利用公共资源追求私人利益的行径。AT&T谨慎地对待批评,将广告限制在只提及商家名称的非直接广告范围内,商品价格、商店地址是禁止提及的。

然而,管理广播的美国商业部长胡佛在第二届华盛顿无线电会议上鼓励了WEAF电台的做法。为了减少新增广播电台造成的混乱,他还采取了三级分类的电台体制:具有最大发射电力和播出范围的清晰频率电台和中等区域电台,以及服务于小地区、被限定在日间播出的地方电台。WEAF说,它服务于最广大的公众,理应获得清晰频率。结果,清晰频率大都给了商业电台,而"播出特定兴趣节目的"教育电台和其他非商业电台只获得最低一级的地方频率。

不过，电讯工业和广播集团 20 年代中期发生的有关利益分配的激烈争执，导致人们对几个相互勾结的行业巨头意欲垄断无线电和广播事业的警惕，联邦贸易委员会威胁要进行《反垄断法》的案例听证。于是巨头之间达成妥协，AT&T 在获得可观的补偿后，出售了它在纽约和华盛顿的电台，从而退出了广播领域。1926年 9 月，RCA 组建了全国广播公司（NBC），在付费使用 AT&T 电话线路的基础上，于 11 月 15 日开始全国性联播。这是美国，也是世界上第一个广播网，被 NBC 称为"红网"。1927 年 1 月，NBC 的第二个广播网（蓝网）开始播出。1927 年 9 月 25 日，哥伦比亚广播公司（CBS）广播网诞生。商营广播进入播放全国性节目的新阶段。

此时，美国国会突然发现，根据《1912 年无线电法案》原来一直负责颁发无线电执照的商业部其实是无权管理广播的，必须紧急立法，建立一个专门管理广播的机构。结果，便产生了适用期一年的《1927 年无线电法案》，建立了联邦无线电委员会（FRC）。1929 年，国会批准该法无限期延长，直至 1934 年新的《通讯法案》诞生。

《1927 年无线电法案》是商业电台院外游说活动取得的一次成功。商营电台希望由一个独立的联邦管理机构，而不是由国会来掌握批发执照的标准。因为它们担心，由选举产生的国会可能会更多考虑一般公众的呼声，而不是行业的利益。果然，FRC 负责重新分配广播执照后，马上减少了电台的数目，从而巩固了业已建立的商营广播网的地位。

在国会通告无线电立法前后，教育广播者也在积极活动。高等院校广播电台联合会游说国会为公立大学保留一批频率，但没有成功，因为国会担心此举会为其他"特殊利益集团"纷纷提出类似要求造成先例。于是，国会只是责成 FRC 必须在"公众利益、便利和必需"的基础上规范广播。这种从 19 世纪公用事业立法中借用的空洞词句根本无法平衡公共广播和私营广播的地位，然而它始终是美国广播电视立法的基础。

1928 年，FRC 发布"第 40 号总命令"，大规模地分配广播频率，它宣布：空中没有足够的地盘分配给各自独立的代表每一种特定思想、宗教、政治、社会和经济学派的广播电台，以建立它们在空中的喉舌。FRC 说，如果公众需要某一团体的信息，他们会通过意见市场表达出来，然后，"普遍公众服务"广播者——也就是商营广播者——便可以在全方位的节目中以播出部分意见的形式提供这种材料。FRC 的频率分配指令极大地加强了商营广播网的地位。40 个清晰频率中，除 3 个以外，都分配给了 NBC 和 CBS 的附属台。1932 年，两个商营广播网的附属台数目

上升到全部电台的30％,播出时间和发射功率占到美国广播事业的70％。

广告这种原先被认为试验性的操作方式成了美国广播事业的经济基础。起初商营广播播放广告还是有节制的。全国广播业者联合会于1928年公布了第一个行业规范,限制直接广告,并将商业信息限定在日间播出,因为人们认为,晚间7:00—11:00是不容侵犯的家庭时间。但在1929年股市大崩溃后,地位较弱的CBS采取了激进的广告措施,率先播放烟草公司的广告。于是,NBC也于1933年放弃了原先对直接广告的限制。

2. 1930年代广播体制非商营改革的失败

在非商营广播的统一阵线中,中坚力量是数目最多的教育广播电台。当商营广播大举扩张的时候,教育广播却日渐萎缩。对它们来说,独立于商营体系,还是与商营电台合作,是两种不同方向的政策选择。

1930年,高等院校广播电台联合会成立了全国广播教育委员会,要求FRC为教育电台保留频率。全国广播教育委员会得到了位于俄亥俄州的佩恩基金会(Payne Fund)5年期20万美元的研究资助,成为国会游说斗争的中坚力量。这个组织和佩恩基金会矢志于公共教育,主张建立一个分离的非商营广播体系。

位于纽约的卡内基基金会支持的全国教育广播咨询委员会则不主张建立单独的非商营广播体系,而主张在商营广播电台播出教育节目。20世纪20年代末期,在卡内基基金会和洛克菲勒基金会的财政支持下,该咨询委员会开始与NBC合作播出教育节目。当时在英国,对广播商业主义和垄断行为的批评刚刚导致BBC由私营组织改为公共广播。NBC之所以参与教育节目,是担心美国政府会遵循英国的榜样,将广播公营化。

FRC也像全国教育广播咨询委员会和商营广播者一样,更欣赏合作广播的理念。由于商营广播者的院外活动及FRC的支持,全国广播教育委员会要求为非商营广播至少保留15％频率的几项提案陆续流产。

《1934年通讯法案》的制定过程为非商营广播提供了又一次斗争机会。但是,全国广播教育委员会向往一个类似于BBC的主导性全国广播网,因此,它没有充分支持对新法案要求较低的"瓦格纳-哈特菲尔德"提案,从而导致提案失败。"瓦格纳-哈特菲尔德"提案要求建立一个拥有全国四分之一最好频率的非商营广播体系,在当时成功的可能性很大。由于提案的失败,从法律方面挑战美国商营广播的时代便结束了。

根据《1934年通讯法案》的要求,FCC于1934年年底—1935年年初召集听证会,讨论分配非商营广播频率的建议。这次听证会对非商营广播又是一次失败。

偏向商营广播的 FCC 也像其前任 FRC 一样,欣赏广播网玩弄的教育合作计划。商营广播者有备而来,信誓旦旦地一致表示,它们具有满足美国公众全部需要的能力。而非商营广播阵线则提出了相互歧异的各种方案,对教育广播的前景各言其辞。于是,FCC 搁置了保留非商营广播频率的建议,劝说非商营广播者与商营广播者合作,利用商业频率播出教育节目。

全国教育广播咨询委员会倡导的教育广播者与商营广播者的合作模式是击败"瓦格纳-哈特菲尔德"提案和 FCC 搁置保留非商营广播频率建议的重要因素。而其实,经过 1931—1932 年度短暂的高峰时期,这一合作已经开始走下坡路了。1934 年以后,随着广播网逐步缩短教育广播时间、削减教育节目经费,人们对合作的幻想也开始破灭。1941 年,主张与商营广播合作的全国教育广播咨询委员会完全停止了活动。积极主张保留非商营广播频率的高等院校广播电台联合会的奋斗目标也大大缩小了,它将自己的使命归结为代表教育广播者的专业兴趣,而不是改革美国广播的商营体制。轰轰烈烈的广播改革烟消云散,从 30 年代起,美国商营广播垄断的局面便一直延续下来。

二、美国商营广播电视体制的发展

商营广播体制的频道分配原则使得极为富有的工业界控制了广播电视传媒。在很大程度上,美国的商营广播电视网制度是由两位强有力的人物塑造的。一位是大卫·萨尔诺夫,NBC 的缔造者;另一位是威廉·佩利(William S. Paley),CBS 的长期领袖。美国广播电视网的历史充满了这两位领导人统率他们的公司进行竞争的生动故事。

1. 塑造商营广播电视网的人物

萨尔诺夫有时被称为"美国广播之父"。1926 年,在他担任美国无线电公司总经理时缔造了美国第一个广播网 NBC,1940 年,他又缔造了同名的第一个电视网,成为推动电视进入消费者市场的第一人。萨尔诺夫敢于在节目上花大钱。在广播时代,他聘请了世界著名的指挥家托斯卡尼尼领衔 NBC 交响乐团,使收音机成为地位尊贵的象征。在彩色电视开播后,萨尔诺夫吸引迪士尼公司在星期日晚间家庭娱乐时间设立了家庭栏目《沃尔特·迪士尼彩色神奇世界》,导致彩色电视机销售量大幅度上升。

在起初阻止电视发展受挫之后,一直与萨尔诺夫分庭抗礼的对手佩利逐步成为电视行业的精神领袖,直到 1990 年以 90 岁高龄去世。佩利是一个精明的商人,是广播电视传媒无师自通的指挥家。佩利非常熟悉文艺圈,对即将成名的大众娱

乐形式有惊人的直觉,还具有笼络明星艺员的极大本领。佩利曾网罗美国著名歌星克劳斯比,使其成为在电台上手持麦克风演唱轻缓抒情歌曲的第一个歌手。结果,在节目广受欢迎和持续热门方面,CBS超越了电视初期领先的NBC,引导潮流近四分之一个世纪。

萨尔诺夫和佩利都是俄罗斯裔犹太人。于是,他们的神奇故事成为人们比较的对象。萨尔诺夫生于俄罗斯,9岁时来到美国,当时不名一文。他的经历富有传奇色彩,是"穷小子变富翁"的典型。佩利的家庭背景要高贵得多,他的父亲在费城拥有一家雪茄烟厂。1928年9月,佩利以不足40万美元的价钱买下了哥伦比亚唱片广播公司那个摇摇欲坠的广播网,成为CBS的董事长兼总经理,当时他27岁。初期CBS的财政十分匮乏,精明的佩利挑选了同样精明强干的斯坦顿(Frank Stanton)作为副手,一年后便扭亏为盈。萨尔诺夫具有世袭思想,后来他安排自己的儿子接替自己的位置,结果证明小萨尔诺夫不能胜任。

2. 巩固广播网,建立电视网

(1) CBS与NBC的广播竞争

1929年,佩利将公司50%的股权卖给派拉蒙影片公司,使CBS获得了与银行、广播电台和好莱坞明星打交道最重要的信用资源。1932年,派拉蒙决定允许财政地位已经巩固的CBS购回它的股权,这一失策令派拉蒙公司几十年后仍痛悔不已。

佩利是敢于创新的企业家。他吸引全国各地附属台的办法十分简单,就是付费购买它们的广播时间,所需费用根据市场的规模来计算。不久之后,NBC也不得不向自己的附属台付费了。这种被称为"电台补偿费"的方法将广播网与附属台以经济合同的方式绑在一起,有效地扩大了市场规模。

技术工业出身的NBC很少插手节目事宜,放手让广告赞助者带着节目来台播出,既省心又省力。而CBS由于缺少赞助者,却要创作自己的节目,然后寻找资金播出。于是,到了电视年代,CBS拥有更为活跃的节目部门,佩利常常亲自参与节目规划。在第二次世界大战中,CBS建立了一个新闻通讯员网,由新闻记者的偶像默罗(Edward R. Murrow)担任首领,CBS每天的《世界新闻综述》成为最可信的新闻来源。NBC则相反,它主要委托好莱坞的影片公司为其策划和提供大部头的戏剧影视节目。

1948年,利用萨尔诺夫倾心开发新生电视的机会,佩利的CBS开始进入广播前列。此时,佩利发起了一次勇敢的偷袭,挖走了NBC一连串的明星。他让明星以自己的才华为资本入股CBS,于是明星们赢得一大笔意外之财,同时减免了大笔

税款。佩利还请年轻的新星吃饭,笼络人心。萨尔诺夫是不会来这一套的,他高高在上,目中无人。广播听众随着明星转移到 CBS 的旗下,佩利则将明星制度一直带到电视传媒。

1943 年,出于反垄断的立场,政府命令 NBC 放弃“红”“蓝”两个网中的一个。NBC 抗争无效,最终以 800 万美元的代价出售了不那么热门的蓝网。新网被命名为美国广播公司(ABC)。ABC 的成立削弱了 NBC 的实力。长期以来,这个建立最晚的广播网被牢牢地固定在第三的位置上。

(2) 电视网的市场分配

早在第二次世界大战之前,萨尔诺夫已经将注意力转移到电视。他正确地预见到,电视发射机和面向家庭观众销售的电视机将是 RCA 的又一富矿,会带来无尽的财源。而佩利则没有那样的远见。1939 年,NBC 在纽约帝国大厦顶部开始播出电视节目,从 4 月 30 日世界博览会起,开始定期试验电视广播。然而,大出风头的电视根本销不动。在大萧条中,电影票价仅有几角,而电视机的价格却在 200—600 美元之间,评论家们普遍认为电视缺乏实用价值。

此时,CBS 有意放慢电视前进的速度。佩利的广播事业发达,没有理由放弃这一如日中天的事业,转向昂贵而不牢靠的新媒介,更何况 CBS 与硬件及其利润无关。所以,当 RCA 请求 FCC 允许它在电视上出售广告时间时,CBS 极力反对。CBS 得到了 FCC 的支持。

可能因为一个极偶然的因素,佩利也转向了电视:CBS 的研究室发明了一种制式,采用机械转盘可以传送色彩极佳的电视图像。于是,CBS 向 FCC 申请采用这种彩色新制式,放弃试播中的 NBC 黑白制式。但是,因为 CBS 的机器与原有的黑白电视不兼容,会使正在使用的电视机全部报废,FCC 因此犹豫不决。萨尔诺夫劝 FCC 不必忙于作决定,他保证,RCA 将在半年的时间里研制出全电动的彩色电视系统,可以兼容黑白电视。结果,在彩色电视制式的问题上,争斗延续了十年。

此时,全国电视标准委员会(NTSC)为美国的电视技术设定了标准:525 行扫描线、调频伴音的 NTSC 制式。1941 年春天,FCC 终于批准试验中的电视台于 7月正式播出节目及广告了。不料美国随即加入第二次世界大战,新媒介的发展被无限期地停顿下来。

萨尔诺夫和佩利都作为非战斗人员应征入伍。佩利在战争情报部,获得了上校军衔。萨尔诺夫成为艾森豪威尔将军的传播顾问,当他于 1944 年离去时,被晋升为陆军准将。萨尔诺夫太喜欢这个“将军”头衔了,于是乎,他将这个头衔一直沿用到和平生涯。在他的公司里,人人都称他为“将军”。

战时的经历影响了萨尔诺夫和佩利两人,他们都认识到新闻的特殊重要性。

于是，一回到纽约，他们便增加了新闻节目。战争也培养了一批出色的新闻记者。战争还从几个方面为电视带来了好处：雷达技术使画面质量极大地改善了，RCA的技术人员还发明了一种显像管，大大降低了对光线的要求，从而使电视摄像易于在昏暗的条件下进行。

从1944年起，美国电话电报公司（AT&T）开始在大城市间铺设同轴电缆，于是人们认识到，电视联播其实与广播联播一样容易。1946年，纽约、费城、华盛顿首次联播，内容是重量级拳击比赛，到1951年，默罗在庆祝东海岸和西海岸终于联网的庆贺节目中同时向观众显示出大西洋和太平洋两岸的景象。

拥有电视机的家庭急遽增加。1948年，典型的纽约电视家庭是管理人员、专业人员和小企业家；但是到了1949年，电视已经进入工人阶级家庭，事实最终证明——电视是供大众交流的通俗媒介。从1941年到1951年，十年之间，电视从一种似乎失败的主张变成一种现代生活的必需品。再过5年，它就成为美国最大的和最有影响力的大众传播媒介了。

起初，美国有4个打算成立的电视网：NBC、CBS、ABC和杜芒特网。杜芒特网由一位制造电视机和显像管的发明家杜芒特（Allen B. DuMont）创办，由派拉蒙影片公司投资，杜芒特在纽约的电视台是这个网的旗舰，也是第二次世界大战中坚持播出的美国6个电视台之一。杜芒特电视网的弱点是它没有广播事业的根基，缺少附属台去招徕家庭观众。杜芒特计划与派拉蒙公司在新成立的电视台中拉起一支队伍，但是，战后FCC的政策阻止了这一进程。由于FCC对雨后春笋般涌现的电视台缺乏管理的经验和措施，1948年秋，它宣布停止审核新电视台的建台申请。"冻结"政策实行了4年，在结束"冻结"时，FCC决定，电视只在甚高频（VHF）频道播出。由于VHF频道有限，每个城市只能获得3个频道，这个决定意味着，每个城市最多只能有三个网（台）。

到1952年，NBC和CBS已经在最大的和人口最稠密的城市之间联了网，增加了附属台的数目，扩大了观众市场。ABC也得到了一些残余的电视台。而杜芒特则严重受挫——1953年，ABC与派拉蒙联合院线的合并大大加强了ABC的实力，最终结束了"谁是第三"的竞争。1955年，杜芒特终于放弃了联网的打算，它自己所有的电视台都改称"都市传媒"，并组成了一个独立电视台集团。30多年间它们一直兴旺。1985年，默多克成立第四网——福克斯广播公司，它的基础便是这些独立电视台。

与派拉蒙院线的合并使财政拮据的ABC起死回生。此时ABC的新董事长是戈登森（Leonard Goldenson），他在美国娱乐界前后驰骋60年。戈登森曾是派拉蒙影院公司的律师，1949年成为派拉蒙影院系统的老板。他劝说董事会的同事购

买了濒于破产的 ABC,并说服董事会投资迪士尼乐园,以换取迪士尼公司为 ABC 制作节目;他说服敌视电视的好莱坞巨头华纳兄弟影片公司创建了电视剧部,并最终说服了曾称他为"叛徒"的米高梅公司改变立场。擅长西部片的华纳兄弟公司为 ABC 拍摄冒险片,以卡通片著称的迪士尼公司为 ABC 拍摄动画片,结果,好莱坞在其后 40 年内从电视获利达数十亿美元。所以,也有人说,是戈登森拯救了好莱坞。

1954 年,戈登森决定连续 36 天现场直播参议院的听证会,使美国公众有机会对反共参议员麦卡锡的表演做出判断。此举扭转了舆论潮流,也提高了财政拮据的 ABC 的收视率。戈登森还将著名传播学者拉扎斯费尔德(Paul F. Lazarsfeld)请来,为公司确定了收视者的年龄模式,使 ABC 在后来的若干年内将主要的目标观众锁定为 18—49 岁的中青年,而这个年龄段的人属于购买意愿和购买力最强的消费群体。戈登森在三大电视网中率先从广告商处夺回了对节目的控制权。在戈登森鼓励创新、提倡主动性和积极性的政策下,ABC 于 1961 年创办了《体育大世界》节目,这个栏目率先采用慢镜头、小型摄像机、变焦距镜头和即录重放技术。重视体育节目的传统在 ABC 延续下来。1976 年,ABC 的电视连续剧《富人,穷人》使它首次荣登电视收视率榜首。

三、电视网的黄金时代

法律规定,美国广播电视主要是地方性的,经营执照颁发给各个地方电台和电视台,让它们在各个地方为所有美国人服务。然而很快地,这种体制就变成以全国广播网为中心的集中模式了。因为只有全国广播网才能吸引大把花钱的全国性广告客商;同时,也只有全国网才能提供最丰富的节目和第一流的明星以吸引受众。规模经营的特点使广播网与附属台相互需要、紧密结合。

1. 推进传媒经济

私人商业电视网专心制造利润的体制将广告及广告客户的需求置于首位。广告客户需要尽可能多的观众,于是,电视网的唯一目标就是最大限度地吸引观众。为了竞争的需要,电视台迅速结成集团。由于每个城市只能有 3 个甚高频频道,在那些最有利可图的大城市,NBC 和 CBS 迅速组成了两个最大的电视集团,各自占据了一个频道。杜芒特竞争失利退出后,由于 ABC 地位虚弱,在 50 年代,产生了"两个半网"的说法。

在早期,广告客户沿用广播时期的做法,单独赞助某一电视节目或者栏目,自行组织一档或数档节目,策划内容,聘请演员,购买时间,以厂商挂牌赞助的方式在

电视上播出。20世纪50年代中期,好莱坞开始进入电视领域。然而,昂贵的好莱坞节目不是一般公司可以独力负担的,每个节目必须寻找多个赞助者。随着电视市场风险增大,广告承包商也开始退缩,逐步采用联合赞助节目的体制:广告客户只购买少量的广告时间,而将广告交由电视网在各类电视节目中插播。这种方式将节目规划和审查的主要责任赋予电视网。于是,以1分钟为计算单位的广告大量采用。60年代中期以后,承包栏目(节目)的赞助体制已经基本消失,只有洗涤剂商P&G公司仍牢牢抓住白天的广播肥皂剧时间不放。

电视节目的发行起初也是由电视网垄断的,不过发行的节目并不都是自己制作或属于电视网所有的,而大多来自独立制片人。电视网通过播放节目取得这些节目的全部或部分版权,借助发行获得大笔收入。在与制片方签订的合同中,电视网付出的播出费往往低于节目的制作成本,为了弥补亏欠,大制片公司一般再将节目向国内外发行;而独立制片人发行能力有限,则大多出让版权和发行权。这样,电视网不仅权力极大增强,而且利润成倍增加。

在电视大发展的第一个十年,即20世纪50年代,美国电视网"搞定"了本国观众。在第二个十年,即60年代,美国电视网用电视产品征服了世界。

冷战促使美国建立了许多海外军事基地。于是,为海外军事人员服务的电视台和电视节目也漂洋过海,并使人们看到了电视超越国界的极大市场潜力。美国的政治势力说服日本、中国台湾和菲律宾采用了与美国一样的电视制式。美国的商业公司帮助泰国、土耳其和加勒比海地区的国家建立了电视台。美国政府资助的电视宣传片在各种交易会和博览会上展览出售。

世界电视发展的情况很不平衡,美国电视的迅速膨胀与各地电视的缓慢进展形成了鲜明对比。50年代中期,正当美国电视市场走向饱和之际,其他国家的电视事业才开始兴起。起初,美国仅仅向别的国家推销电视台的设备和电视机。其后,美国电视网从欧洲、拉丁美洲、亚洲陆续开发了海外节目市场。

2. 保卫商营制度

尽管美国商营电视网取得了极大的商业成功,但它也受到来自各个方面的批评和攻击。这些批评和攻击有的来自利害相关的其他产业;有的来自理想不同的思想观念。在体制方面,商营电视的一个主要"敌人"是公共广播电视,它批评商营电视唯利是图,不讲公德;另一个主要"敌人"是电影业,它攻击商营电视垄断经营,要求利益均沾。

商营电视的代表人物奋起保卫商营原则。对于公共广播电视的批评,1946年,CBS的老板佩利为商营电视辩护说,商业之外形式的广播只可能是政府的广

播。于是,正是利用美国人民特别担心政治控制的心理,私营广播者保住了他们的广播电视特权和商业性操作方法。

出于经济利益的考虑,电影界在关注三维影片、大银幕影片和其他一些影视技术的同时也想插足电视事业,好莱坞便提出了自己对付费电视的设想:在电视电影节目信号中增加扰频信息,收费后解除密码,供付过费的电视观众收看。在FCC的支持下,一些公司开始试验各种技术,这可以视为后来付费电视的雏形。

收费的动议遭到电视网的极力反对。它们以"权利"和"正义"为号召,发动公众舆论和政治运动予以抵制。CBS向观众描述道:收费电视会使原来的电视机作废,而且让观众为收看"自己家的电视机"而付费。NBC和CBS都模仿19世纪美国总统林肯反对奴隶制的雄辩语言,说电视不能"半免费半收费"(Half free, half fee)。尽管商营电视业一方面肯定观众对收费电视不感兴趣,另一方面又说,批准收费电视开办就将毁灭免费电视业。这样的逻辑似乎十分混乱,但由于它们积极地进行院外活动,反对收费电视的运动终于大获成功。

20世纪50年代是电影业的多事之秋,它麻烦缠身,焦头烂额:与司法部关于制片厂对电影院的所有权展开诉讼,电影院受电视冲击票房骤减,再加上非美活动调查委员会的政治黑名单。此外,电影界也加入了电视节目提供者的队伍,开始在电视中播放原来准备用于收费电视的库存影片,并获得可观利润,于是,电影界收费电视的尝试偃旗息鼓,直到70年代才在有线电视中旧话重提。

3. 收视率竞争加剧

然而,电视业刚刚击退外部的反对声浪,关于内部收视率的战争却加剧起来。由于广告时间的价格是根据观看节目时的人数估算确定的,一个季度平均收视率高出一个百分点,即可多得2—3千万美元。同时,华尔街股票市场将电视网的股票价格也与尼尔森公司的收视率统计挂起钩来,所以,收视率也影响到公司的上市资产。于是,对商营电视网来说,判定节目成功的最终标准,是看节目是否吸引观众、吸引多少观众及吸引哪些观众,而与节目的质量不成正比。对于节目热门与否的测量方法,是由调查收听收视率的专门机构提供的调查数据,由于商业的需要,收听收视率的统计方法日益精确,日益科学。

电视网陷入了自己编织的网中,实际上失去了大胆进行节目试验和冒险的能力。每年都有几十个系列剧的一个个样本集在等待评审,它们大多模仿已经成功的节目。这些变种是根据大同小异并且相互可以兼容的因素编排的,提供给大致一样的口味。只要有一点迹象表明该剧在那个时间段收视率不稳定,它就可能被取消。提前取消播出计划不仅会影响该剧本身,而且会影响到已经制作、尚未播出

的其余节目的命运。

电视观众无意中为电视网的节目编排作出了贡献,他们以收视习惯的方式成为电视网预测节目成功与否及决定节目如何安排的标准。例如,长期以来,在任何一个星期二的晚上,在黄金时间的8时,都有7 500万观众坐在屏幕前;9时,是9 000万;10时以后又变成了7 000万。如果NBC在9时安排的节目观众不满意,他们并不关机,只是转向其他频道。这意味着,某个网在某一个时间段的节目失败,不仅降低了自己的收视率,而且增加了对手的收视率。

4. 电视网的极大权力

20世纪60年代—70年代,在美国电视网大肆扩张其商业利益的同时,社会和公众却对商营广播电视媒体日益不满,对其节目和广告的批评日益强烈。在20世纪60年代,电视节目不仅对公众的思想,而且对几乎所有社会机构的运作方式都发生着影响。电视不仅改变了政治家活动的方式,也改变了职业体育竞赛的面貌。电视的权力过大,使许多人产生了忧虑。

由于电视的出现,政治掮客在烟雾腾腾的小房间里挑选和决定政治候选人的历史结束了。尼克松—肯尼迪的大辩论使电视成为全国政治的公开舞台,并改变了政治排名的顺序。本来,在1960年,尼克松是很可能当选总统的,作为极获好评的艾森豪威尔政府的副总统,他在电视上常常露面,比不太著名的肯尼迪竞选条件优越。但事实证明,电视是一种十分看重外表的传媒,电视形象比实质更重要。年轻英俊的肯尼迪战胜了无精打采的尼克松,以极微弱的多数当选。从此,人们不再怀疑电视一夜之间制造明星的能力。

自从黑人民权运动蓬勃展开以来,娱乐节目的角色已不再由白人垄断了。电视上大量反映妇女解放运动、同性恋者的活动。电视还成为20世纪60年代政治抗议的中心。

电视不是以发表社论的方式,而是以每日报道战事进程的方式对停止越南战争起了关键作用。虽然著名的CBS新闻节目主持人克朗凯特(Walter Cronkite)确实在某次报道中指出,越南战争是一场打不赢的战争,但真正改变人们态度的,是报道中显示的军队士气的极度低落。

60年代,在总统肯尼迪等一系列重要人物的遇刺事件中,在美国人的民族精神遭到创伤的时候,电视团结了人民,抚慰了人心。但这个传媒也遭到怨恨和不信任。人民不喜欢它:父母亲的组织控诉电视诱惑儿童,腐蚀他们的灵魂,将他们变为市场;教育人士谴责电视很少播出教育类的节目和教养性的内容;妇女抗议电视的偏见;社会学者无情地批评电视的商业性,揭露它将公民变为消费者市场的偷天

换日之举。它的敌人似乎比朋友多。

政治敌人也从"左""右"两个方面攻击电视。来自左的方面的批评说,电视是军事工业联合体的工具,RCA就是五角大楼政府采购的合同方。来自右的方面的批评说,电视中的自由主义是东方的意识形态工具。尼克松于1969年当上总统后,他的政府成为右翼势力攻击电视的主攻手。"水门事件"多年之后,尼克松的忠实门徒依然相信,是痛恨尼克松的电视网将他逐出白宫的。

一方面,电视遭到人民的嫌恶,不免令人同情;另一方面,电视的确权力过大,实在令人反感。电视网傲慢、贪婪,它向附属台要求越来越多的播出时间,小附属台害怕得罪电视网,不得不答应。电视网还控制着节目销售和发行公司,剥削独立制片者的劳动成果。电影公司也怕电视网"枪毙"它们的系列节目,不得不在利益上做出妥协。

由于电视网权力过大,对电视网的投诉日益增多。于是,FCC于1970年发布了重新规范电视市场、遏制电视网权力的规定。根据《黄金时间进入规则》,在每天晚间7:00—11:00的4小时黄金时间里,电视网只得使用3个小时;只有在星期日,电视网才可使用另外的那一个小时,而且只能播出儿童节目、新闻节目、时事节目。《财政利益和节目发行公司规则》禁止电视网介入节目发行公司;禁止电视网拥有有线电视;除了新闻节目和时事节目之外,禁止电视网全部地或部分地拥有节目版权。

《财政利益和节目发行公司规则》对电影公司来说是个福音。拥有电影版权的发行公司可以一箭双雕:一方面,在电视网的黄金时间播出它们的节目;另一方面,将节目卖给独立电视台重播。从此,节目发行公司日益兴旺,小公司和独立制片人也可以将制作的节目提供给它们发行了。按照法规要求,CBS放弃了它的节目制作、发行和有线电视部分,使之成为独立的维尔柯姆(Viacom)公司。ABC将电影制片厂卖给自己的一批经理。

但是,电视网依然兴旺。而且,市场变动有时对它们也有利。由于需求多、供给少,广告时间收费始终维持在高价位上,每年提高10%。这样,即使收视率最低的节目也有赚头。

四、公共广播电视体系的建立

美国电视广播的历史主要是商营传媒的历史。但是,在普遍认为纯商业化的美国广播电视领域,还存在一个不可忽视的部分,那就是公共广播电视。从广播初期便出现于高等院校的教育广播具有体制上的延续性,在对商营电视的批评中,教育电视的反衬作用相当明显。

全国教育广播者联合会领导的教育广播活动从第二次世界大战之前延续到了战后。由于社会对商营广播的批评日益增多,1938 年,FCC 作出了一种姿态,宣布将调频(FM)频率的特殊广播执照颁发给教育电台。此时,占据了技术成熟的调幅(AM)频段的商营广播者对尚未开发的调频广播毫无兴趣——使用这些频率,听众需要买新的收音机。况且,那时商营广播者的注意力被更有商业前景的电视所吸引,并为此投入了大量的资金,暂时无暇他顾。

保留频道的措施给教育广播带来了战后第二次发展的机遇,但大多数教育广播电台却因为经费问题无法申请电视执照。此时,福特基金会伸出援手。1952 年,福特基金会成立了全国教育电视和广播中心,以开发广播电视教育节目。不过,虽然名称上有"广播"的字样,该中心的操作却几乎完全以教育电视为目标。

1. 福特基金会的开创之功

1951 年,当福特基金会介入公共电视领域时,空中还没有非商营电视台播出。福特基金会不希望非商营广播失去 AM 频段的历史重演。为此,它在各个方面开展了卓越的斗争。

首先,福特基金会资助了一系列对电视与学校教育关系的研究,这些研究后来产生了儿童电视制作公司和《芝麻街》节目。其次,在 FCC 解除对电视的"冻结"政策时,福特基金会游说 FCC 通过了一项有利于教育电视的政策——预留教育电视频道。此外,福特基金会资助一些教育电视台成立,促成了全国教育电视台的诞生。

《1934 年通讯法案》听证会上公共广播的失败,是因为缺少策略计划。吸取了这个历史教训后,在准备 1950 年年末至 1951 年年初 FCC 关于电视政策的听证会时,教育广播电视界聘请了一位有力的法律顾问——泰勒(Telford Taylor)。泰勒原是 FCC 的政策顾问,他极仔细地为教育电视听证案组织了各个方面的发言。

在听证时,证人们提供了教育广播者的历史经验。各州大学联合会的代表敦促 FCC 根据为公立院校提供土地的法律先例,为公共和非商业用途保留电视频道。有证人列举文件证明,商营广播电台 1934 年向 FCC 保证它们将承担教育节目的播出,但其后食言自肥,毫无作为。还有一项研究证明,商营电视在信息、教育和文化节目方面多有不足。相互配合的 70 多名各界证人的发言,加上 60 多件展示的证据,使代表商业利益的全美广播业者联合会、NBC 和 CBS 陷入了极大的被动。舆论将它们完全压倒了。

福特基金会发起和资助的狂风暴雨般的非商营电视运动得到了回报。1952 年,FCC 发布《第六号命令和报告》,结束了长达 4 年之久的电视执照冻结政策。在

这个命令中,FCC为非商用电视保留了242个频道——甚高频(VHF)80个;超高频(UHF)162个。这一举措预示着非商营电视在美国电视领域获得了一席之地和发展机会。

2. 卡内基基金会的突破之劳

另一个以纽约为基地、在教育和广播政策制定方面颇具影响力的私人基金会是卡内基基金会。1965年,它建立了卡内基教育电视委员会。

卡内基基金会的创始人卡内基认为,改良社会的高尚工作应该由一系列非营利性的机构(如图书馆、博物馆、教育机构和慈善团体)承担起来。这样的机构有助于保持社会组织的健全,使国家免于两方面的罪恶:来自下层的无秩序大众运动和来自上层的国家官僚控制。他劝告那些主要是从自由经济制度中获得利益的人们以慈善行为去减轻社会的不平等。根据这种更新了的清教徒道德观,社会问题可以通过应用专业知识进行启蒙教育来解决,科学技术被看作连接贫富鸿沟的桥梁。

卡内基基金会显示了设立公共议程和在政治圈内操作实施的娴熟技巧。1967年,卡内基教育电视委员会发表报告《公共电视:行动纲领》,将福特基金会支持的"教育电视"的含义推广开来,成为"公共电视"的意义,并流行起来。《公共电视:行动纲领》为美国公共电视的立法和建构体系绘出了蓝图。报告指出,电视作为公共启蒙和社会教化的工具具有许多潜在的功能,一是超越传统教育的范围,弥补美国教育制度的不足;二是在更普遍的意义上,用公共事务节目帮助美国人了解他们生活的时代,使他们成为更好的世界公民;三是有助于戏剧、音乐、电影和其他艺术形式的试验,使先锋派的美国艺术家获得承认。公共电视的远大目标被确定为加强一个"以开放和多元为骄傲"的社会,它将成为"未被听到的声音"的讲坛,成为"辩论和争论"的讲坛,成为"美国多样化的清晰体现"。卡内基教育电视委员会的活动最终催生了《1967年公共广播(电视)法案》。

3. 建立公共体系

借助电视成功当选的美国总统肯尼迪十分了解电视的重要性,从而担当起推广教育电视的传媒改革任务。在肯尼迪时代,大多数美国人开始以电视取代报纸作为新闻来源。商营广播网的电视新闻从15分钟增加到30分钟。电视开始直播总统记者招待会。那一时代的许多重大事件,从总统就职演说到总统的葬礼,都将电视与公众的意识紧密连接在一起。

肯尼迪任命的FCC新主席米诺(Newton Minow)是商营电视的批评者和非商

营电视的奋勇斗士。米诺批评商营电视为"巨大的荒地"。在商营电视因竞赛节目的作弊丑闻狼狈不堪时，报纸对非商营电视的报道都是赞扬性的。

不过，肯尼迪时期对自由主义的乐观信心很快便让位于20世纪60年代中后期因黑人民权、反越南战争和激进反文化运动导致的尖锐分裂。在动荡的约翰逊时代，正是在国家精英荟萃的大学校园里发起了对政府的尖锐批评。

尽管卡内基电视教育委员会名义上是独立的，但它其实是由白宫控制的。卡内基公司更像政府和学术界之间的经纪人，是它影响了非商营电视从教育电视向公共电视的转变。卡内基委员会利用的是法律战场。新提出的公共广播法案有两个特点，一个是资助机制，一个是组织方式。卡内基委员会曾建议从电视机税收中拨款2‰作为资助，以确保新体系对政府的独立性。但是国会否定了这个建议，采用了国会直接拨款的方式，导致后来公共广播电视在经济上对政府的依赖。关于组织结构，卡内基委员会建议成立一个公共广播公司，其人员的组成应代表不同的文化、专业和地区；但又规定，其15名成员在国会提议后，要由总统任命。

1967年11月，约翰逊总统签署了公共广播法案。在法案的基础上，诞生了一个非政府机构、非营利组织的实体——公共广播电视公司。公共广播电视公司被设计为公共广播电视与政府之间的政治绝缘体，它为广播电台和电视台提供资金，以免媒体因直接获得政府资助而受到政治控制。法律禁止公共广播电视公司制作和发行节目，以及经营联网体系，而是建立了分离的节目机构——全国公共广播公司(NPR)和公共电视广播公司(PBS)，作为整个体系的分中心。在一个叠床架屋的体系中，官僚化、低效率和管理的混乱自不可免；同时，公共广播电视公司在国会拨款、总统任命和它自身的内部纷争中举步维艰。不过，尽管这个体系的运作还有许多问题，但非营利的、非政府的公共广播电视网为多元化的不同意见打开了大门。

五、三大电视网黄金时代的结束

20世纪60年代，由于有线电视和卫星的出现，美国的传播环境发生了巨大的变化。1963年，美国公布了《超高频(UHF)频道接收法案》，大大增加了电视频道，并将一部分UHF频道拨给了非商营广播电视。政策的调整带来了市场的变化，从70年代开始，三个电视网的观众总数持续减少，以前一直维持在90%左右，到90年代，总数只有60%了。由于新媒介的介入，商营电视网的垄断地位被打破了。

1. 电视网运气的转移

20世纪70年代是ABC崛起的十年。它开始与另两个电视网齐头并进，1976

年首次名列前茅。这一时期,ABC 一向看重的青年一代(18—34 岁)地位逐步上升,成为广告界的新目标。他们更喜欢追逐新品牌,也比年长的一代更善于适应消费主义的新潮流。

70 年代,CBS 的佩利一直在寻找自己的接班人。由于他规定了 65 岁这个退休年龄,因而没有选择自己的长期合作伙伴斯坦顿作为接班人。他的几次选择后来证明都是错误的。他选择的第一个接班人在上任几个月后便死于心脏病。佩利又雇用了两个人,都是没有电视经验、对节目缺少直觉和天分的人,CBS 开始滑坡。1980 年,他选定的接班人最终把佩利本人甩开,自己担任了 CBS 的董事长。

于是,在 CBS 演出了一场夺权戏剧。CBS 内部人心动荡。年迈的佩利为了挽救自己亲手建立的公司,作出了最后的努力。1986 年,他策动亿万富翁、食品公司集团老板购得了控股权,夺回了掌控 CBS 的权力。

NBC 的母公司 RCA 也正陷入一系列危机。1970 年,萨尔诺夫退休,第二年他便去世了。他的儿子小萨尔诺夫接替他担任了 RCA 的董事长。但是很快,小萨尔诺夫便面临日本公司的竞争,RCA 的接收机市场份额一降再降。1975 年,公司终于发现,他决策的 100 亿美元项目是个错误,于是董事会迫使小萨尔诺夫去职。其后,董事会又任命了两位总经理,同样带来灾难性的后果,RCA 面临解体的危险。NBC 自己的麻烦也不小,由于经营失误,它一度落到电视网第三的位置。

三个广播网的"赛马"式竞争一直在进行。但是现在,它们需要面对的,还有一个共同的对手——新传播媒介。

2. 新传播媒介兴起

广播电视网的衰落伴随着新媒介的兴起。20 世纪 80 年代的新媒介是有线电视和与有线网络相互结合的卫星电视。美国的有线电视政策经历了由限制到开放的过程。由于有线电视最初是作为辅助接收手段出现的,因而长期处于"身份不明"、无人管理的状态。20 世纪 70 年代,随着技术的进步和 FCC 卫星政策的放宽,有线电视频道大幅度增加。

美国第一家有线电视节目频道《家庭影院》(HBO)是在 FCC 发布《有线电视条例》后于 1972 年创办于纽约的。当时美国尚无通讯卫星,HBO 通过地面微波线路向用户传送节目,开播时用户数仅为 365 个,入不敷出。1973 年,HBO 被传播业巨头时代公司购并,1974 年,纽约等地较大的有线电视网开始接收 HBO 的节目,它的事业才蒸蒸日上。

HBO 采取了几项营业方针,事后证明是行之有效的: ① 以每个节目,而不是整套节目为收费单元,这就是后来被称为"计次付费"的方式。② 同各地的有线电

视网签订合同,向它们提供服务信息和节目内容,由网络服务商将节目传送到户。也就是说,HBO只是节目的提供者,而不是频道的经营者。③以电影为节目的中心内容,兼顾娱乐、体育等。这些方针HBO贯彻始终,并被许多收费节目公司所仿效。

1974年美国国内通讯卫星的发射,解决了HBO此前只能以微波传送节目的客观限制。1975年9月30日,HBO以播送在马尼拉举行的世界重量级拳王比赛开启了美国卫星传播的新时期。然而,依靠地波传送的无线电视台日益担心收费电视节目"侵入"自己的传统领域,于是发动了一场声势浩大的宣传抵制活动,耗资超过百万美元。之后,FCC规定了"反虹吸"政策,禁止有线电视从地面电视手中夺走电影和体育节目的播放权。不服裁决的HBO联合美国最大的6家有线电视公司,于1975年11月向联邦最高法院起诉,要求FCC修改关于有线电视的规定。1977年3月,最高法院判决FCC的规定全部无效,理由是违反了宪法第一条修正案关于言论出版自由的条款。FCC不服判决,但上诉后却被驳回。HBO从此得以无限制地接近节目来源并自由地编排节目了。

1976年,特纳广播集团开办的超级电视台成为美国第一家基本级有线电视频道。特纳公司的基础原是设在亚特兰大市的独立电视台WTBS,老板特纳(Ted Turner)拥有以亚特兰大为基地的职业棒球队和篮球队,体育节目资源非常丰富,后来他又买进了大量的影片,因此,WTBS电视台可以每天24小时轮流不停地播放体育节目和电影。1976年11月,特纳广播集团开始通过国内卫星向美国全境传送,使广告收入大增。1980年6月1日,特纳创办了全球第一家全天24小时播出新闻的美国有线电视新闻网(CNN),很快占领了现场直播的新闻时空。

1979年,美国有线电视业建立了报道美国国会活动的公共事务网(C-Span)。C-Span从属于盈利的有线电视商业,却作为公共服务机构存在。在任何有C-Span标志的地方,都标上了一句话:"一个全部由有线电视业资助的公共服务机构。"C-Span不仅报道公开的听证会和新闻记者招待会,报道参议院和众议院的活动,还报道政策制定会议以及联邦最高法院的合议庭审判。C-Span的新闻方式是展示而不是告知,它明确禁止对直播的内容进行编辑、评论或分析,努力保持不偏不倚、客观报道的立场。如果按用户数平均计算,C-Span每年从有线电视业获得的预算经费是很廉价的,但它提供了公众直观了解政治活动的一种方法。有线电视业则从这种公共服务中获益,树立了良好的公众形象。

3. 新成分加入

在有线电视系统中,甚高频和超高频的电视频道传播的节目并无区别。在广

播电视节目通过有线网络传输的方式普及之后,1986 年,都市传媒集团多数采用超高频播出的独立电视台在福克斯广播公司的大旗下集结起来,组成了第四个电视网。

逐步衰落的三个传统电视网都已易手。1986 年,ABC 以 35 亿美元的代价卖给了都市传媒公司(1995 年又出售给迪士尼公司)。RCA 以 63 亿的价格卖给了通用电气公司(GE),GE 立刻出售了 NBC 的线路网络,并关闭了 RCA 公司。CBS 屡经购并,1995 年出售给西屋电气公司,1999 年又并入维亚康姆集团。新的所有者用管理工业生产的方式管理广播电视业,大刀阔斧地减员增效,首当其冲的是新闻部门——因为新闻节目是电视台唯一可控制资金的部分,而且一向是亏损大户。资本家要求所有节目部门都生产利润,于是,新闻节目只能在紧缩的经费中苟延残喘。不过,电视网也变得更加节约:鲜花取消了,豪华车取消了,公司的专用飞机取消了,奢侈的客房也取消了,公司不再召开浪费很大的附属台会议,关闭了经理部的美食餐厅和其他大把花钱的项目——这些在过去,几乎每一样都象征着为电视网工作的特殊荣耀。

1996 年 2 月 8 日,美国国会通过《1996 年电信法案》,这是自马可尼时代起第一次对电信法所作的重大修改。新电信法放宽了对经营广播电视的限制。关于所有权问题,废除了此前 1992 年规定的一个公司最多只能在全国范围拥有 12 家广播电台、12 家电视台和 12 家有线电视台的限制(只规定覆盖面不得超过 35 %)。新法责成 FCC 放松对"双重垄断"的限制,允许在 50 个最大的城市中可以同时拥有广播电台和电视台,同时拥有无线电视和有线电视。关于广播电视执照的期限,由原来规定电视执照的 5 年、广播电台的 7 年一律延长为 8 年,并可以更新。新法还允许电话公司与有线电视公司相互拥有少量股权。这是风行世界的"取消规制"潮流最突出的体现。

不过,新法在文化方面并未完全"松绑",对无线电视和有线电视中有伤风化的节目,罚款数额从 1 万美元提高到 10 万美元。最引人注目的是,这次法规引进了在新电视机上安装"防暴力芯片"的规定。这种装置可以让家长锁住那些他们认为"儿童不宜"的节目。电视经营者必须建立一个节目自动分级系统,以便用户的电视机进行识别。

美国新通讯法为传播媒介搭起了一个环境宽松、各方皆可参与竞争的大舞台,掀起了美国传播历史上空前的兼并、合并、买断产权、合作经营和合资经营的高潮,越来越集中的媒体彻底改变了美国传播界的面貌。

美国电视在世界各地仍然受到广泛欢迎。这是因为,美国节目制作巧妙、娱乐性强,能够吸引其他国家的观众。购买美国节目的经济理由也很充分,因为它们通

常是便宜的。这些节目在美国兴旺的国内市场上已经收回了成本,可以在国际市场上压低价格售出。同时,美国电视的商业精神在世界许多地方都被追捧和模仿。借助广播电视的力量,美国文化在世界各地广泛传播。

思考题

1. 作为美国商营体制基础的"公众的利益、便利和必需"理念及"信托制"原则的含义及其来源是什么?

2. 美国公共广播电视的建立经历了哪些斗争?

3. 美国商营电视网的成功之路及对其的批评。

4. 思考个人的偶然作用和历史规律之间的关系。

第三节 英国广播电视体制

在早期,历史文化昌盛的英国为世界广播事业树立了一个标杆式的类型——公营广播制度和体系。在电视时代到来的时候,这种制度顺应潮流,改变为公共服务与商业经营并行不悖的"双重"体制。随着有线电视、卫星电视的崛起,英国的广播电视体制及其政策又发生了较大的变化,已经不是原来"双峰对峙""二水分流"的传统格局,而变成"群雄并起""逐鹿中原"的场面了。英国的广播电视制度,在世界上成为许多国家仿效的榜样,例如加拿大、日本、澳大利亚等。

一、英国广播电视体制的历史沿革

在英国,马可尼公司首先获得从事国际无线电商业活动的专利权。第一次世界大战之后,许多战争期间的军事报务员成为热心的业余无线电爱好者,并开始将无线电用于平民和广播,例如播放音乐等。1919 年,马可尼公司获准建立试验性的广播电台。于是,英国开始了非正规的广播节目和非正式的收听活动,并出现了一批自制设备的听众。但是,军方和邮电系统反对民间广播,说它是"儿童逗乐的玩具",而非"人类的仆人"。于是,任何未经批准的接收和传送活动都被禁止。直到消息传来,说美国广播大发展,已经超过曾经领先的英国了,出于担心落后的考虑,英国才于 1922 年恢复天空的开放。

1. 早期商营体制的创设

在设立广播体系时,英国既不想重复无线电领域由马可尼公司一家独霸的历史,又担心美国式的频率混乱,于是征询试验广播中的几家公司的意见,构思出一

种英国式统一收费的广播体系。

当时,英国经营无线电器材的公司主要有 6 家,它们办广播节目的目的不过是促销收音机,因此,合作广播体现了最大的优势和便利:它将避免重复投资,重复劳动,并消灭自由竞争者;它还可以建立一个生产和销售的联合组织,实行配额经营;更重要的是,只有一个垄断组织才能通过邮电部统一向听众征收接收费。商营广播垄断经营的传统可以追溯到都铎王朝时代,那时候,获得特许的文具商对出版物实行的就是垄断经营。

1922 年 12 月 15 日,经过邮电大臣的授权,6 家大电器制造商及数家小电气公司联合组建的英国广播公司(British Broadcasting Company,简称 BBC)开始广播。商营 BBC 的广播经营权是独家的,收音机要由官方盖章方得销售,这笔税收成为邮电局的意外之财。政府也特许 BBC 收取收听许可费。按照规定,BBC 不得播出广告,但可以播出厂商赞助的节目。早期 BBC 独占广播市场的利润很高。

2. 公共广播体制的确立和发展

然而,商营 BBC 招致广泛的敌意。出版商担心新媒介会侵犯他们的广告利益,便大肆攻击 BBC 的行业垄断和国家的政治控制。公众对私人企业独占广播也日益不满。于是,1923 年 4 月,政府成立了由赛克斯(Sykes)爵士领衔的咨询委员会,检查商营 BBC 经营的合理性。英国的君主立宪制度重视专业委员会在决策过程中的咨询和建议作用,这种法定程序也影响到加拿大、澳大利亚等英国的前殖民地和附属国。

（1）公营 BBC 的建立

赛克斯委员会认为,电波频率是公共资源,在授权时应慎重考虑公众利益。广播是对民意、对公众生活具有极大潜在影响力的媒介,应由国家授权的公益法团(corporation)经营。这种法团性质的公司与商业性的公司(company)在性质上是完全不同的:一个是公营,一个是私营;一个是非营利性的,一个以营利为目标。此时,BBC 的总经理是里思(John Reith),他代表了广播机构的独立要求,开始制造舆论,宣传他的观点:应使广播免于制造商和邮电部的控制,建立一个全国性、社会性、宗教性和民主性的节目体系,使广播服务超越利润和娱乐的狭窄视野。他给这个理想起名"公共服务广播"(public service broadcasting,简称 PSB),并获得广泛支持。

1925 年,另一个研究广播政策的委员会成立了。这个由克劳佛德(Crawford)伯爵领衔的委员会进一步建议,由议会立法,成立一家公共广播公司,为全民的利益制作和播出广播节目,这一公共广播公司对新闻时事节目的内容应有独立自主

权。英国政府基本接受了克劳佛德委员会的建议。1926年12月31日,商营的BBC改组成为公营的BBC(British Broadcasting Corporation),简称不变,并仍由里思担任总经理。

根据议会通过、国王批准的第一个皇家特许状,新的BBC首次获得十年特许权。公营BBC于1927年开始广播,其后垄断英国广播业超过四分之一个世纪。

(2) BBC延伸到电视

英国广播体制自然而然地延续到了新生的电视事业。1934年5月,英国成立了第一个电视委员会——塞尔斯登(Selsdon)委员会。塞尔斯登委员会提议,由BBC依照经营公共广播的理念和方式负责第一个电视频道的服务。此时,新闻出版业因为公营的BBC不播广告,也开始喜欢上了它,所以支持BBC的电视事业。1935年4月成立的伍尔斯沃特(Ullswater)委员会是为了评估BBC第一个十年的表现,以决定是否继续授予它独占经营广播事业的特权。伍尔斯沃特委员会赞赏BBC的表现,附议了塞尔斯登委员会的提议。据此,BBC于1937年获得第二个十年的广播电视特许状,并于1936年11月开办电视。到1939年,英国已有2万台电视机。

由于英国殖民地广阔,公营BBC早于1932年12月便开始经营对外广播,1937年开始播出英语的《帝国之声》节目。第二次世界大战是BBC的黄金时代。首相丘吉尔的广播演说鼓舞了全国的士气,BBC还开辟了第二频道,为军中士兵服务,BBC-2后来演变为BBC的轻松广播节目。

1946年6月,BBC在战后恢复电视播出,并逐步建立起全国电视网。然而,由于工党政府未举行任何例行的审核程序,便迅速更新了BBC的特许状,为期5年,招致保守党批评。

BBC独家经营电视的主张也不那么受欢迎。电视开办之初,"重广播、轻电视"的BBC照搬经验,仍以广播式的训导和教育为主,生硬呆板的方式引起电视工作者对"外行"做法和"门外汉"们的不满。战后国际交往日益密切,生动活泼的美国商业性节目使BBC电视相形见绌。在体制问题上,美国的经验也受到重视,上下两院的一些议员,特别是保守党议员,纷纷批评BBC的独占体制缺少竞争,积极鼓吹开办第二个商业性电视频道。

但保守党提出的商业计划只包括电视,不包括广播。因为在当时,广播被认为是重要而成功的传媒,是更不容易搬动的障碍。根据民意调查,多数英国人赞成广播事业仍由BBC独占,但在电视问题上,拥护商业经营的人却占了优势。此时,电视观众的人数已经超过广播听众。一时间,开放商业电视与否的问题成为社会争议的焦点。

（3）探讨双重体制

参加这场广播电视体制讨论的英国精英人士是有史以来最多的，议会对商营电视的关心似乎超过了 1926 年总罢工、1929 世界经济危机、英王爱德华八世放弃王位、世界大战和冷战问题。甚至连坎特伯雷大主教也放弃休假，赶来反对商业电视。几乎所有报纸都反对商业广播的概念，也担心商营电视对报纸的广告竞争——虽然后来他们中的一部分恰恰成了商业电视的经营者和新政策的主要受惠者。最强烈地支持垄断的人是前 BBC 总经理，如今已是爵士的里思。他在议会作证时说，虽然人们指责 BBC 垄断，但"正是这种蛮横的垄断造就了 BBC，使其可能采取道德自律的政策"。他不慎使用了"蛮横的垄断"（brute monopoly）一词，从此，"蛮横的垄断"成为人们指责 BBC 时常用的语句。

在关于电视商业竞争的讨论中，正方反方壁垒分明。保守党上层、工商界人士及劳工阶级赞成开放商业电视，虽然他们各自的出发点不同：保守党认为 BBC 倾向于工党，"左"倾、激进，希望对其有所制约；工商界希望利用传媒推销产品，扩大市场；而劳工阶级则希望有更多的娱乐消遣。反对商业电视的主要是工党上层人士及知识分子，因为工党倾向社会主义，主张传媒的集中制和公有制；而知识分子则认为商业电视浅薄无聊，毫无文化价值。

1949 年 6 月，在工党政府统治下成立了贝佛里奇（Beveridge）委员会，讨论是否开放商业电视的问题。该委员会反对商业电视。于是，工党政府于 1951 年 7 月宣布，由 BBC 独占经营的模式是最佳方式，这个行业将维持现状。然而，工党当年在大选中败北，政策为之改变。

3. 商营电视广播的创办

新上台的保守党立即开始考虑整个传媒政策，而 BBC 的五年期皇家特许状也行将期满。1952 年，政府发布立法白皮书，主张允许竞争性成分加入电视。下议院在讨论法案时争论激烈，反对商业电视的意见最终以 87 对 157 票的比分败北。其后，议会又连续讨论了 4 个多月，提出了 200 多项修订意见，1954 年 7 月 30 日，《独立电视法案》终于通过了。该法案规定，成立一个与 BBC 性质相近的公共机构，管理商营电视广播。采用"独立"一词，一则显示各电视台互不相连的地方性，一则因为"独立"比"商业"好听。从此，英国开始了商营广播电视的历史篇章；同时，出现公商并营的广播电视体制。

根据《独立电视法案》，独立电视局（ITA）于 1954 年 8 月 4 日建立。这是一个管理商营电视的公共机构。ITA 的各委员均由邮电大臣任命，任期五年。法律规定 ITA 负责监督独立电视公司的业务，特别强调，独立电视台均应严格遵守对广

告播出时间、数量和内容的规定,节目应与广告明显分开,不得以广告影响节目内容,等等。ITA 的主要职责除了审查播出内容之外,还包括提供设备和发射节目。

经过一年的筹办,1955 年 9 月,"联合电视"和"联合播映"两家独立电视公司(ITV)首先在伦敦开播。随后,一批商业电视机构纷纷建立。到 1962 年,共有 15 个公司得到了除苏格兰和威尔士地区以外的全部执照。其后,各地区独立电视公司逐步联合起来,组成联合节目组织,并在联播的基础上逐渐形成了电视广播网,于 1963 年完成了全国覆盖。

独立电视网的节目来源除了 15 家 ITV 提供给全国联播和区域联播的节目之外,还有这 15 家公司共同拥有的独立新闻公司(ITN)向各电视台提供的新闻节目、国外进口节目和购自独立制片人及制片公司的节目。在 15 个电视节目公司中,泰晤士、伦敦周末、中部、格兰纳达和约克郡等电视节目公司为全国提供大多数节目。

ITV 一成立,立刻夺走了 BBC 的大部分观众。位于伦敦的独立电视台开播当天,刚过 5 分钟,65% 的观众便转向了它。到 1957 年,商营电视已经稳固地掌握了70% 的观众。随着时间的流逝,部分观众渐渐回流到 BBC,并稳定下来,但 ITV 仍然稍微领先。

尽管在游说建立商业电视的活动中,院外团体一再宣称,它们所主张的商营电视决不是美国式的低俗节目,但实际上,追逐利润的竞争使得节目水平不断下降。此外,独占广告经营的商营电视利润极为丰厚。世界报业大王汤姆森(Roy Herbert Thomson)曾实话实说:拥有电视执照,就等于握有一张印钞票的执照。汤姆森之所以能买下《泰晤士报》等历史悠久的英国大报,并创立报业集团,与他早期经营独立系统的苏格兰电视公司从而财源茂盛关系很大。1964 年以前,各个独立电视公司只需向 ITA 缴纳少量的电视设备使用租金,便可通过提供节目加广告发财了。更换执照的工作都是幕后进行的,于是,商业公司尽力讨好 ITA。

4. 双重广播电视体制的发展

1956 年,议会文件披露了商业电视惊人的高额利润。在社会舆论对商营电视的批评声中,1960 年 7 月,议会任命皮尔金顿(Pilkington)委员会调查、评估商营电视的影响,并研究下一步的电视政策。1962 年,皮尔金顿委员会在其报告中极其尖锐地批评 ITA,而表扬了 BBC,并说 ITA 对 ITV 更像一个撑腰者,而不是一个管理者。它批评 ITV 的节目充斥暴力和偏见,对广告无节制,以及出版商在商业电视中的过分优势。政府修改公布了 1963 年独立电视法,加强了 ITV 的控制力度,并建立了针对商业电视暴利的税捐制度。

为了平衡双重体制,皮尔金顿委员会还建议,由 BBC 尽快开办英国第三个电视频道;同时,为了加强 BBC 电视的竞争力,让 BBC 率先采用彩色电视制式,以吸引观众。1964 年 4 月,偏重高雅娱乐的电视频道 BBC-2 开播;1967 年 7 月,BBC-2 首先播出彩色电视节目。BBC-1 和 ITV 则是 1969 年才转为彩色的。

双重体制从电视扩展到了广播。英国政府于 1971 年宣布开放商业广播,第二年,批准开办商营广播的《无线电广播法》生效,ITA 改名独立广播(电视)局(IBA),着手审批地方性商营独立广播公司,统一管理独立广播与独立电视系统。1973 年 10 月,两家地方独立广播电台开播。从此,英国也有了商营广播,"公商并营"的整个体制乃定。

公商并营的双重体制导致人们对平衡的期望,公共服务与商业经营似乎应该平分秋色。鉴于 BBC 已经拥有第二频道,英国各界掀起了是否开放商营的"第四频道"的辩论。经过反复讨论,长期拖延,还经过安南(Annan)委员会将近三年的调查,召集了 44 次会议,审核了 1 500 份提案,提交了一册厚达 522 页的报告,第四频道的开办才有了眉目。1980 年议会通过《广播电视法案》,批准第四频道(C4)成立。两年后,1982 年 11 月,C4 才开播。

随着观众看电视习惯的改变,到了 1980 年代,日间也有了越来越多的观众。1983 年 2 月,属于"独立"系统的晨间电视公司(TV-am)获准利用 ITV 早晨的时间播出 3 个多小时的《早安英国》节目。BBC 也于早些时候获准播出《早餐时间》节目。于是,两大系统再一次取得平衡。公商并营、旗鼓相当的传播新格局进一步形成。英国公商两种电视体制的竞争以及政府在其间的协调与修补,使英国广播电视沿着一条稳健的道路有条不紊地发展多年。

二、英国广播电视体系的特点

自 20 世纪 50 年代中期以来,英国广播电视体制是按公商两大系统分别组织的。虽然人们对 BBC 是"世界公共广播电视的旗舰"这一说法有争议,但它多年来成就卓著,有目共睹。英国商业联合组织独立系统提供的广播电视节目通常也是高质量的。总体而言,英国的双重广播电视体制稳定而有效。

1. 英国广播公司(BBC)

BBC 是一个独立自治、自成体系的完整系统,根据皇家特许状及附属的《许可协议》的规定,BBC 的组织结构主要由理事会(根据 2006 年的新协议从 2007 年 1 月 1 日起改为 BBC 信托委员会)、总经理及管理委员会、咨询委员会三方面组成,BBC 理事会负责大政方针,总经理及管理委员会处理日常事务。BBC 还在不同层

次、不同地区就不同问题分别设立了多个咨询委员会,代表最广泛的社会群体,它们的作用相当于社会监督机构。

BBC 的财政收入主要来自接收费。收音机执照费从商营时代的 1922 年便开始了。1946 年,BBC 开始收取电视机执照费,而收音机执照费于 1971 年废除了。接收费的征收标准由议会决定,若干年进行一次调整。BBC 还发行印刷品、音像制品,获得经营性收入,并外销广播电视节目,也获得可观利润。此外,英国开放大学成立于 1971 年,从此委托 BBC 为其制作用于广播电视教学的节目,BBC 由此也可得到大量收入。从 1988 年 4 月开始,英国电视收视费随物价指数自然增长或浮动。BBC 的国际广播费用则来自政府资金。

英国公众喜欢没有广告的 BBC 节目,但不喜欢它的收费制度:不管观众是否接收 BBC 的节目,也不管他们收入多少,每个家庭都要缴纳费用。于是不少家庭逃避缴纳接收费。

由于 BBC 不播广告,因而能够独立于商业;但它必须定期向内政部及议会申请,要求提高接收费,以维持日益上涨的节目费用,并跟上物价上升的幅度,这便为政治控制留下了空间。在 1927—1946 年,英国的接收费从未提高,这是因为广播电视市场的扩大导致收支平衡。后来,彩色电视机的引进也曾增加过税款收入,缓解了矛盾。但是,随着电视机市场的饱和,BBC 越来越依赖于接收费的增加,也必须依靠国内外节目销售和出售书籍、磁带来维持收支平衡。

80 年代,BBC 的收入上升明显,但制作费用也在上升。1980—1985 年,每集节目的制作费从 3.4 万英镑升为 5.2 万。1985 年,BBC 亏损 8 千万英镑。为此,政府对 BBC 领导人的选择方法也改变了。担任总经理的人选大多从会计、审计部门提拔,而不是按照传统从节目和业务主管人员中挑选了。1985 年,自称为"削减开支者"的总经理是在与优秀的纪录片制片人竞争胜出后当选的。

早就有人建议 BBC 开办广告。1977 年,安南委员会在其 500 页的报告中曾考虑让 BBC 播出广告,但随后以 16 行的文字予以否定。1980 年,在 BBC 的一次调查中,全体被访问者中 49%的人、劳工阶级中 60%的人是赞同广告的;但在上层阶级中,赞同者只有 25%。政府则一方面缓慢地增加收视费的数额,另一方面,于 1986 年任命了皮考克(Peacock)委员会重新调查 BBC 开办广告的可行性。结果,是独立电视广播者,以雄辩的逻辑论证了保持 BBC 非商业地位对其保证节目质量的重要意义。当然,他们的出发点是为了维护自己的独家广告特权。有评论家则指出,除了新闻节目之外,BBC 的其他节目均可商业化。其实,在 BBC 的节目中早已充斥着商业成分——例如在谈话节目中,常常采访刚刚出版新书的作者,这实际是促销手段。皮考克本人是市场经济的坚定信仰者,但他反对 BBC 播出广告,而

主张广播电视朝着消费者自主选择和直接交易的方向发展。皮考克委员会的意见没有被充分采纳，但它对商营电视的一些建议反映在 1990 年的《广播电视法案》中。

BBC 拥有两个全国性的电视频道（BBC-1 和 BBC-2），采取高雅节目和通俗节目彼此互补的文化政策。BBC 办有 5 套全国性的广播节目，分别侧重各种类型的音乐、体育、教育和时事节目。

BBC 建立了一个巨大的帝国。在制播体制发生变化之前的 1987 年，它有 3 万名职工，数不清的自由撰稿人，仅伦敦电视中心便有 1 万雇员，每年签约的艺术家有 15 万。1980 年，全职的音乐家有 500 名。英国许多剧作家是靠给 BBC 撰写广播剧起家的。BBC 年产广播剧 800 部。BBC 在制作高质量节目方面世界无匹。它制作的许多通俗节目也不同凡响。1987 年，根据英国政府的一个配额计划，BBC 25％的播出节目应来自独立制作。

BBC 员工是专业化的、富有经验和献身精神的。长期以来，它的领导成员大多来自节目部门而非经营部门或政界。控制 BBC 的，是 BBC 自己而非上级的董事会。但 BBC 倾向于认为，它自己的趣味就是英国社会的文化取向，凡是批评这种做法的人，它一概斥之为"市侩作风的鼓吹者"。

BBC 的文化特征是倾向精英的。BBC 理事中许多人来自牛津、剑桥、伊顿公学、哈罗公学或温彻斯特公学。各界名人都认为，BBC 是比议会和教堂更有影响力的英国文化机构。长期以来，BBC 的新闻播音员要身着正餐时的礼服，操英国南部受过教育的人使用的标准语音。这种口音在英国只有不足 5％的人使用，对 95％的人来说，这种英语是带有贬义的所谓"BBC 英语"。随着时代的变化，这种发音慢慢地也有了一些变化；然而在对外广播中，它仍是一种可识别的、标志式的语言。

在名义上，BBC 是政治独立的，但政府利用它掌握着 BBC 的经济命脉这个特权，根据 BBC 的表现，采用不予讨论、拖延提价或及时提价的方法，制造出奖惩 BBC 的机制。在第二次世界大战前，所有批评英国政府的言论都遭到压制，而由首相张伯伦的助手一天两次给予 BBC 宣传方面的指示。反对派丘吉尔则被排斥于广播之外。1929 年，他曾与 BBC 总经理里思发生争执。丘吉尔对里思提议，从自己腰包掏出 100 英镑换取半小时的广播时间，里思讥讽地说他是美国作派。丘吉尔答道，他宁愿选美国的那种广播制度，而不是英国的这种——将政府与想要了解政治情况的公众隔绝开来。

BBC 的广播活动立足于皇家特许状及其与政府签订的阶段性协议的基础上，所以，不能完全免除政府的干预。根据协议，政府可以随意撤销广播执照，可以否决节目的播出计划——更准确地说，是要求 BBC 自己不播出特定的材料。任何内

阁大臣都可以要求 BBC 承担对国家而言重要的宣传任务,协议还要求 BBC 每日报道议会讨论的进程,反对潜在的广告,禁止 BBC 在时事节目中表达与广播电视无关的对公共政策的观点。政治广告不得播出,但在选举期间,各政党可以自己制作节目,在分配的时间内播出,分配时间的比例根据上一次选举中各党获得的票数决定。内阁大臣有权就公众关心的问题利用广播与公众交流,有时,持反对意见的一方有权答复。内政部也负责从法律方面监管 BBC。

多年来,BBC 奉行"14 天规则",即禁止在两周内报道议会正在讨论的议题。据说,这是早期 BBC 自己的规定,用以摆脱政府要求它做的宣传。但是,自 20 世纪 50 年代以来,BBC 变得不安分起来,无法忍受自己制定的这条清规戒律。结果,在全国公民自由权委员会的帮助下,停止了这一限制。

在历史上,BBC 曾因苏伊士运河危机的报道与政府发生争议,也在马尔维纳斯群岛战争、爱尔兰共和军和美国轰炸利比亚等事件的问题上与政府的检查和限制发生冲突。1985 年,BBC 准备播出人物专题节目,介绍两个爱尔兰极端主义的领导人。内政大臣抗议说,这是为恐怖主义者提供讲坛。为此,BBC 董事会砍掉了这个节目,导致电视工作者罢工一天,取消了国内新闻和世界新闻节目。被停播的节目后来增加了少量素材,并被播出,再度引起 BBC 与撒切尔政府之间的争议。由于 BBC 表达不完全相同于政府的观点,在 1991 年的海湾战争中 BBC 被称为"巴格达广播公司";在 1999 年的科索沃战争中又被称为"贝尔格莱德广播公司"。

2006 年,BBC 延续了 80 年的皇家特许状又一次到期。从 2003 年起,英国文化遗产部对 BBC 特许状的审议工作便紧锣密鼓地开始了。对 BBC 的评估是在一种敏感的政治气氛中进行的。那一年,正是 BBC 对英国政府追随美国发动伊拉克战争的批评达到高峰的一年,还发生了与传媒报道有关的国防部武器专家凯利自杀身亡的事件。BBC 受到政府弹压,董事长和总经理于 2004 年双双辞职。2005年 3 月,文化部发表了对 BBC 特许状的评估报告。出乎意料的是,评估报告肯定了 BBC 的政治独立性。一年之后,文化部向议会提交政策建议白皮书,正式提议英国政府延续 BBC 特许状。至此,BBC 不可撼动的"神话"再一次得到证实。2006年年底,BBC 如愿获得第八次皇家特许状(2007—2016)。2014—2015 年,BBC 的特许状更新不再是一个疑问,争议集中在收费模式上。

2. 独立广播电视系统(ITA/IBA)

独立广播电视局(ITA/IBA)管辖下的商营广播电视系统是一个各自为政的松散联盟。但是,管理商业广播电视的 ITA/IBA 也是公共机构,性质与 BBC 大同小异,只不过一为联邦制,一为集中制而已。ITA/IBA 经营所有广播电视发射设备,

但由各公司支付费用,同时也替政府向商业公司征收各种税费。

在很长时期,除非在圣诞节期间,英国商业电视播出故事影片每周不超过 5 部,黄金时间播出带奖品的游戏节目每周不得超过 4 个,电视赞助节目只能在 C4 播出,电视节目广告时间限定每小时 7 分钟,广播节目 9 分钟。广告在播出前须经检查,并符合标准。在宗教仪式、皇家场合、教育、儿童和时事节目中,广告不得出现。节目主要有戏剧、电影、艺术表演、新闻、时事、纪录片、体育、科学和儿童等种类,并且也播出教学节目,包括学校教学、幼儿教育和成人教育节目。收视率很低的 C4 的节目,则以严肃的政治性问题和多元化的文化观点为主,每晚有长达一两个小时的新闻节目,经常报道妇女解放、少数族群的权利等消息。它还注重扶植民族文化和本国独立制片人的创作,经常播出非大众化的影视节目,其中不少是成本低廉的独立制片人节目。

商营 C4 与 BBC 的第二频道作用相似,都是提供"可供选择的"较高水平文化节目,为大众节目作补充。由于 C4 有 ITV 的大宗税捐作为财源,而且无权经营广告,节目与利润不挂钩,因此它并不关心收视率的高低,也无须刻意追求娱乐效果,被称为英国商业电视的"良心",在世界电视史上树立了一种奇特的典型。

公共机构主导的英国商业广播电视事业不是一种漫无节制的体制,而是受到许多制约和监督的商业性传播活动。它不能避免商业电视追求收视率、追求广告、追求娱乐性的缺点,但在英国,由于工党和保守党政府之间的相互制约,由于政府采取了"抽多补少""抽肥补瘦"的维持平衡及适当倾斜的政策,大体维护了两类传媒的公平竞争和各种传播活动的平衡发展。因此,有人称英国广播电视体制是世界上"缺点最少"的体制。

但是,在传播全球化的今天,在传媒市场化、商业化和私有化的世界性潮流中,英国的公商并营体制似乎无力抵制美国式的私营商业体制的侵袭。此外,从 20 世纪 80 年代开始,新的成分加入竞争,逐渐改变了传播格局。新的成分便是线缆和卫星。

三、英国有线电视的发展历史

在英国电视出现之前,广播便采用线缆了。20 世纪 20 年代,用电话线转播广播节目的做法非常流行,因其声音效果更佳,扩音器也比收音机更便宜。当境外商业性的卢森堡广播电台开始广播后,有线广播纷纷转播。1937 年,英国制定了规则,要求有线广播无条件转播 BBC 节目,并不得自制内容,类似美国后来对有线电视"必须转播"无线电视的规定。

20 世纪 50 年代,英国城镇有 100 万户有线广播系统的订户。后来,有线广播

逐步升级为有线电视。设立共用天线系统的目的是防止天线林立,有碍观瞻。对这些系统的主要限制是不得制作节目,只能同步转播 BBC 和 ITV 的节目。

1979 年,保守党又一次上台,实行激进市场走向的撒切尔主义。高科技领域被认为是英国复兴的关键。1982 年,政府任命亨特(Hunter)委员会讨论有线电视的问题。不过,亨特委员会并无讨论"可否"的余地,它的任务仅仅是提出以某种途径实现既定目标的建议。亨特委员会指出了让有线电视提供更高级服务的重要性,建议优待有线电视。亨特报告厘清了有线电视网的所有者及经营者、节目提供者与节目制作者之间的区别,建议批准有线电视网提供自己制播的节目;而通过开放频道出租时间,则可以避免有线电视网经营者垄断节目。

BBC 和 ITV 均强烈反对亨特报告。BBC 竭力维护垄断的立场并不奇怪;但ITV 尽管出生时经历了挫折,但它对新加入者的处境也毫不同情。亨特报告的"竞争"对策却与政府一拍即合。1983 年 4 月,政府发布了关于有线电视政策的白皮书,建议有线电视的法规机构给经营者颁发特许状。同时,政府白皮书宣布,将批准给电讯传播颁发 12 个特许执照,从事先进技术和互动节目的试验。

1984 年,英国通过了《有线电视和广播法案》,由新成立的有线电视局实施对有线电视的管理。当年政府颁发了 11 个特许执照。1984 年 10 月,英国第一个实时的宽频线缆系统在斯温顿开通,有 32 个频道,开办时仅启用了 13 个,其中 4 个转播 BBC 和 ITV 的电视广播频道,还有"音乐盒"、"银幕与体育"、"儿童"频道和"首映电影"等付费频道,此外,还提供地方新闻、图文服务和立体声音乐节目。1990 年广播法颁布后,有线电视局成为新成立的独立电视委员会的一个部——有线电视部。

有线电视的经营者需要两个执照——节目执照来自有线电视局,电讯执照来自邮电部。邮电部只考察技术标准;而有线电视局负责对节目内容的审核,考虑因素包括是否为英国原创节目,是否符合法规对欧洲节目的比例要求,还有对接受赞助、教育、地方和社区服务、为聋人服务的节目规定。有线电视局听取对节目的申诉,抽样检查节目,看其是否合乎标准。获得执照的经营者根据用户数目每年缴纳执照费,并更新执照。非英国和欧洲人士不得获取执照,但可入股(不得控股)。地方政府、政党和宗教团体与独立电视经营者被排除于持照者之列。

英国有线电视的基础设施建设缓慢,1984 年批准的 11 个有线电视网络,有许多迟迟没有开办。英国政府让企业经营,希望由私人投资有线电视和电子传播这一耗资巨大和风险极高的市场,然而投资者很不情愿。此外,英国起初规定的星状有线电视系统标准在技术上虽然先进,适于双向互动传播,但价格昂贵,回报缓慢,导致投资者犹豫不决。于是,英国政府不得不降低了技术要求,同时,积极鼓励外

资进入。几十家北美公司蜂拥而入,通过与英国控股公司建立信托基金的方式绕过法规对非欧洲共同体国家投资的限制。1992 年,作为优惠政策,英国政府允许有线电视公司经营电话业务。

与有线电视网络发展的缓慢相反,英国的节目包装制作业却非常活跃。1988年,有线电视局公布,向有线电视提供节目者不需要执照,不需要与政府签订合同,也不需要官方批准,进入这一市场是完全免费的。

英国的一个电视新频道是默多克的空中电视台(Sky TV)。这个频道于 1982年开办,在好几个欧洲国家播出。1990 年,英国卫星广播公司(BSB)开办,与之竞争,但不成功。不久,Sky 公司与 BSB 合并,成立了新的英国卫星空中广播公司(BSkyB),拥有 5 个频道。初期的竞争使两个公司分别损失了 6 亿和 9 亿美元。

付费电视在 20 世纪 80 年代后期也慢慢发展起来,家用录像机则备受观众欢迎。由于性和暴力内容泛滥,1984 年,英国政府发布《视频录像法》,开始强制进行节目检查。这一法律的制定是由保守党人和女权主义者联合促成的,他们一向并非盟友,甚至相互敌视,因此这种合作显得奇怪。依据这一法规,对视频节目检查的力度超过历来电影审查委员会的规则。

四、英国广播电视体制的多元格局

进入 20 世纪 80 年代,由于英国政府的产业优先政策,由于政治精英对 BBC的支持降低,也由于卫星、线缆和节目市场的兴起,特别是伦敦作为欧洲和北美之间节目市场的门户作用,英国的广播电视体制发生了极大的变化。

1. 商业广播电视走向多元市场

撒切尔首相对英国广播事业的贡献,除了降低 BBC 的费用和建立 C4 之外,似乎很少建树。直到 20 世纪 80 年代末期,保守党政府才成立了一个最高级的内阁委员会,由撒切尔夫人自任主席,集中讨论广播电视的问题。委员会认为,商营独立电视经营者享受了过多的垄断权利,受到过度保护,环境也过于舒适,因而管理低下。

改革先从广播开始。英国原有 4 个全国性的广播频道,苏格兰、威尔士和北爱尔兰地区各有一个地区性频道,地方还有广播电台。1987 年 2 月,政府发布名为《广播:选择和机会》的绿皮书,提议在 90 年代建立三个私营的全国性广播网,几百个地方私营广播电台和社区电台。

1988 年 10 月,政府发表政策白皮书,名为《90 年代的广播电视:竞争、选择和质量》,这是计划中的"取消规制"运动最突出的表现。白皮书建议,采取市场导向

模式,在双重模式中加入新的竞争因素,以提高效率。根据白皮书的建议,ITV 颁发的特许执照将在 1992 年通过招标的方式竞争获得。独立电视委员会(ITC)将取代独立广播电视局和有线电视局的相关管理职责。C4 与各独立电视公司脱离关系,也直接进入市场竞争。BBC 的直播卫星频道纳入商业管理。在法律的基础上成立了一个广播标准委员会,受理投诉。

这些意见大多为 1990 年新的广播电视法所采纳。ITV 的电视频道被命名为第三频道(C3)和第四频道(C4),C4 在获得最低收入保证的基础上,可以自行销售广告时间,还建立了新的地区性第五频道(C5)。法律规定,所有电视节目中至少要有 25% 的节目来自独立制片公司。对此 BBC 和 ITV 两家都很不乐意。尤其是BBC,它行动迟缓,并终于说服政府将新闻和时事节目排除在比例之外。使原有的两大公司稍感欣慰的是,法律强调了节目质量——而它们虽然机构臃肿,但节目质量较好。

根据法规成立了新的独立广播局和独立电视委员会。独立电视委员会不再负责发射节目,而将它委托给一个私营公司。1990 年,英国女王批准了广播电视法,英国从此朝一个市场开放的广播电视体系前进。

1990 年广播法带来的基本变革,是商业广播电视结构的全面调整。1991 年 2月,ITC 开始对第三套节目(独立电视台)公开招标;1993 年 1 月,ITV 在新体制下开始运营。1997 年 3 月 30 日,英国新成立的商业性第五套电视节目正式播出,由国际财团联合投资。

1993 年,BBC 开始制播改革,分拆为负责节目播出的 BBC 广播部和制作节目的 BBC 制作部。1994 年,英国政府通过了广播白皮书——《英国广播公司的未来》,再次确认 BBC 在英国广播电视领域的核心地位。同时,政府支持 BBC 增加商业业务。在数字化和市场经济的新时代,BBC 确立了新的发展战略,开始进行机构改革,扩大收费服务项目。BBC 希望在不危及公共目标的同时采取适度推进的商业化战略,主要是充分利用 BBC 现有的"无形资产",亦即多年来积累的丰富音像资料,在国内开办各种类别的专业化收费频道。1996 年 11 月,BBC 宣布机构调整,首次向视听者作出承诺,表示将"服务于国民,竞争于世界",即一方面,BBC 在国内将继续保持公共服务的传统;另一方面,在海外则积极扩大商业市场。BBC 还与商业电视联手发展地面数字电视,积极迎接新技术挑战。

2. BBC 引导英国的数字时代

在新的世纪,英国广播电视面临技术革命的重大历史时刻,正从模拟制式向全面数字化转换。在 1988 年,英国只有 4 个电视频道;而在 BBC 第七次特许状时期

(1996—2006)却达到400多个,增加百倍。在群雄逐鹿的广播电视市场,需要有稳定的平衡力量。在英国数字转换的关键时期(2008—2012),政府需要BBC作为公共服务的基石,在多频道和多元服务的环境中发挥核心领导作用。为了突出BBC的特色,第七次特许状协议为BBC增加了一项新时期最重要的任务:建立数字英国。

英国数字电视的发展遥遥领先于世界;但是英国的地面数字电视也走过了一个因付费经营失败转向免费模式的转换过程。在数字革命开始的时候,欧洲国家普遍认为,付费模式是推广数字电视的主要手段。英国政府最初也决定以商业方式实现数字化转换。经过竞标,商业(独立)电视系统集资成立的付费电视公司Ondigital获得数字地面电视执照,1998年启动了独家经营的地面付费数字服务。但居于弱势地位的独立电视数字服务与老牌商业卫星电视——默多克的空中电视台——在付费电视市场进行的是实力悬殊的竞争,结果负债累累,翻身无望,不得不于2002年4月宣布倒闭。

此时,英国政府担心英国的数字电视落后,极力劝说各电视机构接手地面数字电视执照,以恢复民众对数字电视的信心,但是乏人问津。于是,BBC联合其他伙伴,成立了Freeview公司,申请执照;但请求政府允许它免费经营,避免与支配付费电视市场的空中电视台正面竞争。BBC竭力让政府相信,数字电视的开发模式并非只有付费一种,免费的数字电视更能吸引用户。BBC提出的口号是"更多,更好,免费收视"。在政府的支持下,从2002年10月起,BBC建立了一个囊括全部公私营电视服务的免费数字化平台,包括空中电视台在内的所有电视频道都加入了。到2006年2月,英国的免费数字电视用户已经覆盖全部英国人口的73%,并迫使空中电视台也开办了免费服务。

正是电视接收费这个雄厚财政资源的支持保证了BBC免费平台的成功。BBC的电视接收费取之于民,用之于民,对奠定"数字英国"的基础起到关键作用。事实证明,广播电视的数字化转换是一个涉及全民的公共政策问题,单凭市场努力,要么无法顺利实现,要么使数字化成为少数富有者的专利。BBC的贡献使英国公众重新认识了公共广播机构在数字时代的地位和作用,对BBC一度下降的信心恢复了。

3. Ofcom接任电信和广播管理权

在此期间,英国的广播电视管治框架也发生了改变。1984年4月,英国议会通过了《1984年电信法》,据此成立电信办公室(Oftel),从事电信业的规制和对广播业的技术管治。在20世纪90年代后期"取消规制"、媒介融合的潮流中,Oftel

开始实行自由化政策,不仅允许广播电视行业涉足电信网络,而且允许英国的电信公司和一些新媒介公司进入数字广播市场,以促进三网融合。

进入新世纪后,为了统一监管电信业、新媒介和广播电视行业,节省资源,提高效率,英国将此前5家纵向规制的管理机构电信办公室、独立电视委员会、广播管理局、广播标准委员会和无线通信管理局的职能合并一处。根据《2002年通信办公室法案》,英国统管整个通信与广播电视行业的规制机构——通信办公室(Ofcom)依法于2003年12月29日正式履职。Ofcom的监管职能基于若干法律规定,主要是《2003年传播法案》、《2006年无线电法案》、1990年颁布且1996年修订的《广播电视法案》和2010年颁布的《数字经济法案》,以及涉及邮政、经济竞争和企业管治的其他法案。Ofcom采用的统一监管方式促进了与通信相关的各个传输体系之间的融合与竞争,也增进了消费者获得公平服务的权利和利益,这种精神在英国广播电视体制探索的历史上是一以贯之的。

思考题

1. 英国广播电视体制是怎样产生和演变的?
2. 英国公商并营的双重体制有哪些特点?
3. 英国广播公司的历史和经验。
4. 英国独立电视系统的发展对中国有何借鉴意义?

第四节 苏联及俄罗斯广播电视体制

自20世纪20年代和30年代苏联的广播和电视先后诞生以来,至1991年苏联解体,苏联实行的基本上是国营广播电视制度。苏联广播电视体制分为三级:中央级、加盟共和国级和地方级,每一级广播电台和电视台都接受同级广播电视部门的领导;而每一级广播电视部门又都接受同级党和政府的领导。广播电视被视为推行各项政策的重要宣传鼓动工具、对劳动人民进行思想教育的强大武器。长期以来,苏联广播电视节目的内容比较单调,宣传性强,新闻报道时效性较差。1991年后,俄罗斯的广播电视发生了根本性的变化,目前仍处于制度转型的过程之中。

一、苏维埃广播电视的历史状况

苏联认为,俄罗斯科学家波波夫是无线电的发明人。波波夫于1895年5月7日进行了首次无线电接收信息的展示,所以,苏联政府将每年的5月7日定为"无

线电日"。

1. 第二次世界大战前广播的发展

虽然在旧俄时代无线电通讯便已发明,但苏联的广播事业却是从苏维埃时期发展起来的。苏维埃政府成立以后,列宁对无线电事业寄予厚望,曾指出,无线电是"不要纸张、'没有距离'的报纸"。1921 年,苏维埃政府决定由邮电委员会负责管理无线电和广播媒介。1922 年,苏维埃俄国采用世界上功率最强大的 1.2 千瓦发射机,于 5 月 7 日"无线电日"开始试验播出无线电广播。但是,由于国内战争的破坏,加上经济困难等原因,直到 1924 年列宁逝世,收音机的数量还是极少。于是,政府致力于发展供集体收听的扩音器和设在工作单位的有线广播,以满足人民收听广播的需要。

"十月革命"胜利后,苏维埃政府起初将电影、而不是广播作为主要的宣传鼓动工具。这意味着,政府给予电影的关注和优惠较多,但同时控制也更严;而对萌芽中的广播较少理会,极少加以干预。因此,最初广播事业得到较多的自由发展机会。但是,随着广播事业影响力的增强,党和政府对广播宣传的控制也逐渐加紧。1933 年,苏联广播事业的领导权从邮电部转到人民委员会(相当于中国的国务院),并由富有宣传经验的报纸机构负责组织每日的广播节目。

在很长一段时期内,苏联广播电台主要通过有线广播网进行节目传送,广播喇叭设于家庭和公共场所。第二次世界大战爆发前,全国只有 500 万架收音机,而其中又只有五分之一属于私人所有。直到第二次世界大战爆发,苏联与英国和美国结为同盟之后,在 20 世纪 40 年代后期,政府才允许苏联人民收听英国广播公司(BBC)的新闻和音乐节目,收听《美国之音》(VOA)的短波广播。其后,在长期的冷战时期,由于担心西方思想对国内公众产生有害影响,苏联又对来自西方的短波广播加以干扰。直到 80 年代末期,苏联有线广播的听众仍然多于收音机的用户。不过,广播技术改进了。1972 年,苏联开始播放调频立体声广播节目,调频广播逐渐进入苏联人民的生活。

苏联的国际广播开始于 1929 年,从 30 年代开始发展电视。试验性的电视广播开始于 1931 年。列宁格勒电视台 1938 年开始正式播出。1939 年 3 月 10 日,从苏联共产党第十八次全国代表大会起,莫斯科电视台开始定期播出。

2. 第二次世界大战后电视的发展

在第二次世界大战中,虽然一半以上的苏联广播设施曾被德军占领,广播电视技术却有所发展。1945 年 5 月,苏联恢复了电视广播。1949 年 6 月,播放节目的

扫描线从 420 行变为 625 行。1951 年 3 月,莫斯科电视台开始定期播出正规节目。1955 年 3 月 22 日,莫斯科电视台改名苏联中央电视台,它是苏联的国家电视台。

苏联中央电视台主要播放四套节目,除一、二套节目面向全国、在不同时区多次重播之外,还有一套面向莫斯科及附近地区的节目和一套电视教学节目。

电视起初只在五六个城市试播。苏联总理赫鲁晓夫执政后,开始与西方在经济技术方面开展"和平竞赛"。赫鲁晓夫想要建立一个消费者社会,他认为电视机是这个消费社会的拳头产品,所以大力发展电视。但由于苏联长期的发展政策是重视生产,轻视生活,所以,直到赫鲁晓夫于 1964 年下台,苏联电视仍未普及。到 70 年代中期,苏联出售的电视机仍然质量粗劣,并且大多是黑白颜色的。

在彩色电视方面,苏联与法国结为同盟,采用了法国的 SECAM 制式,从 1967 年 10 月 1 日起开始播放彩色电视节目。1982 年开始对全苏播放第二套彩色电视节目。第一套节目主要是为大众编排的;第二套节目则针对有较高知识文化水平的阶层,这样,就可以满足不同的文化需求了。两套节目经复制和转播,分别在不同时区,按当地时间依次播放。

苏联是地理大国,横跨欧亚大陆 11 个时区,人口成分异质性强,地区之间的差异甚至超过欧洲许多国家之间的差异。为了向各地传达来自莫斯科的声音,苏联建立了全国性的广播电视网。1965 年,苏联建立了世界上第一个卫星电视传送网,起先用于国内传送,后来成为东欧国家之间的国际卫星网。1978 年,所有电视中心台都改为彩色电视播出。80 年代初期,苏联采用 68 种民族语言,通过 100 多家电视中心和复杂的卫星、地面联网系统,也采用录像带转播方式,向国内进行电视广播,可以到达 80% 的人民。1985 年,苏联开始生产家用录像机,采用的是西方技术。

苏联的电视节目较沉闷,甚至连苏联领导人勃列日涅夫也敦促电视节目在对时事的报道中要提高时效,并生动活泼一些。在政治方面,苏联的变化比东欧国家缓慢。

二、苏联广播电视的国营体制和传统特点

苏联的广播电视媒介都归国家所有,由国家有关部门实施管理和经营。

1. 苏联广播电视的国营体制

最初,对无线电广播的管理权归苏联邮电委员会(邮电部),主要任务是收取收音机执照费。1933 年,转由人民委员会下属的全苏无线电委员会具体负责推动广播电视这一新兴事业。1957 年,对广播电视的管理再度易手——苏联部长会议广

播电视委员会成立,这是一个直属最高政府的权威性管理机构。1962 年,苏联政府取消对收音机的接收费制度,由每年的牌照收费改为购买收音机时的一次性附加税费。从此,广播电视的运营经费全部由国家拨款供给。

1970 年 7 月,全苏电视与广播委员会成立,成为部长会议中的一员。全苏电视与广播委员会管理全国的广播电视机构,并负责安排全国性节目。在地区和地方一级,也建有职责类似的电视与广播委员会。1971 年,苏联全国有 200 个城市电视台,1976 年发展到 500 多个。新成立的管理机构对发射技术要求更高,于是地区和地方节目的空间更加萎缩。但在 15 个加盟共和国和各个地区和地方,始终保留着一定的当地节目时间。各个地区和地方的电视与广播委员会既要向本地政府负责,又要向上级广播电视部门负责。党的各级委员会对节目有政治控制权;政府则提供财政经费,并规定管理原则。

国家电视与广播委员会的职能和权限相当于政府的部。它领导全苏广播电台、电视台和国际广播电台——莫斯科广播电台,以及全国的广播电视事业。它也领导地方电视与广播委员会,统管全国广播电视的对外联络和交流工作,派出驻国外的记者,出版广播电视刊物。

电视与广播委员会实行集体领导,设有一名主席、几名副主席和一个监督委员会。1988 年后改由最高苏维埃(即苏联议会)任命主席。苏联解体前夕的 20 世纪90 年代初,全苏国家电视与广播公司有 8.3 万名职工,每年预算 20 亿卢布。经费来自国家,外加广告的补贴。发射由通讯委员会负责,该委员会还负责管理电子传播和邮政通讯。

到 80 年代末期,苏联的全体加盟共和国共有 120 个电视中心台,有 900 多座电视发射台,电视转播站和卫星地面站各有 4 000 多个,通过卫星通讯网已能覆盖全国,并与世界各地开展节目交流。

2. 苏联广播电视的传统特点

苏联的广播电视是苏联整个新闻事业的一部分。它的表现及对它的规定,与整个新闻事业大同小异。苏联的大众传播媒介被称为“大众新闻和宣传体系”。这种体系的特征是权力集中,纪律严格,步调一致,言论一律。苏联的广播电视属于这个体系,是它的一个分支。其主要特点是:

(1)国家所有和独占的体制。

苏联所有的新闻传播媒介都属国家所有,并为党和政府所控制,私人不准创办报刊,更不必说广播电视。由国家独占制派生出苏联媒介的其他特点,如媒介工具化,报道宣传化,言论统一化,等等。

（2）党和政府的直接领导。

广播电视并不单纯是新闻传播机构,而主要是整个党和国家权力的重要组成部分。苏联新闻媒介的基本职能是"集体的宣传员、集体的鼓动员和集体的组织者",它必须忠实地为实施党的路线、方针服务,为提高劳动人民的思想觉悟服务,这是苏联新闻媒介的根本任务。由于党和国家的重视,新闻事业发展迅速,地位突出。但新闻机构对党和政府没有丝毫独立的可能性,因此,它对社会生活、特别是对党的活动进行监督批评的功能大大减弱。

苏联共产党是新闻机构的主要领导者。新闻机构也在国家具体的直接控制下。主管新闻活动的是苏共中央的国内宣传部和国际宣传部,它们分别负责苏联的国内宣传与国际宣传。部长会议通过国家电视与广播委员会领导全苏的广播电视事业。对新闻机构和新闻活动的管理是通过党的政策进行的,是随情况而变动的。长期以来,苏联没有成文的新闻和广播电视法律。

根据不同历史时期的任务和特点,党中央对新闻宣传进行思想方面的领导,具体体现在制定新闻宣传方针、政策和任务,并以党的文件的形式下发给各级新闻宣传单位。这被称为"指导性"的领导;在组织方面,各级党的委员会确定自己领导的新闻机构的方向、任务,选择、配备和培养新闻干部,并随时进行检查督促,这被称为"监督性"的领导。

党对新闻工作的领导十分具体,包括事前对报道计划的安排、审查、批准和事后的汇报、评价等。党依靠领导机关自上而下的批评对新闻事业进行监督,党的领导还亲自为宣传机构撰稿,他们相信,对大众媒介的控制就等同于对公众舆论的控制。

（3）国家财政的经济来源。

苏联广播电视的资金几乎全部来自国家财政,广播电视均为国有的国营机构。在计划经济的时代,没有商业广告的市场。因此,苏联的广播电视很长时期也没有商业广告。苏联新闻媒介不以追求利润为目的,它们之间很少经济竞争的现象,统一行动的特点比较突出。

（4）传播媒介的宣传功能。

苏联新闻媒介最基本、最重要的原则是党性原则。新闻宣传机构的首要任务不是提供新闻信息,而是进行政治宣传和思想教育。因此,在报道的内容方面,政治说教较多,就连一些影视节目也充斥着冗长的政治训导,新闻节目则要经过严格的政治审查才能播出。选择新闻的标准要摒弃抢新闻、人情味等西方的新闻价值观,而看是否有利于党的利益和政治需要。新闻报道的宣传味道浓厚,关于事件的信息很少。由于所有的新闻宣传机构都要围绕党的中心工作配合形势进行宣传,

甚至刊登播发相同的文件、指示,因而内容往往惊人的一致。特别是,苏联广播电视很少报道国内生活中的消极面,报喜不报忧,对于缺点错误、事故或灾难等一切不利于鼓舞人民的消息,要么避而不谈,要么轻描淡写。自然灾害、交通事故都在禁止之列;而对西方世界,则着力攻击它的阴暗面。节目形式不强调娱乐,往往失之于单调枯燥。

（5）封闭式的管理机制。

苏联的广播电视是以高度集权的行政命令手段进行管理的。苏联政府采用封闭式的控制方法,禁止外国报刊在苏联发行,禁止人民收听、收看外国的广播电视节目,尤其是严格禁止接收敌对的信息。为此,苏联修建了大量的干扰电台,试图封锁西方的影响。长期以来,这种封闭的方式很有效。

苏联的媒介体制被西方新闻和传播学者批评为极权主义。他们指出,文艺节目在苏联的广播电视中虽然占有较多的时间,"娱乐"概念却没有正当的地位。苏联广播电视的功能是狭隘的,是高度功利性的。广播电视是为改造社会而工作的,是为解释共产主义的教义和庆祝社会主义的胜利而运作的。媒介必须确保党的理想和革命事业的成功,为此,它要让群众理解,为了社会主义和共产主义理想的实现,必须奉献个人利益,并做出很大牺牲,包括忍受经济上的贫穷和服从对个人自由的限制。苏联的广播电视也面对社会问题,如酗酒、吸毒、犯罪等,但只是在问题得到解决之后才加以报道,以此证明制度的伟大正确。然而,苏联的广播电视总体上说来是不成功的。苏联媒介的宣传效果不佳,并未达到预期的控制目的[1]。当然,在这些评述中,既有正确的事实,也有简单化的理解。

时至今日,一些俄罗斯学者仍然坚持传统的观点,但也提出了新的见解。他们认为:大众传播事业没有国家的统一领导是不行的,或者说,尽管媒介不应由国家垄断,但不能不由国家统一调控,这种集中制的体制是可行的,不能动摇。这个系统应根据统一的原则和任务开展活动,而对整个系统实行领导的根本原则,应该是根据宪法制定的大众传播媒介法。广播电视应该是多功能的,大众传媒系统要大力发挥的最主要的功能就是整合功能[2]。这种认识,与苏联体制变动中媒介所起的消极作用有关。俄罗斯的大众传播媒介在戈尔巴乔夫时代获得"解放";在叶利钦时代曾经相当自由化;但在今日的普京领导下仍是国家积极干预的系统[3]。

[1]　Smith,A.（ed.）,*Television: An International History*,Oxford University Press,1995,pp. 73—76。

[2]　洪沫:《论大众传播系统中的当代广播》,《世界广播电视参考》,1998 年第 6 期,第 35—40 页。

[3]　关于苏联和俄罗斯广播电视体制的历史和变化,可参阅吴非、胡逢瑛著:《俄罗斯传媒体制创新》,南方日报出版社 2006 年版。

对苏联广播电视几十年的经验教训,需要更加深入细致的研究。

1985 年,戈尔巴乔夫上台执政,开始大力推行"公开性"的"新思维"。1989 年 7 月 14 日,戈尔巴乔夫以苏联总统的身份发布"关于电视和广播民主化的命令",准许其他政党和社会团体开办电视和广播,苏联传媒开始出现变革的趋势。1990 年 2 月,苏共中央以决议形式主动放弃对国家的"法定领导地位",开始实行"多党制"。同年 6 月,苏联通过了《出版及大众传媒法》,以法律形式终止了"新闻检查制度"。1990 年 7 月,在俄罗斯最高苏维埃主席团主席叶利钦的支持下,俄罗斯国家电视和广播公司成立。1991 年 2 月 8 日,戈尔巴乔夫发布命令,成立全苏国家电视与广播公司,取代原国家电视与广播委员会,变官僚机构为经营实体,员工实行聘用合同制。半年之后,1991 年 8 月,苏联解体,其广播电视的历史主要由俄罗斯广播电视延续下来。苏联解体后,1991 年 12 月 27 日,俄罗斯通过了《大众传播媒介法》。

三、俄罗斯广播电视体制结构的发展变化

苏联解体前,全苏国家电视与广播公司拥有 4 个全国性的电视频道,52 个加盟共和国广播电视台和 78 个地区性的广播电视台。1991 年 2 月改组成立的全苏国家电视与广播公司由苏联中央电视台、全苏广播电台、对外广播电台(莫斯科电台)以及莫斯科、列宁格勒的广播电台、电视台组成。苏联解体后,该公司改而为独联体各国服务,因其位于莫斯科附近的奥斯坦基诺市,公司及其广播电台、电视台又称"奥斯坦基诺"公司或者"奥斯坦基诺"电台。奥斯坦基诺现在是一个大型节目制作和播出中心。

在此之前,随着苏联境内"民主派"势力的不断增强,在苏共反对派、俄罗斯总理叶利钦的主管下,俄罗斯另搞了一套广播电视机构——俄罗斯国家电视与广播公司,下设广播电台和电视台。这样,在苏联解体时,留下了两套全国性的广播电视机构。

在转型中的俄罗斯,国家经费已经不足以支持广播电视事业。在叶利钦时代,广播电视传媒除一部分由国家控股外,大多数小媒体被推向市场,自谋生路。在 20 世纪 90 年代前尚不知广告市场为何物的俄罗斯,2002 年的广告收入已达 17.3 亿美元。严峻的生存问题使赔钱的媒体不得不投靠财团。随着一批俄罗斯新贵的出现,他们或亲自出马,或寻求代理人,充分利用传媒影响舆论的功能,进行经济上的垄断与政治上的操纵,进而影响社会生活。大财团控制广播电视这类社会公器,带来了一系列的问题。

俄罗斯总统普京对大众传播媒介采取了强硬措施。2001 年夏天,鉴于外国资

本介入媒介产业成为社会辩论的热门话题,传媒法对其中外国投资项目的规定进行了修改,禁止外国拥有50％以上的股份,禁止非俄罗斯公民及双重国籍者经营广播电视。法规的修订还包括禁止外资公司和外资超过股份50％的合资公司向超过50％的俄罗斯国土和人口播出的规定。此后,俄罗斯传媒经历了新的变动。

1. 俄罗斯公共电视台(第一频道)的改组

俄罗斯公共电视台是从原奥斯坦基诺公司改组而来的。奥斯坦基诺公司在苏联的各加盟共和国和世界上50多个国家设有广播电视记者站,广播电视节目覆盖俄罗斯和独联体的15个国家以及波罗的海国家。但是,自1991年至1995年,公司总经理三易其人,各种专业技术人才大量流失,政府拨款严重不足,电视台负债累累,陷于全面困境。

俄罗斯总统叶利钦的政府既想控制电视媒介,又不愿背上经济包袱。1993年12月,叶利钦发布总统令,宣布将从事国际广播的"莫斯科电台"从奥斯坦基诺公司分离出来,成立完全国营的"俄罗斯之声"对外广播公司。除此之外,对奥斯坦基诺其他电视台与广播电台实行股份制改造。资产的51％划归国家所有,其余49％的股份售出,后归12家大型私有化企业所有。实行股份制之后,奥斯坦基诺公司改组为俄罗斯公共广播公司,新电视台易名为"俄罗斯公共电视台",广播电台仍为国家所有。

奥斯坦基诺电视台实行股份制的做法遭到该台职员的强烈反对。他们联名致函总统,指出原总经理将国有资产廉价出卖,是苏联电视历史上最大的盗窃行为。国家议会也通过决议,反对将其股份制化,但代表大金融资本利益的总统叶利钦否定了议会决议。1994年11月,公共电视台在一片反对声中诞生。与国家政治经济的混乱状况一样,传媒的变动也伴随着暴力和血腥。1995年3月1日,刚被任命、尚未就职的公共电视台总经理李斯季耶夫突然被暗杀,引起全国震动。他原来是一位电视节目主持人,家喻户晓。1995年4月1日,俄罗斯公共电视台面向全国的第一频道正式开播。到1996年年底,4大私营商业银行已经占据了公共电视台38％的股份,主要股东是俄罗斯联合银行的老板、叶利钦第二任期竞选的主要财政支持者鲍里斯·别列佐夫斯基。别列佐夫斯基对公共电视台及公司的控制直到2000年普京当选俄罗斯总统才彻底改变。

俄罗斯公共电视台曾经支持普京。但普京立志重建一个强大的国家,他采取了一系列削弱和打击金融寡头的措施。其后,别列佐夫斯基成为克里姆林宫的反对派,第一频道则成为政治斗争的中心。2001年,别列佐夫斯基遭通缉,后流亡英国,他在第一频道的股份出售给另一家亲普金政府的私人银行。十年间,奥斯坦基

诺电视台由国家所有变为准私营的电视台,又重新变为国家控制的公司,其间充满了政府与商界的合谋与冲突。

2002年,第一频道的管理层认为,"俄罗斯公共电视台"的名称已经不符合现实,因而重新采取了能够反映其舆论中心地位的"第一频道"的称呼。第一频道以新闻时事节目、特别是调查性新闻报道为其特色,《时代》《晚间》《早安》节目在俄罗斯颇具影响力。电视广告占有最大份额。

2. 全俄国家电视与广播公司的变化

由于奥斯坦基诺公司改变体制及撤销机构,全俄国家电视与广播公司一度获得了俄罗斯国家广播电视唯一的代表地位。公司下设俄罗斯广播电台、俄罗斯电视台、教育性的"俄罗斯大学"电视台,在俄罗斯和世界各地有62个记者站,通过全俄80个地方性电视台和96个广播电台播出广播电视节目,节目不仅覆盖俄罗斯全境,而且发射到西欧、中东和北美。该公司代表俄罗斯,是"欧洲广播联盟"的成员,与英国广播公司、美国的几大广播电视网和日本广播协会都建立了合作关系。俄罗斯国家电视和广播公司是全额的国营机构,每年由俄罗斯政府预算中拨款。

全俄国家广播电台于1990年12月10日正式开播。俄罗斯电视台于1991年5月13日开播,立足于原奥斯坦基诺电视台第二频道的基础,逐步覆盖了俄罗斯90%以上的领土和苏联80%的疆域,经营上也逐步商业化。

全俄国家电视与广播公司是在叶利钦一手扶植下建立起来的,起初在所有重大问题上均持支持叶利钦和政府的立场。但在发展过程中,它却越来越显示出作为新闻传媒的独立性。在面对一次次重大事件时,特别是在1994—1996年对车臣战争的报道中,电视台与总统叶利钦及其政府发生了分歧,这使叶利钦大为恼火。不过,此时的叶利钦已经不能完全按照自己的意志控制国营传播媒介了。于是,他转向私营商业大亨。大亨们以雄厚的经济实力和手中掌握的新闻媒体帮助叶利钦于1996年第二次当选俄罗斯总统。

1997年,根据叶利钦发布的总统令,全俄国家电视与广播公司新增加两个广播电台和一个电视频道("文化"频道)。普京当选总统后,2002年,所有俄罗斯的地区广播电视公司都不再是独立的,而附属于全俄国家电视与广播公司。从2003年开始,全俄电视广播公司宣布,它已经不再需要国家的拨款,而全部由广告经费支持了。

3. "独立广播公司"的浮沉

俄罗斯第一家私营广播电台"莫斯科回声"创建于1990年苏联时代。其后,俄

罗斯出现了一批私营广播电台和私营电视台、有线电视台、私营电视节目制作单位。

俄罗斯金融和商业寡头古辛斯基及其"桥"商业银行集团于1993年10月开办独立电视台(NTV)。NTV起初与教育性的"俄罗斯大学"电视台分享第四个频道的节目时间。1996年总统竞选期间,叶利钦居于极其不利的地位,支持率已经降至1%。而以独立电视台为首的俄罗斯寡头拥有的广播电台和电视台则大力支持叶利钦,使他最终得以当选。当选后,叶利钦立刻投桃报李,以1996年11月的总统令将第四频道的节目时间全数授予独立电视台。1996年9月1日,独立广播公司开办俄罗斯第一座卫星电视台,名为"独立电视台新频道",提供电影、体育、音乐和晚间成人等5套节目,1997年2月起加密收费播出。独立电视台自己只制作新闻节目,它的新闻报道和评论非常尖锐,经常不留情面地批评俄罗斯政府。在2000年的总统选举中,古辛斯基积极支持莫斯科市长卢日科夫。结果,在卢日科夫的竞争者普京当选后,古辛斯基失去了克里姆林宫的欢心。普京刚刚就任总统,古辛斯基便因经济问题被曝光和逮捕。取保候审后,犹太人古辛斯基逃到以色列躲藏起来。

独立电视台改组之后,一大部分独立电视台的新闻工作者转到独立广播公司参股的"第六电视台",使第六电视台又成为影响最大的私营电视台。第六电视台成立于1991年,是俄罗斯第一家私营电视台,1993年1月1日开播。第六电视台维持到2002年年初,后所有权被转让,改名为TVS。

4. 俄罗斯电子媒介的管理和规范

根据前俄罗斯总统叶利钦1993年12月22日颁发的一项法令,俄罗斯"联邦电视和广播服务机构"(FSTR)成立。FSTR是俄罗斯广播电视业的管理和协调机构,负责监督广播电台、电视台许可证的发放,负责对国营机构分配国家经费,负责管理国家广播电视台的播出业务。从1996年起,FSTR还接替前俄罗斯新闻出版与信息部对广播电视进行登记管理的职权,负责颁发执照。

从1996年到1999年以前,广播电视台需要从两个部门得到两个执照:从通信部获得通信执照和从FSTR获得广播执照。1999年以后,只要有广播执照,便自动获得通信执照了。根据1999年的885号总统令,俄罗斯媒介管理机构发生重大改变:政府决定撤销原来的"国家印刷媒介委员会"和"联邦电视和广播服务机构"两个媒介管理部门,代之以"俄罗斯联邦印刷和广播媒介部"。新成立的这个机构统管印刷和电子媒介,从2000年3月1日开展工作。

1993年12月12日,俄罗斯通过了新的宪法,在其29条"关于个人和公民的权

利和自由"中规定了"寻求、接受、发送、生产和散布信息"的自由,亦即新闻自由。1995年1月25日,俄罗斯通过了《信息和信息保护联邦法》,其中特别规定公民和各类组织机构有权了解关于自己的信息;根据他们的要求,掌握信息的政府部门必须免费提供有关文件。此外,俄罗斯还制订了《广告法》《行政许可法》等与大众传播媒介相关的法规。但与许多缺乏法治传统的国家一样,法律的规定与实际的操作之间存在极大的差距。而且,俄罗斯新闻传媒和新闻工作者并不完全认同西方的专业主义准则,他们的自由权利及获得的保护也是非常有限的。

早在1991年12月俄罗斯通过《大众传播媒介法》后,俄罗斯便开启了广播电视"私有化"的大门。但私有化并不意味着"公民化"。传媒所有者可以控制"自己"的编辑方针和传播方向,并经常在国家政治经济生活中煽风点火,兴风作浪。不过,资产阶级暴发户的经济力量无法抗衡俄罗斯国家的政治机器及其支配性力量。自2000年普京总统上台以后,俄罗斯一夜暴富的几大金融实业寡头纷纷"落马"。

经过整顿,俄罗斯的大众传播媒介牢牢掌握在国家的手中。而在新闻媒介私有化初期呼风唤雨的传媒大亨,则有的坐牢,有的流亡,有的去世,不再能够兴风作浪。

5. 俄罗斯广播电视的近期状况

俄罗斯广播电视也迈向了高科技。俄罗斯卫星传播公司于1968年2月成立,2001年4月19日获得联邦统一公司的地位。

在今日的俄罗斯,政府仍然有效地控制着大众传播领域。国家既是主要的商业经营者,又是电子传媒市场的规范者。政府可以通过规定所有权、提供财政资助、掌握节目发行和信号传输来控制广播电视媒介。除了特殊的传媒法律之外,所有刑法、民法也都适用于广播电视。对法规的解释是宽泛而随意的;法律的执行则受到政治的强烈左右。国家可用"违法"的名义,通过行政和司法手段轻易地剥夺私人所有者对大众媒体的财产权和经营权。同时,国家又将大众传媒置于激烈的市场经济竞争环境中,通过关税减免等财政补助措施,培育或者鼓励属于国家或者支持政府的传媒。因此,国家完全可以通过各种行政、法律和经济的手段控制传播,逼迫媒体就范。

然而,俄罗斯媒介已经走上私有化、市场化和公司化的道路,出现了多种经济成分并存的现象:国家所有制、国有合作制、股份制、公有制、私有制、混合制、外国公司或外国资本所有制。通过资本运营,国家拨款、广告收入和外部投资,多元成分影响着广播电视的运作方式。

苏联解体之后,俄罗斯传媒浓厚的政治宣传说教和意识形态色彩减弱了,出现

了多元化的媒介景象。大多数媒体报道的客观性和时效性有所增强,揭露社会问题和行政弊端的调查解释性报道增加了。俄罗斯的传媒在政治生活中态度积极,立场鲜明,常常支持特定的领导人,它们也是反映民意的渠道和沟通社会的桥梁。同时,电视广播节目受商业性的影响,娱乐性增强,格调趋向低俗,西方文化的影响日益明显。

虽然现在的广播电视已经充斥着商业娱乐性的内容,但是,社会主义时代对广播电视"告知、启发和教育"功能的看法依然存在。俄罗斯国内对新闻传播理论和观念的讨论限于少数知识精英。

思考题

1. 苏联的广播电视体制具有哪些特点?
2. 你怎样看待苏联的社会主义广播电视体制?

第三章 广播电视节目

第一节 广播电视节目概述

节目是广播电视存在的原因。英文中的"节目"(program)一词有"程序"和"安排"的含义,有时指编排成套的节目系列,有时指单个的节目产品。中文"节目"泛指广播电视的单项内容,有时可指整个栏目。

广播电视节目是被媒介机构编排、通过电子频道播放的内容材料,它们也可以通过音像产品等方式发行。广播电视节目的内容是由各种信号组成的,例如语言、声音、语调、图像、色彩等,这些信息按一定的规则组成一个个节目单元,并按一定的编排形式串联起来,播发出去。广播电视台一般只需制作供直接播出的节目,如新闻时事类节目,或者实况转播节目,其他节目可通过节目市场等方式获取。

广播电视节目具有多元性,按不同的分类标准,可以得出不同的结果。世界上没有统一的广播电视节目分类标准,只有一些约定俗成的分类方法。根据传播节目的动机,可以分为公益性的文化服务节目与营利性的商业经营节目两大类。根据所采用的媒介,可以分为音频广播节目、电视广播节目、卫星广播节目和有线电视节目等。根据节目播出的方式,可以分为直播的节目和录播(制作)的节目等。所有的节目类型都是制作者和接受者之间的"协定"——它确认共同承认的节目规则。

对广播电视节目,人们首先注意到的是它的各种具体形式:新闻、时事报道、广播剧、电视剧、电视电影、漫谈、综艺节目,等等。这些形式是比较固定的,具有明显的种类特征。按照一些较为抽象的艺术特征,我们又可以将这些节目划分为大致的类别:虚构类戏剧节目、非虚构类纪实节目,等等。

广播节目和电视节目(包括卫星和有线电视的节目)具有许多共性,它们相互模仿,相互借鉴,是最具有跨媒介"传染"能力的。各国广播电视节目相互流通,相互借鉴,也是最具有全球性的传播内容。

一、广播电视节目类型的起源及发展

广播电视节目具有综合性的特点。传统上,戏剧娱乐节目和新闻信息节目是综合性电子传播媒介的节目重点。综合频道及其节目也是本书关注的重点。在有线电视和卫星广播发达的时代,越来越多的特种频道(specialty channel,中国称"专业频道")大量出现,主要经营某种特殊类别的节目,如体育、美食、购物等。

1. 戏剧节目

从全球广播电视节目的发展看,电视剧来自广播剧,广播剧来自舞台剧。最早的广播剧是转播舞台剧的表演,加上一个旁白,描绘听众看不见的舞台动作。收听广播剧需要想象力——它是所谓"心中的剧场"。英国广播公司(BBC)的广播剧曾经非常繁荣,英国很多作家是从给 BBC 写广播剧本成才和出名的。

电视登场之后,很快吸引了广播剧的受众,也夺走了广播剧的明星。起初,电视剧是加上了视觉因素的广播剧。20 世纪 50 年代,初创时期的美国电视采用直播的"剧场"形式从纽约播出精品戏剧集萃。这是采用录像前的时代,也是百老汇统治电视的黄金时代。由于美国东部的清教徒道德传统,加上教会的抨击、美国联邦通讯委员会(FCC)委员的批评和国会的监督,早期的美国电视剧创作态度比较严肃。但是其后,因为好莱坞转变了对电视的敌视态度,因为录像制作和编辑方法逐步得到推广,因为电视传播的大众化时代已经到来,也因为"非美主义"对艺术家的政治迫害,高质量戏剧的黄金时代很快便结束了。在麦卡锡主义甚嚣尘上的时期,许多优秀的美国电视剧艺术家消失了。于是,迪士尼公司的动画片和华纳兄弟公司的冒险片取而代之。

历史上,广播剧和电视剧按表演形式可以分为三种。

单本剧集萃(anthology)。早期的单本剧类似舞台剧,常常是经典的或高质量的成名作品,出自不同作者,有各自独立的完整故事,每个电视剧的情节、人物互不相关,只是安排在一个栏目中播出,通常是直播的,面向知识阶层,鼓励创新。在英国及其他欧洲国家,公共广播电视的文化传统使比较高雅的单本剧持续了较长时期。BBC 的戏剧栏目《星期三戏剧》具有强烈的主题和自然的风格。其后,商营电视也推出了讲述冒险故事的《摇椅剧场》,播出的是录制的单本剧。

系列剧(系列片,series)。每集有完整故事的成套节目,具有同一主人公、大同小异的主题和各自不同的剧情。微型系列剧则在两集或更多集中完成一个独立故事。美国电视系列剧(片)的兴盛是由于这种节目持续时间长,容易产生累积效应,而且易于按季度安排节目,并控制制作成本。最初的电视系列片是迪士尼公司的

动画片栏目《迪士尼乐园》;最初的电视系列剧是华纳兄弟公司的冒险片,例如《枪烟》——它连续播出 20 年,从 1955 年直到 1975 年。那一时期,冒险系列片的主要形式是西部片和动作片。起初主要是西部片,但在动乱的 20 世纪 60 年代,随着民权运动的深入和越南战争的升级,西部片失去了魅力,到 70 年代,表现犯罪和破案的动作片最终取代了西部片。

连续剧(serial)。每一集中有未完成的情节和连续的线索,表现漫长的故事。也有的戏剧介于系列剧与连续剧之间,故事相对完整,有互相连接的情节线,有的终结,有的继续。在美国商业电视节目中,电视剧是按生活周期有规律地安排的,平常日栏目相同,只在周末略有变化。英国电视剧既有对美国连续剧的模仿,也有英国式的独创。例如,历史剧《亨利八世的六个妻子》和《爱德华和辛普森夫人》被称为这个国家的回忆录。

广播剧和电视剧按发生的时代和集中的现象又可分为几种。

一种是日间广播连续剧,又名"肥皂剧"(soap opera),因洗涤剂商赞助而得名。20 世纪 30 年代早期,肥皂剧在美国广播中出现,40 年代达到全盛时期,从早到晚不停地播出。肥皂剧讲述的是一些伤感、浪漫、悲喜交集的故事,目标受众是家庭主妇。由于角色长期持续的作用,吸引了大批痴迷的受众。演员常常收到数不清的礼物和表达感情的信件。后来,肥皂剧进入电视,甚至打入黄金时间。例如 1979 年美国播出的电视肥皂剧《达拉斯》。

另一种是情境喜剧(situation comedy),这是系列剧的一种,又具有幽默滑稽的娱乐性。情境喜剧在美国和英国都极为热门。情境喜剧采用不同的逗乐方法,例如家庭生活中出现的小矛盾、沾沾自喜的个人瑕疵、荒谬的误会、夸张的人物、困窘和矛盾的情境等,内容肤浅、轻松。它的特点是情节的循环性,从起点再回到起点,相同的矛盾永远存在。情境喜剧有真人扮演的,也有动画片,例如美国福克斯网 1989—1990 年推出的情境喜剧《辛普森一家》就是卡通片。

还有一大类是冒险和罪行剧,通常是系列剧。警匪片是其主要类型,冒险和罪行剧是长演不衰的内容。同样的主人公,不同的遭遇(经历种种曲折与磨难),相同的结局(永远是英雄战胜邪恶)。

另有一个大宗类型是电视电影,即专为电视制作的电影。20 世纪 60 年代电视电影在美国发展起来,通常是单本剧或微型剧集。电视电影按照电视比较粗放的要求,采用电影老练的技巧和表现手法,既有电影效果,又有电视效率。它不像电影似的一个镜头一个镜头地精雕细刻,但比一般同期录音、多机拍摄、一遍就过的电视剧精致。电视电影除了在电视中演播之外,还通过录像带和光盘等销售,收入超过了影片的票房。

　　还有一种特别的电视戏剧是所谓的"真实戏剧",类似中国的电视报道剧,内容是经过压缩和选择的真实故事,具有真实的事件、真实的人物,但对话和细节常常是虚构的。由于在展示不可知的过程中掺入想象,猜测人物内心的动机和情感,并加入虚构的细节,使得纪录戏剧的真假成分混淆不清。对纪录戏剧有一种全盘否定的批评,说它误导观众对现实生活和历史特征的感觉。不过,多数人赞成在纪实性的戏剧中采用合理的想象;但缺乏事实根据地添加细节或增加戏剧性,同时又以"历史"和"真实"的旗帜为号召,则是过分的。

　　广播电视更多的是传播活动,而不是艺术创作,广播电视戏剧的效果是社会因素和戏剧因素的共同结果。在第二次世界大战爆发前人心惶惶的时期,1938年CBS在万圣节虚拟"火星人进攻"的广播剧《星球大战》曾引起整个美国的普遍惊恐。在20世纪50—60年代,电视单本剧的现实主义表现方法适合冷战时期的社会需求,也适应正在出现的消费者社会以及福利主义的意识形态。有时,根据真实事件编演的故事产生了极大的社会影响,例如70年代美国广播网播出的《根》《浩劫》。

　　20世纪80年代中期,欧美等国大力开发黄金时间电视系列剧和电视连续剧。系列剧常常与工厂制造的产品相同。它们采用便于控制的主题和题材,因此只需要便宜的制作费用;而且因为娱乐性强,传播效果可靠,更易于兜售给广告客户。连续剧的主要形式是肥皂剧。它们采用室内布景,反映郊区小镇中产阶级每日的生活与梦想、希望与绝望,采用几组互相交织的情节线,讲述一些富有人情味的故事。第三世界国家也开发出肥皂剧的新形式,例如起源于拉丁美洲国家的电视小说。

　　连续剧和系列剧取得了巨大的商业成功,但艺术批评家对它们评价不高。不过,一些传播学者对其进行了文化研究:广播电视娱乐节目的主要特点是轻松、愉快,不费脑筋;娱乐文化是偏向享乐主义的通俗文化,与提倡消费主义的大众传媒的商业目标一致。

　　对社会的"暴力"影响是从广播时代便已存在的话题,也是电影经常受到的指责;对美国电视暴力的批评和研究更是盛极一时,成为传播学的一门显学。

　　造成虚假的固定印象或成见,也是人们对戏剧娱乐节目的批评之一。在戏剧中表现处于从属地位的软弱妇女,做奴仆和低贱工作的愚笨少数族群(如美国黑人和西班牙语裔),引人发笑的傻瓜乡下佬,以及西部片中野蛮的印第安人,常常导致相关群体的抗议,并引起关于"政治正确"的讨论话题。早期的美国广播剧《阿莫斯和安迪》用白人演播黑人,表现他们贪图小利、易受欺骗的特点,在1929年播出时大获成功,到20世纪50年代改编的电视剧却引起了抗议,说明对成见的文化敏感

性也是在媒介的教育下逐渐增强的。

2. 综艺节目(滑稽戏和歌舞表演)

20 世纪 30 年代,在日益成熟的广播中,歌舞表演和滑稽节目开始类型化。40 年代,美国哥伦比亚广播公司(CBS)的老板佩利从全国广播公司(NBC)挖走了几名笑星,发展起电视滑稽节目的类型。40 年代后期,CBS 在节目中请来了甲壳虫乐队和猫王普里斯利,极受欢迎。综艺节目与滑稽节目性质相近,但伴随歌舞,以渲染热闹气氛为目标。随着情境喜剧的兴旺,滑稽综艺的娱乐功能逐渐被取代。到 20 世纪 80 年代后期,美国电视中专门的滑稽节目已经消失,保留在有线电视频道和某些俱乐部的舞台演出里。综艺节目也演变为综艺性的常规"脱口秀"节目和各式节庆活动的综艺表演。

3. 体育节目

体育比赛是最早的广播内容之一。英国早期的商营 BBC 于 1923 年便争取到体育报道的权利,记者可以在现场通过麦克风描述赛船、赛马和足球比赛的情况。但报业说,实况转播会导致新闻过时,影响发行量,从而严重侵蚀报纸的利益。结果双方做出妥协:BBC 可以转播某些体育赛事,但在晚报刊登消息前不得告知比赛结果并进行评论。在这样的条件下,1926 年转播的"达比"赛马是一场大败:那天天降暴雨,泥泞中不仅听不到马蹄奔跑的清脆"踢踏"声,而且躲在雨伞下的赌马者也没有了为赛马冲刺加油的鼓噪声。记载最早的电视体育节目是 1937 年 6 月 21 日 BBC 转播的温布尔登球赛,2 000 名电视观众从屏幕上观看了比赛。1938 年 BBC 转播了英格兰对苏格兰的足球比赛。起初,是电视界恳求足球界允许转播。后来,越来越多的体育项目加入了实况转播行列,足球界反而对电视界殷勤起来。

体育比赛充满了悬念和期待,具有强烈的真实戏剧性,因而引起广播电视竞相追逐。而电视比广播更有"眼见为实"的魅力。以往,美国的体育节目一直是在白天和周末的大块时间播出的。20 世纪 70 年代,美国广播公司(ABC)把体育比赛引进黄金节目时段,并带来滚滚财源。出于商业利润的动机,体育界积极配合电视的转播时间和条件;双方也因为商业利益而时有冲突——电视业总是希望压低电视转播费,而体育界则力图提高转播费。

电视对体育比赛有很大影响。它减少了现场观众的数目。电视改变了进行体育活动的传统时间(白天),甚至游戏规则(例如为了播放广告增加了赛间休息)。体育比赛对电视也有影响。不热门、不精彩的体育比赛,收视率不佳,广告时间会卖不出去,导致电视台光赔不赚。而且,有些比赛的时间难以掌握,提前拖后,都会

影响电视节目的播出。1969 年的某天,在晚间 7:00 时,美国 NBC 该播儿童节目《海蒂》了。电视台按规定卡断了一场接近结束的棒球比赛,结果没有播出两次精彩的底线得分情景,引来球迷强烈抗议。不同的观众对体育节目选择歧异,且爱憎分明,所以体育节目越来越集中于有线电视和卫星电视的特种频道,以便针对特定兴趣和目标观众播出。

赛事节目比较特殊,直播体育赛事节目从功能上说是娱乐的,从表现方法上说是直接反映现实的。西方国家对体育比赛的政治争议很少,争的只是经济利益。体育比赛是赢得收视率的良方,而且作为电视节目,转播体育比赛非常便宜。因此,赛事转播权一直是电视机构之间争夺的对象。在英国,最初是 BBC 对体育节目实行独家垄断;其后是 BBC 和独立电视公司之间相互竞争;再后来是取消规制潮流之后,各种媒介在体育市场中进行商业竞争,体育转播费扶摇直上。大规模的体育比赛(例如奥运会)还成为公共仪式和电视的"媒介事件"(media event)。

4. 竞赛节目

竞赛节目一直是广播电视的大宗产品,在电视中尤其热门。竞赛节目依靠知识和能力,依靠技巧,也依靠运气,未知的结果产生了强烈的悬念吸引力。比赛节目不仅收视率高,制作费用还低,通常只相当于同样长度肥皂剧价格的一半,而肥皂剧通常比其他电视剧便宜。起初,黄金时间一直是电视网的禁脔。20 世纪 70年代初,FCC 规定,节目销售和发行公司(辛迪加)有权进入黄金节目时间,于是,辛迪加用便宜的竞赛节目打进了黄金时段。

竞赛节目起初只是直截了当的一问一答,其后加入了赌博的成分,答对一道可得双倍的分数,而答错一道则前功尽弃。同时,也增加了游戏的娱乐因素,噱头百出。例如,一个英国的竞赛节目将回答问题的人放入一大纸袋,答对了,便破洞而出;有时,答错的选手会掉进舞台上的"陷阱"。《致富之轮》则是让观众与选手比赛抢答。

为了提高竞赛节目的娱乐效果,主办者每每诉诸事先的导演和安排,这便导致作弊的丑闻。1959 年,美国哥伦比亚大学年轻的英语教授查尔斯·范·多伦在《21 点》节目中赢得 12.9 万美元。后来,他承认事先已被告知答案线索,并按编导的要求进行表演。据说,节目制作人认为,前面一路顺风的那位参赛选手缺少观众缘,因此必须做些"安排"。其余大额奖金节目也有类似的作弊行为。事后,电视广播者面红耳赤地承认作伪,电视网的执照面临被取缔的危险。媒体赶紧悔过,承认错误,并保证不再重犯。美国国会通过了对《1934 年通讯法》的修改,特别指出,竞赛节目作弊是违法的。

商业竞争促使游戏节目发展出"真人秀"(reality show)的新形式,加入了天然的风景、曲折的过程,加上俊男美女的表演,设计的竞赛内容更是花样翻新、无奇不有。

5. 音乐节目

音乐节目在广播中具有重要地位。唱片曾是广播节目的主要内容;但后来,为了显示与唱片的区别,广播故意只播出现场音乐会。许多音乐人借广播成为名人。当其他节目均移居电视之后,音乐成为广播吸引人的主要内容,尤其是在调频广播中。20世纪70年代以后,为了节省费用,广播不再直播音乐节目,录音盒带和激光唱盘取而代之。

在电视中,音乐是配角。在电视中出现的,往往是许多音乐片段的结合。综艺节目中,音乐主要是陪衬。只有有线电视的音乐频道反其道而行之。音乐电视(MTV)首先在有线电视中出现,集中播出形象化的摇滚音乐;有时也让热门摇滚明星在狂热的现场观众面前做长时间的表演,然后录制成像。面向特定观众的有线电视频道还常常上演整场的交响音乐会和歌剧。

在美国广播音乐节目中的主要丑闻也爆发于1959年,即电视竞赛丑闻暴露的同一年。原来,大量播出的录音磁带不是由于受到听众欢迎才在排行榜上列于高位;而是由于音乐骑师(即音乐节目主持人)接受了音乐磁带公司或音乐制作人的馈赠和金钱,才在广播中反复播放这些节目。另外,一些广播电台及其雇员为某些音乐产品和演出活动促销,却不提及自身在其中的经济利益,使受众误认为电台是客观公正的,所推荐的节目是优秀出色的。后来,美国国会在《1934年通讯法》的修订中也规定,这些做法是违法的。

6. 漫谈节目

漫谈节目(也称"脱口秀",talk show)在广播电视中也是大宗产品。在广播中一般直播,不过有数秒钟的延迟期,以便工程师有机会中止谈话,避免播出按照规则禁止使用的不当言语。在预先录制的谈话节目中,禁用的语言可以删除。由于通信系统日益先进,被采访者可以不必亲自到演播室来参与谈话。同时,观众也可以在家中通过打电话、发电子邮件和手机短信等通讯方式阐明看法,表达对节目的意见,这种节目被称为"热线节目"。

美国广播中发明了许多漫谈节目的形式,例如,热线电话节目,通常是采访专家和名流,由听众打来电话提出问题,专家解答;或者听众发表评论,与专家交流。有时也招揽一些社会中的特殊人群以吸引受众,如采访男脱衣舞星、带孩子的女同

性恋者、接受变性手术者等。

电视中的漫谈节目更是热门。如采访演艺界人士的《今夜秀》,最初由卡尔森(Jonny Carson)主持,经常是被采访者的独白和主持人的俏皮插话。还有被采访者擅长的技艺表演片段,内容多样,类似综艺节目。也有与现场观众密切交流的漫谈节目,例如《奥普拉秀》。

美国电视中漫谈节目的另一个变种是电视网的访谈杂志节目,一般是在早晨,例如 NBC 的《今日》、ABC 的《早安美国》和 CBS 的《今晨》等。节目开始时,先报新闻、天气预报等实用信息,然后是对政治人物、演艺名人和作家的访谈,其后是健康常识、烹调方法、消费指南或其他信息,音乐节目也侧身其间。

7. 新闻节目和信息节目

从 20 世纪 20 年代到 40 年代,美国广播花了将近 20 年的时间才确立为新闻媒介。一度,报纸极力打压和封锁广播,迫使广播网建立自己的报道队伍,改变了吃"嗟来之食"的历史。在 30 年代的经济危机时期,正是美国广播创造了罗斯福总统《炉边谈话》等新颖的交流形式。在第二次世界大战中,广播成为欧美人民获知新闻的首选媒介,CBS 不仅在战争前夕开始建立国际新闻报道网,以战地实况报道为特色,而且产生了以默罗为代表的一批著名广播记者。然而,美国广播作为主导新闻媒介的光荣时期却是短暂的。战争结束后,除了音乐节目之外,美国电视开始全面取代广播的显赫地位。20 世纪 60 年代,电视超过了广播和报纸,成为多数美国人的主要新闻来源。有些调频电台专注于音乐,取消了新闻广播;而在调幅广播中,虽然地方新闻、全国新闻仍然是必备的内容,但其重要性却下降了。各个国家电视取代广播地位的进程不一,但情况大同小异。

在 20 世纪 60 年代,美国记者塞弗尔(Morley Safer)以客观性手法报道的纪录片《越南》被认为是改变美国人民对越南战争态度的转折点。CBS《晚间新闻》节目主持人克朗凯特也因客观报道的风格而成为"美国最受信任的人"。各国政府都认为,在战争中新闻报道影响公众的士气。于是,在英国与阿根廷的马尔维纳斯群岛冲突、美国对伊拉克发动的两次战争及入侵格林纳达和巴拿马的军事行动中,政府严格限制电视新闻记者的报道,同时积极"引导"电视新闻记者进行符合官方意图的采访报道。

但政府与媒介制造"共识"的合作也受到考验。20 世纪 70 年代,英国媒介对国内动荡事件的客观性立场与政府发生了冲突。BBC 采访了北爱尔兰的爱尔兰共和军头面人物;商营泰晤士电视台的纪录报道《死于岩石之上》则暗示英国特种部队谋杀了三名非武装人员。2003 年,在伊拉克战争中 BBC 关于"大规模杀伤性武

器"争议的报道与英国政府的掩盖和压制,则给 BBC 带来了新世纪最严重的信任危机。

电视也反映并刺激了恐怖活动。电视展现了日本政治家浅沼稻次郎被刺刀刺死的情景。电视报道了美国肯尼迪总统被刺身亡的消息和犯罪嫌疑人在众目睽睽之下被枪杀于机场的情景。其后,美国总统里根被刺受伤,英国撒切尔内阁差一点全体被害,所有这些,都被电视报道,令人瞠目结舌。然而,在电视的成功报道备受赞扬的同时,"上电视镜头"的冲动也鼓励了恐怖事件的增加。1979 年伊朗学生扣压美国人质的事件几乎演变成一场电视连续剧。2001 年 9 月 11 日,全世界都目睹了纽约世贸双子大厦的倒塌。2003 年,世界观众在电视上看到了布什总统对伊拉克发动的"直播战争"及其后大量的自杀性袭击场面。

电视新闻节目主要分电视网的全国新闻和地方台的本地新闻。新闻节目的形式主要是简明报道(称"直接新闻",或者"硬新闻")。电视网的新闻节目以现场报道为主,穿插大量现场录音和形象画面,占据了主要的新闻节目时间,集中吸引着人们对新闻的注意。地方台的电视新闻最初只比广播多一些静止画面。其后,它们开始成立摄影队,采访地方新闻,并向电视网提供。再后,有线电视和卫星电视发展起来,地方台开始向全新闻频道提供新闻,并通过卫星接收素材,自制节目内容。

20 世纪 70 年代,借助新的媒介技术,美国地方新闻开始成长。这些表现地方活动的节目便宜、亲近、广受欢迎。它们大大改变了以真实方式报道真实事件的传统。80 年代,煽情性的"快乐"原则在几乎所有美国电视网都占据上风,新闻变成了营利的工具。现在,"真实的"新闻往往同时也是"娱乐性的"消息,广播电视新闻更短、更纪实、更浅显、更加避免阐述"意义"(更不"载道")了。

70 年代是西方国家的电视新闻从影片形式向磁带录像转化的时代。从此,世界进入了电子新闻采集(ENG)的时代,新闻事件可以同时拍摄、录制,及时编辑和传播。随着摄录机日益轻巧化、小型化,在节目中插入现场新闻变得轻而易举。80 年代,卫星新闻采集(SNG)方式出现,新闻实现全球直播。90 年代,世界进入卫星传播的时代。

20 世纪 80 年代以来,来自有线电视,主要是全新闻频道的新闻竞争出现了。美国有线电视新闻网(CNN)的一个频道名为《要闻》,每小时有半小时的新闻报道,每半天有一小时的综合新闻报道,滚动播出;还有一个频道全天直播新闻事件的过程,每天晚间报道一小时的当日新闻。对此,电视广播网的对策是开发新闻杂志专题节目,并增强晚间黄金时段的新闻报道。卫星和录像也使广播网的节目与地方台的节目轻易地融为一体,甚至私人摄像也成为电视新闻的来源。在 1989 年

旧金山大地震时,一名摩托车手用袖珍摄录机拍下了一辆汽车穿越奥克兰海湾大桥时从桥洞落入海中的情景,并被全国新闻播出。

对美国和其他西方新闻节目最多的批评是"力争第一"的新闻竞争导致仓促报道,在事实真相尚未暴露之前急于抢新闻,常常引起失实及混乱。对西方新闻的集中批评还有商业广播电视无视公众利益,不负责任的曝光伤及个人隐私和名誉,并屡屡产生诉讼案件。

对电视新闻节目,人们认为它浅薄,不够广泛,不够深入。电视似乎只能报道事件的表面,而不涉及深层原因。它只重视视觉性,而不注意表达图像所反映(包括所掩盖)的事态的本质。更有甚者,新闻从信息向娱乐转化,为了追求刺激性、娱乐性,真实事件的冲突被戏剧化了。

8. 公共事务节目

公共事务节目主要包括社论、新闻人物访谈、公共议题讨论和对政治事件的报道。广播电视社论的做法,一种是作为新闻播出中的一个片段,表明电视台对公共事务的观点和立场。另一种做法是评论员个人在新闻中出现,加入评论。例如早期美国 NBC 的钱塞勒(John Chancellor)曾主持晚间新闻节目中每周三次、每次 90 秒钟的评论。

访谈和讨论节目的形式常常是一组专家或新闻工作者围坐讨论,发表对现实问题的观点。访谈和讨论节目包括调查性和解释性的深度新闻报道,新闻杂志节目也常常被归入这一类。1979 年,伊朗扣押美国人质的事件发生,引起举世关注。ABC 开办夜晚讨论节目《夜线》,主持人科佩尔(Ted Koppel)从此成为最有权威的新闻评论员。CNN 的《交火》则由嘉宾和记者代表不同的观点,开展意见交锋。

在对政治事件和政府行为的实况报道中,世界上最著名的广播电视案例是 20 世纪 70 年代美国各大电视网对水门事件的报道——那次事件导致总统尼克松辞职。美国有线电视业支持的 C-SPAN 频道则对国会议事进程原原本本进行报道。

纪录节目,或称纪实节目,主要指评论性的电视纪录片。这种节目时间长、有深度,但经常会引起争议。对社会问题的报道,特别是时政性的节目,产生的影响也很大。例如,20 世纪 50 年代默罗在《现在请看》节目中展开了对麦卡锡主义的斗争,引起巨大反响。

70 年代以后,一个钟头长度的纪录节目在美国电视网中的地位急剧下降,最主要的原因是在收视率排行榜上的位置落后。虽然评论家非常赞赏这些纪录片,

但它们难以得到广告支持。另一个重要原因是纪录片易于招惹麻烦。1960年,默罗的《耻辱的收获》(*Harvest of Shame*)第一次揭露了外籍摘水果季节工人的悲惨生活,使许多人深受震动。但是,由农场主组成的农业组织极端仇视这部纪录片。1971年CBS因播出纪录片《五角大楼的兜售》(*The Selling of The Pentagon*)而遭到指控,由于CBS拒绝交出采访素材,导致它的总经理斯坦顿差一点以"藐视法庭罪"入狱。另一部纪录片花费了CBS一大笔钱才摆平争端,那是在20世纪80年代,指挥越南战争的威斯特莫兰将军控告CBS在纪录片中选择材料带有偏见,导致其名誉受损,虽然后来原告撤诉,但CBS花费了数百万美元的应诉和调解费用。

长时的纪录片走向了低潮,较短的纪录片及新闻杂志节目却时兴起来。美国的新闻杂志节目产生于60年代后期。1968年9月24日创办的由三个纪录短片组成的《60分钟》是最成功的节目,它在70年代、80年代和90年代的三次收视率调查中均名列前茅。ABC的《20/20》形式不那么固定,更像"杂志"。报道刺激性内容和千奇百怪罪行的杂志被称为"小报电视"(Tabloid Television)和"信息娱乐"(Infotainment),这类节目常常对突发事件采用实地录像方法,再以娱乐手法进行后期制作,如《911救援电话》。

在英国,参与观察式的报道引人注目。据说,在长期参与跟拍式的采访中,因习惯成自然,久而久之,被采访者就会忽略摄像机的存在。BBC记者迈克尔·艾普特(Michael David Apted)从1964年开始拍摄纪录片《人生七载》,记录了14个孩子跨度50年的不同人生。这种采访和跟拍的方式从被采访者7岁开始,每7年进行一次。2014年推出《56岁了》(56 UP)。

对纪录片,一个争议很大的问题是新闻事件是否可以重新扮演并搬上荧屏——一些小报式的电视杂志节目经常采用这种手法。反对者说,再造事实是错误的,因为它反映的只是制片人心目中的事实。1989年,ABC在《今夜世界新闻》节目中播出了一个据说是间谍的人将一个皮箱递给另一个人的情景,电视观众认为这是在现场抓拍的过程,其实不是。4天后,这个节目的主持人彼得·詹宁斯(Peter Jennings)为此次欺骗行为道了歉。

关于公共事务的纪录片要求客观公正,提供分析和多样化的意见,这在许多国家是无法做到的。美国关于选举的电视新闻由"形象专家"和媒介经理合作控制,对候选人支持率变化的报道(被称为"赛马"消息)居于垄断地位;而对政策问题的深入探讨则处于边缘地带。

人们批评公共关系报道伪造新闻。在生动逼真的广播电视新闻中,"真实"与"非真实"的界限正在日益模糊。许多西方政治分析家都同意:广播电视新闻维护

现状、制造"共识"的作用恰恰破坏了而非强化了公众的民主生活。

9. 公共服务类节目

公共服务性的节目包括针对特殊兴趣观众的节目（在中国被称为对象性节目），其中最重要的是儿童节目。在美国广播的黄金时代，儿童们一放学就急忙回家，听广播剧中他们最喜爱的主人公是否从上次的险境中脱身了——前一天暂停的地方正是紧要关头。家长和老师们联合起来反对这种下午的连续节目，认为此种悬念让儿童日复一日地提心吊胆，是有害和残忍的。广播网于是将其改为每日播出完整故事的系列节目，以便让儿童们放下心来。下午放学后和星期六的早晨是儿童专利的电视时间。然而，标准化制作的卡通片很快便取代了儿童电视。在美国，只有公共广播电视的节目单中还保留着每日专门面向儿童的节目。外语节目和少数群体、少数种族的节目在广播电视中从来不入主流，商营台偶尔播放，只是为了应付公共义务。这些节目后来主要在有线电视的公共服务频道播出。

10. "政治仪式和即时历史"节目

"媒介事件"是最有电视特点的节目，给予的是非常独特的信息，起到了不可多得的政治、文化、历史作用。有学者为有关重大事件的电视直播取名"政治仪式和即时历史"（Dayan and Katz，1996）。这种特定类型节目的代表包括1953年英国女王伊丽莎白二世的加冕典礼和1969年美国航天飞机"阿波罗-11"号的登月旅行。借转播戴安娜嫁给查尔斯王储这个"世界上最高贵的单身汉"，电视讲述了一个当代版灰姑娘的童话故事；其后转播的戴安娜葬礼则演绎了另一部"人民王妃"的悲剧性神话。这些电视事件的特点是中断了常规的节目程序，就好像节目打破了工作日的安排一样。这种节目是仪式性的，带有一种"特殊节日"的特点：不同寻常、庄严、具有历史意义。"政治仪式和即时历史"是预知的事件，是电视事先策划或者参与安排的。例如，肯尼迪被刺不属于这种事件；肯尼迪的葬礼却属于这类节目。政治仪式和即时历史是建立意义和确定历史地位的时刻。在这种时候，媒介位于中心——它确认价值观、传统和秩序。

从类型特点看，政治仪式和即时历史节目很简单，那就是直播。这类活动需要预先策划并大肆宣传。这种播出是常规节目的中断，因而需要应变能力。它是由媒介外边的事件和机构引起的，有的是自然发生的，也有媒介制造和操纵的，而且，特别重要的是，它是由观众自愿响应的。政治仪式和即时历史可能聚集极大数量的观众，包括全国的和世界的，人人都认为必须目睹这一事件的实况，人们说，他们在经历历史时刻。

政治仪式和即时历史的电视转播是国家形象和特征的展示。它是集体收看的。它是传承性的、社群性的、凝聚性的。这种节目主要不是提供信息的,也不是单纯娱乐的,它是用来整合文化的。政治仪式和即时历史具有极大的震惊或激励作用,它会引起人们深沉的历史感触和崇高的英雄主义情绪。

政治仪式和即时历史是集体的事件、集体的庆祝。学者用三个"C"字打头的词来概括这样的事件:历史继承的权威风格(coronation);承认共同规则和未定结局的竞争和比赛(contest);打破长期僵局和宣告根本改变的征服(conquest)(Dayan and Katz,1996)。这些界定未必完全令人信服;但其思路发人深省。

电视事件和电视历史是否可以取代历史学家的工作呢?政治仪式和即时历史表现的是历史的片刻,犹如"虎跳"的瞬间。但是,它没有历史过程,也没有历史背景。而且,"仪式"往往掩盖了"史实",它展览的是表面现象。同时,在电视中表现的"历史"并非实在客观的历史,而有着"叙事者"和"叙述"的影响,这个叙事者就是电视;这个叙述,就是电视的表达和再现。

11. 真人秀(reality television,reality TV,reality show)

自20世纪四五十年代电视诞生之后,大多数节目形式来自广播原有的创造。世纪之交,一种新的真人秀节目吸引了公众的目光,成为现象级的节目内容。真人秀是兴起于20世纪末期、风行于21世纪第一个十年,至今热度不减的一种节目类型。真人秀节目虽然有许多不同的形式,但共同的也是最根本的特征是节目中真实的个体身份、自然呈现的行为和纪实性记录的手法,在游戏的设计、规则的限制与非职业表演之间产生的内在张力是真人秀节目的观赏亮点和魅力所在。

从更广泛的含义上,真人秀都可以归入人类的游戏行为。每个真人秀节目都包含人造的虚拟情境。不过,由于视频上出现的是真实的个体,而非职业演员,表现的是自身,而非虚拟的角色,因此能够加强节目的真实感。自然发展而非剧本创作的行为产生了叙事的悬念,更使游戏的冲突性和结果的戏剧性显得真实。观众往往因为投票、预测等行为甚至能以自身参与在一定程度上影响结果的方式,产生强烈的参与感。这种真人参与的游戏节目通过游戏的过程和结果,表现的却是真实人物的个性和正在发生的故事。

真人秀可能也是电视自己创造及开发出来的唯一代表性节目类型。虽然许多纪实性纪录片成为真人秀节目的先驱,但真人秀节目的真正兴起却是在20世纪末期。1997年瑞典制作的《远征罗宾森》是最早使用"真人秀"这个名词的电视节目。1998年的美国电影《楚门的世界》以寓言的方式预告了这种"镜头化生存"时代的到来。1999年,荷兰推出了《老大哥》节目,"窥视下的生活"和规定性的情境成为

真人秀的关键卖点：由于明知生活在窥探性的镜头前,鼓励了"演员"作秀的欲望——节目的参与者可以有意识地扮演自己希望留在人们印象中的人物;同时,规定性的情境则限制了真人表演的空间。《老大哥》在全球引起了轰动,为真人秀类型掀起高潮。2000年美国CBS的《幸存者》设计的是一个选手既需要面对自然界的挑战又必须参与人类社会的残酷竞争,游戏规则设计复杂、各种行为相互制约的节目,它不仅为CBS打了翻身仗,而且带动了全球真人秀的风靡。但是,不少真人秀以出卖隐私、色情诱惑作为卖点,如法国的《阁楼故事》和美国的《诱惑岛》。

进入新世纪以后,花样翻新的娱乐性真人秀节目持续创造新的收视高潮,也不断引起社会关注。但是,这些创造越来越指向市场目标,越来越集中于经济机制,以至于它们成为产业研究关注的对象,而非艺术批评针对的目标。

真人秀曾被认为低成本节目,与精雕细刻的戏剧节目不可同日而语。它不需要专业演员,不需要职业编剧,却具有不可预测的悬念,能够带来惊人的收视率。然而,随着节目日益泛滥,好的创意越来越难,策划者和制作人身价大涨,成本趋高。在挑剔的眼光下,普通人的表演也不再具有吸引力——除非奇葩、搞怪。越来越多的跨界艺人成为真人秀的扮演者——他们的身价可不低。于是,真人秀节目的制作费用水涨船高。

真人秀的产业链也很长,包括:(1)版权(节目产品、播映权、节目模式转让费);(2)音像制品、图书、电影、电视剧等延伸产品;(3)新媒体业务(电脑、手机等新媒体与广播电视之间的互动行为产生的收益,短信投票收费、短信增值服务收费、彩铃等);(4)商业演出(节目的延伸活动);(5)艺人经纪(偶像开发);(6)特许授权的纪念产品;(7)游戏;(8)课程开发;(9)博彩(例如投注猜测游戏结果);(10)拍卖(如明星游戏中的用品),等等。

中国第一个引起轰动的真人秀节目是湖南电视台2004年举办的由大众女性进行歌唱竞赛的《超级女声》,从此开启了娱乐文化和消费民主的新时代。十余年来,中国的真人秀节目花样翻新,热度不减,但大多以进口节目模式为主,缺乏原创性。中西价值观不同,风俗习惯不同,照搬往往不成功;但根据中国语境重新改造包装,却常常成功。

据学者概括[①],国外真人秀节目类型至少有八九种:生存挑战型(野外生存型)、情境体验型(室内体验型)、表演选秀型、技能应试型(职场创业型)、身份转换型(角色转换型)、益智闯关型(益智游戏型)、游戏比赛型、异性约会型(婚恋约会型)、生活技艺型(生活服务型)。其实,按照更笼统的表演、体验和互动的特征分

---

① 苗棣、毕啸南:《解密真人秀——规则、模式与创作技巧》,中国广播影视出版社2015年版,第9页。

类,真人秀无非是表演选秀型(包括才艺表演和智力竞赛)、体验纪录型(在规定情境中的行为纪录,包括野外挑战、互换身份)、互动选择型(相亲、职场),加上各种娱乐元素的杂糅、搭配,产生互动的娱乐性。这种设计各种规则进行的游戏是一个创造的天地。

大众传媒具有赋予地位的功能。游戏享有的一大特权是制造不一般的情境,通过游戏创造偶像,界定偶像,推销偶像。正是通过强调个人魅力、充满 PK 环节的真人秀,传统上含蓄的中国越来越习惯于张扬个性。流行文化正在改变中国文化的许多方面。

二、世界广播电视节目的网络经营趋势①

随着网络传播的普及,传统上通过电视机收看的广播电视开始进入各种电子终端;同时,网络使用者"业余"生产的视频内容日益兴盛;此外,专门为网络传播制作的广播电视节目也渐成气候。几大类视频内容融为一体,成为丰富多彩的视频来源。电视机、电脑、各种移动终端,特别是手机成为无处不在的视觉吸引者,整合内容、多屏收看渐成时尚。数字化统计和网络连接使得身份确认及精确计量成为可能,付费收看的机制从网络开始,逐渐流行。

最先进入人们视野的网络视频是业余者分享式视频网站 YouTube。

1. YouTube 的分享式视频网站

YouTube 成立于 2005 年 2 月,最初的创办是为了方便朋友之间分享录影片段,但逐渐成为网民的记忆储存库和作品发布场所。由于广受欢迎,经济前景看好,2006 年 3 月,YouTube 开始在网站卖广告。2006 年 11 月,Google 公司以 16.5 亿美元收购了 YouTube,并与环球唱片、哥伦比亚广播公司等大公司达成内容授权及保护协议。为了与握有大量版权的 Hulu 公司竞争,2008 年 11 月,YouTube 又与米高梅公司等大公司达成协定,允许在其美国网站内播放完整长度的电影和电视剧。2009 年 11 月中,英国第四电视频道台成为全球第一家向 YouTube 提供完整节目的大众媒体。

YouTube 目前是全球最大规模的 UGC(用户生产内容)分享式视频网站,主要从事视频短片分享服务。2007 年,YouTube 开始拓展本地化服务。10 月,来自台湾的创办人之一陈士骏(Steven Chen)宣布成立台湾中文版 YouTube,并分别开放了中国香港及台湾两地的中文网站。2008 年 8 月,YouTube 正式支持简体中文。

---

① 本节资料主要来自互联网上的内容,经考订后综合归纳。

YouTube 在 2014 年的一篇博文中对外披露,用户每分钟上传的视频有 100 小时。而在 2011 年,YouTube 每分钟收到的视频长度还只有 48 小时。据谷歌 2015 年 7 月发布的财务季报,YouTube 有超过 10 亿用户,世界上所有的网民每天在 YouTube 合计消费几亿个小时的时间观看视频。

在全球视频网站排行中,YouTube 遥遥领先。例如,据 COMSCORE 发布 2011 年全球视频网站排行,YouTube 蝉联世界第一,以 43.8％的市场占有率位居榜首,比第二名——人口最多的中国的优酷网站享有的 2.3％的占有率高 41.5％。

不少用户通过自拍短片分享个人的珍藏和心得,或从事商业买卖。一个 YouTube 对社会影响的早期例子是 2006 年香港的巴士大叔事件,一次公共汽车上不起眼的争吵事件由于被手机记录,并经 YouTube 发布,成为公众事件,引起包括主流媒体在内的社会公众的广泛讨论。

《江南 Style》视频是 YouTube 网站点击观看量最多的视频之一。2014 年 12 月 5 日,韩国说唱音乐歌手"鸟叔"(朴载相)的"骑马舞"(《江南 Style》)在网络爆红,当年全部点击量多达 21 亿次以上,超过了 YouTube 网站的计数器理论上限。很快,YouTube 视频网站把点击上限从 32 位最大正整数升级到 64 位,这样,理论上的最高点击量可达 92 万兆次以上。

2005 年 YouTube 创站开办时并没有限制影片长度,但自 2006 年 3 月起, YouTube 将影片长度限制在 10 分钟。因为 YouTube 发现,超过这段时间的影片大多是未经授权而上传的电视节目或者电影内容。自 2010 年 7 月起,YouTube 放宽影片长度限制由 10 分钟增加至 15 分钟。YouTube 表示,已有能力控制侵权行为。

YouTube 还办有付费频道,如电影频道,里面大部分是有正式版权的节目内容,除了部分免费观看的电影之外,用户购买 48 小时观看权需要付费。

不难理解,像 YouTube 这样以用户自行生产的内容为号召的分享式视频网站,由于话语的多元和资讯的庞杂,难免引起争议事件。2006 年 8 月 11 日至 19 日,英国极右派团体在 YouTube 上张贴系列恐吓影片,仿效恐怖分子蒙面装扮,警告英国穆斯林——若不"回家"就会被活活烧死。2007 年 11 月 7 日,一位芬兰高中生先是在 YouTube 上发布预告,其后实施了校园枪击,导致了包括行凶者在内的 9 人死亡。

YouTube 自成立以来,也曾因侵犯版权,受到不少机构和公司批评及控诉。由于 YouTube 不在用户上传影片前进行事先审核,因此在 YouTube 上有许多未经授权的影片片断。不过,在版权持有人要求下,YouTube 会将被指为侵权的短片删除。

也由于 YouTube 上的内容问题,YouTube 在全球至少十几个国家受到过审查。一些国家全面封锁了经常展示"不合适"内容的 YouTube。

与 YouTube 以用户生产内容为特点的分享式传播方式不同的是,Hulu 是以现有媒体的库存为卖点的集纳式视频节目网络提供者。

2. Hulu 的传统媒体集纳式节目网站

在 YouTube 用户生产内容的大举进攻下,传统媒体感受到了生存危机。为了保持并发展原有的优势地位,2007 年 3 月,美国全国广播公司的环球公司和福克斯合作成立了 Hulu 网站。不久后,美国广播公司(ABC)和迪士尼公司加入进来。Hulu 还与多家电影公司等内容制作商合作,并在雅虎、美国在线等大小网站等渠道上发行。在 Hulu 及其合作网站上可以免费看到传统媒体制作的高质量影视剧,如《辛普森一家》《24 小时》等。2011 年 Hulu 被收购,归于雅虎旗下。

Hulu 的名称来自中文"葫芦"。据该网站的经营者解释,在中国古代,葫芦被挖空,用来保存珍贵的东西。Hulu 的发音还可以被理解为"互录"。这两种定义都和网站的内涵与使命高度相关。特别是,Hulu 的发音相对简短而容易。

Hulu 的建立,首先出于传统视频公司自我救赎的目的。由于传统影视市场已经被在线视频网站大举入侵,迅速蚕食,伴随网络成长起来的年轻人非常习惯于在线观看视频节目,传统视频生产者面临被淘汰的命运。其次,在线视频无论是在节目的丰富程度、传输的快捷程度,还是在携带的便捷程度上,都令传统媒体无法望其项背。此外,作为主流媒体和传统工业的发行商,Hulu 具有传播品牌和内容资源方面的先天优势,创办单位 NBC、FOX、ABC 三大公司拥有全美近三分之二的影视节目库存,出让版权的价格较低,不愁节目资源匮乏,也便于确立知名度和增强受众黏性。由于带宽的速率不断提高,盗版的顽症逐步解决,也从客观上为 Hulu 的运作创造了条件。

Hulu 被认为是迄今为止传统电视、电影工业与互联网接轨最成功的案例。虽然 Youtube 上的用户生产内容更容易制造传播上的热点,且在网络带宽及视频效果尚不理想的起步阶段,人们也可以容忍画质模糊但内容有趣的短视频,但是,多数观众还是偏好专业精良的制片商耗费巨资拍摄出来的质量优异的影视大片,而正版和优质正是 Hulu 网站内容的特色。为此,Hulu 网与广泛的传统媒体和业界建立了正版影视作品和电视节目的联合供应体制,成为旧媒体的新宠儿。

Hulu 网依照主流媒介的长期经验,主要以免费服务和广告支持赢得受众。由于广告经验丰富,在每视频营收和每用户营收这两个关键数据上,Hulu 都优于YouTube。Hulu 的广告是不可跳过的,但 Hulu 在 22 分钟的视频中只搭配 2 分钟

的广告,是传统电视播出的1/4;同时,用户对广告拥有一定控制权,在某些视频中可以根据自己的喜好选择相应的广告,或者选择在开头看一段电影预告片来抵消广告。事实证明,Hulu的广告效益非常好,每千人广告费比电视台在黄金时段的收入要高。在以免费为基本面的服务之外,Hulu也逐步增加了会员制和付费点播服务。

虽然视频网站的经营业务有逐渐趋同的倾向,例如作为传统媒介版权作品销售和发行机构的Hulu也开始播出原创节目,而YouTube则同时代理传统媒体生产的内容,但各有优势的视频网站的特色地位不大可能相互取代,受众对它们的选择也各有侧重:人们想在视频网站看到优质而专业的电视剧和电影时,可能会去Hulu;而在他们想要表达自己时,更可能会找YouTube。

Hulu的第一个国外市场是日本。对于进入中国,Hulu也是跃跃欲试——当然,作为一个志在全球市场的国际公司,Hulu决不会忽略中国这个巨大的市场。对于中国市场中的盗版问题,Hulu表示暂不追究,希望与盗版竞争——潜台词是:等消费者对产品产生一定的依赖性以后,再逐步收费不迟。

基于传统媒体优势的"葫芦"方式已经在付费点播的基础上迅速实现了盈利;而更能代表互联网民主和分享特点的YouTube,虽然名声更响,却还在摸索有效的营利模式。此外,一种"依托资本关系和版权购买内容以及依靠自制获取内容的在线播放"的Netflix网站其实是首先开始探索视频节目网上经营的公司。

3. Netflix的网络视频节目经营

Netflix(国内多音译为"奈飞")成立于1997年,最初是一家影片提供点播服务的在线租赁商:公司能够让顾客快速地挑选影片,并免费递送出租的DVD光盘。2007年2月25日,Netflix发出了第10亿份DVD。1999年开始流媒体订阅服务,可以通过网络,从电脑、电视机及平板电脑、手机上收看电影、电视节目。到2014年年底,Netflix占据了美国流媒体视频市场份额的32.3%,在全球拥有5 700万客户。

Netflix经营的最大亮点是2013年成功地推出了网络原创剧——著名的《纸牌屋》。据说,根据BBC原本改编的奈飞版《纸牌屋》之所以成功,是由于通过分析大量用户行为偏好的大数据,成功地预测了目标对象观众的口味。例如,Netflix发现,喜欢BBC老版《纸牌屋》的用户大多喜欢大卫·芬奇(David Fincher)导演或凯文·史派西(Kevin Spacey)主演的电视剧。于是,Netflix投资一亿美元拍摄的新版《纸牌屋》请来了大卫·芬奇执导,凯文·史派西主演。剧情紧张、表演逼真的《纸牌屋》赢得"票房"与口碑双赢。

为了用大数据调查受众，预测市场，Netflix曾于2006年主办了百万美元的大奖赛，公开了大约1亿份对影片的匿名评级数据。这些数据仅包含了影片名称、星级评价和评级日期，没有任何其他内容。比赛要求参赛者对Netflix客户的影片偏好进行预测。最终，获奖团队的新算法比原先的影片推荐算法效率提高了10%以上。然而，到了2010年，Netflix却取消了第二次百万美元大奖赛，原因是专家发现，即使刻意采用了匿名手法，但是通过大数据的分析仍然可能确认个人身份，从而暴露观众隐私。为了避免隐私侵权，在遭受指控的威胁下，Netflix不得不妥协退却。

许多人说Netflix推出的是自制剧。其实说"原创剧"或者"独播剧"也许更合适。Netflix播放的电视剧可以是自行投资、委托制作的，但也可以是购买而得的。Netflix的作用类似辛迪加（节目发行和销售公司），原创节目只是它"王冠上的明珠"。Netflix主要依靠敏锐的市场分析和专业嗅觉掌握了受众的偏好，再以强大的资本力量把握了市场的先机。

思考题

1. 广播电视节目有哪些主要的类型和主要的形式，各有什么特点？
2. 分析各种节目类型，评论其利弊。
3. 你认为世界广播电视节目的发展趋势会怎样？

第二节　美国电视节目史[①]

美国从1939年4月30日开始试播电视节目，商营电视事业正式开始于1941年7月1日。在第二次世界大战中，美国本土虽然没有遭受损失，但电视事业也受到影响，规模缩小，步伐停滞。战后，美国电视事业迅速发展。

一、电视移植广播节目（1945—1952）

从1945年至1952年，是美国广播电视转型的时期，它从一个由几个大广播网垄断的声音广播系统扩展为既有调幅广播、又有调频广播，还有电视广播的庞大事业。从20世纪40年代后期起，NBC、CBS、ABC都将关注重心和扶植重点从广播转向电视，纷纷将最好的节目、出色的主持人和大部分资金转移到电视，而听任声

---

① 本节资料主要来自Sterling, C., H., & Kittross, J. M., *Stay Tuned: A History of American Broadcasting*, 3ird Edition, Mahwah, New Jersey/ London: LEA Publishers, 2002.

音广播自生自灭。到 1952 年,美国电视广播体系已包括了后来节目的主要元素,现在人们熟悉的多数电视节目均已具备雏形。

1. 戏剧娱乐节目

战后最初的电视节目大多是从广播移植来的,是加上了一些视觉因素的广播材料。除了转播剧场演出和播放电影短片,大多数电视节目都是直播的,一天只播几小时,通常是在工作日的晚间。1946—1952 年,电视节目扩展到了工作日白天和周末,形式也更加丰富多彩,但仍然以移植广播节目为主。到 1950 年上半年,每个电视台都拥有了自己的烹调专家、儿童节目主持人(一般是儿童喜爱的牛仔或小丑)、日间访谈节目和一个小小的新闻摄制组。地方节目填充白天时间,包括周末的早晨,晚间黄金时间则由电视广播网统治着。

依靠广播总结的经验和广播所造就的人才,还有广播广告提供的资金,电视节目在种类的多样化方面很快便赶上了广播。从广播移植来的节目有音乐、综艺、戏剧和滑稽表演,有猜谜和一些观众可以参与的节目,还有新闻报道和转播重大事件及活动现场的特别节目。

此外,视觉所特有的各种节目也在尝试。不甘寂寞的技术人员、富有创意的编辑导演不断地试验一些形式,改革一些形式,抛弃一些形式,很少有现成的框框套套。人们共同的目标,一是填充节目时间,二是寻找奏效的传播方式。

自然而然地,电影成为最早被引进的节目。此时,每秒 24 格的电影胶片和每秒 30 幅的电视图像之间转换的技术障碍已经被克服,但还在摸索播出每种节目的合适时间及长度。许多人认为,电影的长度对居家观赏的电视观众不合适——超过一小时,人们的注意力便分散了。因此,除体育比赛和公共事务的转播之外,一般电视节目的每个单元被规定为 20 分钟——正好够用两盘 35 毫米的影片胶带,加上几条广告。但是,由于电影界感到电视是个潜在的威胁,拒绝出售 1948 年以后的新影片,电视节目的影片来源并不充足。

为了吸引观众,从而吸引广告,电视台大力发展戏剧娱乐节目,尤其是暴力性的西部剧和警匪剧。1951 年 1 月,美国全国广播教育委员会对纽约州的 7 个电视台一周的节目进行调查,结果发现,在电视播出的 564 小时节目中,25% 是戏剧节目,其中包括 10% 的警匪剧和 6% 的西部剧;14% 是综艺节目、杂耍表演;13% 是儿童娱乐;10% 分别是体育、家政、采访及新闻。除了新闻,只有 3% 的信息节目。重要的内容很少,广告很多,只有一小时的严肃音乐。一年后,再度调查,发现情况并没有大的改进,甚至还有恶化。在纽约,有关犯罪的警匪戏剧增加到全部节目的15%,从而使西部剧和警匪剧这种“无法无天”类的节目总数在所有节目中的比例

增加到 25% 以上。在芝加哥和洛杉矶调查的情况大同小异。电视网大力鼓励娱乐节目。1949 年设立了每年一度的"艾米"奖,主要奖励娱乐节目。

综艺节目蔚为大观。除了体育节目之外,几乎垄断了电视网上的黄金时间。NBC 于 1948 年 6 月 8 日开播的《得克萨科明星剧场》大受欢迎,主持人米尔顿·伯利(Milton Berle)被称为"电视先生""米尔梯大叔"。伯利充分利用了电视效果,他乐于自嘲自讽,加之服装古怪,布景奇特,还有明星助阵,一时非常火爆。1948 年 6 月 20 日,艾德·沙利文(Ed Sullivan)主持的 CBS 的《本市名人》节目开播了。沙利文是报纸的专栏作家,他写作的题材主要是关于美国戏剧界百老汇的种种闲话。沙利文在观众面前局促不安,紧张木讷,但他具备选择潜在明星和搭配节目内容的天生本领,把一台节目办得既有文化意义,又含流行趣味。这个"沙利文节目"持续了 20 多年,直到 1972 年沙利文才离开 CBS。

还有一种很快被观众接受并在电视台大量播放的节目是技能竞赛。这类节目原本在广播中就深受欢迎,到了电视中,增加了视觉的愉悦效果,趣味倍增。选秀节目《业余者天地》和《物色明星》都是从广播搬上荧屏的,持续多年,并引来众多的模仿者。

《热门歌曲巡礼》在广播 15 年后于 1950 年搬上了电视。这个节目的成功主要在于"主意好",而不是"明星棒"。其做法是,首先通过调查发现一周最畅销的歌曲,然后加上一些点缀歌曲,一道播出。如果一首歌曲名列"十大热门歌曲"排行榜达数周的话,在播出时还有布景添彩,歌舞助兴,极尽渲染之能事。电视上很少有严肃音乐或古典音乐。而且,因为不具有视觉特长,长期以来,音乐在电视中并未占据类似它在广播中的位置。

情境喜剧发展迅速,很快成为电视的支柱。1948—1949 年,一批情境喜剧直接从广播搬上荧屏。《我爱露西》出现于 1951 年,它为后来几十年的电视喜剧奠定了标准。这本来也就是一部普通的情境喜剧,但由表现得傻乎乎的滑稽演员露西尔·鲍尔(Lucille Ball)和她的古巴裔丈夫及一些出色的配角演来,却别有滋味。有一次融自然生活与艺术表演为一体的事件最值得一提,那就是现实中的演员露西尔·鲍尔和戏剧中的人物露西·瑞卡多同周产下婴儿。许多年中,那个孩子都是剧中的一名配角。这个情境喜剧几经更换名字和演员,一直演播到 70 年代男女主人公(即生活中的夫妻)分手为止。《我爱露西》在电视史上值得注意的一个地方,是它首先采用胶片的方式拍摄系列剧,从而在后来的年代能够一再重播。

早期电视节目中还有一种刑事侦探剧,也是广播中早已有之。最出名的是1951 年出现于荧屏的《天罗地网》,分明描绘的是洛杉矶警察局的情形。其中有极为生活化的人物,使用大量的行话——这些成为后来这类警察剧的特征。大多数

早期从广播移植过来的其他低成本戏剧不是以情节和人物吸引观众，而主要依靠打斗——当时尚未引起抗议。

在早期电视网的节目中最值得提出的是选集式系列剧的开拓性创造。在1948—1949年，《第一演播室》《费尔科剧场》《克拉夫特剧院》等立足于百老汇的节目每周都直播半小时以上。1951年达到高潮，占据了12%的黄金节目时间。选集剧每次用不同的剧组演播一个不同的故事，与模式化的连续剧和情境喜剧大相径庭。它们有的改编自小说故事，有的则专播创作戏剧。这些节目在百老汇的后院拍摄，有许多电视、电影和舞台明星参加。电视和戏剧的关系比和电影的关系好得多，系列剧的播出给新创作的戏剧以创造舞台，给演艺新秀以实践机会。由于早期的电视机家庭均属中上阶级，具有较高的经济收入和教育水准，因此，这些注重文化的高质量戏剧深受欢迎。而当节目成本上升，电视机增加，越来越多的大众希望消遣而不是欣赏严肃戏剧时，选集系列剧于1952年后便衰落了。

早期学龄儿童节目也采用戏剧形式。一种是西部片，其主角都是未成年的牛仔。这些影片在电视台播放后，还通过节目销售发行公司（辛迪加）一再放映发行。一些有远见的制片人甚至用彩色胶片拍摄，这样，在彩色电视出现后还能使用。另一种节目样式是科幻惊险片，例如1950年首次改编的电视版《超人》。这些根据广播、幽默剧和电影的主人公再次创作的电视节目很成功，证明好的角色原型和表演技巧在哪里都适用。

少年观众喜爱的节目还包括具有儿童特点的各种表演：马戏、玩偶和动物。1947年首播于纽约的《你好，杜迪》节目中，有一个西部英雄式的玩偶人物杜迪，与主持人、小丑和一群孩子一起参加演播。一直到20世纪60年代，这一节目都是儿童们晚饭前"必看"的。

无论是就播放的时间之长，还是就观众的数量之多而言，体育节目都属于最热门的一类。起初多是拳击、篮球和保龄球比赛，后来增加了棒球、高尔夫球、赛马等。不过，一些节目的表演成分超过了体育的性质，节目常常有脚本，尤其是摔跤，往往演成了情节剧。

2. 新闻时事节目

在1946—1952年间，广播新闻仍由第二次世界大战中的新闻记者占据要津。其中最著名的是爱德华·默罗。他曾担任CBS的副总经理和董事会成员，但不久便辞谢高位，全力以赴主持广播和电视新闻。

NBC和CBS每日播出15分钟的电视新闻。NBC的节目称《骆驼新闻大篷车》，由骆驼香烟公司赞助。CBS的节目名为《爱德华兹新闻评论》，其主持人爱德

华兹(Douglas Edwards)一直工作到1962年。

除了一般新闻之外,还有对重大事件的特别报道。电视网播出的第一个公共事务专栏节目是由默罗主持、弗伦德里(Fred W. Friendly)制作的《现在请看》。这对搭档曾一起制作了广播节目《现在请听》。《现在请看》创办于1951年,每周播出半小时,集中讨论一些具有新闻价值和引起争议的人物和事件。

五十年代初期,政治家才开始大量使用电视进行竞选,虽然早在1928年政治家胡佛便上了电视。从1948年起,在有电视的大城市中,电视台已经开始报道竞选消息,但真正重要的电视竞选发生于1952年的大选。

二、大发展时期(1952—1960)

1948—1952年是美国"冻结"新电视执照的时期,电视节目在有限竞争中得到长足发展。1952年4月,长达四年的"冻结政策"停止了。新开办的电视台顿时如雨后春笋,纷纷涌现。中等城市大多有了自己的地方电视台,而且很快发展成一市数台的格局,分别依附于不同的电视网(主要是NBC和CBS)。广播逐渐被挤出全国市场,到50年代后期便成为地方性的传媒了。

此时的ABC还在破产的边缘挣扎。但在1951年,与派拉蒙公司的合并巩固了ABC的财政地位。1954年,ABC与迪士尼公司签约,引进了老少咸宜的迪士尼影片,开办了儿童电视节目《迪士尼乐园》和《米老鼠俱乐部》。与电影公司的合作改变了ABC不景气的形象,开始对广告商产生吸引力。

彩色电视播出了。在1954年,仅有NBC播出彩色节目,播出68小时。到1956年,几大电视网的彩色电视播出已达500小时。录像机也问世了。由于电视屏幕纪录影片的效果难以令人满意,一些公司便致力于开发与电视更加兼容的电视录像机。到60年代初期,各大电视网都已经改用速度又快、质量又好、使用简便、性能安全的磁带录像设备了。

1. 戏剧娱乐节目

早先电视网的节目主要是由广告客户赞助并提供的,节目的决定权在广告客户。随着电视网实力的增强,它们越来越排斥赞助者和广告商对节目的直接干预,转而自行控制和制作节目。20世纪50年代后期,赞助者直接制作的节目越来越少,只占三分之一,电视网自己制作三分之一,另外三分之一委托节目承包公司制作。这些公司有人才、有创意,使用自备的或者租来的设备,在合同的基础上为电视网制作特定的单元或系列节目。通常的情况是,承包公司首先想出或买下一个节目设想,如电视网或赞助商感兴趣的话,就试写一个样本;如果后者认为不错,承

包公司才写出系列节目。电视网得到的是完成了的影片或录像带。到了60年代，这些承包公司已经负责60％的电视网节目了。同时，电视网自己制作20％的节目，主要是新闻和纪录片，而赞助者制作的节目只占14％了。拥有版权的承包公司还通过辛迪加向未加入电视网的独立电视台推销节目，靠出售播放权获利甚丰；而电视网则从其收入中分成。

电视节目从直接播出逐步转向录像播放。1953年以前，80％的节目是直播的，因而错误频仍。例如：演员忘记了台词；"尸体"从地上爬起来走出景外；一位舞台工作人员跨出窗外——在戏剧中，这扇窗户位于25层的高楼上。另有20％的节目是影片，包括屏幕纪录片。到1960年，录像节目已占三分之一，质量与直播节目的效果差不多；直播降到全部节目的36％，并继续急剧下降；屏幕纪录片已无踪影。到1955年，辛迪加已经开始发行电视网播过一轮的节目。于是，地方电视台大量采用电视网的录制节目，而大大减少了自制的直播节目。60年代，节目时间加长，一小时的节目占压倒多数，90分钟和120分钟的节目也很常见。各电视网的节目往往错开时间，以免观众在看完一个台的节目结尾之后——此时通常是广告——刚好赶上另一个台的节目开头，从而导致观众流失。竞争的方法是，用精彩节目的后半部分抓住观众，使其不转向另一电视网开头的节目。

四种戏剧节目充斥着电视网的播出时间，白天是连续的肥皂剧和系列剧，晚上是成人西部剧和情境喜剧。这些剧起先是直播，后来都改为录制了。好莱坞起初还不大情愿提供影片，但在1956—1957年，数千部旧故事影片和短纪录片进入电视网的节目，一般是好坏搭配着卖。

这一时期最重要的发明是"电视大观"类的综艺节目，这类节目开始于1954年。它是因彩色电视试播而产生的。这种大型节目以豪华的布景、绚丽的衣饰、缤纷的色彩和耀眼的明星为号召，一时吸引了最多的观众。一种成功的形式总是引来蜂拥而至的模仿者。1954年还只播出41小时的"电视大观"，1959—1960年的数量已经6倍于此。

在广播中填充间隙的音乐节目时间通常只有15分钟，并且只突出一位歌手。在电视中，则发展出多样化的形式。ABC创办于1952年的《美国室外音乐会》于1957年引进了摇滚乐。为了节省排练时间而又使观众得到最好的音响效果，歌手们一般只是随着录音动动嘴而已，这就是所谓的"假唱"。

儿童节目有一些改进。1956年，CBS开始在早晨时间为学龄前儿童播放《袋鼠船长》，这是一部集歌剧、知识、玩笑和少量的轻松哲理在内的系列片。

50年代中，一阵红极一时却命运短暂的巨额奖金电视游戏热煽起了美国人的好奇心。1955年6月7日，由瑞夫伦化妆品公司赞助的《64 000美元问答赛》开始

在CBS电视网播出,一月之内就成为最热门的节目,收视率为41.1%。这原是个广播节目,竞赛者分段竞赛,每答对一步,便进入下一阶段,奖金随之加倍,直至最高的64美元。64 000美元电视奖金为原广播奖金的一千倍,这个巨大的奖额所具有的吸引力是无法形容的。相比之下,竞赛形式也更为新颖,采用的隔离式答题间颇有神秘感。测验题由一组大学的研究人员拟定,银行则负责监督赛程,一切都显得一本正经。而参加者虽然来自寻常行业,却显然具备在极不可能涉足的领域里专家一般的知识。例如,一位海军上尉同时是一位烹饪专家;一位祖母具有令人惊异的棒球计分能力;一名女心理学家精通拳击;一位鞋匠熟知大歌剧;还有一名10岁的算术奇才。节目制作者每周收到1.5—2万封自荐参赛的来信,其中只有500封可能被考虑,经过精心挑选,剔除一半,再经层层筛选,最后只留下15名参赛选手。《64 000美元问答赛》的成功很快便引来《64000美元挑战赛》节目,其中每一名选手都要接受另两位选手的挑战。热火朝天的竞赛带来滚滚财源,瑞夫伦公司不得不改换了推销的广告商品,因为原来的品牌已供不应求!紧接着是《21点》节目,其中问题更难,得分也更高,满21分赢得一场。《点阵》节目,要尽可能迅速地辨认出一张由逐渐增加的点阵连接而成的面孔。不断升高的奖金额成为报纸大标题的内容。有的选手赢得10万美元之巨,落选者竟也能得到一辆新的卡迪拉克牌高级轿车作为安慰。

但是,这种红火并不持久。1957年年底至1958年年初,电视网已很难维持观众发烧般的热度了。从各个角落里传出节目作弊的流言。对此,制作者和参赛者生硬地予以否认,但真实情况还是曝了光,因为知道内幕的人实在太多了。1958年8月,《点阵》突然被停播。一些竞赛者承认节目作弊,这成了电视界最大的节目丑闻。几天之内,大约20个竞赛节目一齐从空中消失了。电视网首脑承认不明内情;节目制作人称,电视观众根本不懂商业电视的目的和手法;广告商则不作一声。最高法院和FCC作了调查,处理结果不了了之。但由此却引起了行业内部的震惊浪潮,许多人对电视节目制造高压力和投入大赌注的做法产生了疑惑,尤其怀疑追求高收视率以取悦广告客户的做法是否值得。

2. 新闻时事节目

几大电视网之间的新闻竞争是剧烈的。1953年6月,英国女王伊丽莎白二世的加冕典礼在伦敦举行。纽约和伦敦之间6个小时的时差和越洋传播的先进手段使美国人得以在事件发生12小时之后,在黄金时间看到了典礼的电视实况纪录片。此外,1956年的苏伊士运河之争和匈牙利事件,1959年苏联总理赫鲁晓夫访问美国,并与美国副总统尼克松进行"厨房辩论",以及赫鲁晓夫在联合国大会上用

鞋底敲击桌面的电视转播,都使美国人看到了世界政治的奇特景象。1956 年,NBC 以双人主持取代了原来的单人主持。

在政治报道中,值得一提的有 CBS 的节目主持人默罗等人对麦卡锡主义的斗争。1953 年,来自威斯康星州的共和党参议员约瑟夫·麦卡锡在调查军队中的"共产主义渗透"问题,正红得发紫。由于牵涉甚广,1954 年 4—6 月,电视播出了高潮期的一系列听证会。早在系列听证会之前,1954 年 3 月 9 日,默罗利用一次半小时的《现在请看》节目,揭露了麦卡锡的迫害伎俩。默罗采用的方法主要是评述并播放麦卡锡本人的演讲影片。在当时反共浪潮甚嚣尘上的政治气氛中,这次电视广播需要极大的勇气。此举还花费了默罗和制片人弗伦德里一些钱——他们在某些重要的报纸上自费登了广告,因为谨小慎微的 CBS 一向不愿招惹是非,尤其是政治是非。《现在请看》节目引起了暴风骤雨般的反响,几千次电话和数不清的信件涌到 CBS,大多支持默罗的立场。后来,CBS 按惯例给麦卡锡本人以答辩的权利,他在电视中攻击了默罗。

这些前奏曲引起了人们对随之而来的陆军—麦卡锡听证会的极大兴趣。在近 6 周的时间里,电视网的报道不遗余力。尤其是 ABC,因为节目来源不足,平时早晨的频道十分空闲。此时利用闲置时间,ABC 完整地或部分地转播了多次听证会,结果出乎意料,白天的收视率提高了 50%。不久,观众就熟悉了麦卡锡及其助手连珠炮式的提问和陆军方面律师风度翩翩然而十分有力的还击。大多数美国公民嫌恶地唾弃了麦卡锡;而他在遭到参议院表决不予信任之后,很快就从政治明星的地位消失了。在很大程度上,是电视摧毁了麦卡锡的公开形象;虽然,也正是电视,在以往的新闻节目中给予麦卡锡崭露头角的机会。

美国借助电视进行总统竞选始于 1952 年。当年,副总统候选人尼克松被指控动用了贿赂给他的秘密竞选资金数千美元,从而引起舆论大哗。总统候选人艾森豪威尔将军已经打算抛弃这位竞选伙伴了。但是,尼克松要求给他一次洗清自己的机会。1952 年 9 月 23 日,电视播出了这次后来被称为"切克尔斯"的讲话,因为讲话涉及一只名叫"切克尔斯"的黑白斑点的小狗——这是一只宠物狗,是崇拜尼克松的人送给他女儿的礼物。在这半小时的讲话中,尼克松首先解释了他的财政情况,表示从未有任何使用资金不当的地方。然后转到礼物上,尼克松说,他们一家人无论如何也不退缩,毫不避嫌疑地留下这只可爱的小狗。这种人情味的诉求打动了电视机前的观众。直播尚未结束,支持的电报和电话已经到来。结果,尼克松赢得了选民的同情和艾森豪威尔的信任,从而转危为安。

从 1952 年总统选举时起,美国政治家开始关注"电视形象"。1956 年,健康状况不佳的艾森豪威尔大量使用电视形象以亲近选民,而不必亲自参加许多活动。

电视节目采用5分钟的竞选广告,跟在压缩了的娱乐节目之后播出;而不是用半小时的政治节目取代观众热爱的娱乐节目。在这次大选中,用于电视广告的费用第一次超过了广播广告的费用。

民主党候选人肯尼迪1960年的当选在很大程度上借助了电视注重外在形象的特征。肯尼迪出身于一个富有的家庭,既不为公众所熟知,又信奉天主教,因而具有天生的不利条件;但健康而富有魅力的电视形象弥补了他的不足,他在电视上表现潇洒。而共和党候选人尼克松一向不重视他的电视顾问的意见,而且显然因为1952年"切克尔斯"讲话的成功而自以为电视技巧良好,大意轻敌,结果吃了大亏。

四轮大辩论是美国历史上首次总统候选人面对面的电视较量,在世界上也属初试。9月26日,第一轮辩论由三大电视网同时直播。肯尼迪显得朝气蓬勃、轻松自如,自信而直率。尼克松却显得疲倦和厌烦,这可能由于他穿了一件与背景颜色相近的浅色西装,也可能由于他不愿意听取电视网的劝告稍事化妆——而他大病初愈,倦容满面。尼克松本已在民意测验中领先,但第一轮辩论便断送了他的竞选前程。虽然他后来几次表现略好,但已回天无力。十分有趣的是,听实况广播的人认为两位候选人旗鼓相当,尼克松甚至略占上风;然而,更多的人是看电视而不是听广播,他们认为肯尼迪胜出。选举当晚,电视网宣布说,将用新启用的电脑预报胜利者,但他们的电脑预测并不准确。一开始是CBS预告尼克松取得了压倒性的胜利;其后是NBC预报说肯尼迪大获全胜,都不准确。直到第二天早晨,真实的结果才出来:肯尼迪以微弱多数获胜。从肯尼迪任期起,总统开始定期召开有电视传媒参加的记者招待会。

三、电视的成熟时期(20世纪60—70年代)

20世纪60年代以后,电视节目的形式进入缓慢演变的时期,虽有变化,但不剧烈,不明显。倒是围绕节目的电视事件引人注目。由于引进了录像节目,所有的直播节目都消失了。录像带取代了胶片。到1965年,三大电视网的节目全都彩色化了。

1. 戏剧娱乐节目

1961年,NBC开办《星期六晚间影院》栏目,在黄金时间播放一部部相当新的影片。其收视率之高,立刻吸引其他电视网照搬经验。到1967年,电视网在黄金时间播放的电影已达每周12小时。由于影片不能满足电视巨大的播出量,1966年,NBC发明了《世界首映式》栏目,播放专门"为电视制作的影片"。这种90—120

分钟的电视影片按电视的日程表在几天之内制作完毕,而不像电影那样耗费上几个月,因而节省了摄制费用;同时,由于加入了更多的电影娱乐因素,这些电视影片也比通常的电视连续剧更加吸引人。其他电视网立刻跟上。到 1972 年,三大网当年播出的电视影片已达 100 部。在 1974 年,每部 90 分钟的影片制作费约 40 万美元,并不便宜;然而只要重播一次,所获收视率及其广告费便可将成本收回。70 年代上半叶,这种电视影片既作为系列节目又作为故事影片,通过电视和电影两种渠道发行国外,都大获成功。美国迅速占领了世界电视节目市场。

西部剧由于情节老套,已趋于衰落。但情境喜剧仍如日中天,且花样翻新。对题材的限制也日渐放宽:种族冲突、同性恋、妓女、毒品、热门话题都上了电视。由于太空时代来临,科幻节目也受到欢迎。1966 年,《星球跋涉》描写了太空船"企业号"五年的旅行,在这个集体中有各式各样的船员,还有一名头顶天线的外星人船长。在电视上,旅行实际进行了三年,但重播个没完没了。这部科幻剧的崇拜者自称"跋涉者",他们制造了各种膜拜形式,还游说美国航空航天局,希望将第一架航天飞机命名为"企业号"。刑事侦探片(警匪剧)历久不衰,但以动作见长,不注重人物刻画和思想深度。严肃戏剧不受青睐,只在教育电视台和后来的公共电视上出现,大多数是从英国进口的。

对民族和种族的意识日渐高涨。一部播放多年、原本很受欢迎的侦探片《神通广大》由于其中的罪犯全部使用意大利式的名字,而遭到意大利裔美国人的抗议,最终被迫停播。墨西哥裔美国人也对一部商业卡通片的人物名字不满。由于黑人民权运动的兴起,黑人对黑白分明的广告和节目十分敏感。70 年代,黑人角色在剧中已占三分之一的比例,更多的黑人明星走上了电视。

60 年代末,竞赛节目在白天很兴盛,一度曾超过连续剧。竞赛节目主要采取三种形式:观众参与的、明星或专家表演的和赌博性的。明星、专家表演常常使用预先编排好的俏皮话和人情味作料,以哗众取宠。在赌博性的竞赛节目中,现场观众更希望得到奖品或奖金。

无论是在电视网还是在地方电视台,日间的漫谈节目都很风行。如 NBC 的《今天》栏目主要围绕新闻和特写故事进行。地方台则主要谈家庭主妇关心的话题。许多男女明星在这些节目中担任主持。在夜晚,NBC 有《今夜》节目,后来它又开办了《深夜》栏目,于美国东部时间凌晨 1 时开始,从而把电视节目延长到每天 20 小时。

体育节目占据周末和平时白天的大段时间。1963 年,由于录像和影碟的开发,在职业橄榄球赛的电视报道中开始采用"即时重放"录像功能,大大吸引了观众。1964 年,编演的摔跤比赛终于从屏幕上消失了。1969 年,NBC 卡断了一场比

赛的最后几秒钟,开始按时播放儿童片《海蒂》。然而,令人难以置信的是,在短短的 9 秒钟内,其中一队竟然获两次底线得分,从而取胜。球迷未能看到如此精彩的瞬间,极为烦恼,怒气冲天。从此电视网有了经验:不管是多么重要的节目,都不能打断体育转播。1975 年,某电视网转播重要比赛,占用了 45 分钟随后的儿童节目,这一回,是愤怒的父母发出了抗议的吼声。ABC 电视网在开发体育节目方面很有创造性。它的《星期一晚间足球赛》开办于 1969 年,还开办了杂志型的《体育大世界》栏目,聘用以前的运动员担任解说。从 1964 年起,ABC 以高价多次购得奥运会的转播权。

2. 新闻时事节目

1963 年 9 月,电视网的晚间新闻节目都从 15 分钟延长到了 30 分钟,三大网的名记者和主持人之间进行着激烈的竞争。在 60 年代,大半时间是 CBS 的晚间新闻节目主持人克朗凯特与 NBC 的双人搭档相互竞争,克朗凯特从此成为美国人民最信任的人。ABC 起初排不上名次。1976 年,它以最高的百万美元年薪挖走了 NBC《今天》节目的女主持人芭芭拉·沃特斯(Barbara Walters),情况有了改观。

白天的新闻节目也逐渐增加了,原因之一是东南亚的局势引人注目。为了报道其他洲的新闻和体育事件,电视网使用了太空通讯卫星,尽管每次转播要耗费数千美元,但它减少了从海外传送新闻影片的繁琐手续。70 年代中期,电子新闻采集设备(ENG)得到广泛采用。它的灵活便捷促使各电视台纷纷将设备改为真正彻底的电子系统。在这一时期,发生了许多惊心动魄的新闻,电视媒体变得更加独立。

新闻节目时间的延长才两个月,就发生了大悲剧。1963 年 11 月 22 日,传来了肯尼迪总统在达拉斯被刺身亡的消息。各电视网立刻投入了对这一重大事件的详细报道:对已故总统的悼念,继任的约翰逊总统最初的活动,NBC 直播了嫌疑犯奥斯瓦尔多被枪杀在机场的情景,最后是给人带来巨大情感冲击的阿林顿公墓的肯尼迪葬礼仪式。整整四天,美国观众盯住了电视机的屏幕。据 CBS 调查,葬礼时,93% 的电视机开着,平均每家连续开机 13 小时。达拉斯的枪声只是开始。1968 年 4 月,电视网报道了马丁·路德·金被刺后黑人区的骚乱。两个月后,罗伯特·肯尼迪在加州预选会获胜的当晚遇刺身亡,电视网一直跟踪报道医院抢救的情景和最后这位参议员的死讯,成为整个过程不可分割的一个部分。1972 年,在竞选活动中,一名男子开枪打伤了阿拉巴马州的州长乔治·沃里斯,电视拍到了枪击现场。1975 年,有人企图刺杀总统福特,未遂;1981 年,里根总统遇刺受了重伤,这些

情景都被电视记录在案。

电视中最令人兴奋的时刻之一是太空飞行。1961 年，美国载人飞行成功。虽然观众看到的只是发射情景而已，仍兴奋不已。1963 年 5 月，通过宇航员的视角，电视镜头让人们见识了飞船上看到的地球。1967 年 1 月，电视直播了首次三人飞行时因飞船着火宇航员丧生的悲剧。1969 年 7 月，"阿波罗 11 号"将人送上了月球。在报道太空行走的活动中，所有电视网都配备了懂科学的记者、前宇航员、解释性的动画片和模型，从宇宙飞船升空到着落，对全过程进行了详细的报道。1969 年 7 月 20 日美国东部时间下午 4 时 17 分，月球登陆器着陆了。此时，连平时很善于控制感情的克朗凯特也掩饰不住他的兴奋。10 时 56 分，尼尔·阿姆斯特朗成为登上月球的第一人。一架小小的电视摄像机直播了现场实况：宇航员在月球上跳跃着前进；他们通过电视与总统对话，在月球表面"栽"下了美国国旗。借助通讯卫星，美国人民，还有世界人民，同时看到了这一旷古奇观。后来的太空活动，由于采用了彩色电视，更增添了视觉趣味。最具悬念的是"阿波罗 13 号"飞往月球的旅行。由于一个燃料箱爆炸，这次使命失败。但电视使人们随时了解到紧急救援系统是如何将宇航员妥送家园的。

电视的新闻报道、纪录片和其他节目形式，记载了 60 年代人权运动的每一关键时刻。它也报道了 60 年代中期大多数城市的种族骚动和校园动乱。有些人说，正是电视，导致了或至少是酝酿了这些社会灾难。1965 年 8 月，电视报道了洛杉矶一个黑人地区许多居民焚烧房屋和抢劫商店的情景，一架直升机上装置的电视摄像镜头提供了令人惊异的画面。一些人把骚乱归咎于黑人的失望情绪，而他们之所以失望，是由于在电视上看到了大量的表现白人中上阶层令人羡慕的生活的缘故。在骚乱中，电视摄影队不仅有时成为众矢之的，而且常常无意中鼓动了暴力：仅仅因为他们出现在抗议现场，带着摄像机和灯光设备，便引起了更为剧烈的暴力行为和冲突。想要宣传自己主张的个人和团体，则往往将可能发生的冲突预先告知新闻媒介，特别是电视网。

除了种族冲突，最重要的新闻是越南战争。战争期间，电视记者都急于成为第二次世界大战中默罗那样的英雄人物。大多数电视记者都去过越南，回来时都感到这场战争打错了。虽然他们一致抱怨对新闻的军事检查，但是，没有哪一场战争像越南战争那样允许记者们深入采访。一些驻守西贡、依赖军事简报发布消息的记者被人嘲笑为"5 点钟傻瓜"，而雄心勃勃的勇敢者则莽撞地深入前线，有的人因此被杀害，有的人则失踪了。这是电视记者第一次加入的战争，被称为"客厅里的战争"。在 7 年多的时间里，每家每户坐在客厅的电视机前就餐，同时观看美国军人和亚洲人互相射杀——日常生活与生死搏斗融为一体。批评家指出，正是电视

一次一点地、不完全的报道,使许多美国人从主战的"鹰派"立场转向主和的"鸽派"立场。抗议越南战争的学生运动酿成校园中的动乱,从加州大学伯克利分校开始,扩展到哥伦比亚大学、威斯康星大学,其高潮是1970年年初,在肯特州立大学的抗议活动中,有4名学生被俄亥俄州国民警卫队枪杀。

电视新闻和纪录片越来越触及尖锐敏感的问题,并说出一些有价值的话。这一趋向从60年代开始,以默罗的最后一部影片为嚆矢。这部片子名为《羞耻的收获》,反映的是农业季节工的悲惨遭遇。当默罗就任肯尼迪政府的美国新闻署署长时,他自己阻止此片向国外发行,结果未能奏效,反而被批评为"变节者"。

电视对社会阴暗面的揭露经常引来"控诉诽谤"的威胁。1962年,尼克松在加利福尼亚州竞选州长时失败,ABC马上播放了一部纪录片——《尼克松的政治轨迹》,引起了争议。尼克松的支持者谴责电视网有政治偏见,报道不公平。CBS则由于《大学里的吸毒党》惹来了麻烦。那是一则反映芝加哥情况的地方新闻。后来得知,这一事件是为了进入电视网而特地编演的假事件。最有争议的电视报道是1972年CBS的《五角大楼的兜售》,它揭露美国军方花大钱买通公众,支持增加军费的提议。美国国防部指责CBS为了支持自己的立场选择性地使用了五角大楼的档案材料。众议院特别调查委员会命令CBS的总经理斯坦顿出庭作证,并交出所有未播出的材料。斯坦顿拒绝交出任何未播出的资料片,并指出这种做法违反了宪法第一条修正案。法院企图以"藐视国会"罪起诉CBS及斯坦顿,但未能通过表决,为此,电视界将其视为一次胜利。但此后,电视界改变了一些纪录片常用但可能引起争议的制作手法,电视网也加强了对观点的控制。由于观众把电视作为最可靠的信息来源,电视的责任加重了。

60年代末、70年代初,电视网的新闻受到了最强烈的批评——由政界煽动和策划的批评。1969年秋天,尼克松的副总统阿格纽在对一个共和党组织发表谈话时质问道:决定新闻取舍的这一小撮媒介官员、编辑、主持人是由谁选出来的[①]?其后,他在不同场合再三重复这个话题。地方上的小电视台也吵吵嚷嚷,指责电视网控制新闻,这些电视台要么观点比较保守,要么胆子较小,唯恐争议性的问题会影响广告收入。电视网则一如既往地以攻为守,竭力强调政府控制新闻的危险性,并以宪法第一条修正案对新闻自由的保护来为自己辩护。政府和传媒之间的这场斗争最终导致了以"三流盗窃案"的报道开始、以尼克松总统辞职告终的"水门事件"。

在新闻界1972—1974年对"水门事件"同仇敌忾的揭露中,最初一年电视并未

---

① 意思是商业媒体并非人民选举却权力甚大。

起主要作用。电视的最大贡献在于它转播了参议院水门事件委员会的听证会,从1973年的5月持续到8月。这是一次对美国政治生活的揭露,其内幕令人震惊。随着观众对听证会越来越关注,水门事件便成为全国最重要的议题。是电视,中断了摇摇欲坠的尼克松政府的命运。由于传媒揭露了副总统阿格纽过去受贿的问题,1973年10月,他被迫辞职。尼克松为自己的政治前程进行了徒然的挣扎,反而弄巧成拙。当众议院法律委员会建议弹劾总统,最高法院宣告——尼克松无权保留记载他的秘密讲话的录音带时,一切都结束了。1974年8月8日,电视直播了尼克松的辞职演说。

1968年大选出现了"电视形象设计专家"的名称,和《兜售总统:1968年》一书,这本经典著作揭露了总统竞选者被包装和像消费品一样被兜售的种种事实。1972年,竞选费用达到6 000万;而在60年代,是1 400万。竞选变成了金钱之争,光靠形象设计也不管用了。在70年代中期,人们明白了,电视的作用远远超过了单纯地反映现实,新闻媒介也绝不仅仅是专业性的工作,电视改变着社会。

四、电视广播地位下降(20世纪80年代)

20世纪80年代,电视增加了电脑动画等新的玩意儿,技巧更复杂,质量更高超,出现了更多的真实情景,也意味着更多的暴力和性,但观众发现,这十年的节目形式,较之60年代和70年代,变化并不大。由于收视率的巨大压力,电视疯狂地追逐成功的样式;部分的由于调查研究方法的改进,节目也更有针对性了。

电视的制作费用大大地提高了。在1965年,一小时的节目制作费用是10万美元;到80年代后期,尽管采取了节省费用的办法,例如到费用较低的加拿大去拍片,使用非工会低薪演员等,但节目费用仍节节上升,达到每小时90万美元。节目制片人的风险增加了。首次播出一集节目,电视网一般只付给他们90%—95%的制作成本费,其余费用要从重播和节目发行中获得。如果节目不能重播,就收不回成本,也就无法继续制作下面的续集了。

由于独立电视台和有线电视网的大量出现,加上FCC于70年代发布《黄金时间进入规则》,鼓励地方电视台播出自己安排的节目,80年代,专门为独立电视台制作、提供给辛迪加发行的节目大大增加。这些节目大多选择便宜而有利可图的游戏节目和漫谈节目,风险小,利润大,例如,每天播出的《致富之轮》,年制作费用只是800万美元,而获利一亿美元!

电视网竭力寻找热门话题和走红新星,以提高收视率。三大网的排序时常变动。1986年,排列顺序是NBC、ABC、CBS,与30年来的情况错了一位,以往的顺

序一般是 CBS、NBC、ABC。

1. 戏剧娱乐节目

西部片已经衰落。观众对科幻片也不再狂热。特别节目却时兴起来。所谓"特别节目",是指精心制作的大部头连续节目,常常是"巨片"。这并非一种节目形式,而是一种促销手段。例如,1983 年,ABC 播出了两部电视连续剧——16 小时的《战争风云》和 9 小时的《荆棘鸟》,都是在成功的小说基础上改编的电视电影,精心拍摄,耗资巨大,结果反响热烈,大获成功。5 年后,ABC 耗资一亿美元,又拍摄了 30 小时的《战争与回忆》。1977 年,ABC 播出的《根》也是以"特别节目"的方式播出的。NBC 播出了反映第二次世界大战中一家犹太人戏剧性命运的 9 小时特别节目《浩劫》,出口不少国家,在美国和德国都引起了争议。ABC 于 1983 年 11月 11 日播出的假想故事片《翌日》,表现核战争后幸存者的感受。对此,反核战争和主张核优势的人都表示关切。

戏剧节目偶有革新。《希尔街的布鲁斯》是一部使用新技巧的警匪片,一半像系列片,一半像连续剧。每集讲一天之中发生的故事,从报案开始,到晚间结束,有的已有结果,有的尚未破案,十几条线索相互交叉,同时进行。这部剧人物逼真,话语充满了黑色幽默。《圣·爱尔斯威尔》讲述在一个贫困地区的医学院发生的故事,剧中人有魂魄离身和采用隐形术的情节。不同寻常的题材有同性恋、艾滋病、毒品、越战后遗症、虐待儿童、酗酒等。《黄金般的女孩们》表现的是四个五六十岁的单身女人仍在寻找男人和快乐的故事。人物和环境的不协调引来人们善意的笑声。

情境喜剧中 CBS 于 1972 年开播的《M＊A＊S＊H＊》最为成功。故事发生在50 年代的朝鲜战争,是关于一个陆军医疗队的,连播 11 年。节目中充满了反战的信息、幽默的气氛,却不像一般情境喜剧那样,在录制时加入"罐头"笑声以烘托气氛。有些集的内容是悲怆的;有些集发人深省。1983 年 2 月 28 日播出最后一集时,收视率达 60.3%,市场占有率达 77%。1984 年秋季播出的《考斯比节目》也是一部出色的情境喜剧。它以纽约一家黑人家庭的生活为题材,父亲是医生,母亲是律师,有 5 个孩子。值得注意的是,虽然表现的是黑人家庭的生活,它的问题却不是针对某一种族的。

肥皂剧也挤进了晚间的黄金时间。1978 年春天,CBS 播出了电视影片《达拉斯》,由于大受欢迎,秋季就编演成电视连续剧。在该演季最后一集中,主人公厄文被杀害。《达拉斯》迷们整整等待了一个夏天,才在秋季续集开播时得知是谁杀害了他。秋季开始的那天,看过上一季度最后一集的观众 80% 收看了节目。其实,

厄文死亡的真正原因是因为扮演厄文的演员当时与剧组发生了争执,下一季度将不出演了。1981 年 ABC 推出了《豪门恩怨》,反映石油富豪的家族矛盾,地点设在丹佛。主要斗争在主人公布莱克·卡里顿过去的妻子与现在的妻子之间展开,富丽堂皇的布景,豪华绚丽的服装和扑朔迷离的情节,使它在国内外都赚了大钱。

2. 新闻时事节目

在所有时间段,新闻内容都更为丰富。节目来源越来越广,观众看到的新闻也越来越多。地方新闻常常最先报道当地发生的事件;有线电视新闻网(CNN)则全天转播各种各样的新闻事件;线缆—卫星公共事务网(C-SPAN)还连篇累牍地报道议会消息,转播议会实况。新闻节目也可以吸引大量观众、获得广告、吸收财源了。

在 20 世纪 60 年代初期,电视网只在工作日播出新闻,每天播出 15 分钟。地方台提供半个小时的新闻节目,除了转播电视网节目之外,要加上本地新闻、气象消息和体育新闻。到了 70 年代,电视网每天的新闻是 30 分钟,星期日还有 15 分钟的新闻综述节目。地方台包括转播在内的节目时间则是一小时。到了 80 年代,电视网全天插播简明新闻,滚动播出;晚间新闻是其主力;加上早晨的《今天》类特写软新闻和夜晚的访谈评论节目,数量倍增。夜晚的访谈评论节目经常代替报纸,成为大众话题的议程设置者。过去,新闻界要等到每周一次的一小时新闻专访,例如《会见新闻界》播出,才能确定下一步的行动方向。后来,他们在每晚 11 时 30 分收看 ABC 的《夜线》,以获得线索。地方台则将每天的新闻汇总,在早晨、中午或夜间娱乐节目结束后播出,有时长达两小时。如果还嫌不够的话,那些嗜好新闻的人可以收看广播电视的全新闻频道,或者全天播放体育、财经新闻的专用频道。

新闻量的增加得益于技术的改进。新闻的载体已经从传统的胶片变为录像带了。采录设备则由流动的采访汽车变为手提式电子新闻采访设备(ENG)。远程传送通过微波和线缆,还有卫星。如果不必直播的话,也可以在现场录像,回电视台剪辑加工后播出。有的电视台采用飞机充当信号的中转站。在 70 年代,为报道交通状况,曾发生过数起飞机坠毁的事故。到了 80 年代中期,卫星新闻采集设备(SNG)得到越来越多的采用。SNG 价格不菲,常达数十万美元。它是 ENG 和卫星发射-接收天线的结合。美国的一些电视台还建立了 SNG 网,相互转发新闻,甚至接受委托帮助没有这种设备的电视台转发新闻。有时,它们帮助的是竞争性的电视台,结果,自己的设备与自己的电视台竞争起来。

借助先进技术,有线电视终于粉墨登场。1980 年 6 月,美国有线电视新闻网(CNN)正式开播,经过相当长时期的负债经营,终于站稳了脚跟。1982 年年初,

CNN 开办了第二频道——《要闻》,每半小时更新一次。CNN 的老板特纳表示,观众什么时候都可能需要新闻,而不仅仅是在每天晚上 6 点钟的时候。

新闻节目是具有引导作用的。如果新闻的收视率高,全天节目的收视率也可能高。因此,各大电视网和地方电视台纷纷将精力用于新闻竞争。只不过,方法与过去有所不同。1977 年,ABC 经过几次更换人选,最终确定彼得·詹宁斯作为固定的晚间新闻节目主持人。詹宁斯曾主持过晚间节目,因为缺乏经验而不能胜任。经过几年驻外记者工作的磨炼,他年事渐长,报道经验大为丰富,也更有魅力,更可信了。再次出山,他获得了成功。ABC 的另一名新闻节目主持人是泰德·科佩尔。1979 年,为报道伊朗扣押美国人质的事件,ABC 设立了一个系列性的夜晚特别节目,由科佩尔主持。由于事件持续了数月,这个节目也延续下来,并具有了权威性。在这个过程中,加入了一些其他的话题,定名为《夜线》,时间也固定为半小时。于是,《夜线》成为 ABC 延续至今的名牌栏目。

在 80 年代,CBS 衰落了,默罗的传统和克朗凯特的形象已不复存在。1981年,克朗凯特退休。CBS 固定观众的年龄越来越大。特别是,新闻节目的经费持续减少。虽然节目主持人丹·拉瑟(Dan Rather)没有被挖走,但在他地位巩固之后,却接连犯了几次错误。一次是在体育节目延时而影响到新闻节目正常播出的时候,他负气不立即上场,致使屏幕上出现几分钟的空白。一次是在 1988 年早期,在专访美国副总统老布什时,他提出挑衅性的问题,不想却被布什奚落并掌握了场面的主动权,因而大失颜面①。CBS 的内部争斗和遣散政策导致人员不和。CBS 新闻失去了独立性和尊严,已和 40 年前大不一样。

NBC 的汤姆·布罗考(Tom Brokaw)长期以来担任《今天》节目的主持人,1982 年,他开始主持晚间新闻节目。随着 NBC 新闻节目收视率的上升,布罗考也成为耀眼的明星,上升到全国电视网头牌主持人的位置。

新闻节目的时段和长度保持不变。长纪录片的数量则严重下降。1987 年只播出了 31 部,而在 1977 年是 51 部,在 1967 年是 100 部。幸存下来的,大多是软新闻的故事,而调查性报道则数量很小,有的还引起了法律诉讼。观众和广告商都不喜欢争论问题——除非是软新闻。于是,各大电视网关闭了纪录片部,倾全力于90 秒钟左右的直接新闻报道。只有公共电视网的《前线》,在纪录片栏目中是个例外。

较软的形式确实更加成功。CBS 的《60 分钟》十分兴旺,几十年中占据要津。它以 3—4 个新闻故事组成一期节目,有的很重要,但大多是软性的。它的模式引

----

① 拉瑟因 2004 年 9 月报道小布什服兵役的事件失误,于 2006 年从 CBS 辞职。

来许多模仿者。例如 ABC 的《20／20》。由于娱乐节目的制作费用日益上升,电视网更多地转向新闻节目,但以娱乐的方式来经营。辛迪加有过之而无不及。它们制作许多新闻杂志节目,大多是小报式的,煽情的,人情味的,软性的。辛迪加的节目也进入了黄金时间,地方台大多在晚 8 时娱乐节目开始前播出,例如《编年史》《议员杂志》《晚间杂志》等。

新闻的焦点从越南转移到中东。1985 年 7 月,恐怖分子劫持了美国环球航空公司的 847 号飞机。1988 年年底,泛美航空公司的一架 103 号班机在飞临苏格兰洛克比上空时发生爆炸,后证明袭击者来自利比亚。对于电视记者来说,采访恐怖活动比较容易,恐怖分子一般乐于提供消息,以获得话语权。而采访军方就不那么容易了。

军事当局吸取了越南战争开放报道的教训,不再轻易给电视记者机会。1984年,在进攻加勒比海地区国家时,军方封锁消息达几天之久。由于受到所有新闻媒介的一致谴责,在 1991 年海湾战争中,军方同意各种媒介组成联合报道组,共同采访;但制定了采访指南,作出种种限制。其后两年中,美国军队两次遭受攻击,也误击过一架伊朗民用飞机,导致机上人员全部丧生。美国媒介发现(其实可以猜到),在这些事件中,它们的报道完全受军方支配。

航天飞行已经变为常规的活动了。于是,它不再受特别的关注。1986 年年初,"挑战者"号航天飞机升空爆炸时,只有 CNN 一家在作实况转播。后来三大网也加入了报道,反复播放爆炸瞬间的图像,纠缠家属,让他们谈自己的痛苦感受;围攻美国航空航天局,让它交代事故的原因。设备不良的问题慢慢才被揭露。美国航空航天局的航天计划也直到 1988 年 9 月方才重新启动。

国内新闻依然如故——灾难、丑闻和听证会。然而,越来越多的图像并不意味着更加充分的报道。当宾夕法尼亚州哈里斯堡三英里岛核电站向空中排放放射性废物的事件被揭露以后,电视媒介在报道时,不是更多地问"怎样"(What is)的问题,而是更多地问"可能怎样"(What if)的问题,结果增加了观众的忧虑。而工厂和政府则竭力封锁消息,对应该公布的信息进行保密。

体育节目的转播费越来越高。1980 年在莫斯科举办的夏季奥运会,由于苏联前一年进攻阿富汗,美国予以抵制,结果,NBC 花费 8 500 万美元购得的节目转播权作废了。在保险公司赔付之后,NBC 仍然损失 2 500 万。1984 年夏季的奥运会,ABC 对分散在洛杉矶 190 英里范围的 30 多处场地的比赛进行了 180 小时的实况转播。1988 年,NBC 付出 3 亿美元,赢得汉城奥运会的转播权。甚至连比较热门的校际比赛,有时也要投标竞争转播权了。

从某种意义上说,美国电视是世界电视的一块试验田。由于电视是一个传播

很广、模仿很快的行业,美国节目的发展是有代表性的。美国电视节目演变的历史是整个世界电视业的一个缩影。

思考题

1. 美国电视新闻的发展轨迹是怎样的?
2. 美国电视有哪些成功的娱乐节目样式?

第三节　英国电视节目史①

英国电视节目的历史开始于 20 世纪 30 年代,第一次公开广播的电视剧是 1930 年英国广播公司(BBC)从贝尔德实验室播出的《人之将死》②,出现在屏幕上的只是人脸。1931 年,贝尔德实况转播了英国著名的"达比"赛马。BBC 还用贝尔德的发射机演播了一些时装表演、芭蕾舞剧和拳击比赛。1936 年 8 月,贝尔德有了一个竞争者——与马可尼公司合作的电气音乐公司(EMI),BBC 每天轮流用两家研制的发射机试播。

英国正式播出电视节目的日期是 1936 年 11 月 2 日。首先采用的是贝尔德的发射机,节目有讲话、新闻影片和各种演出。首次播出时,伦敦电视机不超过 400 台,当时每台接收机的售价为 100 英镑,相当于一辆小轿车的价格。电视只在下午播出一小时,晚间播出一小时,星期天停播,整周节目的预算是 1 000 英镑。尽管贝尔德热心开拓有功,但最终还是马可尼—电气音乐公司的电子电视以质量优胜赢得了竞争。贝尔德的机械电视设备于开播不久后的 11 月底起火被焚,从此退出了竞争。

从 1936 年到 1939 年,BBC 播出了 326 部电视剧。1937 年,电视转播英国国王乔治六世的加冕典礼,吸引了 5 万名观众。至 1938 年,英国已售出了 5 千台电视机,但收视区域仍限于伦敦一地。

第二次世界大战前的英国电视节目是突然结束的。1939 年 9 月 1 日,战争爆发。BBC 担心高高竖立的电视天线会吸引敌人的炮火,于是,在播出"米老鼠"动画片之际断然停播,电视在未预告的情况下径直变为一片空白。7 年之后,1946 年 6 月 7 日,电视节目又在前"米老鼠"动画片停播的地方恢复了。第二天的电视节目是为庆祝战争结束举办的横贯伦敦的胜利大游行,有 10 万人观看了隆重的电视室

---

① 本节材料主要编译自 Kingsley, H. & Tiballs, G., *Box of Delights: The Golden Years of Television*, London: Macmillan Ltd., 1989。

② 这是一个 9 分钟的独幕剧,讲述了一个患唇上皮瘤的男人向一位陌生的旅人倾吐行将就木的悲怆心情。"人之将死"是意译,原名为"The Man with the Flower in His Mouth","flower"指唇上的瘤。

外转播。

　　早期的电视也有很多敌人。戏剧团体反对艺术家们出现在小小的屏幕上。1946—1947 年,因为严重的燃料危机,政府关闭电视达一个月之久。直到 1949 年,电视信号才超越伦敦,到达英国中部地区。战后,出现了面向家庭主妇的生活常识节目、大选报道、流行音乐。电视逐步吸引了大批优秀艺术人才。

一、1950 年代

　　20 世纪 50 年代是英国电视天真的童年期,是电视业最乐观的时代。它以前所未有的力量,改变了自身和数百万英国人的生活习惯。电视早期,那些买得起"魔盒"的幸运者,要接待与家人数目相当的"蹭"看电视的邻居,还要用茶点招待他们。当时的月平均工资是 12 英镑,而一台电视机的价格是 80 英镑。在 1957 年以前,晚间 6—7 点的时间被称作"儿童休止期"。此时电视台不安排节目,为的是让幼儿睡觉,让大一点的儿童做家庭作业。

1. 英国广播公司的早期节目

　　英国电视的真正崛起是在 1953 年。当年 6 月 2 日,英国女王伊丽莎白二世在威斯敏斯特宫举行加冕典礼,成为电视的一次盛事。加冕典礼从早上 10 点持续到晚间 11 点 30 分,BBC 转播了全部实况,震撼极大。与 1937 年乔治六世国王加冕典礼最重要的区别是,在伊丽莎白女王的加冕典礼上,经女王批准,镜头伸入了威斯敏斯特宫。盛大的现场实况吸引了创纪录的两千万英国观众。加冕典礼也成为当时世界上最大的一次电视事件。从此,电视成为主角,广播变为电视的陪衬。女王不时出现在应时的电视节目中,并于 1957 年作了首次圣诞电视广播。而擅长广播演说的丘吉尔则终生厌恶电视。

　　(1)演播室专栏

　　最初,流行的节目有新闻、猜谜、戏剧和儿童节目等。《我的位置在哪里?》是猜谜节目,拥有全国 90% 的观众,每周收到 200 多封自荐参赛的来信。当女主持人在现场丢了耳环,男主持人害眼病戴上了眼罩时,这个节目还成了报纸的头版新闻。

　　《全景》杂志节目开办于 1953 年年末,著名播音员丁伯尔比(Richard Dimbleby)担任主持人,确立了可信的"父亲"形象——许多人向他求教、求援。《过去的好日子》是怀旧式的戏剧栏目,创办于 1953 年 7 月,风行了 30 年,推出了 2 000 位艺术家。

　　儿童节目《骡子玛芬》的主角是骡子、企鹅、海狮、绵羊。《苏梯》也是儿童节目,主角是一只橙色的布偶熊。这个节目的发明者是一个工程师。他于 1948 年为他

的儿女买下这个手指布偶,只花了 37.5 便士。他先是为子女表演、逗他们乐。1952 年,苏梯上了电视,每集得到 10 英镑的酬劳。60 年代,熊猫苏伊成为苏梯的女朋友(尽管 BBC 有人担心,这样做会过早向儿童输入性意识),然后,其他动物也一一出现。1968 年,《苏梯》转入独立电视公司(ITV)播出。此时,健康状况不佳的表演者也把节目位子转给了他的儿子。《都属于你自己》是 BBC 于 1954 年开办的另一个儿童节目,让孩子们自我表现。一位男孩带来了他的宠物老鼠和宠物鹰。正当主持人大讲天敌们在家中如何和睦相处时,鹰猛然俯冲下来,出其不意地一口吞下了老鼠。

当代英国的许多节目形式都是在 50 年代奠定雏形的。关于野生动物的纪录片很受欢迎。丹尼斯夫妇(Armand Denis & Michaela Denis)是首先拍摄野生动物的无畏旅行者。1954 年,他们的《拍摄野生动物》和《在非洲拍摄》首先在 BBC 播放。1958 年,夫妇二人主持《狩猎远征》节目,引起极大轰动。金发碧眼的麦凯拉·丹尼斯在电视上总是打扮得漂漂亮亮,她的这番努力开始引起狩猎,甚至海外旅游的热潮。这个节目延续 11 年,播出了 105 集半小时的影片,行销世界各地。

电视体育节目也有独家优势,产生了《体育看台》专栏。电视转播者用各种方式将摄像机装在汽车、摩托车、雪橇上,把各种活动带入人们的客厅。新闻和气象报告也有重大进展。1954 年 7 月 5 日晚间 7 点 30 分,英国首次开始每日的新闻播出。播音员不出图像,为的是不破坏 BBC 新闻的客观公正性。

(2)戏剧节目

系列剧是观众最爱好的。在最热门的电视剧播出时,连 BBC 的排练活动都得暂停一段,因为演职员们都跑去看电视了。

对肥皂剧的爱好者来说,1954 年走红的有《格拉夫一家》,这是第一部针对成年人的肥皂剧,表现了英国中下等家庭的喜怒哀乐。到年底,该剧已吸引了全国四分之一的人口。英国王太后承认,她自己也是《格拉夫一家》的爱好者,说这一家人"如此英国化,如此真实"。三年后,编剧坚持不下去了,提出建议,希望由其他作家提供剧本,自己负责审核加工,而 BBC 却不同意,怕影响质量。《格拉夫一家》终于停播。后来,剧作者指出,BBC 缺乏商业意识,看不到系列剧可能会消沉,但能维持、也能起死回生的事实。后来《加冕街》的制片人有了这样的远见。

电视连续剧《格林道克的迪克森》是英国第一部基于电影之上的电视剧。迪克森原是 1950 年的一部电影《蓝灯》的主人公,他出场仅 20 分钟就被枪杀。1955 年 7 月,编剧威尔斯(Ted Wills)令其复活了。威尔斯最初受邀撰写 6 集电视剧的剧本,他十分担心能否找到 6 个好故事。后来,他付给 250 名警察报酬,让他们将自己经历的事件和听说的故事讲给他听,由他写成剧本,结果创造了一部连演 21 年,

长达 367 集的电视连续剧。迪克森的原型是在伦敦东区值勤的一名警察,他友好、讲礼貌——这是当时人民对警察的普遍印象。《这就是你的生活》也是 1955 年 7 月播出的,并一直延续下来。这部纪实系列节目以突然袭击的方式采访普通群众,制造奇遇和现场效果。

1954 年,美国早期的电视喜剧《阿莫斯和安迪》进口了,美国电视节目开始侵入英国市场。大多数英国喜剧明星都已从广播转移到电视,但第一部真正的英国电视喜剧却是 1955 年开播的《本尼·黑尔节目》。黑尔(Benny Hill)的幽默具有国际性,他的节目遍布世界。电视演播黑尔的节目时,连贝鲁特的枪战都停息了。虽然许多美国孩子并不知道伦敦是英国的首都,但他们却知道英国有个本尼·黑尔。甚至当某个监狱禁止犯人收看这个节目时,发生了暴乱。

1956 年的电视连续剧《汉考克半小时》改变了未来 5 年人们的欣赏习惯,演员汉考克成为英国的头号滑稽明星。这部剧表现一个名叫汉考克的人,一心想往上爬,却总不如意,每次都被他的同伴希德胜过,大伤自尊。到了 1960 年,自觉了不起的演员汉考克(Tony Hancock)与搭档分道扬镳。有一次,汉考克因路上碰到车祸,来不及背台词,于是,他在对台词一无所知的情况下,全凭提示表演了一场戏。从此,他认为自己不再需要背台词了,他的技艺江河日下。

50 年代初期的观众是在一种温和的客厅游戏、快乐的喜剧和"花卉栽培"一类下午节目中成长起来的。因此,根据奥威尔的经典作品《1984 年》改编的电视系列剧于 1954 年 12 月开播时,引起了极大的惊恐。大约 1 千封激怒的来信涌到 BBC,抗议恐怖剧在星期六播出。英国议会也收到四份提案,指责 BBC 惊吓了观众。然而该剧得到了王室的支持。王夫菲利浦亲王说,女王和他都看这部剧,而且"彻底地"喜欢它。《1984 年》中的"大哥在盯着你"一句台词立即进入日常生活。

在录像尚未普及的时期,直播是很尴尬的。在直播《地下》一剧时,一名演员突然倒地身亡。于是演员们临时编些台词,遮掩他缺席留下的空当。60 年代,一名滑稽演员扮作婴儿,用褴褛和尿布包裹着吊在舞台上空。由于节目不准时,他被吊在空中候场达 15 分钟。他说:"但它似乎有 4 个小时"。

2. 独立电视公司加入竞争

较之 BBC 的节目,独立电视系统(ITV)的节目更加轻松。两种电视节目之间的鸿沟最充分地表现在新闻政策上。BBC 坚持认为:新闻必须客观,就是准确地、公平地、庄重地和非个人化地报道新闻,不能用华丽和渲染的方式吸引观众。ITV 的新闻则反其道而行之。

ITV 的出现推动了 BBC 的改革,它现在不得不准时开播了。于是,镜头旁边

第一次有了个时钟。以往,BBC的屏幕上是不出播音员图像的,因为BBC是一个集体,不突出个人。而ITV,则恰恰要借助个人魅力吸引观众。于是,在ITV正式播出前18天,BBC抢先一步,开始映出播音员头像,但仍保留了庄重性——BBC不告诉观众播音员的姓名。

ITV首先在英国的游戏节目中发给奖金,促使节目火爆,不久就得到了70%的观众。ITV的、也是英国的首次电视商业广告是在9月22日晚间8点12分播出的,宣传的是一种名为Gibbs SR的牙膏。最初的黑猩猩广告明星是1956年出现的,用于推销过滤嘴香烟:在雅致的乡村别墅里,一对黑猩猩坐在桌旁,穿着整洁的衣服,扮演成"男孩"和"女孩",用银餐具和瓷杯子喝茶。最有名的广告则是黑猩猩饰演搬运工人,在对付一个难弄的钢琴时洋相百出。这个广告播出了一千遍以上,有40多名演员为黑猩猩配过音。

党派政治广播刚刚开始,BBC和ITV均提供频道。但候选人一出现,80%的观众就转台。ITV较重要的政治性节目是《本周》,这是抗衡BBC《全景》节目的。

1957年2月,"儿童休止期"结束。ITV利用这一时段播出冒险题材系列剧,而BBC则从星期一至星期五每晚播出新闻性的《今晚》节目,从最初的100万人收看很快上升到年底的500万。第一位女记者也是在《今晚》节目中出现的。

第一个以医疗内容为题材的肥皂剧是1957年开播的《急救-10号病房》。这是ITV的第一部每星期两次的电视连续剧,在星期二和星期五播出,以填补晚上7:30的节目空当。十年后,节目被停播,因为在这一收视率的黄金时段,观众都是些对急救病房感兴趣的年老体弱者,而他们仿佛是缺少购买力的。其后,ITV的节目主管才发现,停播这档节目,失去了银发市场,才是他所犯的最大错误之一。该片饰演主角的演员曾被邀请参观一次手术,结果他当场吓得昏倒。而在剧中,他可是指挥若定的外科医生。

与那一时期大多数温情脉脉的电视连续剧不同,与医疗有关的另一个电视连续剧是《你的生命在他们手里》,这个节目展示手术时的情形,讨论癌症等医学问题的残酷一面,共播出6年,惊呆了一千万观众。批评者指责说,这个节目要为三位妇女的自杀负责。有一位妇女就是看到了心脏手术的实况,因害怕面对相同的情况而自杀的。还有两位自杀的妇女是看了关于癌症的节目后怀疑自己得了癌症,而其实,她们并未得此绝症。英国医学联合会强烈攻击这一节目,说它会招致人们的恐惧症;但许多医生支持它,说它消除了人们对外科手术的神秘感。

在时事报道节目中,独立电视新闻公司的《流动报告》展示了年轻记者戴伊(Robin Day)穷究根底的性格。由于苏伊士运河危机,当时的英国和埃及在名义上还处于战争状态。因此,戴伊接受埃及总统纳赛尔的邀请,在总统家中的花园里对

他进行独家采访,无疑是一次令人意外的事件。而当纳赛尔面对镜头,建议英国与埃及建立友好关系时,这次采访的意义便更大了。1959 年的《面对面》专栏是 BBC 一个有争议的时事节目,总共 35 集,由《全景》节目的主持人之一、新闻记者福瑞曼(John Freeman)主持。这是第一个试图剥去公众人物的面具、还他以本来面目的节目。访问时,福瑞曼故意与被访问者保持一定的距离;灯光强烈刺眼,摄影镜头被用作第二提问者,毫不客气地审视被采访者——它捕捉对方眼睑的每一抖动、对方脸上的每一滴汗珠。

克利夫·里查德(Cliff Richard)本不是一个坏男孩,但在 1958 年,因为主持一个名为《哦,男孩!》的节目,却给他带来可怕的坏名声。这是 ITV 的一个热门音乐节目,反映了青年音乐趣味的改变和青年整体面貌的变化。里查德模仿猫王爱尔维斯的作派,甚至有过之。他爱穿粉红色袜子、粉红色外衣。报纸警告说:“不要让你的女儿和像这样的人一起出去。”但是,孩子们崇拜他,一些爱追时髦的成年人也赞赏他。

1959 年,电视首次报道了大选的实况,美国西部电视连续剧《马车队》却引起英国的一次政治争议。英国工党曾担心播出这个节目会使得它的支持者工人们因看电视而误了投票。果然,保守党的麦克米兰当年赢得大选。

在整个 50 年代,BBC 都像是一个保姆和道德卫士。节目总监向各种节目的制片人发出一项关于“粗俗”表现的禁令,警告说,下列内容是绝对禁止的:关于厕所的玩笑,表现“女里女气的”男人,对新婚夫妇度蜜月的建议和指导,关于情人、妓女的话题,女人的内衣,动物的性行为,提及无花果之叶也是不道德的表现,因为那是古代人体雕塑上遮盖性器官的叶子,等等。50 年代的电视十分注意以正压邪,美国系列电视片《法网》的主角每 4 集才许放一枪,他们扔西红柿的时候比发射子弹的时候要多。警匪片宣扬的是法律和秩序,仅《无处藏身》的名字,就会遏止可能发生的罪行。

二、1960 年代

60 年代是英国电视笨拙、反叛的青年期,它对讨厌的道貌岸然,不时爆发出一阵阵恶作剧式的怒气。在世界范围急剧的文化和社会变革中,伦敦位于中心地带。不管是在时事政治方面,还是在文化娱乐方面,60 年代的英国电视都反映了那个动荡的时代。

1. 文化冲突

BBC 的戏剧产生了重大影响,讽刺内容大行其道。而 BBC 的叛逆,在很大程

度上得益于这一时期公司的总经理格林（Hugh Carleton Greene），一位追随潮流的创新者。BBC 文化政策的彻底改革引起了剧烈的反应。一位中部地区的教师怀特豪斯（Mary Whitehouse）是最激烈反对格林的人。1963 年，怀特豪斯女士看到一次《会谈观点》的节目，其中一位心理学家、一位主教的妻子、一位女校长和一位教士正在讨论婚前性关系。虽然讨论者并没有说多少支持婚前性关系的话，但讨论者比较宽容的态度使怀特豪斯断定，他们都是倾向于支持婚前性关系的。她极为恼怒，给 BBC 写信抗议，并于 1964 年筹资发动了一场清除电视污染的运动。格林高傲地拒绝与她会面，说她只是一个家庭妇女。

开播于 1964 年的 BBC 的第二频道（BBC-2）在 1965 年引起过一次更大的争议，是在《追寻琐事》栏目中发生的。这个栏目办得一般，本来是很容易被人忘却的，但人们在它的节目中第一次听到了长期以来禁止在广播电视上出现的那四个字的脏话（fuck）。由尖锐讽刺滑稽剧、"四字词"事件和搅动人心的戏剧引起的，是 BBC 连续不断的争议。1966 年的一部玩偶剧《品基和波基！》也带来了麻烦，因为两只小猪在大选前演出了一集名为《你也可以作首相》的节目。

2. 新闻时事与纪录节目

自从商业电视诞生以来，最震撼人心的独立电视网时事节目是《世界在行动》。这是格兰纳达独立电视台的一个系列节目，它坚持不懈地播出高质量的调查性报道。1963 年 1 月播出的第一期节目以原子武器为焦点，表现了赫鲁晓夫与肯尼迪的冲突。当年，这个节目揭露南非和安哥拉黑人可悲的生活状况，导致两个国家的大使馆提出了抗议，独立电视网的领导机构命令电视台严格审查后面的几期节目。但此后，《世界在行动》的报道继续令独立电视网的高层人士烦恼，特别是关于北爱尔兰冲突这个十分敏感的话题。商业电视领导人的胆子很小。一部关于防务经费问题的影片，在被独立电视网否决后，部分内容在竞争者 BBC 的《全景》节目中播出了，令独立电视网甚为尴尬。

1969 年 7 月 21 日，英国时间凌晨 3 时 56 分，6 百万英国人观看了从美国得克萨斯州休斯敦航空航天中心传来的月球登陆实况。也是在这一年，电视还播出了第一次对英国君主的深度报道《皇家》。这部 BBC 和 ITV 合作的非官方纪录片长105 分钟，表现了女王远离公众视线的私人生活。这一节目后来在世界上 100 多个国家播出。

艺术史家和批评家迪克·克拉克（Dick Clark）在 66 岁高龄创作了一部名为《文明》的系列片，是 60 年代一部真正的里程碑。克拉克是独立电视局的首任主席（1954—1957），他的这部名作检阅了西方文明的思想和价值观，讲述的故事从罗马

衰亡后的欧洲中世纪开始,直到 60 年代。为此,克拉克和他的助手旅行了 8 万英里,到过 11 个国家的 117 个地区,耗资 20 万英镑,历时两年,拍摄了 20 万英尺胶片才完成。

3. 政治与电视

在新的电视广播浪潮面前,政治家们非常警惕。过去,电视总是把政治家们放在很高的位置上,现在却把他们当作普通人了,而且,电视居然敢于批评政治家了。政治家们也开始赞赏电视塑造形象的威力——它可以创造或毁灭一个人的政治前程。电视形象成了想当世界领袖的人们最看重的东西。

在 1964 年的大选中,工党领袖威尔逊击败了他的对手、保守党的霍姆爵士。选举前,威尔逊对 BBC 的总经理格林表达了他的担心:选举日当天播出的肥皂剧会影响工人的投票率——它刚巧在投票结束前一个半小时开始。于是,格林将播出时间推迟到晚上 9 点。那年,工党以只多 4 席的优势获胜。据说,事后威尔逊对格林说:"非常感谢。这(节目推迟)对我来说,值一打(12 个)席位呢。"

威尔逊的屏幕形象的确比霍姆要好。爵士后来说,"我妻子告诉我,我的半月形脑袋断送了我。"此外,他的竞选表现也很糟糕,这位保守党领袖承认:"什么东西都不能再引诱我上屏幕了。我真希望电视没有被发明出来——除了体育节目以外。但我认为,政治家恐怕得适应电视才行。"

到 1966 年大选时,威尔逊首相和 BBC 的关系却已经大大恶化。选举次日,在从利物浦返回伦敦的列车上,BBC 想要邀请当选的威尔逊到特备的流动播音室里接受采访。他拒绝了;却接受了独立电视网的独家采访,将这种姿态作为给予 BBC 的一点颜色。

4. 戏剧娱乐节目

与 BBC 在节目中大量使用讽刺性的批判语言不同,总的说来,商业性的 ITV 竭力避免引起事端。但 ITV 也有优势。一周播放两次的《加冕街》是 60 年代最成功的电视连续剧。

《加冕街》第一次直播是 1960 年 12 月 9 日星期五晚上 7 点钟。刚刚出场的时候很寒酸,剧组由一些过气演员组成,地点设在英国西北部一个不起眼的小地方,事先它毫不张扬。但《加冕街》取得了极高的收视率,成为英国播出时间最长、最受喜爱的肥皂剧之一。不久,女主角就每周平均收到四封求爱信。1967 年,当女主人公与一名美国军官结婚时,大约有 2 百万人通过看电视参加了庆贺——通常只有皇家婚礼才有这样的规模。

《危险的人》也是一部质量较高的电视连续剧,演的是为英国秘密机构服务的一名自由职业侦探,他使用许多精巧的机关:如作照相机用的领带别针,隐藏着麦克风的一把樱桃,巧妙地用作录音机的电动剃须刀。主角一夜成名,周薪2 000英镑。他是一个有坚定道德的人,拒绝了制片人让他每集与不同的姑娘邂逅并发生爱情故事的主意。但他可望而不可即的冷漠却吸引了妇女们。

60年代初期,工人们变得好斗了,这要部分地归功于一部滑稽连续剧《抹布工》。剧中的女主角是饭馆招待员,经常与老板、工头作对,她哨子一吹,便快乐地宣布"人人都罢工!"其后,社会中罢工事件大增。

1963年的11月22日,当肯尼迪被刺身亡时,数百万英国人正在看一部BBC新推出的科学幻想电视连续剧《无名博士》的第一集,这是一系列空间探索的冒险故事。另一同样成功的警匪片是《逃亡者》(《亡命天涯》),总共120集。这个节目影响巨大。犯人们纷纷给饰演主人公金伯医生的演员写信,说自己也是被陷害的;当狱卒禁止犯人收看这一节目时,犯人们扬言要闹事。

《十字路口》是一个为人们增添笑料的热门节目,是从美国日间肥皂剧得到灵感的。这个电视连续剧的场景是一个汽车旅馆,它表现的是成人世界的问题,例如堕胎、强奸、种族主义和试管婴儿,等等。电视也开始讨论妇女和女权问题。1966年BBC的《凯西回家》描写无家可归的妇女的情况,因此引起了社会对此类问题的关注。

26集黑白历史电视剧《福赛特世家》是BBC最成功的电视连续剧,1967年1月在BBC-2播出。当《福赛特世家》播出时,酒馆里空无一人;许多教堂都改变了晚间的礼拜时间。《福赛特世家》是俄罗斯购买的第一部西方连续剧,它还标志着BBC节目销售在美国市场上的突破。

继BBC-2于1967年7月1日开播彩色电视,1969年,BBC-1和独立电视网也都开办了彩色电视。因此,彩色电视机在一年内由1万台猛增到27万台,彩色戏剧节目因而大增,制作经费也直线上升。26集的彩色戏剧《保罗·坦泼尔》,制作费耗资63万英镑,是同样长度的黑白电视连续剧《福赛特世家》经费的两倍。

1960年是滑稽节目的成就终于得到承认的一年,还是首次电视直播《盛大综艺演出》的一年,节目吸引了众多明星前来献艺。1963年,电视节目决定禁止"演哑剧"的做法,即歌唱演员手拿话筒比画着假唱,同时放录音磁带。

三、1970年代

70年代是电视长大和成熟的时期,它的表现受到赞赏。ITV变得令人尊敬了,它与BBC竞争,也制作出高质量的戏剧,并造就了英国的超级电视明星。在

BBC,人们假装看不见"保姆"式节目收视率下降的事实;但在纪实性系列节目方面,BBC稳健前进。它继续保持着体面的戏剧标准。这十年BBC最大的成就是在情境喜剧中表现出幽默感。

1. 新闻时事节目

1970年,保守党领袖希思在大选中出人意料地得胜,于6月成为首相。较之工党领袖威尔逊,希思更有风度,更加文雅。不久,威尔逊对BBC的怨恨达到高峰。

在工党被击败一周年临近的时候,BBC的《24小时》栏目准备播出特别节目《昨天的人们》。"昨天的人们"原是工党自己使用过的一个名词,在竞选中形容保守党;现在,它被用到了工党头上。BBC的节目主持人丁伯尔比在下议院采访前首相、此时已是爵士的威尔逊,当谈及他正在撰写的回忆录时,丁伯尔比插话问道:"据您的许多同事告诉我们,由于处在反对党的地位,他们经济上受到不少损失。但听说您从写书中挣得了10万至25万英镑。在这段时间里,它一定给您不少安慰吧?"威尔逊被这种说法激怒了,因为这话似乎暗示他追求利润。于是他回答说,丁伯尔比应该去问问,某些人是否买得起游艇。在此他是暗指他的继任者、保守党领袖、首相希思。然后他说,这种问话很不礼貌,应在播出时删去,经过一番口角之后,他中断了采访,随后威胁说,如果不作这一删除和另外几处删除,并且如果题目不作改动的话,他将阻止这一节目的播出。于是,BBC的管理者审看了这一节目——这是他们首次因争议问题而预先审查节目。结果,节目只删去了一处,并照计划的名称播出了。此举激怒了几位工党政治家。而当他们看到第二天播出的《希思先生的静悄悄革命》时,激怒变成了狂怒。他们认为,节目对现任首相采取了温和的态度。这次电视与英国政治家最大的一次争吵使政治家们对电视、对BBC更加多疑,并导致BBC投诉委员会的成立。

BBC的新闻节目在形式上也有了改变。1972年,出现了轻松而非正式的风格。当时,BBC开办面向儿童的《约翰·克瑞文新闻纵览》节目。主持人克瑞文(John Craven)身穿毛衣,不系领带,在午茶时间播报新闻。他向青少年报道饥荒、灾害、选举、流行歌星的行踪、动物故事和其他影响年轻人生活的一切事情。克瑞文不仅穿着随意,还将名字标在栏目中,与其他新闻播音员也很不同。《新闻纵览》的实践证明,可以告知儿童新闻而不让他们感觉枯燥。

1973年新闻时事节目《那是生活》则作为消费者的守门人,经常在电视上痛斥经济生活中的欺骗伎俩和不法行为。由于播出时间与调查时间距离紧迫,编导只来得及对最严重的失实处作出修改。

纪录片节目质量不断提高。1970年,广受称赞的系列纪录片是独立电视网格兰纳达电视台的人类学纪录片《消失的世界》,表现制片人在世界边缘地带寻找未开化部落的过程。1973年,泰晤士电视台制作的《战争中的世界》在美国赢得了奖励,后卖出50万个拷贝,被翻译成14种语言。这部关于战争的纪录片大量采用了存档的新闻影片,包括希特勒私人秘书的镜头。1973年最获好评的纪录片是《人类的上升》,一部13集的科学和哲学论文系列片,由作者兼出品人布柔诺斯基(Jacob Bronowski)博士解释人类是怎样一步步地从一个科学领域向另一个领域前进的。他充满信心和字斟句酌的解说伴随着他伛偻的身影在大沙漠中前进,或者在文明的"纪念碑"上攀援。当纪录片播出时,博士正躺在医院,第二年,他就去世了。这部辉煌的纪录片耗尽了他的精力。

BBC的电视纪实片《家庭》引起了人们最大的埋怨。节目的灵感来自美国。1973年,美国摄制了这一题材的系列节目。1974年工党重新上台,BBC决定也拍摄一部反映工人家庭的纪实片。在三个月的时间里,他们采用逐日逐时记载普通工人威尔金斯一家活动的方法,经过提炼,制成了纪实性的《家庭》一片。威尔金斯一家顿时成了明星。工友们以为这家人是为了钱而同意被电视窥视的;而其实,他们总共才得到1 500英镑,就他们遭受的损失而言,这简直算不得什么。当女主人玛格丽特承认她的一个孩子是与清洁工的私生子后,骚扰电话多得迫使他们改变了电话号码。1978年,摄制组再次来到威尔金斯家,发现早已物是人非。不过,离了婚的玛格丽特还是一支接一支地抽烟,爱发表意见,对任何事情都不后悔。

2. 戏剧娱乐节目

70年代,考顿(Bill Cotton)成为BBC轻松娱乐节目部的首脑。他扶植起两位在ITV效力但尚未走红的明星,与他们签订了3年合同。这是一次合算的交易——到了第三年,这两位明星就红得可以开价五倍了。他还成功地召回了两位著名的喜剧明星,安排他们共同表演一个节目,又让他们各自主演一个情境喜剧,连播三年——ITV做不到这一点,因为它只有一个频道,而BBC有两个。BBC也开始追求冒险性,以演员吊在悬崖上或飞身跃上疾驶的列车等戏剧手段赢得大量观众。

但就室内剧而言,ITV仍是中心。68集的《楼上楼下》开播于1971年10月,讲述的是20世纪初期一个贵族家庭的生活——这是英国的优势。《楼上楼下》是出售给美国和其他30多个国家的电视连续剧中的第一盈利大户。美国全国电视科学院两度颁给它最佳系列片奖,并以波士顿一个富裕家族为背景,制作了《楼上楼下》的美国版本。

随着对北爱尔兰和东南亚的战争日益绝望,观众们更乐于在昔日战争中寻求逃避。1973 年,BBC 进口了美国情境喜剧《M＊A＊S＊H＊》,表现朝鲜战争中一座流动医院的生活。《M＊A＊S＊H＊》是"陆军外科医院"的字头。这部电视系列节目的场景虽然是 50 年代的朝鲜,实际影射 70 年代的越南战争。

1974 年录像机进入了家庭,录像制作的电视节目更加繁荣。当年,独立电视网推出了第一部关于皇室的肥皂剧——《爱德华七世》。其中饰演维多利亚女王的演员因将女王表演为"情绪化的、歇斯底里的、顽固的、占有欲强和嫉妒的,因此实际上完全正常的"女人,而备受赞扬。BBC 的《在路上》是 1975 年最受赞扬的每周一次的系列片,它促使 300 万英国文盲起步解决他们的问题。原本 BBC 打算写一个剧本,让一群奴隶去反对"认字的"统治阶级——他们将读写能力保持为一个秘密。但是,当剧组到监狱和少年感化院去,就文盲问题进行小组实验时,被测试的人用愤怒的语言告诉制片人,因为没有文化,他们的生活已经是一场噩梦了,不需要 BBC 的聪明人再向他们显示一回。于是,节目改为两名搬运工人在全国旅行并评述英语种种不合逻辑之处的《在路上》。

《富人,穷人》是 ITV 为抗衡 BBC 在 1976 年夏季三个星期里对奥林匹克运动会 130 小时的连续报道而抛出的马拉松戏剧。结果,痛恨体育的英国妇女成了忠实观众,扮演穷人两兄弟的主角都成了富人。

1977 年复活节,教皇在圣彼得广场的阳台上出现,作过例行祝福之后,他告诉现场听众,回家去看英国电视节目——ITV 的《拿撒勒的耶稣》。这部上下两集的电影正是他本人创意的产物。BBC 为了争夺观众,在 ITV 播出《拿撒勒的耶稣》的周末,赶紧播出美国电视连续剧《根》。BBC 还从美国进口了半是事实、半是虚构的《幕后华盛顿》,这部反映水门事件的电视连续剧在英国比在美国更受欢迎。

1978 年,泰晤士电视台的《爱德华八世与辛普森夫人》再度掀起往日争议的波澜。这部历史剧表现了那位在责任和"我所爱的妇女"中撕扯挣扎的退位国王。据说,女王的母亲对描写其已故丈夫乔治六世在若干场合的表现很生气。但反应最强烈的是温莎公爵夫人,即辛普森夫人。这位 82 岁老妇当时住在巴黎,她的律师特地在一份声明中谴责电视剧对公爵夫人的描写。世界各地的观众热切地收看这个电视剧——除了法国。在那儿,公爵夫人禁止播出。1986 年她死后,法国电视公司才买下它。

BBC 名声在外,它的节目在国外得到的评价比国内好。但在 20 世纪 70 年代,它从美国引进英国的节目更多,大多是侦探剧——汽车追逐、枪弹乱射,吸引了观众的目光。报业不断攻击 BBC 用钱不当。但考顿说:买回美国的热门节目,就可以一举在 26 周的时间里套牢观众。油嘴滑舌地批评"美国垃圾"对于提高 BBC 的

收视率毫无用处。据考顿说，ITV 是做节目赚钱，而 BBC 是用钱做节目。

四、1980 年代

这是英国电视的黄金时代，第四频道、日间节目、早餐节目都出现了。卫星的安装使新闻报道变成即时的，世界因而缩小了。电视使人们看到的更多，关心的更多。电视使政治家们更加勤勉地以外表来赢得选票；甚至英国皇室成员也成为谈话节目的贵宾。设在起居室、卧室、厨房的多台电视机无疑是人们家中的主要娱乐来源。人们可以用录像机控制电视；安装了碟形天线并按月付费的人，还会得到一大批全新的娱乐频道。

1. 新闻时事节目

1980 年 4 月，纪录片《公主之死》引起了外交争议。影片描述了处决一位阿拉伯公主的事件。据说这位公主接受了西方思想，找了一位年轻的大学生情人，并对严格的传统伊斯兰生活方式产生了怀疑。这部两个小时的影片虽然没有提到沙特阿拉伯的名字，但人们相信有所影射。结果，这部戏剧化了的纪录片引起英国电视有史以来最强烈的外部反应：英国大使被驱逐，沙特阿拉伯国王取消了当年夏天访问英国的计划和英国二亿英镑的出口损失。经过外交大臣斥责影片并对阿拉伯人作出了被认为"奴颜婢膝"的表示后，两国的外交关系才于 7 月恢复。

反映英国人满为患的监狱的纪录片在监牢里记录了与犯人的访谈，抓拍了监狱里各种各样的噪声、烦恼、痛苦甚至气味。那一年，另一个封闭的机构——男孩住宿学校——也被 BBC-2 的纪录片《公学》曝了光。纪录片涉及敏感的题目，如同性恋、酗酒等。选中拍摄的学校是距离牛津不远的莱德利学院。这使该校学监出了名。虽然许多观众痛斥这个学院，但此后要求入学者却增加了两倍。

1981 年 7 月，英国王储查尔斯王子和戴安娜的结婚典礼吸引了全世界的电视观众。婚礼中间，三位妇女操作声控机，为聋人制作同步字幕——这是电视广播中首次长时间试用这一技术。婚礼使得磁带录像机的销售增加了一倍。录像带被传播到 74 个国家。当年，教皇保罗二世、美国总统里根、埃及总统萨达特先后被刺，萨达特死亡。52 名德黑兰美国大使馆人质获释。电视一一记录了这些重大事件。

独立电视系统的第四频道（C4）于 1982 年开播。它的"糟糕语言"和"政治偏颇"使政治家烦恼。1983 年，早餐时间电视开始了。C4 于 1989 年也获准开办早餐时间电视《每天》。

政治家们不曾抱怨的是，BBC 和 ITV 的公共服务节目。电视以各种方式成为善举的躬行者。大规模的、喧闹的、极富娱乐性的集资活动开始盛行。ITV 的系列

片《找到家庭》勇敢地为需要赡养的儿童作广告呼吁,结果,数千儿童获得了更幸福的生活。有时,电视台还做警察的工作。BBC-1 的系列节目《监视犯罪》由令人尊敬的播音员向观众介绍近来发生、尚未破案的罪案事实,敦促目击者前来报告。这种做法满足了公众同步了解暴力罪案侦破进程的好奇心。这个节目导致多名罪犯被逮捕、被定罪,并发掘出无数的赃物。

演播室的讨论节目如雨后春笋,大批的论题不可思议。许多节目,特别是夜间的讨论显示,许多人在演播室里可以坦白他们对医生或对母亲都羞于出口的弱点。

2. 戏剧娱乐节目

戏剧节目有高潮,也有低潮。在 80 年代开始时,刚刚被批准的独立电视 C4 频道的节目表现出很高的品味。

英国皇室再次成为电视剧关注的对象。因查尔斯王子娶了一位前保姆戴安娜,导致 10 集电视剧《保姆》走运,一时,保姆学校报名者爆满。BBC 原来准备拍摄一部《皇家血统》,讲述歹徒绑架皇家子女的事件,但因害怕激发疯子,使皇家子女真的成为恐怖分子的目标而改名《金钱血统》,被袭击者改为联合国官员的孩子,身份同样重要;还可以增加国际救援组织拯救行动的惊险情节。

美国节目进口越来越热。早在 1980 年,黄金时间肥皂剧《达拉斯》热便席卷了大西洋两岸。1982 年,在《豪门恩怨》一剧中,好莱坞的琼·柯林斯又以豪华的装扮和邪恶的形象成为最知名的女魔头。1983 年,英国政治家谈论最多的美国纪录影片是一部 2.5 小时的《翌日》,这个节目讨论的是,一旦美国遭受核袭击,将会发生什么后果。1985 年播出的《迈阿密罪恶》中的主人公可说是枪击狂,仅在一集中,他就击毙了 33.5 个坏蛋。而实际上,迈阿密警察局一年只不过为 8 个死亡数目负责。

英国的华丽戏剧是模仿美国"特别节目"的。1984 年,独立电视网播出了电视连续剧《王冠上的宝石》,以抗衡 BBC 的《荆棘鸟》。1984 年,电视导演格瑞德(Michael Grade)从美国回到了英国,他没有返回原来效力的 ITV,却来到 BBC-1台。1985 年,他扶植了 BBC 第一部自制的纯粹肥皂剧《东区人》。

在 BBC 的历史上,高智商的人曾断言肥皂剧算不得东西,不是"本来意义上的"戏剧。但在 1985 年,当 ITV 和 C4 占有了 60% 的收视率时,BBC 决策者说:需要一次反击,这次要拍一部热门电视连续剧。《东区人》于 2 月 19 日开播,立刻成为议论最多的话题。10 月,当剧中年轻的母亲米歇尔告诉丹,他就是她孩子的父亲时,《东区人》的收视率终于超过了《加冕街》。可以说,没有格瑞德对商业电视节目编排方式的彻底了解,BBC 这部最成功的电视连续剧就无法生存。

《东区人》的感召力也来自创作者对都市问题的把握能力。它没有遮掩种种重要的争议问题，例如强奸、失业、同性恋、酗酒、堕胎和娼妓。自然，它引起了一些人的抱怨，例如主张清洁电视的怀特豪斯女士。制片人史密斯(Julia Smith)却说：我想，我像怀特豪斯女士一样有道德，但我们的不同之处在于，她相信，把脏东西扫到地毯底下它就不存在了；而我相信，把确实存在的东西展示出来是必要的。1987年，电视抓住了艾滋病的话题：有关于艾滋病的热门表演，关于艾滋病的小组游戏节目，关于艾滋病的严肃新闻报道，关于艾滋病的戏剧。结果，所有的电视观众都能通过对"性生活安全"这个题目的游戏问答了。

1988年，由澳大利亚最大的游戏节目和肥皂剧制片公司格朗迪公司制作的《邻居们》创造了每个周日1 600万观众的收视率。大英帝国衰落了。但《邻居们》是BBC所能买到的最便宜的肥皂剧——购买一周节目的花费只相当于国内制作半小时戏剧经费的一半。它也极为干净：没有抽烟，没有脏话，剧中人物所喝饮料决不超过橘子汁和矿泉水的强度。

卫星电视已经走入千家万户。1985年，世界摇滚歌星汇聚一堂，举办国际直播救援音乐会，全球有160个国家的15亿人观看了这场音乐会。1989年则是碟形天线年。空中电视暂时还不能挤垮地面电视，但是，新一轮竞争在后面。

思考题

1. 英国电视节目与社会的互动关系。
2. 英国新闻节目和娱乐节目的发展。

下篇　中国广播电视事业

第四章　广播电视的早期传统
（1922—1978）

电子媒介是最易受国际影响的大众传播工具。像所有发展中国家一样，中国广播电视是在国际潮流中产生，在外国示范下出现的。在中国广播电视的成长过程中，还受到特殊的中国国情的制约，并获得了各种来源的历史遗产。

第一节　中国广播事业的诞生和
早期广播的发展

中国使用无线电报始于清朝末期。1905 年，清政府北洋通商大臣袁世凯在天津开办了无线电训练班，同时购置无线电收发报机，分别安装在北京、天津、保定和北洋海军的舰只上。1906 年，清政府设立邮传部，内设电政司，掌管无线电和电报、电话事宜。

中华民国成立不久，袁世凯等北洋军阀掌握了政权。1915 年 4 月，北洋政府公布《电信条例》，是为中国历史上第一个与无线电有关的法令。该条例规定，无线电器材属军用品，非经特许不得进口；同时，不允许外国人在中国境内私设无线电台。但在北洋政府开发电报、电话的过程中，外国资本、技术和设备一步步渗入中国。

一、外国人在中国的广播活动

1922 年，美国人奥斯邦借用日本张姓华侨的资本在上海成立中国无线电公司，并与美资英文报纸《大陆报》合作，创办了"大陆报－中国无线电公司广播电台"，呼号 XRO，于 1923 年 1 月 23 日晚间首次播出节目，这是中国境内出现的第一座广播电台。XRO 电台播出的内容参照美国模式，以音乐娱乐节目为主。1 月 26 日，该台播出了孙中山的《和平统一宣言》，次日孙中山对《大陆报》记者发表感想，赞许广播的作用。但奥斯邦私自设立电台，违反了中国政府的《电信条例》，在

各种压力下,电台于 4 月间关闭。

早期外商在中国开办的广播电台中时间很长、影响较大的是开洛(Kellogg)公司电台,它是由美商开洛电话材料公司于 1924 年 5 月在上海开办的,联合了《大晚报》《申报》《大陆报》等新闻机构播报当日新闻,吸引了不少中外听众。听众组成的团体付费点播各种音乐戏曲节目。开洛电台一直广播了 5 年多,直到 1929 年 10 月宣告结束,在社会上产生了较大的影响。

在 20 世纪上半叶,中国上海、武汉等地有一些享有特权的外国租界,类似"国中之国"。二三十年代,在上海租界出现了若干外国侨民开办的广播电台,有宗教性的,也有娱乐性的,中国政府的管制部门对它们无可奈何。这些外侨开办的广播电台大多维持到 40 年代初期,有的直到日本侵入租界并关闭所有广播电台才停止播出。抗日战争结束以后,上海等大城市又出现少量外国人开办的广播电台,但陆续被取缔。

二、早期中国人创办的广播电台

随着早期广播活动的出现,北洋政府逐步改变了对广播的政策。1924 年 8 月,交通部公布《装用广播无线电接收机暂行规则》,是为中国第一部关于无线电广播的法规。这个法规允许国民有条件地(例如每年要缴纳牌照费)使用收音机,同时,交通部开始筹备建立中国的广播电台。

在连年的军阀混战中,占据东北的奉系军阀建立了 10 多座无线电台。哈尔滨无线电台的台长刘瀚积极试验,于 1926 年建成第一座广播电台,10 月 1 日正式播出,每日节目有新闻、信息、音乐、演讲等。这是中国人创办的第一座广播电台。此后,奉系政府又建成沈阳广播电台,于 1928 年 1 月 1 日播出,并在攻占了华北之后,在天津和北京分别建立了广播电台,先后于 1927 年的 5 月和 9 月播出。这是早期由政府办的 4 座广播电台。据说,是当时担任交通总长的语言文字学者叶恭绰为流行的"放音台"起名"广播"的,他否定了采用日本"放送"名称的提议,组织专家从英文 broadcasting 翻译为"广播"。

在中国的商业中心上海,由新新公司设立的商营广播电台于 1927 年 3 月 18 日正式播出,借以推销收音机等无线电器材,这是中国私营商业广播事业的肇始。同年年底,北京也出现了一座商营的燕声广播电台。到 20 世纪 30 年代中国商营广播的全盛时期,仅位于上海的商营广播电台就达四五十座。这些广播电台规模甚小,质量参差不齐,大多播出戏曲、音乐节目,借播放广告以牟利,文化格调不高。日本侵略中国、攻进上海后,许多商营广播电台避入外国租界,力图自保,但在太平洋战事爆发之后,这些私营广播电台均被日本侵略当局取缔。抗日战争胜利后,许

多电台恢复经营,但在风雨飘摇的时局中艰难度日。

三、国民政府的广播事业

国民革命军北伐成功,于 1928 年在南京建立了中央政权,取代了北洋政府,从而开始了国民政府的新闻事业和广播体系。8 月 1 日,"中国国民党中央执行委员会广播无线电台"在南京诞生。起初,中央广播电台功率 500 瓦,每天播音 3 小时,内容有新闻和演讲,演讲注重教育和时政,新闻信息则完全来自官办的中央通讯社。国民党还要求其各地党部配备收音机,抄收广播内容,登载于各地报纸上。

1932 年,南京中央广播电台发射功率扩大为 75 千瓦,当时在亚洲首屈一指。扩建的中央台于当年 11 月 12 日孙中山诞辰日正式播出。20 世纪 30 年代,国民政府建立了一系列地方广播电台,并于 1932 年建立中央广播事业指导委员会(1936年改名中央广播事业管理处),规范各地广播电台,领导全国广播事业。此时广播电台包括中央系统的、交通系统的、地方政府的,增至几十座,中国广播事业的统一规模逐渐形成。

在抗日战争中,国民政府的广播电台大多迁移到内地,发展了西南、西北地区的广播事业。1939 年,国民政府在重庆建立短波广播电台,用于国际宣传;1940 年1 月正式定名为国际广播电台。同时,昆明、贵阳等大后方城市的广播电台也曾播出外语节目。

在国民政府西撤之后,东南地区的一些广播电台尽皆为日军侵占,并改为日伪政府一手控制的广播电台,进行"大东亚共荣圈"的宣传。日本战败投降后,这些电台又回到中国人手中,有的被共产党接管,有的被国民党接收。至国民政府还都南京,据全盛时期的 1947 年 12 月统计,中央广播事业管理处所属广播电台共 42 座,全国收音机大约有 100 万台。

四、中国共产党的广播事业

中国共产党的无线电通信事业是在连年战争中发展起来的,其中包括与国民党政府的长期内战和对侵略者的抗日战争。中国共产党的广播事业来源于新闻事业。当代中国的新闻事业正式开始于中央革命根据地时期。1931 年 11 月 7 日"十月革命"纪念日,红色中华新闻社(红中社)诞生,随之创刊了《红色中华报》。红军长征中,《红色中华报》停刊,后在陕北瓦窑堡复刊,1937 年改名《新中华报》,红中社改名新华社。中国共产党的广播电台就是从新华社的无线电通信报务活动中派生出来的。在很长时期内,广播电台从属于新华社,名称是新华广播电台。

1940 年,中国共产党在陕北根据地建立了延安新华广播电台,于 12 月 30 日宣

布播出。初创时期的广播发射机是从苏联运来的,由于没有汽油,只能用木炭发电作为动力。毛泽东等中央领导非常重视广播。毛泽东曾经将自己保留的一批唱片送给延安台,用于播出。但是,早期广播断断续续,播出质量极不稳定,收听范围也很有限,试验两年之后就停播了。

在抗日战争胜利的炮火声中,延安新华广播电台恢复播出,编辑机构仍隶属于新华社。此时各方面的条件都有了极大的改善,特别是在张家口、邯郸等新解放的城市地区解放军接管了原国民党政府的广播电台,这些广播电台的转播扩大了延安广播对全国的影响。在与国民党军队进行的三年国内战争中,延安新华广播电台曾数次转移,并更名"陕北新华广播电台",最终于1949年随解放军进入北平。

解放战争中,毛泽东在收听陕北台播出的战争捷报时曾称赞女播音员爱憎分明的播音风格,并感叹,这个女同志好厉害!骂起敌人来义正词严,讲到我们的胜利也很能鼓舞人心,真是憎爱分明,这样的播音员要多培养几个![①] 他还曾数次亲自执笔为新华广播电台写稿,其中的《敦促杜聿明等投降书》经陕北台反复播出,更是脍炙人口。战争期间,毛泽东、周恩来等中央领导常常要求播音员在播出重要文件和重大新闻中不要播错一个字。此时,在东北、华东、华北等地,解放军陆续攻克国民党统治区域,接管国民党政府的广播电台,并建立了"人民广播电台"。到中华人民共和国成立前夕,遍布全国各地的人民广播电台已达40余座,人民广播事业成长起来。

在中华人民共和国成立前夕,中共中央决定,广播事业从1949年6月5日脱离新华社的领导,扩充成立中央广播事业管理处,从此成为与新华社平行的组织机构,共同接受中共中央宣传部的领导。1949年6月20日,由延安、陕北新华广播电台发展而来的北平新华广播电台在各地人民广播电台联播节目中播出了毛泽东6月15日在中国人民政治协商会议筹备会上讲话的录音;10月1日,转播了中华人民共和国的开国大典。"中国人从此站立起来了"的宣言极大地激励着全国人民。

中华人民共和国建立之后,1949年12月5日,中央广播事业管理处改名广播事业局。后来,为了与各地广播事业局区分,习惯上称"中央广播事业局"(以下简称"广播局"),成为中国广播电视事业长期的管理机构。同日,北平新华广播电台改名中央人民广播电台(以下简称"中央台"),成为中国共产党、中国政府和中国人民的正式喉舌。在土地改革、镇压反革命、和平解放西藏、抗美援朝等运动中,在对台斗争、对外宣传和后来的"文化大革命"时期,毛泽东都对广播宣传下达过多次具

---

① 阎长林:《胸中自有雄兵百万》,工人出版社1983年版,第50页。

体、细微的指示。

思考题

1. 中国广播事业有哪些历史遗产?

2. 早期中国广播事业有哪些特点?

第二节　"十七年"间的广播电视

作为先进科学技术的社会物质成果,广播电视的传播活动离不开社会的科技条件和经济发展;作为党和政府的宣传喉舌,广播电视的发展尤其不能脱离中国社会的政治大背景。在中华人民共和国历史上,"十七年"是一个特定的时段概念,指从新中国成立(1949年)后到"文化大革命"开始(1966年)前的那段历史。在"十七年"期间,中国经历了大大小小的政治运动,许多"左"的错误及其遗风合乎逻辑地发展到"文革"的浩劫;但总体而言,特别是相对"文革"而言,那是一段相对正常的发展时期,中国各项事业的物质基础主要是在那段时间奠定的,广播电视事业也不例外。

一、建国初期广播事业的发展

建国初期,广播事业归政务院(1954年改名国务院)新闻总署领导。1950年,新闻总署召开京津新闻工作者会议,讨论了报纸、通讯社和广播电台的发展问题,为广播电台确立了"发布新闻、社会教育和文化娱乐为主"的方向。会议指出,对全国和对国际的广播节目应该集中于中央人民广播电台;地方广播电台除联播中央的节目之外,应特别加强地方性节目。全国性与世界性的重要新闻,报纸与广播电台均应以新华社为主要来源,报纸和广播均不得自行采用外国通讯社的消息,这些规定成为中国广播事业长期遵循的原则。同时,会议提出,广播电台除了采用报纸言论及消息外,也应有自己的新闻与评论,新闻总署署长胡乔木还提出广播"要学会自己走路"的要求,这些指示却长期没有得到落实。新闻总署撤销后,1954年广播事业局成为国务院直属机构之一。

1. 建立体系

根据1949年11月广播事业局组织条例的规定,广播局的职权主要是领导和指导全国各地的广播电台,直接领导中央人民广播电台对国内和国外的广播,普及广播事业,培训广播人员等。1955年国务院规定,地方广播电台归各地方政府管

理,但在大政方针与具体业务和事业建设方面要接受广播事业局的领导。1956年以后,地方广播事业局陆续建立。

中央人民广播电台逐渐成为全国广播事业的中心,并建立起遍布全国的广播宣传网。早在中华人民共和国建立之前的1949年6月20日,中央广播事业管理处就发布规定,要求地方台联播北平新华广播电台的节目。1950年4月1日,广播事业局发布《关于各人民台联播中央人民广播电台节目的规定》,进一步要求各地转播中央台的节目。1950年4月10日,中央台开办《首都报纸摘要》节目(1955年7月4日更名为《新闻和报纸摘要》节目)起初在晚间,后挪至早晨。1951年5月1日,中央台开办《各地人民广播电台联播》(1993年更名为《全国新闻联播》)节目,每日晚间黄金时间播出,两个节目延续至今。从此,中央人民广播电台成为亿万中国人民了解国家大事以及党和国家大政方针的重要时政消息来源。

中华人民共和国成立初期,初步建成了以中央台为核心的广播宣传网,包括中央、大行政区、省、市四级广播电台。在城市中,还试办了特定内容的职工台、经济台、工商台、广告台和有线广播台等。但是,在狭窄的指导思想下,这些非正统的广播电台寿命不长。

同时,根据1948年中共中央《对新解放城市中原有之广播电台及其人员的政策决定》中规定的"新中国之广播事业,应归国家经营,禁止私人经营"的方针,政府对上海、北京、天津、宁波、广州和重庆6个城市中的私营广播电台进行了"社会主义改造",即以赎买的方式消灭了所有的私营广播经济。在私营广播电台的大本营上海,先是通过公私合营方式于1952年10月组成"上海联合广播电台",一年后,私股财产由上海人民广播电台收购,不过仍以"联合广播电台"的名义播出,直至1956年。

到1956年,经过数次调整,中国的全国广播事业规模奠定,共有地方广播电台56座,其中省级广播电台27座,其余为地市级广播电台。也就是说,广播电台系统主要建立于中央、省、市三个层次。同时,各地普遍建立了广播收音站,并逐步推广农村有线广播网。

2. 开展宣传

建国初期的广播事业充满了欣欣向荣的气象。围绕着生产建设的中心,各地广播电台开办了《工人节目》《农民节目》《对职工广播》《对农民广播》等许多教育性、对象性栏目,并配合抗美援朝、土地改革、"三反"(反对贪污、反对浪费、反对官僚主义)、"五反"(反对行贿、反对偷税漏税、反对偷工减料、反对盗骗国家财产、反

对偷窃国家经济情报)等政治、经济运动的宣传。在社会教育方面,中央台在《社会科学讲座》栏目中相继推出了一批有重大影响的讲话节目,并于 1950 年 5 月 22 日开办了对少数民族广播节目,1951 年 5 月 1 日开办了对少年儿童广播节目。随着接收工具(广播喇叭和收音机)的增加,广播在社会生活中的宣传作用日益增强。

新中国建立初期,收听工具不足。在生产竞赛、抗美援朝、"镇压反革命"、"摧毁反动会道门"、"反对美国武装日本"、"拥护缔结和平公约签名"等运动和活动中,一些地方的广播电台创造了"广播大会"的形式,造成了热烈的声势。在"大跃进"年代,从中央到地方的许多广播电台再一次频繁动用广播大会的形式大鼓干劲,抬指标、压任务,大吹大擂、大轰大鸣。从 1959 年 3 月到 1960 年 4 月,仅中央台和国务院有关部门便联合召开了 19 次国家级广播大会,每次组织几百万人收听。

早在 40 年代,延安(陕北)新华广播电台就开办过外语广播节目。1950 年年初,广播局成立国际广播编辑部,于 4 月 10 日以"北京广播电台"(Radio Peking)的呼号正式开办国际广播,除了原有的英语、日语广播之外,又增加了越南语、缅甸语、泰语、印度尼西亚语和朝鲜语五种外语节目,同时开办对东南亚华侨的华语广播,并于 1954 年 8 月 15 日开办了对台湾广播节目。对海外的宣传工作轰轰烈烈地开展起来了。

中央台的节目套数不断发展。1954 年 5 月 30 日,中央台开办第二套综合节目。此外,开办了一套对少数民族广播和一套对台湾广播,1960 年增设了一套文艺广播节目。至改革开放时的 1978 年,中央台有 5 套全国性节目,国内影响力巨大。

3. 确定方针与广播发展

在"文化大革命"之前的 17 年中,广播电视系统共召开了 9 次全国广播工作会议。这些会议一方面受到当时大环境的影响,指导思想难免出现这样那样的偏向,但也一步步地引导中国广播电视事业不断前进,逐步发展壮大。

1952 年 12 月,中央广播事业局在北京召开第一次全国广播工作会议,在事业建设方面提出了"重点建设,稳步前进"的方针和"精办节目"的口号,决定集中力量建设中央台。这个决定本没有错,但是此后,事业建设费偏重中央台的资源分配方案却挫伤了地方办广播的积极性。会议期间,中央台播音组召开了播音工作座谈会,由此推广了"爱憎分明"的播音风格。于是,齐越、夏青等一批优秀播音员的洪亮播音成为代表新中国的声音,他们本人也逐步为社会所公认并景仰。在此之前的 1951 年,上海人民广播电台、中央人民广播电台先后播出篮球和排球比赛实况,大受欢迎。解说员张之从此崭露头角,并逐步创立了中国体育播音"口齿伶俐,比

喻生动"的播音风格。与所有国家的情况一样,中国的播音员在民众中的知名度极高。

此时的中国与苏联关系热烈、密切。在全国各行各业学习苏联经验的热潮中,1954年7—9月,以中央广播事业局副局长温济泽为团长的中国广播代表团访问苏联。11月,广播局在北京召开第二次全国广播工作会议,提出了"学习苏联广播工作经验"的主题。此后,中国广播工作的对外交流(基本上是与社会主义国家的交往)有较大发展,陆续与捷克斯洛伐克、匈牙利、波兰、罗马尼亚、保加利亚、苏联、阿尔巴尼亚、蒙古和朝鲜签订了广播合作协定。同时,根据苏联广播工作的经验,广播事业倾向集中化,减少甚至取消了广播中的批评性报道内容。几年后,随着中苏关系的破裂,崇拜和模仿苏联广播经验的倾向又受到批判。

1955年12月召开的第三次全国广播工作会议的主题是发展农村广播网。早在1952年4月1日,吉林省九台县便建成了全国第一座以县为范围的广播站,开始播音。到1954年年底,全国共建成县广播站101座,中小城镇建成广播站705座。在建国初期有限的经济技术条件下,有线广播的发展对于解决城乡"听广播难"的问题发挥了突出的作用。第三次广播会议推动了全国有线广播网的建设,经过艰苦奋斗,全国逐步建立起收音站和有线广播站。在"文革"中,有线广播又获得极大发展。

1956年4月25日,毛泽东在中共中央政治局扩大会议上作了《论十大关系》的报告,其后召开的中国共产党第八次全国代表大会提出了比较稳健的建设方针。此时主持中共中央日常工作和国家领导责任的是担任中共中央副主席的刘少奇。当年5月28日,刘少奇在听取广播局汇报后代表党中央对广播事业发展规划提出了系统意见,主要是:① 发展农村有线广播要依靠群众,但不要加重群众的负担;② 要加强对国外广播,扩大报道地区,可以高价请外国人;③ 要尽快创办电视,自己生产电视发射机和电视接收机,先黑白,后彩电(此项指示推动了中国电视的诞生——编者注,下同);④ 要降低收音机、广播喇叭、广播扩音器的售价,使更多的人能买得起;⑤ 不要急于收取广播收听费,将来收费也要慎重(这条照办了),广播电台应该播广告(这个意见没有实行);⑥ 加强对广播事业的领导;⑦ 广播系统独立负责自己的技术工作很好,应采用新技术;⑧ 要创办大学,培养专门人才(其后北京广播学院于1959年建立);⑨ 广播局机构的设置,对国内和国外的宣传可以分开,技术部门单独设立;⑩ 广播宣传要密切联系人民的思想和生活需要①。刘

---

① 赵玉明主编:《中国广播电视通史》,中国传媒大学出版社2004年版,第227—228页。原文见中国社会科学院新闻研究所编:《中国共产党新闻工作文件选编》(下),新华出版社1980年版,第370—376页。

少奇讲话的重点是减轻人民的负担,发展新兴事业,反映了稳健、务实的特点。

1956年七八月间,广播局召开第四次全国广播工作会议,讨论了广播体制和宣传业务的问题。值得注意的是,会议在肯定"先中央后地方,重点发展"方针的同时,却公开批评了两年前访苏代表团回国后提出的"以中央台为基础地方台为补充构成一个宣传整体"的建议,以及"以多数时间转播中央台的节目,少数时间播送自办的地方台广播"的决定,说建议和决定"显然都是错误的"①。这种严厉的批评无疑与中苏两党之间在意识形态方面发生分歧的大背景有关,似乎也埋下了代表团团长温济泽等人后来被打成"右派"的祸根。

其后,整风"反右"运动的大形势波及广播系统。特别是,原分管对外广播宣传的广播事业局副局长温济泽和负责对外广播的另几位负责人被打成"反党小集团"。温济泽是人民广播事业的早期负责人,曾长期领导延安和陕北新华广播电台的编播工作,是卓越的广播事业领导者。然而,只因为他提出对外广播与对内广播"对象不同、任务不同、内容不同和报道方法不同"、统一发稿不利于加强对外广播的针对性等意见,便被戴上"对外广播特殊论"、"要搞独立王国"的大帽子,遭受政治迫害。反右运动造成了极不正常的政治高压空气,严重地伤害了朝气蓬勃的广播队伍。据1958年4月公布,广播系统被划为右派分子的有364人,其中76%是编辑人员,组长、总编辑等负责干部约占30%②。

在"鼓足干劲,力争上游,多快好省地建设社会主义"的总路线方针指引下,广播系统也加入了"大跃进"的运动。在那"日日充满前进的'战斗声',天天传出振奋人心的'大捷报'"的特殊年代,热昏了头脑的人创造出许多奇谈怪论,如"人有多大胆,地有多大产"、"不怕做不到,就怕想不到,只要想得到,就能做得到",吹嘘"葡萄像鸡蛋、棉桃像西瓜、一棵白菜用车拉"等等。许多虚张声势的浮夸言语就是通过广播喇叭流传四方的。

1958年召开的第五次全国广播工作会议讨论了广播工作大跃进的问题,在左倾的政治气候中提出了"广播是阶级斗争的工具"的观点,提出了广播的三大任务:"宣传政治""普及知识""文化娱乐"。这些不一定错误的口号在实践中的表现却往往是褊狭而荒唐的。此后,在经济困难已经出现的情况下,1959年2—3月、1960年3月召开的第六次、第七次全国广播工作会议仍然肯定了"大跃进"的方针,坚持了"大跃进"的走向。

广播工作"大跃进"的重点表现于电视。在国家政策支持、国际社会鼓舞和大

---

①　广播电视部政策研究室等:《梅益谈广播电视》,中国广播电视出版社1987年版,第123—124页。
②　赵玉明主编:《中国广播电视通史》,中国传媒大学出版社2004年版,第243页。

跃进运动的推动下,中国电视诞生了。从此,电视拓荒者便在简陋的客观条件与高涨的革命热情的巨大反差中走上了艰辛而曲折的创业道路。

二、电视的诞生与早期实践

中国电视诞生于发展电视的国际性热潮和社会主义与资本主义两大阵营激烈竞争的 20 世纪 50 年代后期。大跃进运动给予它另一个重要的推动。经济的困难和技术的落后,使中国电视营养不良,发育缓慢。半封闭的环境和左倾的干扰也时时阻碍着电视的成长。

1958 年 5 月 1 日,中国第一座电视台以庆祝"五一"国际劳动节的座谈会和歌舞节目开始试验播出。这就是中央电视台的前身,但因当时局限首都一地,起名"北京电视台"。最初的电视节目是直播的,黑白颜色,北京市内仅有电视机 50 台左右。10 月 1 日,中国第二座电视台——上海电视台问世。12 月 20 日,哈尔滨电视台(今黑龙江电视台的前身)也赶在新年前与观众见面了。这是中国最早一批电视台,它们的出现标志着中国电视事业的诞生。

因为电视诞生于"大跃进"中的 1958 年,不久之后,它就被赞扬为"大跃进的产物"。这当然源于把一切成就归功于政治性或群众性运动的习惯做法,而且基本上也是事实;不过,早在 1955 年年初,建立电视台的提议就被列入国家的文教五年计划,这个决策具有更广泛的国际背景和多方面的促成因素。

中国电视事业的诞生得到了来自当时"社会主义大家庭"的积极促进和大力帮助。中国最初一批技术骨干是留学东欧的章之俭(后曾任广播电视部副总工程师)等人,他们仿照捷克式样设计制造了中国的电视发射机等核心设备。1957 年 12 月到 1958 年 3 月,由后来的北京电视台正副台长罗东、孟启予等组成的中国电视工作者代表团访问了苏联和民主德国。回来后,他们基本按照苏联、东欧的模式塑造了中国电视节目的面貌。天津 712 厂仿照苏联"旗帜"牌电视机试制了最早一批"北京"牌电视机。1958 年,国家从苏联进口电视机,以分期付款的方式投放市场。1960 年,上海开始批量生产主要由进口零件组装的"上海"牌电视机。就连苏联专家设计的蛋糕形状的俄式广播大厦,也是 50 年代中苏友好的象征。北京电视台最初的台址就在大楼西翼四楼拐角处的一个排练厅以及周围的几间屋子里。

1957 年,香港丽的公司开办了黑白有线电视;也有消息从台湾传来:国民党当局将引进美国设备,预定于 1958 年 10 月 10 日开始电视广播。于是,电视领域的竞争就具有了不同寻常的政治意义。北京电视台加快了步伐,开播日期一再提前,终于在 9 月 2 日正式开始播出;上海电视台也赶在"十一"国庆节试播了。后来的事实表明,台湾的电视步伐没有那么快,直到 4 年以后的 1962 年"双十节",台湾电

视台才借助日本资金和技术正式播出。

50 年代初,社会主义各国之间的广播电视协作是相当密切的。国际新闻由不定期的单国新闻专辑逐步发展为数国一辑的《国际新闻》,1959 年下半年起每周播出一辑。同年开始向国外寄送节目,主要为新闻影片。逢年过节,电视台要自行拍摄或请电影厂代拍一部电视贺岁影片,发往兄弟国家。有重要外宾来中国,会邀请客人到演播室作电视讲话。然而,随着中苏关系恶化,苏联和东欧国家的节目逐渐减少,至 1963 年中苏公开论战后则完全消失了。此后,中国陆续与古巴、朝鲜、阿尔巴尼亚、越南等国家建立了电视合作关系,但入少出多,《国际新闻》难以为继。

北京电视台创办之初,覆盖面只有北京一地(半径 25 公里)。但它仍被视为中央级的电视台,担负着全国性的宣传任务。中央新闻纪录电影制片厂摄制的《新闻简报》是早期电视台长期的、经常的和大量的新闻节目来源。随着摄影人员的充实,1960 年元旦,北京电视台设立了固定的《电视新闻》专栏,专门播放新闻片和纪录片。由于新闻纪录影片是早期北京电视台新闻节目采用最多并始终坚持的报道方式,有人称这一时期是"新闻纪录片时代"。

一批党和国家的高级干部、包括中央领导人是中国电视最早的固定观众。1964 年 12 月,毛泽东为北京电视台题写了台名。刘少奇、周恩来、朱德都曾到北京电视台视察。周恩来对电视的关心甚至到了无微不至的地步——从鲜花的摆放到乐队的安排,从采访拍摄的角度到摄影灯具的研制,他都作过细致周到的指示。

电视在缓慢地发展着。长时期中,电视可有可无。大多数中国人不知电视为何物;而对幸运的大城市少数居民来说,电视也不过是偶一光顾的奢侈享受而已。大多数观众是在集体场所买票观看电视的。对于他们来说,电视主要是娱乐工具。他们主要奔"正片"而来,观赏压轴的故事影片和戏剧转播。

电影和戏剧转播在电视节目中占有极大的比重。开办初期,北京电视台播放电影的时间占全部节目时间的 75%,戏剧转播占 15%;到了 1959 年年底,故事影片占时 50%,戏剧转播占时 30%,余下的 20% 是纪录影片、科教影片、《新闻简报》和小型演播室节目。因此,早期电视又被称为"缩型影剧院"。电影常常提前在电视上播放,其后才到电影院放映;剧院演出尽可转播,收费低廉。只是影剧数目也有限,不能满足电视播出的巨大需求,观众对"重播量大"很有意见。但是在"政治第一"的时代氛围中,这类业务性的矛盾尚不突出。

1958 年 6 月 15 日,北京电视台播出了第一部电视剧——《一口菜饼子》。9 月 4 日,在北京电视台正式播出的第二次节目中,演播了电视报道剧——《党救活了他》,那是根据抢救严重烧伤的炼钢工人的真人真事创作的速成节目。上海电视台、哈尔滨电视台以及 1959 年成立的广州电视台(今广东电视台的前身)也相继播

出了自己编演的电视剧。早期电视剧均为现场直播,形式更接近舞台剧而不是电影。从1958年到1966年,全国大约播出一百几十部电视剧。新生的电视剧在迅速反映现实、满腔热情地歌颂时代精神方面发挥了轻便灵活的特长,但创作思想狭窄,存在简单肤浅的毛病。

中国电视注重思想教育。"宣传政治"、"传播知识"和"充实群众文化生活"是其宗旨,"寓教于乐"是对所有节目的要求。在对象性节目中,少年儿童节目是较有影响的。电视科普园地里出现了《科学常识》《医学顾问》和《生活知识》等知识性、服务性具备的专栏,很受欢迎。1960年,北京电视台在广播大楼院内建成了新的电视中心和大、中、小三个演播室,室内节目的条件大大改善。那一年,新增加的专栏节目相当丰富。然而,正当中国电视前景似乎日渐美好之时,中国社会却面临着巨大的困难。

三、广播电视"大跃进"的挫折

在"敢想、敢说、敢干"的1958年,人们对新生事物兴趣极大、热情极高。在第五次全国广播工作会议提出的"广播工作大跃进"的口号鼓舞下,1958年12月召开的全国电视台基建工作座谈会吹响了"电视大跃进"的号角。于是,电视会战便在一批条件并不成熟的大中城市遍地开花了。

广播事业局在1960年3月召开的第七次全国广播工作会议上规定,从1960年至1962年电视台要发展到50个,比原有的10个增加4倍。当年5月,广播局在哈尔滨召开全国电视台工作经验交流现场会,推广这个"自力更生第一台""土法上马"办电视的经验。各地纷纷仿效,有条件要上,没有条件创造条件也要上。1960年,电视台、试验台、转播台已达29座,1963年是36座。此时全国的广播电台也从1958年的91座猛增到1959年的122座、1960年的137座。

然而,现实毕竟不同于理想。经济困难的魔影渐渐逼近,进口电视机停止了,国产电视机也被列入高级消费品,禁止社会集团(单位)购买,而在社会购买力普遍低下的那个时期,单位是电视机的主要销售对象。1960年年底,广播系统精简机构,压缩节目。1963年2月,全国广播事业调整,电视台、试验台仅留下8座,不到原有36座的四分之一。电视大跃进遭到挫折。与此同时,广播电台从1961年的135座下降到1962年的94座、1963年的89座。整个中国广播电视事业进入了低潮时期。事实说明,电视大跃进像其他方面的大跃进一样,犯了急性病。虽然不计成败的奋斗精神是值得景仰的,但是不计代价和后果的鲁莽行为则是应当避免的。

在困难时期,1960年9月5日,周恩来总理会见英国记者、电视制片人费利克

斯·格林,首次利用电视发表谈话,向世界阐明了中国政府的立场,这一姿态引起了西方的关注。在 1961 年 4 月对第 26 届世界乒乓球锦标赛的报道中,电视崭露头角,首次坐上了"第一把交椅"。这是中国第一次承办世界性的大型运动会,电视转播万众瞩目,许多精彩的扣球镜头永远留在了社会的集体记忆中。从此,中国掀起了长达几十年的"乒乓热",并一直保持着"乒乓大国"的美誉。

在"三年困难时期",人民需要休养生息,中共中央对政治、思想、文化方面的政策作了调整。为了缓解压抑的社会情绪,从 1961 年到 1962 年,北京电视台举办过三次以"有益无害"为宗旨的"笑的晚会",试图为苦涩的生活带来一抹亮色。"笑的晚会"以相声、小品、滑稽荒诞表演为主,十分逗乐,带来了热烈的反响,也引起很大的争议,有人指责它影射现实、格调低下,不登大雅之堂,"纯粹是以廉价的方式来向小市民趣味讨好"。最终,"笑的晚会"被带上"庸俗低级"的政治大帽子遭到否定。不过,"笑的晚会"的形式在新的历史时期被创造性地应用于春节联欢晚会,成为每年一度最热门的超级节目。

四、立足国内,面向世界

1961 年,国家开始实行"调整、巩固、充实、提高"的八字方针,初步扭转了"大跃进"的方向。1962 年 1 月,毛泽东在中共中央召开的七千人大会上讲话,要求"人民日报、新华社、广播事业局要检查一下,看前几年说了哪些不妥当的、违反政策、对人民不利的话,说了哪些助长'五风'(官僚主义、强迫命令、瞎指挥、浮夸风、共产风)的话。"不久,中央人民广播电台写出书面检查,承认在宣传中存在"严重浮夸"、"瞎指挥"、"提倡高指标"、"在广播中乱提口号"等错误①。

在总结"大跃进"期间广播电视宣传教训的基础上,广播局局长梅益号召"精办节目"、创造更多的名牌栏目、加强地方特色。于是,中央台和地方台都对广播节目进行了调整。1964 年 4 月,第八次全国广播工作会议在北京召开。这次会议除了例行的政治口号之外,提出了"提高广播电视宣传质量"的号召。梅益为此起草了"宣传业务整改提纲",广播电视编播工作在提高节目质量、增加花色品种等方面取得了显著成就。

中央人民广播电台提出了"办好十大名牌栏目"的口号。这十个栏目是《新闻和报纸摘要》《各地人民广播电台联播》《国际时事》《科学常识》《在祖国各地》《广播剧院》《文艺信箱》《星期演讲会》《少年儿童节目》和《小喇叭》。1956 年 10

---

① 徐光春主编:《中华人民共和国广播电视简史(1949—2000)》,中国广播电视出版社 2003 年版,第111 页。

月,广播局规定各地方台必须转播《报摘》《联播》和《国际时事》三个节目,其中《报摘》和《联播》影响最大,逐步成为中国人民了解时事政治的首要来源。在这一时期,中央对全国的宣传领导工作形成了"晚上广播,白天见报"的传统,《各地人民广播电台联播》逐渐成为党和国家重大新闻的首发渠道和第一喉舌。文艺节目、儿童节目也获得了极大的反响。广播成为对中国人民文化生活影响最大的大众传播媒介。

由于调整了对外广播的宣传方针,国际广播的面貌也改善了。早在 1959 年 6 月,毛泽东就在一次中央会议上说:"广播要讲给人家听,不看对象不对,不照顾对象、不吸引人不行。"1960 年和 1961 年,负责对外工作的领导人廖承志、周恩来先后批评了对日广播节目左倾、生硬的问题,周恩来还提出"要使中间分子能够接受"的要求①。此后,国际广播加强了节目的针对性,增加了广播语种,世界各国的听众显著增加。

1963 年,考虑到国内电视机甚少,电视宣传受到限制,而国外则有广阔的市场,加之"反修斗争"需要等因素,广播事业局为北京电视台制订了"立足北京面对世界"的宣传方针,于 1963 年 4 月在广州召开了首次全国电视台对外宣传会议。在会议上,困难时期硕果仅存的北京、上海、广州、天津、沈阳、哈尔滨、长春、西安 8 家电视台讨论了提高出国电视片质量的问题。1965 年 8 月再次召开会议,与会者增加了太原、武汉两家电视台。此时,国民经济形势好转,原来基础较好的"下马"电视台陆续恢复试验或者转为正式播出。

国内电视观众仍然不多,于是,出国片的多少和好坏就成为衡量各电视台成绩的重要标志。1960 年,中国只向 7 个国家寄送了 61 条电视片;1965 年,中国已与 27 个国家的电视机构建立了交换关系。当年,北京电视台向 30 个国家寄送电视片 473 条,其中大多数是新闻片。

早在 1960 年,北京电视台便同日本共产党主办的电波新闻社签订了交换新闻片的合同。该社曾为北京电视台弄到了第一台黑白录像机。1963 年,北京电视台与英联邦国际新闻影片社(后称"维斯新闻社",现归属路透社)建立了协议交流关系。此后,《国际新闻》栏目片源增加,报道面拓宽,时效也增强了,节目次数从每周一次增加到 6 次。

60 年代,北京电视台连续派出电视记者对老挝、越南进行采访报道。1965 年 3 月,北京电视台派出了第一位驻外电视记者,常驻越南北方,进行采访报道。在

---

① 徐光春主编:《中华人民共和国广播电视简史(1949—2000)》,中国广播电视出版社 2003 年版,第 113—114 页。

援越抗美时期,中国曾免费替越南制作和发行电视新闻片,为支援越南抗击美国不遗余力。

国家领导人充分肯定、高度评价广播电视的贡献。1965 年 9 月,在纪念延安新华广播电台开播 20 周年的日子里(当时认定的延安台的创办日期是 1945 年 9 月 5 日),毛泽东为中国广播事业题词"努力办好广播,为全中国人民和全世界人民服务",刘少奇、周恩来、朱德、邓小平等国家领导人也纷纷题词。

五、"反修""防修"的"左倾"导向

早在 1960 年,北京、上海等地的电视台就与地方教育机构合作,开办了电视大学。1965 年 11 月,主管教育工作的国务院副总理、中宣部部长陆定一在全国半工半读教育会议上指出,电视广播是进行群众教育的好工具,今后在半工半读教育中要很好地利用。陆定一表扬了太原电视工读学校,说,我们的电视是教育工具,各种节目都要有教育意义,还可以办电视学校。他还说,我们的电视要办教育,这也是防止修正主义的一种办法。在"文化大革命"开始之前,"反修""防修"已经成为中国政治社会生活的主旋律。陆定一可能没有想到,几个月后,他自己就被打成反革命修正主义分子,"彭、罗、陆、杨反党集团"成员和中宣部"阎王店"中的"阎王"。"文革"初期,毛泽东指示"文革"干将江青、康生、张春桥:中宣部是阎王店,要打倒阎王,解放小鬼。

大约从 60 年代开始,中国的新闻媒介,包括广播电视,开始热衷于树立"高""大""全"的英雄人物。1966 年 2 月 17 日,北京电视台邀请大庆"铁人"王进喜作电视讲话,介绍他"活学活用毛主席著作"的先进经验。此后,"把石油落后帽子甩到太平洋里去"的豪言壮语广泛流传,"铁人精神"成为时代洪流的一部分。1966 年 4 月,北京电视台播出了 30 分钟的电视纪录片《收租院》。这是一部以"阶级斗争"为主题的 16 毫米影片,解说词极为煽情,后又扩印为 35 毫米影片,在城乡广泛发行,连映 8 年之久。"文化大革命"的鼓点已经隐约可闻了。

"文革"正式开展前夕,1966 年 3—4 月,广播事业局召开第九次全国广播工作会议,周恩来、彭真、陆定一到会讲话,强调确保广播电台的绝对安全,保证党对广播电台的绝对领导。然而,"左"的情绪越演越烈。不久之后,在"五·一六"通知的策动下,中国开始了长达十年之久的政治和社会动乱。

思考题

1. 新中国的广播事业是怎样发展起来的?
2. 广播电视在"十七年"中表现出哪些特点?

3. 中国电视诞生的背景和条件是什么？

4. 电视事业遭遇了哪些挫折？

第三节 "文化大革命"与广播电视

"文化大革命"开始于1966年春天。但是,1965年11月10日"文革""笔杆子"姚文元发表于《文汇报》的"评新编历史剧'海瑞罢官'"却已经发出了"文革"的先声。在"两条路线"的激烈斗争中,以彭真为首的"文化革命五人小组"于1966年2月拟订了将批判运动限于学术范围的"关于当前学术讨论的汇报提纲"("二月提纲");而江青却在毛泽东的支持和林彪的配合下炮制了揪"文艺黑线"的"林彪同志委托江青同志召开的部队文艺工作座谈会纪要"("座谈会纪要")。这两个基本倾向完全对立的中共中央文件先后下达后,广播事业局先是遵循"二月提纲"的精神,播出了有关学术批判的动态消息和讨论情况。"座谈会纪要"下达后,又随着大批判的升温而提高调门,以大量播出报刊重要评论文章的方式点名批判了一些"表现文艺黑线"的影片,涉及许多文化界人士。此后,由北京主要大专院校发起的"文化大革命"造反运动急遽升温,形势急转直下。

一、"文革"中的广播宣传①

中共中央通过"五·一六"通知以后,"中央文化革命小组"成立,江青等党内极左派占据了领导位置,"文化大革命"被发动起来。6月1日,中央人民广播电台播出了《人民日报》发表的社论"横扫一切牛鬼蛇神",号召"把所谓资产阶级的'专家''学者''权威''祖师爷'打得落花流水,使他们威风扫地"。当天晚上,根据毛泽东批示的精神,中央台播出了北京大学聂元梓等人批判北京大学党委和中共北京市委的大字报;第二天,又播出了《人民日报》评论员文章"欢呼北大的一张大字报",说北京大学是"反党反社会主义的顽固堡垒",北大党委是"假共产党""修正主义的党",号召"把他们打倒,把他们的黑帮、黑组织、黑纪律彻底摧毁"。"文化大革命"的狂潮开始了。

面对多地广播局、广播电台、电视台混乱失序的状况,1967年1月11日,中共中央发出《关于广播电台问题的通知》,决定对广播电台实行军事管制,要求"革命群众"立即退出广播电台,要求地方电台只转播中央台的节目。此后,地方广播电

---

① 这部分内容转引自郭镇之:《中国电视史》,中国人民大学出版社1991年版。资料大多来自不公开的广播电视档案和广播电视大事记等内部的资料性文稿。

台以转播中央台节目为主。

"文革"开始后,广播电视的政治内容急遽增加,知识性内容大幅度减少,文艺节目几近消失。栏目纷纷"变脸":《每周一歌》改为《每周一首革命歌曲》;《讲故事》改为《讲革命故事》;《歌曲》改为《革命歌曲》;撤销《科学和生产》《讲卫生》《体育运动》等"不突出政治"的节目,同时增加《毛主席语录节目》《毛主席语录歌曲》《老三篇天天读》和《毛主席著作选读》等专栏。

根据"座谈会纪要"的要求,中央人民广播电台和北京电视台都制定了有关文艺节目的详细措施,中央台规定[①]:

(1)中国革命历史题材的作品,凡是写"错误路线的"一律不播;战争题材的作品,凡是渲染战争残酷恐怖、宣扬和平主义的作品一律不播。

(2)凡是美化阶级敌人、鼓吹阶级调和、美化中间人物和落后人物、丑化工农兵形象、宣扬资产阶级个人主义、人道主义、人性论和其他资产阶级思想感情的作品以及专搞谈情说爱、低级趣味的作品,一律不播。

(3)军事题材、包括民兵题材的作品,凡是反映全军大比武、军事冲击政治、宣扬单纯军事观点、单纯技术观点的作品,一律不播。

(4)对于现有传统戏曲,凡是歌颂帝王将相、才子佳人的剧目,无论过去评价如何,一律暂时停播;同时减少传统戏曲的播出数量。中国古典音乐也要清理。

(5)外国文学中,停播19世纪的作品和现代西方批判现实主义的作品;外国音乐中减少古典音乐的播出数量,并进一步清理曲目。

(6)中国现代音乐中要特别注意清除轻歌曼舞及其他言不及义的节目。

(7)长篇小说和评书,凡1965年上半年以前录制的,一律暂时控制,留待检查后处理。

在这样的洗劫之下,广播电视文艺园地还能留下什么,可想而知。在"文化大革命"对"资产阶级文艺"的大批判中,外国音乐首当其冲。1966年8月,中央台重新制定了外国音乐节目方针,提出"面向广大工农兵群众和革命干部、革命知识分子",播送"反映世界人民热爱毛主席和毛泽东思想"等内容。到9月份,外国音乐节目由原来的每周505分钟减至108分钟,后又减至60分钟。7—10月,中央台清理外国音乐库存,将90%的外国音乐磁带消了磁,将原有18 000个节目消除13 000个。大量世界经典作品被当作不符合民族文艺发展方向的"大、洋、古"作品处理掉了;而在留下的10%作品中,相当大的一部分是短期流行的"革命歌曲",包括不少

① 郭镇之:《中国电视史》,中国人民大学出版社1991年版,第67—69页。

援越抗美歌曲。1969 年 4 月,中央台干脆停播外国音乐。

对栏目内容和时间的传统规定早已没有了意义。1967 年 4 月的头一周,中央台《各地人民广播电台联播》节目只播出了一条国际新闻。6 月份,《新闻和报纸摘要》延长播出时间的节目有 22 天,其中延长 15 分钟以上的就有 12 天。对重要文章的宣传广播,少则数十次,多则上百次。

"文革"开始后,从 1966 年 8 月 1 日起,中央广播事业局决定以"反对资产阶级法权"的理由取消广播中播音员通报姓名及电视新闻片中记者署名的制度,并取消了广播文工团在演播中报告作者、导演、演员、指挥者姓名的惯例。1969 年 12 月,中央广播局举办"确保安全播音学习班"。到 1970 年,为了避免政治事故,广播节目基本实行了录制播出制度,所有广播电台一般不再直播。

"文革"期间,"文革"小组规定:"凡广播电台(中央和地方)的宣传,均应以毛主席审定的、人民日报公开发表的社论和消息为标准","凡与中央口径不一致的,凡中央报刊不发表的,电台一律不得广播"。后来又规定,在对外政策宣传中"……必须按照毛主席历来的指示和中央规定的统一口径,绝对遵守。不许各地方同中央口径相抵触,自由乱发乱播"。于是,广播新闻节目几乎都是照搬"两报一刊"(即《人民日报》《解放军报》和《红旗》杂志)上的报道和文章,多数情况下是全文照播,偶有删节,也是小心翼翼,唯恐犯"政治性错误"。广播电台实际上被剥夺了编辑权,听众讽刺"文革"期间中央台的广播节目是"早上报摘,晚上摘报"①。

二、"文革"时期电视的挫折

"文化大革命"开始时,北京电视台的制作条件已经大为改善,可以播出配好声音效果的合成片了。早在 1964 年 5 月,用微波在城市之间传送电视的试验便已成功,联网播出得以实现。1966 年年初,北京电视台开始使用电视录像设备。后来,彩色电视出现;城市间的电视台初步建立了全国性的电视节目传送网。

但是,在"文革"阶段,业务问题并不具有重要意义,政治才是冲击一切、压倒一切的中心。"文革"开始后,北京电视台以惯常的政治热情投入为"革命造反"制造舆论的宣传活动。新制订的审查标准是相当严厉的:"坏节目"一律不播。属于"坏节目"的包括:反映"错误路线"的;描写"犯错误的英雄人物"的;宣扬战争苦难,宣传和平主义的;专写"中间人物",丑化工农兵形象的;模糊阶级界线、调和阶级斗争的;提倡资产阶级人道主义,宣扬人性论和所谓"人情味"的;描写谈情说爱,宣扬资产阶级、小资产阶级思想感情的;传统剧目,不管中国的、外国的,包括帝王将相、才

---

① 赵玉明主编:《中国广播电视通史》,北京广播学院出版社 2004 年版,第 295—296 页。

子佳人和鬼戏等等。如此一来,电影戏剧娱乐节目几乎尽皆非法,电视文艺百花凋零。知识类节目则被扣上"封、资、修"(封建主义、资本主义、修正主义)的帽子扫地出门。

电视作者署名的做法被冠以"资产阶级法权思想的表现""窃取大家成果为己有"的大帽子,一律取消了。为了"集中精力参加'文化大革命'",经"革命群众组织"强烈要求,"中央文革小组"批准,北京电视台于1967年1月6日停止播出。全国大多数电视台也都照此办理,纷纷停播了。只有上海电视台标新立异,独创了揪斗"走资派"的"电视斗争大会",在"文革"中先后举办100多次,仅1967年就开过51次。大批党政领导人被挂牌子、戴高帽、"架飞机",受尽侮辱。

1967年2月4日,停播将近一个月的北京电视台又奉令恢复播出。已被"革命群众组织"夺权的电视台播音员以造反派的战斗姿态号召全国"向'走资派'夺权"。此时,由于维斯新闻社坚持发行台湾的影片,而日本电波新闻社对中国又"态度很坏",北京电视台分别与之中断关系——坚持斗争哲学的中国人一点火就着,决不退让。1967年3月,北京电视台与旅日华侨创办的中国通讯社建立了合作关系。在这一阶段,与中国来往的尽是一些"左派"共产党人和被压迫民族的激进领导人。而在那些对"好斗的"中国疑惧参半的中间国家,中国寄送的电视新闻片长期躺在机场仓库,无人认领。

1966年2月26日,北京电视台播出了最后一部电视剧《焦裕禄》后,一停多年。此后,占据屏幕的,除了"文革"宣传,就只剩下"革命样板戏"了——这是"文化大革命"中表现革命内容的现代京剧、芭蕾舞剧、交响乐等节目。初期,八个"样板戏"统治着文艺领域,日复一日轮流播放,在那个年代长大的年轻人几乎没有不会唱上几段"样板戏"的。

为了控制混乱无序的局势,1967年12月,中共中央派出军队干部(称军事管制小组,简称军管小组)接管广播事业局,收回了被造反派夺去将近一年的广播电视大权。1968年,全国的"革命委员会"("文革"时期过渡性的政权机构,相当于各级政府)陆续成立了。1969年4月,中国共产党第九次全国代表大会召开,在10天的时间里,长17分钟的开幕式纪录片在北京电视台连播38次。无政府状态基本结束,"文化大革命"进入了较有秩序的"斗、批、改"阶段。

三、广播电视建设的发展

1968年前后,过去被迫停播的省属电视台在新成立的革命委员会的指令下陆续恢复;一些没有电视台的地方也在"1970年将毛主席的光辉形象送到××"的口号激励下,纷纷开办电视广播。1970年10月1日,新疆、青海、宁夏、甘肃、广西、福

建开始正式播出或试验播出电视节目,至此,除西藏自治区和北京市(北京电视台是中央级机构)以外,大陆各省、自治区和直辖市全都建立了电视台,"毛主席的光辉形象"已经可以传送到全国20个省会、自治区首府和直辖市了。同时,各地利用高山调频发射台迅速建成了一批电视转播台,至1971年,全国的电视发射台和转播台总计已达80座,电视节目由各省会、自治区首府向周边辐射。

国家公用通讯网络的微波中继干线也发展起来,成为远距离传送广播电视节目的主要通道。1971年,广播局正式租用邮电部微波干线。此时,中波同步广播网试验成功;调频广播在台与台之间传送节目的同时,也成为可以直接收听的广播节目。1974年10月,中央台调频广播正式播音。

但是,最重要的是彩色电视。1969年4月15日,江青在审查北京电视台节目时说,你们电视落后,已老掉了牙齿,人家都在搞彩色电视了,你们还是黑白电视。4月18日,在周恩来、康生、江青、张春桥、姚文元审查完电视片后,主管宣传工作的姚文元说,无产阶级司令部对电视非常关心。……于是,发展电视成为政治任务。1970年年初,广播事业局在北京召开的全国电视专业会议确定,在大多数省份着手建设正规黑白电视台的同时,北京电视台和少数地方电视台开始向彩色电视迈进。此后,彩色电视会战在北京、上海、天津、四川四处开展起来。但是,"彩电攻关"的道路并不平坦。在物质、技术、经验和信息都十分匮乏的情况下,闭门造车实难一蹴而就。而这已经不是第一次受挫了。

早在1956年和1959年,党中央副主席刘少奇就曾两次提出搞彩色电视的任务。1959年,广播事业局开始研制彩色电视,1960年5月,采用美国NTSC制式建立了一座彩色电视站。但因国家经济困难,彩色电视事业被迫下马,一停就是十年。十年之后,中国与世界的差距已是非常之大。主要发达国家的彩色电视已进入稳定发展的阶段,技术不断改善,造价日益低廉,全球已形成以美国NTSC制式、联邦德国PAL制式和法国SECAM制式三分天下的态势。然而,中国不愿意被纳入任何帝国主义资产阶级的势力范围,决心从头开始,自创制式。

在"文化大革命"中,"自力更生"被赋予特殊含义,成为束缚人们手脚的一条政治戒律。无人敢戴"卖国主义"的帽子言及开放——除非"无产阶级司令部"下达指示。江青、姚文元、张春桥等"中央首长"倒是非常关心彩色电视的发展,不断催促询问。也正是在他们的敦促下,广播事业局军管小组才制订了"打破帝修反封锁"、发展彩电的具体规划。然而,彩电制式久攻不克,遥遥无期;国内国际的形势却逐渐发生了变化。

1970年,在毛泽东"个人崇拜讨厌"的指示下,北京电视台根据周恩来总理批"极左"的意见,从9月1日起停止播放光芒四射的毛泽东头像——这是"文化大革

命"的创造,已实行 3 年多。个人崇拜的"热昏"开始降温。林彪事件之后,1971 年 11 月 22 日,每日节目开始前照例要念的毛主席语录也消失了。1971 年 6 月 28 日,在中断关系四年之后,北京电视台与维斯新闻社重新签订了互购电视片的协议,8 月,开始不定期播出《国际新闻》,两年后增至每周两至三次。

　　1971 年 9 月 13 日,林彪事件发生。傍晚,接到中央通知的广播电视机构动员全体编播技术人员连夜奋战,进行清理,将凡是与林彪有关的节目、稿件、录音录像带,包括提及林彪的尊称、林彪的语录和题词等内容,一概清除。当然,工作量极为浩大。

　　美国总统尼克松于 1972 年 2 月访问中国。他的到来,特别是跟随他的美国三大广播公司的庞大采访队伍及其卫星通讯设备的到来,给彩电研制动摇不定的天平加上了决定性的砝码。根据协议,中国在北京和上海等地建起了联合制片播出中心。然后,中国向美国租借全套彩色电视制片和播出设备;同时,将这些中心的设备租给美国方面使用,费用两抵。10 月,日本首相田中角荣访问中国,签订"租借合同"和"使用合同"协议的场面重演。广播电视突出地报道了美国总统尼克松访华、日本首相田中角荣访华、中国恢复在联合国的合法席位等重大新闻。其后,各种广播电视节目陆续恢复正常。

　　尼克松访华不仅打开了中美交流的大门,也打开了中国广播电视界的视野,电视工作者认识到:在这个领域,中国人比他们的美国同行差许多,而这差距不是一下子就可以消除的。这个发现使中国电视界终于放弃了劳而无功的自创制式的努力,转而决定从国外引进技术设备。彩电会战无疾而终。很快,1972 年,中央广播事业局军管小组几次向国务院打报告,提出"进口彩电设备"的请求,理由也很充分:美国、日本领导人来访,向对方租借全套彩色电视设备,政治上不利(不光彩),让外方技术人员接近国家领导人也不安全。其后,广播事业局组成调查小组,通过实地踏访,为中国选择了既不同于美国 NTSC 制式、又不同于苏联采用的法国 SECAM 制式的德国 PAL 制式。

　　1973 年 5 月 1 日,北京电视台面向首都观众的彩色电视正式试播。8 月 1 日,上海电视台试播彩色电视。此后,天津电视台、成都电视台(现四川电视台的前身)也先后开办了彩色电视。北京电视台的彩色电视不久即可通过京津、京沪微波线路向外地传送了。至 1975 年年初,北京电视台向外地传送的节目已由彩色、黑白交替播出改为全部彩色。"文革"后,1977 年 7 月 25 日,北京电视台的两套节目均实现了彩色化。进入改革开放的 80 年代,中国电视彩色化的进程在全国展开了。

　　"文革"前后,农村有线广播进入大发展时期。1966 年,77％的人民公社、54％的生产大队和 26％的生产队已经接通了有线广播。1970 年,国家在下达国民经济

计划时,又将出版毛泽东著作、办好报纸、广播列为第一条,拨出大量资金支持建设。到 1973 年,全国有线广播网基本普及,95% 的生产大队和 91.4% 的生产队接通了广播,61.5% 的农户家中装有广播喇叭。"文革"期间全国农村的有线广播喇叭数增长 10 倍以上。

商业部和广播事业局 1976 年对全国电视机的数字进行统计,截至 1975 年年底,全国有电视机 46.3 万台,其中国产彩色电视机 4 000 架,进口彩电 1 900 台。68% 的电视机分布在城市,32% 分布在农村。以不足 50 万台电视机按中国当时的 8 亿人口计算,每 1 600 人才拥有一台电视机,显然,电视尚未普及。到"文革"末期,中国的对外广播增加到 38 个语种。虽然六七十年代广播电台仍然维持着八九十座的水平,但随着收音机价格的下降,社会拥有量逐步增长,从 1965 年的 800 万台增加到 1973 年的 1 800 万台,1978 年达到 7 546 万台。

四、广播电视的转折与恢复

十年"文革"中,广大共产党员和人民群众对"文化大革命"由相信到不理解,到怀疑,进而发展为不满和抵制,而且这种情绪愈积愈深、愈演愈烈。一遇合适机会,便爆发出来。

1. 冲突加剧

中美关系解冻后,中国的大门慢慢开启了。各式各样的外国摄影队和电视制片人争先恐后,纷至沓来。西方对崛起的"红色巨人"充满好奇;但中国只优待"友好人士"。于是,被认为"左派"的意大利导演安东尼奥尼接受邀请来华拍摄了纪录片《中国》。按照"新现实主义大师"安东尼奥尼的偏好,这部基本上肯定中国现状的纪录片具有自然主义的风格,有褒有贬,朴实无华;但这却与当时中国人习惯的浓墨重彩、爱憎分明的宣传风格大相径庭。何况,中国对外国人的"宣传"也抱着功利主义的态度,很难承受批评。1974 年 1 月 25 日,自封"文化革命旗手"的江青在北京的"批林批孔"大会上说《中国》是"间谍加汉奸"搞的。紧接着,《人民日报》发表评论员文章"恶毒的用心,卑劣的手法",对影片大加挞伐,称之为"一个严重的反华事件"。后来人们才得知,这起轩然大波主要由于大权在手的"四人帮"要借此机会"批林批孔批周公",矛头是对着批准安东尼奥尼来华拍片的周恩来的。

通过"文革"进入权力高层的江青、张春桥、姚文元等人一直抱定激进主义的思想路线,他们与已经担任中共中央副主席的上海造反派领袖王洪文结成了战略伙伴(被毛泽东称为"四人帮"),在"文革"中竭力通过舆论工具进行权力争夺。"四人帮"与周恩来、邓小平政见不同,冲突尖锐。1976 年 1 月 8 日,周恩来逝世。处于

"文革"彷徨中的全国人民悲痛万分,"四人帮"却污蔑人民发自内心的悲痛是"一股反动思潮",竭力压制人民群众的悼念活动。

姚文元控制下的广播电视对周恩来的治丧活动表现十分冷漠。在讣告播出后的几天里,中央人民广播电台、北京电视台都没有反映人民群众自发进行的悼念活动。1976年1月11日傍晚,当周恩来的灵车从北京医院缓缓驶向八宝山革命公墓时,首都百万群众冒着严寒,自动伫立十里长街送别他们的总理,群情悲痛,景况感人。北京电视台记者拍摄了当时的动人场面,姚文元却不准在电视中播放。而此时,中央人民广播电台照旧播放音乐和"样板戏",激起听众的极大愤慨。

1976年是中国政治转折的一年。周恩来的逝世唤起了愤怒的人民,导致抗议"四人帮"的"四五事件"(当即被扣上"天安门广场的反革命政治事件"的可怕帽子)。9月9日,毛泽东逝世。10月6日,王、张、江、姚四人被逮捕。当晚,中共中央主席华国锋、中央军委副主席叶剑英命令中共中央对外联络部部长耿飚携带华国锋手令,带领军队指战员迅速赶到广播事业局,接管了广播电视权。广播局紧急传达了中央指示,各编播部门再一次连夜检查已录制好的广播电视节目,这次是将"按既定方针办"的字句一律删除。据说,"按既定方针办"是"四人帮"为继续奉行极左路线而炮制出来的"毛主席临终嘱咐",目的是为了夺权。1977年1月,从中联部调来的副部长张香山被任命为广播事业局局长。

"四人帮"被逮捕的消息传出后,举国欢腾,庆祝游行。欢乐的场面通过国际通信卫星一次次向全球播发,令世界目睹中国进入一个新的时代。

2. 拨乱反正

1976年10月的政治变动给中国广播电视带来了新的生机,但是,政策上的拨乱反正、思想上的正本清源还有待深入。这个转折时期是承上启下的阶段,广播电视参与了关于"真理标准"的讨论,参与了对"天安门事件"平反的宣传。到1978年年底,各类节目都在恢复,并有发展。

"四人帮"被打倒后,神州大地充满了欢欣鼓舞的气氛。一时间,诗坛出现繁荣景象,《天安门诗抄》广泛流传,诗歌朗诵音乐会盛况空前。许多遭到残酷迫害的文艺工作者重新登台与观众见面,许多被禁锢的文艺作品成为"重放的鲜花"受到热烈欢迎。通过广播电视节目的播出开始了大规模的为革命历史歌曲和著名文艺工作者恢复名誉的活动。以播放影片《洪湖赤卫队》和《东方红》为标志,文艺领域解冻了。在揭批"四人帮"的运动中,还出现了《帽子工厂》《白骨精现形记》等相声节目,发挥了独特的动员效果。

"文化大革命"末期专为毛泽东录制的一批传统音像节目陆续与观众见面。其

中包括京剧、相声、地方戏曲：湖南花鼓戏《十五贯》、京剧《闹天宫》、京剧《打渔杀家》、昆曲《大破天门阵》……

配合各国首脑的来访，外国影视片渐次出现：南斯拉夫的电影《瓦尔特保卫萨拉热窝》《桥》和电视剧《巧入敌后》，日本故事片《望乡》和《追捕》……重新起步的中国电视剧改为录制播出，开始呈"小电影"的形态。

一批在"文革"初期停办的广播电视专栏节目又有了新的生机：体育节目、卫生常识、儿童专栏、文化生活……中央台迅速恢复了《小喇叭》《阅读与欣赏》等历史悠久的名牌栏目。广播电视节目不仅恢复到"文革"以前的水平，而且有所创新。

1977年10月和11月，北京电视台新开办了《世界各地》和《外国文艺》，两个栏目像两扇窗口，向中国人民展示了外部世界多姿多彩的生活。电视栏目《祖国各地》则与广播栏目《在祖国各地》一样，使中国人民得以神游中华大地，开阔眼界，增长了知识。

科学和教育的春天也来临了。1977年年底，北京电视台开办电视教育讲座。一时间，王府井新华书店门前排起了购买教材的长龙。1979年2月，中央广播电视大学开办，当年招生41.7万，显示了动用国内优秀师资进行屏幕教学的独家优势。

早在1976年年底，北京电视台的彩色节目已传至全国除西藏、新疆、内蒙古3个自治区以及台湾省以外的26个省会、自治区首府和直辖市。1978年元旦，《全国电视台新闻联播》（简称《新闻联播》）正式设立。1978年7月，已有上海、广州、河北、南京、武汉、湖南、河南、成都8个电视台可以向北京回传节目，一个全国性的电视广播网逐步形成。

1978年5月1日，中央台对外广播改名"中华人民共和国国际广播电台"，对外广播大大发展。北京电视台正式改称"中央电视台"（英文缩写CCTV），确立了国家电视中心的地位。从此，国际广播电台（简称"国际台"）和中央电视台（后来简称为"央视"）与中央人民广播电台合称"中央三台"。同一天，西藏电视台试验播出。一年后，北京市开办了电视台。至此，全国省级电视台全部成立。随着"北京电视台"含义的改变，省级电视台中原以省会城市命名的，仿效中央电视台的"正名"榜样，纷纷改换各省电视台的名称。

1978年6月，因"文革"而停办的《广播节目报》改名《广播电视报》出版。1981年，《电视周报》应运而生，1986年改名《中国电视报》，与《中国广播报》并驾齐驱。随着电视观众的增加，十几年后，它成为中国发行量最大的报纸之一。

确立了中央电视台这一国家电视中心，有了遍布全国的电视广播网，在诞生20年之后，中国的电视事业才比较正规像样。虽然"左"的阴影并未消失，但中国的广播电视开始走上康庄大道。而在新世纪广播复兴之前,广播事业却经历了一段消沉时期。更为耀眼的电视遮过了广播的光彩。

思考题

1. 在"文化大革命"中,广播电视事业遭遇了哪些挫折?

2. 怎样认识广播电视建设在"文化大革命"中的发展?

3. 在拨乱反正时期,广播电视是怎样恢复和发展的? 为什么说这一时期是承上启下的时期?

第五章　广播电视的改革年代 (1979—1991)

1978 年 12 月召开的中共中央第十一届三中全会正式确立了中国的改革总方针。1979 年改革开放以来，广播电视在客观情势与主观觉悟的双重推动下开始谋求独立发展。进口电视机成批涌入，成为最抢手的家用电器商品。电视机生产流水线开始引进，经过消化、吸收、改造，推出一批批高质量的国产电视机。中央电视台的节目通过国家邮政微波线路已可以传送到全国各地。"电视热"四方蔓延。迅速增加的电视人口对节目提出了更多、更新的要求。人们的观念也在逐步改变。

第一节　立志改革，全面崛起

1980 年 10 月，在时隔 14 年之后，广播事业局在北京召开了第十次全国广播工作会议。这次会议否定了广播是"阶级斗争的工具"和"无产阶级专政的重要工具"的长期定位，强调广播电视宣传的中心任务是为经济建设服务，为实现四个现代化（工业、农业、国防和科学技术现代化）服务。广播事业局局长张香山在报告中指出，宣传工作要坚持自己走路，事业建设"要把加速发展电视放在优先地位"，同时，会议决定发展中国的卫星传播。

广播电视积极投入改革运动，承担起新的使命。中央人民广播电台大力推进独立采访活动，在《报摘》和《联播》节目中打出了"本台消息"的牌子。广播中以"短""快"为特点的新闻大量增加，过去常见的时间概念模糊、实为旧闻的"最近""近来""不久前"的报道及字眼大为减少。从 1979 年 4 月开始，中央台恢复了广播新闻评论。广播电视主持人开始以个人身份和个性风格出现于广播节目中，与听众亲切交谈、平等交流。

广播电视中的批评性内容也出现了，一度相当繁荣，一些批评报道矛头直指党的领导干部的特殊化，这种批评是与社会大环境合拍的。80 年代初期，社会上出现了怀疑和否定共产党的领导、社会主义道路、无产阶级专政、马列主义、毛泽东思

想的思潮。不少揭露"文革"及其他政治运动错误的影视和文艺作品对中国长期以来实行的政治制度和领导方式提出了质疑和控诉。由于广播电视在社会政治文化生活中日益重要的地位,1981年3月19日,中共中央书记处开会讨论了对广播电视工作的指导方针,提出"不能搞精神污染"的要求。同年11月16日,书记处在听取广播事业局工作汇报时规定了广播电视的根本性质和任务:"广播电视是教育、鼓舞全党、全军和全国各族人民建设社会主义物质文明、精神文明的最强大的现代化工具。"

1982年,国务院机构改革,广播事业局改为广播电视部(广电部),曾担任新华社社长、总编辑和《人民日报》总编辑的吴冷西任广电部部长。从广播事业局到广播电视部,行政地位的升格不仅反映了广播事业的显要,尤其意味着电视地位的提高。

一、学会"自己走路"

广播电视系统开始重提50年代提出的"自己走路"的方针,并付诸实践。"自己走路"的实践是由广播带头的;但变化最突出的领域却是电视。在社会大变革的时代,电视处于旋涡中心。改革开始不久,一向与电视和睦相处的电影戏剧部门便与电视发生了矛盾。

1. 影视分歧

1979年六七月间,中国电影发行放映公司断然停止向电视台供应新故事影片,不少文艺剧团也随之提高了对电视录制新戏的收费标准。一直备受优待的电视立即面临断粮绝炊的危险,因为此时的中央电视台不仅播出时间短,而且尚未根本改变"缩型影剧院"的状况。在每晚2—2.5小时的节目中,一部电影占去1.5—2小时,此外只稍加一些电视新闻影片和演播室专栏节目。大多数省级电视台则仍以转播中央电视台为主。恰值广播事业局要求各电视台增加播出次数、延长播出时间,一时节目缺口大增,更加引起普遍的危机感。

电影新片、戏剧转播从电视屏幕上消失,引起了电视观众的不满。他们大多抱定"缩型影剧院"的概念,只为电影戏剧而看电视,将新闻和教育节目都视为电影戏剧的"加片"。他们为自己节衣缩食花费巨款购置的电视机失去了使用价值而愤慨。然而,只讲风格、不计代价的年代已经过去,经济杠杆开始调整行业关系,电影业这样做也是不得已。

1979年8月,文化部改革电影发行放映管理体制,电影业实行经济核算,自负盈亏,利润分成。电影失去了过去完全依赖"皇粮"的特权,顿生后顾之忧。而此时

的电视,也不再像播出初期与世无争。1978年,中央电视台拍摄了8部电视剧。这些"小电影"除艺术质量稍嫌粗糙之外,画面语言和屏幕效果与播放的故事影片大同小异。它制作简便,周期短,花费少。在这株尚不成熟的幼苗面前,电影界感到了威胁。同时,电视机增长迅速。1979年全国只有485万台电视机,但这个数字以每年几百万甚至上千万的幅度疾速增加,1982年已经达到2761万台。自1981年开始,电影各项发行放映指标逐年下降,例如,1982年比1981年减少51万场次,观众少了9.4亿人次。

在有关方面的斡旋下,电影业所属的文化部与广播事业局于1979年10月24日签订了《关于供应电视台播放影片的规定》。协议规定,新影片在北京头轮映毕(半个月至一个月后)可供中央电视台向北京地区播放;发行期满半年后,可供中央电视台向全国播放。每年元旦、春节、"五一""十一"四个节日,中国电影发行放映公司(中影公司)要供应一两部新影片,由中央电视台向全国播放,等等。但是,要影视两家恢复到计划经济时代那种不分彼此的亲密程度,已不可能。

协议执行的情况并不理想,电影公司极不情愿提供新片。虽然播放影片的费用已从过去的旧片60元、新片90元增加到120元和180元,如果录像播出,播一次还收一次费,但这种价格依然过于便宜,电影业无利可图;而电视播放后,影片票房损失很大。于是,电影公司在向外国购买影片时极少购买电视播放权,对协议中"本地区主要城市首映完毕影片可提供地方电视台播放"一条,电影公司的解释是——县城放映完毕。1981年元旦,中央电视台得到的节日影片是《戴手铐的旅客》,春节收到一部《噩梦醒来是早晨》。电视台认为,新春佳节放映"噩梦醒来"无论如何是不合适的。

对新生的电视剧的归属也有争议。文化部认为,电视剧本属影剧一类,应归文化艺术部门管理,有意收编电视剧;广播局当然不愿放弃自己的队伍;而电视剧界驻足于新闻界内,比电影更受重视,也不愿改换门庭。直至1986年,广播电视部扩大为广播电影电视部,被合并的不是电视剧,而是整个电影系统,为影视双方始料所不及。不过,在后来的广播电视界内,电影系统一直是较为独立的一支,虽然艺术家们抱怨新闻检查的尺度严于理应较为宽松的文艺审查,但与电视的合并鼓励并支持了电影的创作生产,也是事实。1989年,中央电视台与中影公司签订了影片播出的新协议,规定新影片发行两年之后可向全国播放,并提高了播出价格。此后,财政困难的中央新闻纪录电影制片厂和北京科学教育电影制片厂先后并入中央电视台。此外,国家以重金支持"主旋律"电影的创作,这些电影大多票房业绩不佳,但能用于填充电视节目时间,从而得到展示机会,并往往获奖。

倒是戏剧界深谋远虑,比较早地预见到与电视界合作的必要性。1981年,著

名戏剧家金山给当时的中共中央宣传部部长胡耀邦写信,建议"发动群众来搞电视剧"。金山指出,电影与戏剧界的"群众"是一支不可忽视的力量,如果全国近 3 000 个专业剧团中的十分之一每年生产一部电视剧,全年就有了 300 部电视剧。这在当时看来,是一个极大的数目,足以撑起电视的市场了——因为在 20 世纪 80 年代早期,中国电影故事片的生产规模也只有每年几十部的水平。此事得到了胡耀邦的支持。通常不管财政的胡耀邦特地批示拨款 300 万元,作为艺委会的开发经费,并指示:这是个新兴的事业,只许搞好,不许搞坏。1982 年 1 月,电视剧艺术委员会成立了。虽然发起组织艺委会的金山不久后便去世,但艺委会的出现却推动了电视剧社会化制作的进程。1985 年 11 月,艺委会电视剧部并入中央电视台的中国电视剧制作中心,成为电视界的一员。其后,艺委会改名电视艺术委员会,成为广电部的下属机构,关注范围不再限于电视剧,而包括了其他的文艺形式。

电视以"海纳百川"的气概"汇天下之精华"是 80 年代以后的事。在 1979 年,电视正面临严重的节目"饥荒"。没有了节目来源的依赖对象,电视界下决心披荆斩棘走自己的路。1979 年 8 月,广播事业局召开首次全国电视节目会议,号召全国电视台大办电视剧,从而开始了电视界向电视剧的集体进军;同时宣布,放眼海外,立即进口影视片,以解燃眉之急。9、10 月间,中央电视台派员赴香港采购,一次购得香港影片 10 部、美国电视连续剧一部——这就是一度引起轰动的《从大西洋底来的人》。首次电视节目会议是一个转折点,标志着中国电视从长期等待外援"要饭吃"的状况走向独立自主办节目的开端。从此,电视逐步招兵买马,渐渐崛起于众强林立的中国文化艺术界。

2. 广告介入

在电视的繁荣之路上,一个不大受欢迎的因素起到了重要的推动作用,这便是商业广告。1979 年 1 月 28 日农历正月初一下午,上海电视台屏幕上映出了"上海电视台即日起受理广告业务"的灯片,随即播出了中国电视历史上第一条商品广告:1.5 分钟的《参桂补酒》。这条广告播放 8 次。3 月 15 日晚,上海电视台又播出了第一条外商广告:一分钟的《瑞士雷达表》,先后播放 11 次。同年 11 月,上海电视台与香港太平洋行签订了播放日本"西铁城"钟表报时广告的协议,为期一年,广告总金额为 130 万港元——这在当时是一个巨大数目。广东电视台也不甘落后,于 1979 年 4 月 13 日播出了第一条收费的商业广告,并在春季广州商品交易会开幕的 4 月 15 日当晚,正式播出广告节目。广东电视台当年制作、播出中外广告 30 多条,收入人民币 12 万元,港币 120 万元。电视界突然发现了一个可以掘金的富矿。

但广告可否播出属重大政策问题,此时中央电视台因为未获上级指示,尚按兵不动。直至1979年11月中共中央宣传部批准新闻单位承办广告,中央电视台才于当年12月在两套节目中同时开办广告。最初每天5分钟的广告有介绍商品的,有介绍厂商的,还有外商提供的含广告性的节目(如纪录片等)。于是,"××(商品)领导潮流"、"××(商品)誉满全球"之类的广告语言开始满天飞,并在社会上流行。

1980年3月,中央电视台在面向首都的频道开始每日播出西铁城手表广告。12月开始向全国播放广告贴片的日本系列动画片《铁臂阿童木》。然后是日本动画片《森林大帝》《尼尔斯骑鹅旅行记》,于是有人抱怨,"中央(电视)台"变成了"日本台"。

广告的宣传作用是明显的。在一次街头采访中,外国记者问中国行人知道哪家公司生产胶卷,70%的人回答:"柯达公司。"由外商广告带头,中国广告也登堂入室。上海电视台曾调查广告客户,问1984年的广告效果,回答是,销售明显增加的占37.4%,略有增加的44%,无明显增加的5.8%,有所减少的仅一家。

但是,电视观众对越来越多的广告啧有烦言。起初,广告只在节目之间播放,不像美国广告那样夹杂在精彩的节目中,将节目分割得支离破碎;但在最吸引人的节目之前,电视台敢一口气连放半个多小时的广告。尽管这常常为人们提供了"洗手"时间,但观众仍然怨声载道。在1987年的全国性电视观众抽样调查中,74%的人认为电视广告过多,只有2%的人认为过少。

广告播出也带来了文化争议。播出美国动画片《变形金刚》时社会上曾出现不同意见,甚至提到人大常委会讨论。人们指责它助长暴力。但在当时,很少有人意识到,以节目形式出现、以销售玩具为动机的"准节目"广告的真正要害,是这种商业行为对社会无孔不入的经济侵入。多年后,当媒介产业化、传播商业化已然成为事实的时候,许多媒介经济顾问将这种"节目衍生产品"的开发推荐为成功的传播产业策略。

1987年10月,中央电视台在黄金时间开办了每日两三条的公益广告《广而告之》,试图为电视台树立良好形象。同时,广告虽然不讨人喜欢,但它为电视节目提供了经费,注入了活力,促进了电视娱乐的繁荣。人们承认,电视屏幕一天比一天丰富了。

3. 服务于大众生活

随着经济改革和市场活跃,广播电视与其他大众传媒一样,逐步面向经济,面向社会,面向群众,面向生活。1979年8月12日,中央电视台设立了《为您服务》专

栏,恢复了被"文革"中断的生活服务节目。《为您服务》最初仅仅介绍电视节目,回答观众来信,捎带播出一些小常识,作电视观众的生活顾问。1983 年元旦,《为您服务》改进编排,开始以新的方式和新的姿态服务于大众的物质生活、精神生活、社会生活。改进后的《为您服务》增强了知识性、趣味性,举办了"时装设计比赛""节日家宴邀请赛"等反响热烈的观众参与性节目,调查批评低劣商品,从事维护消费者权益的活动。它还率先设立了固定的节目主持人沈力,加强了电视的亲近感。沈力是 1958 年中国电视上第一位播音员。

在《为您服务》前后,全国各地也出现了类似的栏目,如上海电视台的《市场掠影》,广东电视台的《家庭百事通》。生活服务类节目的兴旺适逢其时:改革开放正使人民富裕起来;经济发展也需要"拉动消费"。虽然舆论不时产生"超前消费"的疑虑,但在发展国民经济、改善人民生活的问题上,"党性"和"人民性"的要求是一致的。1983 年年底,在"清除精神污染"的风潮中,曾有政界人士对群众的发型衣着大加挑剔,企图纳入"清污"的范围,但很快便得到制止。政府在生活方式的问题上日益开明,日益宽容。从此,美化生活不再有政治顾虑。同时,刚刚进入现代生活和商品经济的中国大众迫切需要信息的交流和知识的辅导,也为生活服务类节目增添了层出不穷的话题。

《为您服务》的传统后来由中央电视台经济频道的《生活》等栏目承续。只是在电视节目普遍加强了服务观点之后,这种节目特有的亲切魅力才不再独擅其美。此时,观众的注意力已经被更富有娱乐性的电视内容所分散。

二、回应外来影响

1. 电视剧从译制到自制

20 世纪 80 年代的中国电视突然增加了异国情调。这不仅由于卫星传送的国际新闻时效迅速,生动活泼,而且由于外国影视片开始登堂入室,占据要津。迫于国产影剧"粮草"危机,转而寻求外援的电视屏幕反因"引进"而日益繁荣了。

(1)引进电视剧

电视剧的译制工作早已开始。1979 年 7 月译制的菲律宾电影《我们的过去》是中央电视台的首次尝试。1980 年新年伊始,中央电视台播放了自己译制的法国故事片《红与黑》,在片中观众听到了电视新闻播音员赵忠祥熟悉的配音声。紧跟着,每周一集的美国科学幻想系列片《从大西洋底来的人》迷住了封闭已久的中国人,一星期接一星期地吊人胃口;剧中主人公戴的"麦克"墨镜也很快流行起来。随后播出的《达尔文》《大卫·科波菲尔》《老古玩店》《鲁滨逊漂流记》《安娜·卡列尼娜》《这里的黎明静悄悄》等,基本上是古典名著或者主题严肃、质量上乘的获奖名

作。到 1981 年,中央电视台每周都可以播放一部电视译制片了。

反映自然世界和社会生活的纪录片也接连引进,1981 年年底开播的《动物世界》成为观众百看不厌的保留节目。中国观众显示出极欲了解外部世界的强烈愿望,在 1981 年首次全国性的大规模电视评选中,全部获奖专栏都与"国际"有关。

刺激而便宜的娱乐节目是电视的选择。1980 年 10 月 11 日,中央电视台开始播放美国电视连续剧《加里森敢死队》,并立即引起轰动。然而 3 个月后,26 集电视剧刚刚播了 12 集,电视台却奉令突然停播,原因是当局认为社会效果不良。"腰斩"引起了普遍的反感,虽然这只是一部打斗胡闹的纯娱乐片,并没有多少艺术价值。1982 年 4 月,刚征服了上海的日本电视连续剧《姿三四郎》又进军北京,并立刻掀起"《姿三四郎》热"。播放时,连宾馆的服务员、街上的出租汽车司机都跑去看电视了。接着,香港电视剧《霍元甲》使"功夫热"持续升温。然后是絮絮叨叨的通俗生活剧:日本电视连续剧《血疑》及其他"赤色系列"电视剧、巴西电视连续剧《女奴》、墨西哥电视连续剧《诽谤》……大多风靡一时。渐渐地,中国观众对译制片的哭哭闹闹、打打杀杀竟安之若素了。虽然有批评说,港台及外国电视节目是"哭哭笑笑,打打闹闹,搂搂抱抱,商品广告",但社会普遍的反应是不必大惊小怪。

对西方文化(以及港台文化)失去警惕、欣然接受的现象令党和政府十分担忧。这也是 1983 年党中央要求广播电视宣传精神文明、抵制"精神污染"的背景之一。为此,广电部屡次指示,严厉禁止滥播滥放引进电视剧,并一再强调,广播电视是党和国家的宣传工具,是党和政府的喉舌,不能传播"精神污染"。当然,政府指出,在国门已经打开的时候,香风和毒雾一道进来,飞进个把苍蝇、蚊子也是难免的。

(2) 国产电视剧

新时期中国自制的电视剧出现于 1978 年。1979 年,中央电视台播放了 19 部各地制作的电视剧。广东电视台与中央广播电视剧团合拍的《神圣的使命》引起文艺界对电视剧的注意。中央电视台的《有一个青年》反响热烈。上海电视台的三集侦破电视剧《玫瑰香奇案》被认为是中国电视连续剧的先驱。1980 年国庆节,中央电视台主持以电视剧为中心的全国电视节目大联播,一个月的时间里播出了各地电视台制作的电视剧 40 余部,成绩斐然,轰动一时。此后,每逢国庆、春节等重大节日,中央电视台都集中播放一批较好的电视剧,成为定规。

1981 年 4 月,在全国第三次电视节目会议上,首次评选出 7 种类型的优秀节目,《凡人小事》等 28 个电视剧获奖。1982 年评选,获得一等奖的是中央电视台和丹东电视台合拍的朴素而动人的《新岸》。从 1983 年开始,全国优秀电视剧评奖被命名为"飞天奖"。"飞天奖"是中国电视剧的权威奖。浙江出版的《大众电视》杂志也于 1983 年设立"大众电视金鹰奖",以群众投票的方式评选优秀电视剧和优秀演员,如今,改名为"中国电视金鹰奖"的大众评选活动花落长沙,成为湖南卫视承办的一年一度的"中国金鹰电视艺术节"。

几年之间,电视剧成倍,甚至成十倍地增长。1982 年后,一长一短两极发展的系列短剧、小品和电视连续剧打破了单本剧一枝独秀的局面。电视剧制作单位也由电视台扩展到社会各界。1980 年,上海电影制片厂率先投入电视剧制作,1982年成立了电视剧部。1983 年,12 个电影厂、15 个话剧团体和 23 个与艺术无直接关系的单位,如林业部、国家计划生育中心等,主持或参与了各种题材的电视剧制作。商业性的赞助开始了。1983 年,全国电视剧产量达 400 多部(集)。但是,在数量丰收的同时,电视剧艺术根底浅的缺陷也暴露出来,选题重复、质量粗糙的问题比较突出。中央电视台制作的第一部国产电视连续剧《敌营十八年》因"胡编乱造"备受指责。

针对种种怀疑和否定"四项基本原则"的现象,1983 年年底,电视界与全国一道开始"清除精神污染"。本来久经"沙场"的"运动员"们以为它会发展成类似"文革"的大批判,心弦着实绷紧过一阵;但"清污"运动不得人心,实际上半途而废,电视剧界才一下子又松弛起来。结果,政治弹压无功而返,一些本当正常批评的现象此后却变本加厉,终成愈演愈烈之势。

80 年代最值得一提的机构大事是 1986 年年初的影视合并。电影界称其为"小吃大",惊呼"20 万人把 50 万人并过去了"。为了加强管理,广播电影电视部决定从 6 月 1 日起实行电视剧制作许可证制度,以矫正前几年电视剧制作中管理混乱、粗制滥造的现象。电影界最担心的是广播电影电视部用管新闻的方法来管电影,束缚创作自由。不过,1986 年却是政治宽松的一年,也是电视和电影十分活跃的一年。由于广播电影电视部表示,按市场经济规则操作,不"平调"电影,影视合作实际上为电视剧的创作和生产增添了力量。只是,文化与宣传体制的"上合下不合"(中央级合并而地方单位归口不变)的状况也带来了管理上的困难。

为适应社会制作增加的情况,从 1986 年开始,中国电视剧的生产实行"制作许可证"制度。随着社会各界的积极参与,中国电视剧的质量迅速提高,形式日趋多样,风格各有发展,特别是,数量飞速增加。从 1983 年的 428 集、1984 年的 740 集,1985 年已达 1 300 多集。

中国电视剧制作中心创作、1988 年播出的《末代皇帝》是持续了一段时期的"清宫戏热"中的一部上乘之作;更由于与获得奥斯卡奖的国际合拍电影《末代皇帝》前后推出,并得到中国观众更多的认可而享誉一时。《西游记》《红楼梦》等根据古典文学名著改编的长篇电视连续剧耗资巨大,影响空前,出口海外很受欢迎。80年代下半叶,中国电视剧开始了商业性输出,但进展缓慢。

80年代末、90年代初,中国的录像机销售迅猛增加。随着家用录像机和VCD机、DVD机的逐渐普及,盗版产品成为利润丰厚甚至一本万利的地下"产业"。

2. 国际新闻的冲击

1980年,采用卫星传送录像的国际新闻突然发起了一次有力的冲击。4月1日,中央电视台国际新闻内容的英美两个主要来源——维斯新闻社和合众国际电视新闻社——同时改航寄影片和录像带为通过卫星从伦敦和纽约分别向北京的中央电视台传送新闻图像,从而使国际新闻的时效大大提高:世界上发生的重大事件,中国人民第二天就可以耳闻目睹了。几年中,埃及总统萨达特、印度总理英·甘地先后遇刺,美国航天飞机"挑战者"号升空失事,苏联切尔诺贝利电站核泄漏事故,电视观众都是先于报纸读者获知,并且看到了栩栩如生的现场。1980年5月《国际新闻》栏目并入《新闻联播》,一度十分兴旺,占据了30分钟《新闻联播》时间的一半,最多时曾达十七八分钟。后来,它被控制在10分钟左右。

《国际新闻》成为许多人观看《新闻联播》的主要兴趣所在,许多人甚至专门从国际新闻开始的19时20分左右才打开电视机。因此,1986年1月,当中央电视台打破框框,将"挑战者"号失事的消息放在头条播出时,引来许多"按时收看"国际新闻的观众的强烈抗议。

与国际新闻比肩而立,国内新闻黯然失色。同处于《新闻联播》,国内新闻不能不改进报道。随着ENG等新闻采访设备的引进,困扰电视新闻多年、反复攻关未能有效解决的"同期声"问题顿时不复存在。此后,改进点点滴滴地出现了:国内新闻开始变得短小精悍,由几分钟一条变为一分钟、几十秒、数秒一条。报道面逐渐拓宽:经济信息、批评报道、社会新闻……动态性的新闻增加了,连续报道、系列报道出现了。一批综述性的、分析性的国际、国内新闻专栏设立起来。

《国际新闻》也给整个新闻界打开了思路、吹进了新风。新华社开始提倡写具有现场感和形象性的"视觉新闻";《人民日报》上出现了虽不清晰但十分及时的"电视照片"。社会的新闻观念也在一点一滴地起变化,推动着中国新闻的改革。

1982年9月1日,从中国共产党第十二次全国代表大会开始,有关部门将重大新闻的发布时间从通常的20时(即中央人民广播电台《各地人民广播电台联播》的首播时间)提前到19时(中央电视台《新闻联播》的首播时间)。《新闻联播》中的政治新闻具有了时效性和权威性。电视的地位空前提高,成为发布重大国事新闻的第一媒介。

3. 万紫千红南风窗

在百舸争流的一派竞争热潮中,与香港毗邻、受政策优待的广东省引人注目,成为受人羡慕的"南风窗"。广东电视台的崛起主要得益于得天独厚的地理位置,商品经济的影响和与海外交流的便利鼓励了广东"敢为天下先"的社会心理和不墨守成规的创新精神。近在咫尺的香港电视不仅提供了具体的示范榜样,也以竞争的方式对广东电视形成巨大的压力。

自从实行改革开放政策以来,香港电视长驱直入。探亲访友的香港居民携进大批日本产全频道电视机,可以接收香港超高频电视节目的"鱼骨天线"一时林立。香港电视的影响广东电视台首当其冲。意识形态的冲突逐渐演变为经济利益的争夺。大多数闭塞的大陆观众首先在香港屏幕上看到的是一个陌生而富足的花花世界;但贴近生活、表达直率而充满风趣的香港节目又使他们倍感亲切,敌对意识一扫而空,戒备心理冰消雪化。粤语流行歌曲和香港影视歌星迅速红遍广州,流传内地。香港电视多彩的一面掩饰了香港生活艰辛的一面,使许多人产生了幻想。追求物质享受的倾向日益明显,企图偷渡的年轻人也增加了。

面对香港电视的大举"入侵",广东省政府始则不知所措,继之奋力抵抗,后来干脆以法令禁止居民收看香港电视了。但几度风波,屡禁不止,反而引起市民的反感。广东人说,香港电视没有反共和黄色内容,凭什么不让看?他们对"定向干扰"等措施十分不满。广东省政府和电视台也开始认识到,在开放的时代,"堵"不是办法,"导"才是出路。逐渐地,广东电视台摸索出一些应对措施。针对香港电视注重娱乐性和服务性、新闻时效性强、粤语播出、技术质量上乘等特点,广东电视台增加频道、增办节目、增播时间,并将一个超高频频道改用粤语播音。同时,增强服务意识,增加娱乐内容,特别是开办了一些群众喜闻乐见的专栏节目。

1981年元旦,广东电视台全面"改版"。首先,仿照香港电视《欢乐今宵》的方式开办了一个杂志型的文艺专栏《万紫千红》;同时,将特色不鲜明、观众反映平淡的栏目合并,创办了集生活服务、实用知识为一体的《家庭百事通》;11月又开办了《百花园》专栏,专门播出重新编辑加工的优秀保留节目。顿时,广东电视屏幕面貌一新,美不胜收。

广东电视台也是国内最早开始新闻改革的电视台之一。1981年元旦,广东电视台在新闻节目中加入了一个每天5分钟的小栏目《港澳动态》;春节,又在全国省级电视台中首创了杂志型的国际时事专栏《国际纵横》,从而突破了"地方台不得办国际节目"的习惯性禁区;此后增加了《口播新闻》(1981年4月)、《一周新闻集锦》(1981年10月)、《市场漫步》和电视评论(1982年4月)、《午间新闻》(1982年7月)、《文明之花》(1983年2月)和《立此存照》(1983年3月)。这些栏目和内容要么在国内是首创,要么在做法上有创新。种种努力获得了回报。1982年,广东电视台做了一次观众收视情况调查,爱看广东台电视新闻的人从1980年的倒数第一

上升到 13 类节目的第 4 位。到 1986 年,广东电视台的新闻次数已居全国之冠,两个频道合计,晚上每个钟点都有新闻节目。现场采访、连续报道成为常规,电视新闻逐步朝"多层次、全方位、大容量、高时效"的目标挺进。

借助接近香港市场的地利之便,广东电视台最早在大陆电视台中引进国外和港台电视剧。它译制的海外电视剧《排球女将》《血疑》《海蒂》《霍元甲》等,在内地播放大多引起轰动。同时,利用体育节目来源丰富的优势,广东电视台还开办了《体坛纵横》《球赛大观》等热门栏目。顿时,内地电视台一改对"港派"广东的成见,广东电视台成了全国模仿的对象。

三、凝聚民族精神

1. 体育与爱国

对于许多体育爱好者和许多并非体育迷的人来说,1981 年也许是令人难忘的。1981 年 3 月 20 日,中央电视台通过国际通信卫星转播了在香港举办的世界杯排球赛亚洲区预选赛的实况。中国男子排球队在先失两局处于不利的情况下反败为胜,以 3:2 力克世界排坛劲旅韩国队,从而与中国女子排球队双双获得预选赛冠军。电视转播刚刚结束,中国大地欢声沸腾。北京、上海等地的大学生高举五星红旗兴高采烈地在校园内游行庆祝,高呼:"团结起来,振兴中华。"1981 年 4 月,中国运动员囊括了第 36 届世界乒乓球锦标赛全部 7 个项目的冠军,成为世界乒坛"佳话"。在 1981 年 10 月 18 日的世界杯足球赛亚太区预选赛中,中国队以 3:0 击败了 1980 年亚洲锦标赛冠军科威特队。为此,中国观众更是大喜过望,自发到天安门广场游行的自行车队伍排了一里多长。最激动人心的是 1981 年 11 月 16 日,在日本举行的世界杯排球赛上,中国女排打败东道国日本,为中国篮、排、足三大球夺得第一个世界冠军。新时期中国体育的几次巨大胜利,留给人们的印象是深刻的,而这些深刻的印象是电视带来的。

中国观众首次通过国际通信卫星观看现场直播的体育比赛始于 1978 年。当年 6 月,中央电视台从阿根廷传回第十一届世界杯足球赛实况。1984 年在美国洛杉矶举行的第 23 届奥林匹克运动会是中国人民首次通过国际通信卫星看到的奥运会实况。1986 年,中央电视台将第十三届世界杯足球赛全部 52 场比赛的盛况一一安排于比赛当天播出,其中直播 19 场,实况录像播出 9 场,剪辑录像播出 24 场。饱览世界一流水平足球赛的球迷们不禁欢呼"中央电视台万岁"。渐渐地,约定俗成,转播重要国际比赛成为必须,稍有懈怠,观众便不答应。

1985 年 11 月 20 日晚 7 点,中央电视台转播中日女排争夺世界杯冠军赛。在中国女队取胜两局、第三局也以 14:6 遥遥领先、即将夺取"四连冠"的紧要关头,

《新闻联播》赫然出现，打断了转播，顿时，错过了精彩结尾的观众怨声四起。电视台接受了这个教训。1987年10月26日本是中国共产党第十三次全国代表大会开幕的第二天，照例有新闻专题报道节目。其时恰逢中国足球队冲出亚洲的关键一战，中央电视台在中央领导人的指示下，将足球赛实况录像与"十三大"专题新闻节目对调，提前播出，赢得观众交口赞誉。

经过不多几次球迷闹事，体育中非体育的因素引起人们的思考。逐渐地，体育比赛中偏重政治的一面渐渐为娱乐作用所取代。一大批受欢迎的体育专栏节目与体育新闻、实况转播互为补充，相映成趣，向观众展示了一个充满力量、充满竞争，能给人以娱乐和激励的健与美的大世界。

在1986年汉城亚运会上，电视在诸多新闻媒介中首先将中国代表团金牌总数第一的喜讯传回国内。1990年举办的北京亚运会几乎成为一次政治动员活动，体育运动所具有的凝聚作用分外鲜明。然而，1992年在西班牙举办的巴塞罗那奥运会上，尽管中国队夺得16块金牌，成绩令人十分振奋，中国观众却已经没有了狂热的失态——也许人们对体育和真正的体育精神有了更多的理解，变得客观和理智了；也许人们的注意力已经转移，集中到更加实际的经济和物质生活方面。

高水平的国际体育比赛转播费用昂贵，但中国数以亿计的电视观众吸引着腰缠万贯的外国公司的目光，使他们"慷慨解囊"，广告赞助。中国一些富足起来的精明厂商，也借体育投资一本万利。同时，代替爱国热情的是商业利益，体育和社会一道商业化了。

2. 春节联欢晚会的起伏

电视春节联欢晚会以小品、相声、歌舞为三大支柱，类似国外以幽默喜剧和轻歌舞表演为主的综艺节目。中国最早的电视节庆联欢晚会是1960年北京电视台举办的新年联欢晚会。在中国电视的早期，每到新年，北京电视台会与东欧社会主义国家的电视台交换庆贺联欢节目，内容主要为歌舞杂技。按照惯例，每年新年和春节，文化部也会组织节日演出，营造一种欢乐祥和的气氛。但是，在"破四旧"的"文革"年代，春节的民俗文化含义被贬低和淡化了；一年复始、万象更新的新年显得更加重要。

1978年农历除夕，中央电视台的前身北京电视台举办"文革"结束后的第一次春节联欢晚会，气氛活泼欢快，喜气洋洋，与前些年春节的文艺宣传节目对比鲜明。从此，中央电视台恢复每年一次的春节联欢节目，但采取的还不是后来那种超级的形式，也不具备后来那种崇高的含义。

1982年冬,组织1983年春节联欢晚会的任务交给了电视文艺导演黄一鹤。黄一鹤喜欢创新,也乐于冒险,他召集一帮朋友,商量出一些恢复传统的新方法。① 直播,加强现场感和悬念感。自从录像机引进以来,这种"文革"前仅有的播出手段因为不"安全",已经停用多年了。中央电视台早已实现了播出的录像化,这被认为是技术进步的表现。但这种技术的进步却成为一种新的束缚和无形的禁区。现在,黄一鹤他们决定闯一闯直播的禁区了。② 开辟点播电话热线,加强观众的参与意识。这种方式以前广播电视也用过,但自从"文革"闹得草木皆兵之后,热线节目早已废止。结果,除夕那天,观众点播最多的一首歌是李谷一演唱的《乡恋》——因为采用"气声"的唱法,这首歌的演唱曾被批评为"靡靡之音"。③ 启用主持人,相声演员马季、姜昆,喜剧演员王景愚和电影演员刘晓庆的串联使满台生辉。1983年春节联欢晚会一炮打响,黄一鹤几乎成为英雄。

1984年,离春节还差一个月,各类媒介便大肆炒作"春晚"的消息,因为在此之前,"清除精神污染"运动导致一些节目的撤换,某些观众据此断定,春节节目没有看头。但实际上,春节晚会半年前便开始筹备,此时大势已定;加上"清污"没有市场,运行戛然而止,结果播出的6个小时节目相当精彩,令观众心情为之振奋。特别是黄一鹤请来的台湾、香港明星更是一唱即红,这一宝不仅押对了,而且获得了"体现党的政策、统一大势"的有利解释。于是大家众口一词:希望明年更精彩。

谁知,举国瞩目的1985年春节联欢晚会却砸了锅——被胜利冲昏头脑、热衷于追求大场面、大气派的黄一鹤栽倒在"爱折腾"的惯性上。作为晚会现场的巨大的北京工人体育场失去了晚会所需的明亮、喜庆的效果,拖沓的节目与冗长的广告激怒了满怀期待的观众。大年初一初二初三,走亲串友的市民大骂晚会的铜臭气,七嘴八舌,一致声讨电视台"害得我们年都没有过好"。中央电视台收到的批评信件装满了几个麻袋。中央电视台在《新闻联播》中就晚会的失败和发售彩券的错误作了公开的自我批评——这在中国电视史上绝无仅有。

自中央电视台1983年正式开办超级"春晚"节目以来,几多荣耀,又几多艰难。每次春节联欢晚会都要有很长的准备时间(有时超过半年),耗资巨大。它集中了全国最走红的明星、最精彩的节目,在中国传统的农历新年除夕,集中了全国最多的观众。"年三十"吃饺子、放鞭炮、看春节联欢晚会,一度成为中国的新民俗。中国老百姓对春节联欢晚会的期望是无与伦比的:节目不好,年就过不好,甚至"一年都过不好"。一台春节联欢晚会的作用也是绝无仅有的:它要关照各地区、各民族、各行各业、方方面面,把全国人民团结、凝聚起来;它要照顾各种趣味,使各种年龄、不同性别、职业各异、文化程度不等的所有观众都获得满意的娱乐;它既要富有教育意义,又要充满人情因素。越战英雄、奥运健将、军嫂、下岗工人、生病的小保姆、"空巢"老人、海外游子，人们以各种原因受到讴歌或者抚慰。一曲《爱的奉献》令多少人热泪盈眶；一句"常回家看看"令多少人柔肠宛转。春节联欢晚会的录像带在海外甚至比在国内还要珍贵。如今，海外华人比国内受众更加看重通过卫星直播的超级晚会。

多年后，一批又一批晚会导演殚精竭虑，努力创新；然而观众的期待和满意度逐年下降。节目的观众开始分流，不同的声音开始出现。人们问：能否改一改形式，换一些花样？更有人问：为什么非办一台大型超级节目不可呢？多样化的需求向电视发出呼唤，"大一统"的欣赏习惯受到挑战。同时，在平日里，电视节目变得更丰富多彩。

思考题

1. 新时期中国电视是怎样崛起的？

2. "自己走路"表现在哪些方面，在广播电视的历史发展中有何意义？

3. 怎样看待海外节目对中国电视的冲击？

4. 广告对中国电视的发展有哪些促进作用？有哪些消极影响？

第二节　改革深入，矛盾凸现

1982年5月广播电视部成立后，中国广播电视开始进入新的发展阶段。从1983年起，中国电视在四级广播电视部门经营管理的新格局中开始全面改革。但是，新旧冲突层出不穷。电视面临着众多的挑战，也获得了巨大的机会。

一、体制改革

1. "四级办电视"兴旺

1983年3月底至4月初，广播电视部召开第十一次全国广播电视工作会议，提出口号：立志改革，在改革中调整、提高、整顿、发展。这次会议制订了一些极为重要、对后来发展影响深远的大政方针，其中最引人注目的一个，就是"四级办广播，四级办电视，四级混合覆盖"的政策。

自1949年以来，中国广播事业实行保证重点、先中央后地方的方针，并且只允许中央和省、市三级办广播电台，只允许中央和省两级办电视台。新的政策规定，凡是具备条件的省辖市、县，也都可以根据当地的需要和可能开办广播电台和电视台，除了转播中央和省的广播电视节目外，可以播出自办的节目，覆盖当地。在中国广播电视事业的发展中，"四级办广播电视"的决策是一项重大的政策调整，它调

动起地方和社会各方面办广播电视的积极性。不过,虽然说的是广播电视,这个政策的主要指向却是电视。

"四级办电视"的政策释放出一股蓄积已久的能量,顷刻之间,市、县电视台纷纷上马,热火朝天,由1982年的不足20个市级电视台,一下子增加到1985年的172个市、县电视台。电视发射台和转播台从1980年的2 469个增加到12 159个。财力雄厚的大企业、大单位也步其后尘,各自创办有线电视台网。于是,电视面貌日新月异,今非昔比。

然而,广播电视开放也带来了新的问题,主要集中在县级电视台。许多不发达地区的市县并不具备开办电视节目的人力、物力、财力,强行上马的结果,是某些等而下之的电视机构挤占了资金,形成骑虎难下的局面。缺乏节目制作能力的困难,加上文化商品观念的流行,引发了文化上的放纵主义。而且,娱乐性强的影视节目很有"观众缘"。于是,各电视台纷纷"引进"海外影视录像填充时间,吸收广告,内容庸俗、质量低劣的海外录像节目一度大肆泛滥。结果,中央电视台甚至广播电视部的指挥都不那么灵了。规定转播的中央电视台新闻文化节目常常被地方娱乐内容所冲击,一些观众反映看不到高质量的中央节目。由于无渠道购买——有渠道也买不起——海外节目的播放权,播映录像节目的行为常常是违法的。偷录和滥放引起了版权争执,而争夺广告及观众又导致了恶性竞争与节目纠纷。这是一段变动中的混乱时期。

动员社会力量,由中央、省、市、县四级办电视的做法,从本质上来说是进步的,它打破了过于集中的僵化体制和千部一腔的统一模式,体现了分散化、多样化的发展趋势。商品经济的活跃为电视事业的发展提供了勃勃生机。然而,从上到下对这种新形势、新趋势都缺乏经验,缺乏思想准备,特别是缺乏有效的监督管理办法,于是众说纷纭,莫衷一是。甚至有人提出"刹车"走回头路。

其实,广播电视部通过中央转发的1983年37号文件早已指出,省辖市、县办电视节目只适用于具备条件的地方,不强求一律;同时规定新电视台只办地方新闻和发布地方政令。及见问题严重,广播电视部在1984年224号文件中进一步规定:"市县电视台以转播或录放中央和本省的电视节目(包括文艺节目)为主,有条件的可以插播本地的新闻性知识性和服务性节目,暂不自办文艺节目。"这算是对文艺节目下了禁令。但是,实际很难执行。

中央电视台对"下面"的表现大为气愤;广播电视部也心生悔意。省级电视台最惨,它们的节目在只有个把频道的小地方常常是本地节目和中央节目之后的最末选择。省台和城市台之间常有利害冲突,省台和省会市台有时竞争激烈。各地方电视台也有自己的道理,它们指出,不办文艺节目,不拉广告,难以维持电视台的

生存。中央电视台在连带广告播放文艺节目,也就是扩大了经济规模、增加了收入的同时,并未给负责转播的地方电视台任何费用,而这些电视台是地方筹资兴建的。

在市场经济的新形势下需要协调经济利益和责权关系,单纯的行政命令不再有效,单方面的义务也不再时兴。于是,一些具有经济实力、但仍然缺乏节目制作能力的城市电视台与情况相似的伙伴及周边的中心城市发展出一种不同于以往单纯行政模式的契约关系来。

2. 城市电视台兴起

与大多数县级电视台不同,城市电视台虽然也普遍遇到经费不足和缺乏人才的问题,但一般说来,它们的经济和社会基础较好,发展潜力很大。

（1）横向联合

城市电视台,特别是省辖市电视台,大多位于某一区域的政治、经济、文化中心,知识密集,人才荟萃。这里往往是资源、信息和资金的交汇点,通讯发达,交通便利,群众易于参与。都市居民五行八作,色彩纷呈,又面临共同的社会问题,有故事,易交流。因此,在"四级办电视"政策公布的短短几年之内,城市电视台获得引人注目的发展,被认为是实行这一政策的重点。

与城市居民特别接近的城市电视台往往比省级电视台更具优势。位于省会城市的电视台常常比同在一市的省电视台收视率高。省电视台不上不下,既缺乏中央电视台政治上的权威性,又与市民生活不甚贴近。它们要兼顾全面,战线太长,反而不如精力集中的城市电视台节目精粹,针对性强。但是,市电视台也有自己的难处。有人说,城市电视台是"中央批了户口,地方给了锅灶,寻找粮草得靠自己"。于是,城市电视台采取横向联合的方式渡过创业时期的经济和节目难关,并从中发展出一种合作的关系。1985 年 7 月 1 日,城市电视台节目交流中心正式诞生,起初主要采用物物交换方式调剂节目,后来以合作拍片的方式增强实力,它们的交流活动促进了电视节目的商品化,推动了国内电视节目市场的形成。

随着"四级办电视"政策的推进,一个多层次、多样化的电视立体传播网络在中国开始形成。对独创性的追求使爱好标新立异的上海成为城市电视台、特别是商品经济发达地区城市电视台的榜样。

（2）独树一帜

上海电视台的首创精神是表现在各个领域的,或者说,是全方位的。1979 年 1 月,上海在全国率先播出商业广告。早在中央广播电视大学开办之前,上海"电大"便已恢复。上海曾首先公开招聘广播电视工作者。1981 年上海电视台开办了全

205

国第一个分米波的电视频道。1982 年,上海电视台增办了晚间的"第二次电视新闻",打破了多年来中国电视新闻一日一次的旧格局。1984 年,上海电视台建成了第一个采、编、录、播一条龙的新闻中心。1986 年,上海电视台分外活跃。10 月 1 日,首先开办英语新闻;12 月 10 日至 16 日,主办了"上海友好城市电视节"。举办国际电视节,这在中国电视史上也是第一次。在富有城市特色的竞赛节目中,上海电视台"花头多",引人入胜。1987 年 6 月,上海电视台实行倡导内部竞争的一台二台分台体制,并把商业经营的某些方法引入二台的电视管理。

上海电视台的节目带有"海派"色彩:追新、求变。海派艺术风格带有上海商业都市风气的特点:注重对西方文化的吸取,努力与商品和市场结缘。上海学自广东的许多节目,如《大世界》《大舞台》《国际瞭望》都办得更加丰富多彩、引人入胜。

作为超级城市台的上海电视台,关注面主要是本地,它进可攻,退可守,轻便灵活。过去,它主要是以出众的实力和出色的节目把覆盖面扩大到包括江苏、浙江大部和江西、安徽部分的广大区域。上海电视台基本上是以平等交换或商品输出的方式与其他电视台打交道的。但是,尽管上海电视台在东南沿海省市观众中的吸引力略胜中央电视台一筹,它却不可能超越中央电视台的政治作用和全国影响。

中央电视台作为全国性的广播电视中心,享有重要国事新闻的独家电视采访权和国际录像新闻的统一发布权,这两个部分是《新闻联播》的支柱。作为遍布全国的播出网,各地电视台都有义务向中央电视台提供节目,并乐于在全国频道上亮相。同时,根据一再强调的国家政策,各地各级电视台都负有转播中央电视台节目的义务。中央电视台既有得天独厚、众星捧月的一面,也有拖家带口、如牛负重的一面。由于中国是一个政治经济相当不平衡、交通和信息传递也欠发达的地域人口大国,需要中央电视台在"四级办电视"的整体结构中起一种稳定和平衡的作用。上海的趋时和洋派,注定它不能代表多数;而北京却是全国的政治思想和文化中心。

二、新闻改革

作为中国广播电视新闻节目代表的《新闻联播》集中体现着国内新闻的优点和缺点。中国的广播电视新闻倾全力于传达党和政府的方针、政策、指令、号召,反复宣传政治性的内容,参与统一幅员辽阔的中国及其 10 多亿人民思想的巨大工程。它用崇高的思想、高尚的道德教育人民,用重大的建设项目、辉煌的建设成就鼓舞人民,爱国主义是它的宣传基调。自然,它也曾长期是"阶级斗争"和党内斗争的工具,以其"喉舌"作用为形形色色的政治运动开辟和清扫道路。新闻偶有对国家的

一些政策失误讳莫如深,对有损士气的天灾人祸避而不谈,对不合己意的观点大张挞伐。但是,人们亲眼看到,传统的"正面报道"在历次政治运动中如何蜕变为泛滥成灾的假话、大话、空话、套话、不近人情的话,严重地污染了社会空气,败坏了世道人心;人们也亲眼看见,在改革开放的大形势下,这样的粉饰和掩盖如何越来越捉襟见肘、力不从心。对此,新闻界体会尤深,铭心刻骨。尽管仍然有善意的观众认为"国际新闻当然可以那样,国内新闻大概只能这样";但毕竟,越来越多的人认识到,作为具有客观真理性的认识,衡量新闻或者新闻媒介价值的标准应该是一致的,而不应该是双重的;应该是客观公认的,而不应该是主观随意的。

1. 针砭时弊

改革的浪潮冲击着各行各业,新闻界为改革奋力疾呼,报刊杂志出现了"抓活鱼"的经济报道,出现了针砭时弊的报告文学。社会的新闻观念在一点一滴地起变化,广播电视也不能稳坐钓鱼台了。批评是新闻改革的重要武器,由批评入手,新闻改革一点一点地启动了。改革初起,在一片"反特权"的声浪中,两位年轻的电视工作者张长明、王纪言于1979年"五一节"在北京最繁华的王府井百货大楼的停车场蹲守7个钟头,用200尺胶片拍下了一条批评高级干部用车特权的新闻影片。上了镜头的有十多辆小汽车,最高级的是"红旗"。电视片编好后,中央电视台新闻部的副主任章壮沂仔细地为解说词磨去了一些棱角,广播局局长张香山亲自审查批准,其间经过了4个月,"北京王府井百货大楼停车场见闻"才于9月12日在《新闻联播》播出。由于社会反响十分热烈,这条新闻报道4天后又在《为您服务》中重播一次。新闻播出后的一段时间,百货大楼停车场内小轿车竟然绝了迹。

受到群众的鼓励,各地批评性报道纷纷问世。1980年7月,中央电视台开办了第一个新闻评论性的专栏节目《观察与思考》,首次播出的题目是《北京居民为什么吃菜难》。在此之前,中国电视没有自己的言论,新闻节目缺乏旗帜和灵魂。这种现象并非电视所独有。在30年的时间里,广播电视都没有好好"自己走路"。评论节目在中央电台几起几落,自1959年以后,广播评论有20年空白。直到1979年,广播事业局号召加强评论,中央人民广播电台才恢复了广播评论。新生的《观察与思考》注意思想性、政策性和时新性,采用评论员形式与观众对面交流,而且迈出了"记者出图像"的第一步——这在当时是很大的一步。但是,在"政治问题能否讨论"的争议尚未真正解决之前,在公众关心的许多热点题目尚在禁止之列的很长一段时期里,《观察与思考》只能随声附和,局限于为政策作注解。不久之后,随着种种限制日益强化,在有关部门的干预下,批评性报道的热潮低落下去,新闻评论进退维谷,《观察与思考》也渐渐失去了它的吸引力。然而,《观察与思考》是后来许

多新闻评论性节目,包括《焦点时刻》《焦点访谈》的先驱。

2. 突破旧范

1986年9月,中央电视台关于"企业破产"的一次立法报道振动朝野,引起了广泛的注意、热烈的反响,被认为是电视新闻的一次突破。

与以往只配解说词的简短会议报道不同,中央电视台记者傅思和国际广播电台的几个年轻人标新立异,他们将人大常委会委员的发言一一录像,共得22盘录像带,然后编成一部一小时的纪实性新闻专题片。为了使"推迟表决"的《企业破产法》节目有一个合理的结局,他们还"强迫式地"即席采访了彭真委员长。这部"张口有声"的节目被认为是电视新闻的一次突破。展示最高层立法争论的生动节目对中国观众是一种完全新鲜的体验。在对这期"特别节目"大加赞赏的人中颇不乏力主《破产法》通过的热心改革人士。他们既全力推动经济改革的进程,又热切要求民主政治的进步。此后,新闻界开始纷纷追求"公开性"。

1987年六届五次全国人大和政治协商会议召开时,正值学潮、中共中央总书记胡耀邦辞职和"反对资产阶级自由化"之后,社会上普遍存在"运动恐慌症"。会议期间,中央电视台在有关方面的支持下,以最快的速度录像播出了八场记者招待会和中国领导人会见各界人士的实况,这种打破常规的做法影响广泛、深远。

当年10月召开的中国共产党第十三次全国代表大会实现了历次代表大会从未有过的新闻公开。根据"建立社会协商对话制度"的基本原则和"重大情况让人民知道,重大问题经人民讨论"的精神,各方面的官员纷纷在电视屏幕上亮相,接受记者采访。大会闭幕后,新当选的五位中共中央政治局常委出席招待中外记者的酒会,时任总书记即席回答了近一小时记者提问。中央人民广播电台、中央电视台以最快的速度将广播电视录音录像剪辑后反复播出,中外反应空前热烈。事实上,中央电视台对这次会议报道发挥了主观能动性。按会议原订方案,本来安排领导人只作简短讲话,不回答记者的问题,这样,也就是拍一条简单的新闻短消息而已。但多年的职业敏感提醒电视台新闻部:外国记者不可能不提问题,而中央领导人也可能回答问题,于是他们作了充分准备,播出的实况录像有点有面,生动逼真。而同去采访的新闻电影制片厂的摄影师却听从安排,只带去200英尺胶片,因而对会见过程未能记录完全。

1988年七届全国人大一次会议和全国政协七届一次会议是一次换届的两会。会议期间,中央电视台首次对记者招待会做了多次现场直播,一位北京观众兴奋地说,记者招待会比当时热播的《杨家将》还吸引人。外国通讯社也报道说,这次人大

政协会议"是迄今为止最民主和最公开的一次"①。广播电视新闻工作者已经摆脱了单纯"话筒"和"摄影机架"的定位,开始具备新闻竞争意识。1986 年全国好新闻评选爆出冷门:一向在新闻界屈居末位的电视系统,在获得特等奖的三条新闻中占了两条。电视在新闻界的地位提高了。

3. 公众论坛

此时,位于边缘的广播正在电视的挤压下艰难地挣扎。面对电视的风光,广播人有点失落:原本中央台是广播电视界的老大;新时期最初的几届大学生,如果被分到电视台,还觉得不受重用呢。当然,为了打翻身仗,广播界也做出了许多努力,其中就包括红火了好几年的文艺栏目《今晚八点半》和谈话栏目《午间半小时》。

《午间半小时》是中央人民广播电台于 1987 年元旦推出的一档在午休时间与广大听众交流谈心的节目,一炮打响,年内便奠定了名牌节目的地位,几年之中还保持了对听众的吸引力,成为大众关注的社会讲坛。在《午间半小时》30 分钟的节目中,有 5 分钟的新闻报道、10 分钟的自制节目和 15 分钟的文摘集锦。其中自制的节目往往是精心采集的"带响儿"的录音报道,并常常是针砭时弊的"热门话题"。它是《午间半小时》的灵魂。在对热门话题的这些讨论中,《午间半小时》努力倡导一种尊重人、理解人、关怀人的社会风尚,呼唤着人间的温暖。

社会在进步,但这种进步也带给人们某种失落感。随着大都市的崛起和生活节奏的加快,人际关系日益疏离,人际感情日益淡漠,往日在传统血缘和礼俗支撑下过着高度统一生活的人们现在感到很不习惯,他们需要能说说心里话的地方。这种感情需求的社会支持系统开始部分地转向大众媒介。于是,有"聊天儿"优势的广播便部分地取代了街谈巷议的社会宣泄功能。《午间半小时》不仅反映群众的呼声,也致力于提高人们的精神境界和对人对事的理解力,并以理性的态度劝解人们对社会争议问题更新观念。1988 年 1 月,《午间半小时》播出了首都医学界、哲学界部分专家讨论"安乐死"问题的座谈会,节目组收到的第一封来信是老革命家邓颖超写来的。她以"一个听众"的身份发表意见,认为"安乐死"是唯物主义的观点。历时一个多月的讨论收到 1 000 多封来信,人们从法律、道德、理论和实践的角度提出了许多各自的看法,虽然没有取得一致意见,但表达本身就是讨论的目的。

从《午间半小时》中走出来的不仅有虹云、傅成励等知名的主持人,还有在议论

---

① 杨伟光、吕岩梅:《"从容'切换'人生精彩　激情'插播'事业华章"(上)》,《现代传播》2004 年第 4 期,第 16 页。

时事中磨炼了思想的敏锐记者。他们中就有一位后来在电视中出名的崔永元。在2001年《午间半小时》改名《午间一小时》的时候,他回"娘家"去"传经送宝",并正确地指出:广播界有人才。不过他没有说出来:因为种种原因,广播界的许多人才后来都流向了电视。

电视在播出"王铁人"讲话20年后,也创办了《电视论坛》,推出了一系列新时期的先进人物:身残志坚的年轻姑娘、老山前线的战斗英雄、成功的企业家……特别是来自东北营口、有类似"牧马人"经历的心理学教师曲啸,更是借电视的影响成为知名的"德育"专家。不过,与后来的许多论辩节目相比,《电视论坛》却更像"讲坛",而不是论坛,它缺少思想的对抗和观点的交锋,它在电视屏幕上没有交流,基本是宣传性的"独白"。但是,英雄崇拜永远有市场,何况是在电视这个万众瞩目的地方。

另一种思想交流的形式也进入了中国的电视。1986年10月12日,中央电视台播出了新加坡举办的"亚洲大专辩论会"决赛的实况录像。这种注重辩论形式、话题富有趣味、讲求公平和对等,具有挑战和对抗性的新方法立即引起了中国观众的强烈兴趣,一时模仿者众多。"辩论热""对抗赛"的兴起激发了中国人民的竞争心理,也点燃了大众久已陌生的思辩火花。

三、管理变革

1988年3月15日,中央电视台位于复兴路11号的现代化彩色电视中心正式启用,标志着中国电视广播事业又迈上了一个新的台阶。几年之间,中央电视台已经朝着现代化的方向迈出了许多大大小小的步伐。1978年年底,中央电视台开始使用电子新闻采访设备(ENG),1981年,添置了电子现场节目制作设备(Electronic Field Production, EFP)。1980年7月,中央电视台实现了节目播出录像化。1982年,中央电视台开始使用电脑自动控制系统,改善电视播出手段,体育比赛中的即录重放慢镜头、演播室的灯光自动控制、摄像机的自动调焦、各种特技效果均陆续采用电脑技术。1984年7月,中央电视台开始采用日本生产的电视播出程序自动控制系统,实现了节目播出自动化。1985年,中央电视台租用卫星传送第一套节目,从此改变了中国电视传送基本依靠微波的局限,初步形成天上卫星、地上微波、地下线缆互相结合的立体传播网络。同时,电视节目的数量不断增加,质量逐步提高。

随着技术手段的现代化,管理的现代化也提上了议事日程。1982年11月在北京召开的全国电视台台长会议专门讨论了栏目播出固定化和节目长度规范化的问题。1984年7月1日,中央电视台在第一套节目中试行栏目化播出。然而,节目

变动频繁、播出经常不准时的问题尚未能完全解决。1984 年元旦,中央电视台增办白天综合节目。面向北京的第二套节目每天增加 4 小时,面向全国的第一套节目每天增加 1 小时,两套节目日播出时间共为 19 小时。1985 年增加到 27 小时;1986 年经过压缩,仍达到 28 小时。1986 年,中央电视台增办面向北京的第三套节目,采用超高频的 15 频道,起初以电视教育为主,每天播出约 3 小时,1987 年后改为以文艺节目为主。运作机制的不断变化促使电视事业管理向企业经营转化。

广播电视系统在体制方面最引人注目的变化莫过于 1987 年中央电视台第二套节目向全国性"经济频道"的转换了。第二套节目的"转轨"是"开放"和"搞活"的产物。随着改革开放的深入,电视界以外的一些企业事业单位提出了开办商业电视的请求。1984 年 12 月 10 日,中共中央书记处通知:"对于一些单位提出办商业电视台的要求,鉴于目前条件尚不允许,可以把资金集中起来,由广播电视部统一使用,投资单位可以租用中央电视台一定的时间专门播放商业性节目。"1985 年 3 月,国务院副总理万里指示说:"要办一个经济电视台,着重播经济新闻、经济信息、商业行情和广告。"1986 年 3 月,李鹏副总理在一份报告中批示:"今年年底中央电视台开办一套经济信息节目,以适应四化建设的需要。"①

1987 年 2 月 1 日,第二套节目("经济信息频道")以经济节目为特色,由面向北京改为全国播出。农牧渔业部、国家科委和国家计划生育委员会承办了三个专业栏目——《农业教育与科技》《星火科技》《人口与计划生育》。对这三个栏目,中央电视台只管播出,不管制作,实际上是将节目时间租出去了。此外,二套节目晚间有大约 2 小时的外语节目,起先只有英语,从 1991 年起在星期日播出法语节目。

"经济信息频道"中由中央电视台自己制作的节目主要是 40 分钟的《综合经济信息》。这个专栏时间长,又偏重经济信息和知识,起初收视率不高;1989 年改为《经济半小时》,内容和形式都较前活泼。从一开始,《综合经济信息》的节目就分"收费"与"不收费"两种。最初的办法是:一类广告 3 000 元/分钟,二类广告 1 000元/分钟,这是以开播时 40 个转播电视台的基数决定的;以后每增加 10 个台,再加收 200 元、100 元。为鼓励各地方台转播第二套节目,中央电视台规定,凡是转播二套节目的电视台,可向《综合经济信息》节目介绍广告和收费的信息节目(即二类广告),收入按比例与中央电视台分成,第一年全部归地方台,以后逐步减少。这些经营方法充满了商业气息。第二套节目的娱乐性内容比较丰富,如现场直播的体育节目、新电视剧等,吸引了不少观众,有些地方电视台也因而乐于转播。

早在 1986 年 12 月 5 日,广东珠江经济广播电台便开播了。在中央电视台的

---

① 《中央电视台第二套节目向全国传送会议纪要》,载《中国广播电视年鉴》(1988),第 21 页。

带动下,1987年6月,上海电视台实行倡导竞争的一台二台分台体制,从组织结构到人员安排,从节目采编到审查播出,都分别进行,一时之间形成了相对独立、自成体系的国营和商营并存格局。1987年上半年,上海电视台20频道广告收入20万元;改为二台后,五个月收入177万元。此后,广东、浙江、天津等地电视台迅速跟进,商业性收入成为日渐突出的部分,电视台的体制以及经营策略亦有变化。不过,"国/商并存"的广播电视体制缺少法制框架,并不稳定。

早在1979年,中央电视台便改全额国家预算为差额补助,开始播放广告,接受赞助。1984年,中央电视台的财务体制又从差额补助改为预算大包干,由国家按播出总时数核定事业费定额,在完成承包定额的前提下,超收部分按比例留成。1987年,中央电视台和上海电视台在事业经费中商业性收入与国家拨款的比例都大约是二比一。经济上如此强烈地依赖广告,中国电视节目的商业化自然难以避免。当然,如果是有严密的法制和严格的管理,商业性的问题也许并非洪水猛兽;然而,名义上的公有制和实际上的商业化极易导致屈从于商业利益,服务于商业行为,将国有的公共广播资源变为个人和小团体牟利工具的"化公为私"和"滥用权力"。部分的公用性、部分的商业性、部分的党性同时并存的状况,导致中国电视社会角色的混淆,造成了公私不分的混乱。显然,中国电视的体制和管理有待进一步改革。

1990年11月26日,广播电影电视部作出了《关于加强廉政建设、纠正行业不正之风的若干规定》,再次指出"广播电视是政府的喉舌",同时对广告、赞助、创收等活动进行了规范。许多触目惊心的问题是后来才揭露出来、曝光于社会的。

商业性经营(在中国,被称为"企业化"经营)也带来了管理观念的进步。1986年,中央电视台开始以科学方法进行观众调查。4月至7月,电视台总编室委托国家统计局城市调查队在除台湾省和西藏自治区以外的全国25个省会、自治区首府城市和3个直辖市中采用随机抽样的方法选取1 200多个样本,进行了"中央电视台全国28城市受众抽样调查"。这样大范围的专门的电视观众调查,在中国电视史上还是第一次。10月,中央电视台又与北京市统计局合作,在北京郊区的九县一区开展了"北京地区农村电视观众抽样调查"。同年6月,中央电视台开始进行日常节目收视率统计。1987年下半年,由中央电视台牵头,组成了由各省、自治区、直辖市参加的联合调查组,进行了更大规模的"首次全国电视观众抽样调查"。调查研究成为当年的时尚。此后大规模的全国电视调查定期每五年进行一次。

四、文化革新

1983年8月7日,中央电视台推出了一部25集的大型电视系列节目——《话

说长江》,在一片海外流行音乐的热潮中奏响了一曲祖国颂歌。

1. 纪录片热

《话说长江》是对《祖国各地》专栏纪录片经验的突破。开办于 1978 年的《祖国各地》曾被观众热情地赞扬为"电视观光""坐游祖国",在电视纪录片中独树一帜;但自 80 年代以后,随着荧屏日益繁荣,《祖国各地》在节目质量稳步提高的同时,观众却日益减少。显然,单纯展示大好风光的纪录片已经没有了吸引力。

1979 年,中央电视台曾与日本广播协会(NHK)合作拍摄了《丝绸之路》,结果,日本版节目在日本引起了"丝绸之路热";而且,印书籍、出画册,获得了极大的商业成功。而观念传统的中国版《丝绸之路》回音寥寥,精致的画面竟然未被欣赏。幸而,交流也打开了中国纪录片编导的眼界,多年的积累后来结出了硕果。

《话说长江》致力于纪录片向电视节目的转变,艺术上有新的探索。它首次在大型系列节目中树立了固定的节目主持人,采用章回小说体的结构方式,固定栏目、连续播出。许多观众接受了这种"对面"交流、新鲜亲切的"话说"体,一时形成"话说长江热"。总导演戴维宇及其创作集体趁热打铁,再次推出《话说运河》。这次,却一反"长江"颂歌式的激情,以冷静的态度、写实的手法引导观众作深层次的思考,积极的参与。这种转变不仅是长江和运河客观形象的差异所致,也源于电视编导观念的更新。这是在"文化热"的年代。平等交流、大众参与的社会风尚开始取代好为人师、强力灌输的多年积习。电视日益尊重观众的权利、愿望、兴趣和判断力。《话说运河》采用边拍、边编、边播的方法,观众热心献计献策;一批与运河有缘的文化人参与解说词的创作,为节目增添了文学色彩与乡土气息。《话说运河》文化味儿浓,格调比较雅,成为那一时期文化热潮中的一股热流。

在长江、运河之后,又有一系列大型纪录片问世,例如《唐蕃古道》《黄河》等。这些重头节目打的也是"文化"牌,而且艺术质量尚可。

2. 通俗片热

90 年代,中国进入了大众文化年代。大众文化来临的标志是 1990 年播出、红遍大江南北的 50 集通俗生活题材电视连续剧《渴望》。在此之前,中国还没有制作过那么长的电视剧,也缺乏对大众娱乐的积极探索。

在《渴望》之前,曾有一部出乎意料获得成功的电视连续剧《新星》。那是山西太原市电视台于 1986 年推出的,因为应和了社会对政治经济改革的期望和对官僚体制的愤恨而大获成功。《新星》从艺术手法来看相当粗糙,长时间滔滔不绝的个人独白削弱了它的观赏性。它主要是依靠明星的个人魅力,依靠观众对"清官"作

用的积极想象,靠宣泄社会情绪而走红的。但在大众文化时代,《新星》式的政治宣泄已经没有了表达机会。在 90 年代初,观众需要的是情感的抚慰,是悲情式的娱乐。

北京电视艺术中心的一些年轻创作者最先意识到大众文化时代的来临。在《渴望》之前,这个中心已经积累了一些实力,并不断推出振聋发聩的成功之作:《四世同堂》《凯旋在子夜》《便衣警察》等。这次,他们有了新的创意:仿照外国"肥皂剧"的模式,用工业化的生产方式制作类似巴西"电视小说"《女奴》《卞卡》那种长长的、缠绵悱恻的煽情电视连续剧。《渴望》是以基地化生产方式制作的,被称为"中国第一部室内剧"。此时的北京电视艺术中心已在香山建造了一个摄制基地,必须保证每天都有戏可拍,才不致亏本,按这样的生产速度,指望作家们殚精竭虑拿出呕心沥血之作是不现实的,要形成规模,创造效益,只能制造大众文化,只能走通俗化的创作道路。1989 年年初,导演郑晓龙、编剧李晓明找到包括王朔在内的一帮作家,关在宾馆里,开始向壁虚造。

故事的"戏核"据说是一条不足 300 字的小报新闻,从中他们"侃"出了一个以"文化大革命"为历史背景,以"丢孩子""拣孩子""找孩子""认孩子"的曲折过程为内容,枝蔓横生的长篇故事。《渴望》的作者们对大众文化有清醒的追求,据王朔后来说,既然决定要参加大众文化,就要放弃自己的个性、艺术理想甚至创作风格,要根据中国老百姓的趣味和欣赏习惯创造大众喜闻乐见的娱乐产品。为此,他们设计出一些非常类型化的人物,有忠厚老实的,有蛮横刁钻的,"职责"清楚,黑白分明,好就好到底,坏也坏到家;主人公则是一个完美的女性悲情人物,所有的美貌美德、所有的倒霉事儿都摊到她的头上。而且,既然定位是大众文化,那么就要按港、台、日本、巴西电视连续剧的经验,尽力煽情,拼命赚观众的眼泪,按王朔的说法是——"哭死一个算一个"。

《渴望》获得了极大的成功,首次在全国电视台出现了交替播放、此起彼伏的盛况。播出以后,北京电视台包括编导和主要演员收到了成千上万封观众来信,情感表达强烈。《渴望》的成功并非偶然。它一反 80 年代末期电视剧流行的"复杂人物"走向,迎合大众的欣赏心理,塑造了一批善恶对立、是非分明的人物;《渴望》向传统道德标准的回归与中国老百姓的审美心理一拍即合。特别是,《渴望》以十分贴近人民生活的方式,以极为煽情的戏剧手法,为 1989 年风波之后动荡不安的社会情绪提供了安全的宣泄渠道。

政府迅速作出积极反应,对《渴望》的成功给予高度赞扬,从而打开了大众传媒通往通俗戏剧的坦途大道,虽然正统意识形态对描写和歌颂"中间人物"的通俗戏剧一向不以为然,而善良的女主角刘慧芳也绝不是多年来倡导的那种"突出政治"

式的英雄人物。1991年1月8日,中共中央政治局常委、中央书记处书记李瑞环会见《渴望》剧组成员时指出,文艺作品首先要让人喜欢看,其次才谈得上教育人。广播电影电视部部长艾知生说,《渴望》之所以受欢迎,主要是它比较深刻地反映了人们对真、善、美的渴望与呼唤。"人们渴望的东西很多,但最大的渴望是国家的安定团结、社会的经济发展和人民生活的安居乐业。"①

然而,《渴望》的播出引起了妇女工作者的不安和知识分子的反感。妇联说,几十年的妇女解放运动,被一部《渴望》全给抵消了,刘慧芳身上有太多旧式妇女的印记,她不是现代妇女的典型。知识分子则从《渴望》中"嗅"出了在中国几十年"以阶级斗争为纲"的精神指引下对知识分子的歧视和排斥,这是一种长期形成的社会群体心理积淀。也有学者指出,《渴望》以其对精英文化的偏离、对传统文化的复归、对现代大众传播方式的运用以及对官方意识形态的妥协而大获全胜,它既迎合了广大市民的传统心理积淀和情感宣泄需求,又与官方对传统秩序的张扬暗中契合,于是上下同庆、皆大欢喜②。在90年代初期,通俗剧《渴望》宣泄了动荡的社会情绪;在中国首次举办的第十次亚洲运动会则提升了中国的民族士气,它们都有助于圆满终结一个阶段。在新的历史阶段,中国广播电视将是极为不同的模样。

思考题

1. 试分析"四级办电视"的政策。
2. 中国电视在体制和管理上面临着哪些问题?
3. 通俗电视剧是怎样在中国电视上兴盛起来的?

---

① 《电视剧〈渴望〉播出之后》,《中国广播电视年鉴》(1992/1993),第238—239页。
② 陶东风:《双重文化语境中的中国大众文艺》,转引自钟艺兵、黄望南主编:《中国电视艺术发展史》,浙江人民出版社1994年版,第368页。

第六章　广播电视的转型时期
（1992—2015）

1992 年春天，中国改革的"总设计师"邓小平视察南方，并发表重要讲话，指出改革的步子要进一步加快，从此掀起了中国市场经济发展的新一轮高潮。1992 年 6 月 16 日，中共中央、国务院发布《关于加快发展第三产业的决定》，广播电视所属的文化事业被纳入除工业、农业以外的"第三产业"。实践的发展是，所有"第三产业"都可以而且必须搞创收，从而自负盈亏。一个全国经商、全面搞活的局面开始形成。广播电视在这次经济浪潮中找到了新的机会。

第一节　大步奔向市场经济

在商品经济的环境中，中国电视发展迅猛，在中央电视台如日中天的这段时间，社会上出现了"央视"的简称，以区别于中央人民广播电台（一直简称"中央台"）。1992 年 9 月，中央电视台成立经营开发部。1993 年，中央电视台《东方时空》《夕阳红》开始试行专栏承包制。此后，各地的电视剧制作、广播电视报刊、广告部、经济部逐步实行经济承包。

在有关政策鼓励下，广播电台、电视台开始积极与企业合作，开办各类经济专题节目、经济服务节目和经济信息节目，为市场经济服务，自己则从中得到各种广告和有偿服务收入。以"事业单位企业经营"的口号开路，广播电视的"产业"思路和"产业化"走向逐渐流行。根据产业化的做法，媒介和传播的文化艺术品格如果不是说最不重要的话，起码也是不那么重要了；重要的是娱乐的功能、推销的能力和炒作的本领。在很大程度上，广播电视变成了商业，当然不是一般的商业，而是独占专卖的商业。

一、经济机制改变

市场走向的效果立竿见影。1979 年以前，广播电视的经费来源完全依赖国家

拨款。1979 年到 1991 年,广播电视系统虽然开始商业经营,但基本目标是"开辟财源,以补充国家拨款的不足"。1991 年,广播电视预算外收入 16.39 亿元,期间国家拨款 21.32 亿元①,商业收入相当于当年国家拨款的 79.3%。1992 年,全国广播电视商业收入比 1991 年增长 4 亿元,达到 20.39 亿元,相当于当年国家拨款的 85.7%,比 1982 年的 0.72 亿元增长了 28 倍多。其中,主要的收入来源是电视,仅中央电视台 1992 年就创收 5.7 亿元。许多省市自筹资金的比例逐渐超过国家拨款,北京、上海、广东、湖南、山东、辽宁、江苏、浙江、四川、湖北、福建 1993 年的收入都已经超过亿元②。

1. 多种经营

借改革的机遇,上海广播电视局创建"上海东方明珠股份有限公司",采用集资方式修建了当时高度为世界第三、亚洲第一的 450 米上海广播电视塔,为广播电视"以商养文"的道路做出了探索。上海东方广播电台与东方电视台于 1992 年 10 月和 1993 年 1 月分别成立,立足浦东,服务上海,面向长江三角洲,并辐射海外。创办当年,"东视"创收即达 1.23 亿元,1994 年突破 2 亿元。

1994 年 6 月 1 日,广东成立有线电视台。对这个电视台,国家不拨事业经费,采取自筹资金、自负盈亏的办法,由它自收自支。广东有线电视台虽属事业单位,但实行企业管理,享有《企业法》规定的自主权。12 月 22 日,广东经济电视台开播,在机制上更进一步:这是一个没有国家拨款、没有行政级别、实行独立核算的准商业电视台,完全依靠市场生存。其后,全国大大小小的"经济"广播电台、"经济"电视台和"经济"频道大多采取类似的商营机制。

在实行频率(频道)专业化之前,中国的"经济"电台和电视台是一种独特的现象,也是一股强劲的发展潮流。新时期经济广播电视台的肇始是 1986 年 12 月 15 日开办的珠江经济广播电台。珠江台在原广东省广播电台第二套节目的基础上改革而成,定位是大众型、信息型、服务型、娱乐型的广播电台,以新闻、信息为骨架,以主持人为号召,具有亲近性和交流感。1988 年,广东电视台开始建设广东电视岭南台(后改为广东卫视)、珠江台等系列广播电台和电视台,开始尝试专业化的道路。

全国"经济"频道(频率)浪潮始于 1992 年以后。"珠江模式"迅速在全国刮起

---

① 徐光春主编:《中华人民共和国广播电视简史(1949—2000)》,中国广播电视出版社 2003 年版,第 513—514 页。

② 何栋材:《解放思想,深化改革,加强财务管理,促进广播电视事业的发展》,《中国广播电视年鉴》(1994),第 66—69 页。

了"经济"旋风,一时如火如荼。"经济"类广播电视以经济信息为招牌,实行商业策略,开展多种经营,但广播电视的收入主要还是靠广告。

2. 广告创收

1991 年,电视广告首次跃居中国四大广告传媒榜首(其次为报纸、广告公司、广播),当年广告收入达 10 亿元,比前一年增加 82.7 %。1992 年,电视广告再度名列四大媒介榜首,收入已达 20.5 亿元,比上年度增长 105.4 %[①]。1994 年,仅中央电视台便获得广告收入 12 亿元,相当于当年全国媒介广告收入 200 亿元的 6%,比 1993 年增长 70%[②]。

1994 年 11 月,中央电视台首次进行广告招标,标的是 1995 年《新闻联播》后、《天气预报》前的 12 块 5 秒钟广告。由于僧多粥少,有 190 多个企业争夺这段黄金时间的标版。这一分钟最后卖得 3.6 亿元。1995 年 11 月,CCTV 再次为 19:00 至 20:00 档黄金时间广告招标,广告招标一举创收 10.6 亿元[③]。

为 1996 年广告招标时,出现了"标王"的称呼。前一年的标注在"孔府家酒"与"孔府宴酒"之间争夺,最后被"宴酒"以 3 009 万元夺得。1996 年的标王被名不见经传的山东秦池酒厂以 6 666 万元夺走。其后,秦池再次夺得 1997 年标王桂冠,标牌 3.2 亿元。当年超过上届标王标价的竞标酒厂便达 13 家,且因为前三名竞标者均为山东酒厂,一时被戏称为"鲁酒闹京华"。但秦池酒厂外强中干,虽然因为名声鹊起,效益倍增,在 1996 年勉强应付下来,但 1997 年已经难以为继,最后被迫以货代款。1997 年正是 VCD 如日中天、大小企业赚得钵满盆满的一年,因此,1998 年的标王为 VCD 生产商"爱多"以 2.1 亿元的标牌获得。但是,"爱多"支撑不到一年便败下阵来。

眼看"标王争夺战"利少弊多,央视于 1998 年宣布取消"标王"的名称。1999 年黄金段位全部广告招标成交额 28.8 亿元。其后,受亚洲金融危机的不景气影响,2000 年中央电视台招标仅得 19.2 亿元,最高的一个标牌仅为 2 950 万元[④]。从这一年起,中央电视台改变"老大"作风,纡尊降贵,开始"跑码头"——出门揽客,2001 年招标额 21.55 亿元。随着经济形势的逐步好转,2002 年,央视招标 26.26 亿元;2003 年,33.15 亿元;2004 年,44.12 亿元。2005 年黄金时段的广告招标总

①　鲁彬:《1991 年中国广告突飞猛进的一年》,《中国广告》1992 年第 4 期,第 13—14 页;《1992 年的中国广告业》,《中国广告》1993 年第 3 期,第 4 页。
②　刘大伟:《荧屏商战》,《经济日报·生活周刊》,1995 年 7 月 28 日。
③　《央视广告招标喜跃 52.48 亿元》,《中国电视报》2004 年第 39 期,第 2 页。
④　《CCTV 黄金时段广告招标价位平稳》,《人民日报》,1999 年 11 月 9 日。

额达 52.48 亿元,宝洁公司以 3.85 亿元拔得头筹,成为不叫"标王"的标王①。自 2006 年招标(开始称为"黄金资源广告招标")58.69 亿元,2007 年将近 68 亿元之后,2008 年招标总额达 80.29 亿元,比上年增长近 12.33 亿元人民币,增幅 18%左右。此后,招标数额一再飙升,2009 年,92.56 亿元;2010 年,109.66 亿元;2011 年,126.69 亿元;2012 年,142.58 亿元;2013 年,158.81 亿元②。自 2014 年,央视不再公布招标总数。2015 年广告招标时,央视首次将新媒介广告产品纳入招标。由于央视广告负责人 2014 年被查处贪腐,央视招标渐趋低调。2015 年和 2016 年,未透露"高于去年"的广告招标数总额。

同时,湖南、上海等省级广播电视机构的广告收入逐年攀升。2014 年,全国广播电视广告达 5 605.60 亿元,比 2013 年增长 11.67 亿元③。

二、时事栏目转轨

邓小平视察南方谈话发表后,中央电视台闻风而动,1992 年派出了采访报道组,准备制作一部"深刻、权威、大气"的电视片,后来产生了一部纪实性的《广东行》。时任采访部副主任的孙玉胜就是在广州街头的一本杂志封面上发现了"太阳每天都是新的"这句话④。回到北京后,孙玉胜被委以重任,开始筹备央视两次动议而终未实施的早间节目。此时,北京电视台已经先行一步,开播了《北京您早》节目。起初,孙玉胜报上去的央视早间新闻杂志栏目名称叫《新太阳 60 分》,被台长杨伟光否了。他以丰富的经验告诫说,人家以为你要否定旧太阳呢……这题目太多义,也太敏感。于是,这个"新生的太阳"变成了《东方时空》。

1. "新太阳"升起

1993 年 5 月 1 日,《东方时空》开播了。四个栏目各有特色:《东方之子》是人物专访,号称"浓缩人生精华";《东方时空金曲榜》早期在推广流行音乐和吸引青年观众方面发挥了独特作用;《生活空间》后来发展为很有纪实特色的纪录片栏目,尤其是一句"讲述老百姓自己的故事",语言深沉,含意悠远;《焦点时刻》则在针砭时弊中颇有锋芒,它的成功直接导致了《焦点访谈》的诞生。

《东方时空》在观念和操作方面都进行了改革,一个是杂志化,一个是主持人记

① 《央视广告招标喜跃 52.48 亿元》,《中国电视报》2004 年第 39 期,第 2 页。
② 《2005—2013 年央视广告招标情况一览》,中商情报网,2014 年 11 月 18 日。
③ 《中国广播电视年鉴》(2015),第 292 页。
④ 关于《东方时空》和《焦点访谈》的情况,许多材料来自孙玉胜:《十年》,生活·读书·新知三联书店 2003 年版。

者化。以大把富有激情的"临时人员"为主体,早期的《东方时空》组成了一个"理想者部落"。当时甚至有这样的说法:中央电视台的新闻评论部成了全国文化精英心目中的延安。最初,按照财政部的规定,中央电视台只能发给聘用人员月工资280元,没有工作证,无医疗保险,无住房,以至于杨伟光对提出政策的人事处开玩笑说,你们这是招清洁工吗?我们请来的可都是高档次的人才。从《东方时空》开始,中央电视台开始实行第二用工制度:聘用人员可以入党、提干、评先进、分房,奖金甚至可以超过正式员工的工资。1994年,中央电视台与第一批招聘人员签订了具有法律效力的聘任书,一种新的用人模式诞生了。

《东方时空》在运行机制方面也进行了探索。起初暂借20万元启动,中央电视台与栏目组商定,每次节目提供5分钟的广告时间,"其他的一切就不管了"。但守着央视的金饭碗,还愁没饭吃?通过经营,节目时间自然就变成了钱。直到开播时,5分钟的广告仍然没有完全落实;一个星期之后,情况便有了好转;一个月后,广告时间就不够用了。开播时借支的20万元在第一个月的广告费到来时便还清。十年后,《东方时空》的广告价格从最初的每秒2 500元增长了10多倍,电视人充分体会到栏目与广告"互动"的欢乐。

《东方时空》成功以后,中央电视台决定扩大战果,在晚间《新闻联播》之后开辟一个新的战场。这就是1994年4月1日开播的《焦点访谈》。不久,位于黄金时段的《焦点访谈》的影响便超过了它的先行者——《焦点时刻》。《焦点访谈》也很快便借鉴《焦点时刻》的成功经验,迅速进入"舆论监督"的领域;而《东方时空》是在开播3个多月后的1993年8月8日才开始批评性报道的,那就是《东方时空》100期特别节目中压轴的报道:"洋河污染导致大片农田绝收。"当记者主持人章伟秋来到张家口市政府采访时,办公室负责人打着官腔:"张家口有12个市长,12个秘书长,但你没有事先约好,所以不能安排(接待)。"于是章伟秋站在市府大门口进行现场报道:从上午8点20我们就到张家口市政府要求采访市长,但直到中午12点市政府办公室的负责人还是不知道市长去了哪里,他说地市合并工作很忙,但我们认为老百姓吃饭的问题也很重要。不卑不亢的用语已经显示了后来《焦点访谈》的风格。《东方时空》开展的第一次批评报道使它获得了第一个中国新闻奖。

起初,因照顾《东方时空》位于早晨时间的不利之处,它获得许多类似"特区"的优惠条件,包括在不同频道几次重播、特别是在晚间重播的机会。因此,最初大多数《东方时空》的观众是在晚上看到它的节目。独特的节目形式,加上天时、地利、人和,在大多数栏目仍按原有的轨道运行时,《东方时空》享有过一段黄金时光。此后,竞争的加剧削减了它的优势。2001年10月,改版后的《东方时空》推出了新的栏目《时空连线》,其中的"股市"节目请高等法院的副院长李国光对股市的有关

司法解释进行了解说,朱镕基总理第二天在中央金融会议上表扬李,说这种在电视中解释政策的做法是创新。

2. 群众喉舌政府镜鉴

许多人都还记得朱镕基在担任总理期间对中央电视台新闻改革的支持,尤其是对《焦点访谈》舆论监督的支持。《焦点访谈》的班底来自中央电视台原有的《观察·思考》栏目,而《观察·思考》的前身是创办于1980年的《观察与思考》。十多年来,广播电视新闻评论栏目随着政治形势的变化几起几伏,长期步履维艰;直到《焦点访谈》时期才算摸熟了让"两老"(代表政府的老干部和老百姓)满意的"舆论导向"方法。同时,政府和整个社会对批评的承受能力也日益增强。

(1)《焦点访谈》的地位

"舆论监督"是中国老百姓为《焦点访谈》的定位,也是被中国政府领导人认可的特征。1998年10月7日,自称《焦点访谈》"热情观众"的朱镕基总理向《焦点访谈》记者、编辑郑重赠言——"舆论监督,群众喉舌,政府镜鉴,改革尖兵",他还说,我也接受你们的监督。尽管新华社在文字通稿中删去了这一句最为重要的话,中央电视台却在新闻节目中以同期声的方式播出了。朱镕基还自称是《焦点访谈》的"后台"。于是,各种反应纷至沓来,1998年成为《焦点访谈》的"舆论监督年"。据调查,那一年,被表述为"舆论监督"的批评性报道达到一个高峰,为历年之最[1]。

其实,《焦点访谈》内容中真正属于批评报道的并不多,据估计不到四分之一。中国老百姓之所以对《焦点访谈》有"舆论监督"的界定,不仅因为批评报道是《焦点访谈》节目中影响最大、最引人注目的题材,而且因为《焦点访谈》不像一般的正面报道那样空洞,而具有正反两方面分析说理的特点。在与《焦点访谈》长期的负责人、曾担任新闻评论部主任的袁正明商议新的创业规划时,孙玉胜记下了后来成为《焦点访谈》特色的一些要点:报道形式为"调查分析"、"跟踪采访"、"快速反应"和"访谈评述"。

像《东方时空》一样,《焦点访谈》的设立也是自上而下的决策——这次的建议来自中共中央宣传部。从诞生那天起,《焦点访谈》就不是一般的节目。1997年,中央政治局委员以上领导干部对《焦点访谈》节目的批示有63次,1998年达73次,其中江泽民10次,朱镕基10次,李岚清18次[2]。中央领导对《焦点访谈》给予的格

① 郭镇之、赵丽芳主编:《聚集〈焦点访谈〉》,清华大学出版社2004年版,第243页。
② 杨伟光、吕岩梅:《从容"切换"人生精彩 激情"插播"事业华章——杨伟光纵论电视人生》(上),《现代传播》2004年第4期,第18页。

外关注和鼎力支持极大地提高了《焦点访谈》在社会上的威望。在1998年那次难忘的会见中,朱镕基说:我在各种场合都宣传《焦点访谈》,尽管你们没给我推销费,但我当了你们的义务宣传员。朱镕基告诉《焦点访谈》的记者们,他常常在白天开会时"考问"政府高官头一天《焦点访谈》的节目内容。于是,诚惶诚恐的官员们十分在意《焦点访谈》的动向。一旦遭遇批评,政府部门和官员往往认错不迭。2001年11月,记者法展等人拍摄了在武汉长江最狭窄处建造豪华别墅的节目。这个自称"我家就在岸上住"的外滩花园手续齐全,造价4亿多人民币,售价高昂。但违法批准它建设的省级政府却是央视批评的禁区。孙玉胜鼓足勇气批准了节目的播出。这个名为《河道里建起商品楼》的节目于2001年11月19日播出,第二天便传来消息:朱镕基总理分别给水利部和湖北省打电话,要求拆除,据传朱镕基说,即使金子做的也要炸掉。

中央领导对《焦点访谈》批评的事件和问题做出批示,使久拖不决的难题顿时得到解决,这种神奇的作用传诵一时,使得中国老百姓对《焦点访谈》的无边法力充满幻想。《焦点访谈》甚至被称为"焦青天"。这种期待也导致了到中央电视台门前告状和说情的两支长长的队伍———一队是公开的,一队是隐形的。

积极支持《焦点访谈》创办的杨伟光在掌握改革的"度"上经验丰富。他在总结《观察与思考》的前车之鉴时反对"政策一紧,就认为不好办了,就下马"的做法。他说,你还不如坚持,政策紧时,敏感的问题先不要碰,做正面的题目,就坚持下来了,然后不断微调。这的确是经验之谈。中共十六大以来新一届的领导人一如既往地看重《焦点访谈》。2003年4月1日,《焦点访谈》播出"竣工水库 漏洞百出"的节目后,温家宝总理即打电话给国务院,要求尽快解决,并说,新一届政府将会和上届政府一样,继续支持《焦点访谈》栏目的舆论监督报道,希望《焦点访谈》越办越好。

(2)调查性报道的发展

就舆论监督的功能而言,1996年开播的《新闻调查》与《焦点访谈》大同小异。《焦点访谈》以题材重要、影响显著为特色,相比之下,《新闻调查》的时间充裕(45分钟),调查采访的曲折过程及其获得的丰富细节可以充分展开,具有悬念性、故事性特点。当然,长也有长的难处,对一个真实事件或者一个实际问题的认真"理论",50分钟已经到了观众忍耐的极限。何况《新闻调查》不在黄金时间播出。所以,尽管从专业的角度看,《新闻调查》显然胜于《焦点访谈》一筹,但在商业市场环境中它的日子日益艰难。

2003年5月,中央电视台又出现了一个新的调查性新闻栏目。《每周质量报告》是中央电视台新闻频道开播后设置的,以消费者为对象。这个栏目致力于产品质量和食品安全的报道,国务院有关部门的参与增加了调查的权威性。《每周质量

报告》随时向社会公布由职能部门发布的有关产品质量和市场行为的调查结果,从而成为公众知情权的又一个重要渠道。特别是《每周质量报告》立志作社会的耳目喉舌,重在调查造假过程、揭露造假黑幕,不惜大量采用暗访偷拍的方式,曝光了"医疗垃圾变食用器皿""敌敌畏加工金华火腿"等许许多多触目惊心的事实。由于《每周质量报告》将调查报道的重点放在食品和药品上,事关大众的日常生活、性命健康,赢得百姓极大关注。《每周质量报告》也赢得了以"亲民"为号召的党和政府的支持。2003 年 5 月 18 日,《每周质量报告》播出"垃圾纸变餐巾纸"节目后,温家宝总理很快做出批示。6 月 1 日的节目"柴火料的'妙'用"揭露安徽亳州一些不法商贩在"非典"肆虐期间用辣椒秆、茄子秆冒充治疗"非典"的中药藿香大量出售,总书记胡锦涛和副总理吴仪先后批示,亳州市政府立即采取行动,开展了药品质量专项整治活动。不过,普遍的暗访偷拍手段也带来隐私权争议。

3. 谈话交流节目的热潮

新的经济发展政策带来了中国电视节目的繁荣。从 1993 年开始,中央电视台还增设了《社会经纬》《东西南北中》《环球 45′》《与你同行》《夕阳红》《第二起跑线》等许多新的栏目。这些不同种类的节目为中央电视台后来的频道扩张计划奠定了实战基础。特别是,注重交流的"谈话节目"一时盛行起来。

所谓"谈话节目",其实是一种针对特定话题的漫谈节目。追溯其渊源,漫谈节目也来自广播,特别是广播中的热线聊天节目。在中外广播谈话节目中,除了几位主持人之间的演播室对谈之外,常常采访在场或者不在场的专家、学者、知名人士,并吸引听众打来电话与演播室内的主讲人交流。有趣的互动是漫谈节目的亮点。

《实话实说》是从《东方时空》中发展起来的。对创办过程,孙玉胜、崔永元都有相当精彩的描述。1995 年,《东方之子》的制片人时间向孙玉胜建议办一个"前卫"的创新节目,虽然不能保证一定成功,但"至少可以试验一下"。这个创新的漫谈节目诞生在北京西单一个不起眼的四合院里,那里是"理想者"温暖的大家庭,有知名学者的参与、青年学人的加入。但选择主持人成了一个难题——考察了视线内所有的人物,包括辗转介绍而来的人,找来找去,编导乔艳琳说,"大家总觉得不如我们那个策划崔永元"。崔永元当时还是中央电台《午间半小时》的一名编辑,没有荒废电视编导们日渐疏远的文字功夫,此时在《东方之子》帮忙,并且也在为寻找主持人而焦头烂额。当大家的目光最后集中于貌不出众的崔永元之后,他鼓起勇气披挂上阵。

1996 年 3 月 16 日,为配合"国际消费者权益日",第一期"谁来保护消费者"的节目以新栏目《实话实说》的名称在《东方时空》出现了。《实话实说》迅速赢得观众

的青睐，但兴高采烈的编导忽视了选题的"导向"，《实话实说》开办刚刚两个月便遭停播整顿。与国外不同，中国的《实话实说》不仅是一种娱乐，它在为人们提供交流的欢乐时，还必须倡导美好向上的道德情操。事实证明，实话并不容易实说。人的说话，也取决于、依赖于生存环境。此后，《实话实说》按轨而驰。2000 年 12 月 10 日，《实话实说》进入晚间次黄金时段。主持人"小崔"成为家喻户晓的公众人物。

在万众瞩目之下，屏幕上的"小崔"表面上轻松幽默，举重若轻，实际上精神压力甚大，后来患上了难以治愈的失眠症，不得不暂时离开节目。在崔永元离开之后，《实话实说》的黄金时代就结束了；而当崔永元在《小崔说事》中复出后，节目也没有了当初的辉煌。但漫谈节目已经开发出多种类似的形式、内容和题材：高层访谈式、辩论对垒式、真情互动式……在日常的平淡中，成为传播生态百花园中斑驳的颜色。

三、卫星频道竞争

20 世纪 90 年代是有线电视和卫星电视提供机会和参与竞争的新时期。继 1992 年 10 月开始面向世界播放第四频道之后，1995 年年底，中央电视台陆续开设了卫星播出的第五至第八频道。

1. 卫星事业发展

中国采用卫星广播的计划开始于 1980 年。1979 年 1 月，邓小平访问美国，中美双方签订科技文化协定，达成了美国向中国出口通信卫星设备的协议。1983 年广播电视部召开的第十一次全国广播电视工作会议对事业发展方针和技术政策进行了较大的调整，其中包括"采取广播卫星覆盖全国的方针"。当时，"促进国家发展"的传播目标是十分明确的；而教育则是那个年代的重点。

1984 年 4 月 8 日，中国第一颗实验通信卫星被送上了"静止"轨道，同年，北京、乌鲁木齐、呼和浩特、拉萨、广州开始修建卫星地面接收站，10 月 1 日，国庆 35 周年天安门广场的阅兵仪式便是通过这颗卫星转发全国的。1985 年，中国开始长期租用国际通信卫星转发器，并于 8 月开始用卫星传送电视节目；同时，卫星地面站的出现如雨后春笋。1986 年 2 月 1 日，中国发射实用通信广播卫星；7 月 1 日，通过卫星传送的电视教育频道开始试播；10 月 1 日，这个命名为"中国教育电视"的频道正式播出，当年卫星地面站增至 2 000 多个。1988 年 3 月 7 日，中国发射第三颗通信卫星，第二套教育电视频道于 11 月开播。至 1990 年，中央电视台一、二、三套节目全部由国内卫星传送，而教育电视一、二套节目由租用的国际通信卫星传送。1990 年 4 月，中国替亚洲通信卫星公司发射了"亚洲一号"卫星，为中国电视带来

新的机会。"亚洲一号"卫星上天以后,新疆、西藏、云南、贵州等边疆省区先后采用卫星传送节目,使电视信号覆盖到遥远而崎岖的地区。

卫星也带来了新的问题:一些单位为接收云南、贵州卫星节目而建立的"亚洲一号"卫星地面接收设施也可以接收海外节目。于是,1990 年 5 月,广播电影电视部、公安部、国家安全部、国家旅游局联合发布《卫星地面接收设施接收外国卫星传送的节目管理办法》。经国务院批准的这个《办法》规定,只有领取许可证,才能接收规定范围内的节目。为了阻止境外卫星电视节目的传入,广播电影电视部、国家安全部、公安部于 1991 年 6 月又联合发出《关于加强亚洲一号卫星接收设施管理工作的通知》,规定"除监测部门外,其他任何单位均不得建立亚洲一号卫星接收设施接收海外电视节目"、"个人不得设置亚洲一号卫星地面接收设施"。

对境外信息,中国政府在很长一段时间内致力于"堵"而不是"疏"。1993 年 10 月 5 日,李鹏总理发布中华人民共和国国务院令(第 129 号),即《卫星电视广播地面接收设施管理规定》。该法令规定,"国家对卫星地面接收设施的生产、进口、销售、安装和使用实行许可证制度",任何单位不得私自生产、销售。并再次规定,单位设立卫星地面接收设施必须获得许可,个人不得安装和使用。由于违令者众,广电部和1998 年由广播电影电视部改组而成的广播电影电视总局(广电总局)曾多次开展专项整顿治理工作,拆卸、没收、罚款;但风头一过,情况照旧。

同时,中国广播电视借助卫星积极向海外扩展。1992 年 10 月,中央电视台第四套节目成为中国第一个国际卫星电视频道,陆续覆盖 80 多个国家和地区。1993 年 1 月,中央电视台开始每天向北美传送新闻节目,8 月与美籍华人合办美洲东方卫星电视,覆盖了北美地区。同年,向欧洲播出中国新闻。可见,中国的卫星传播政策对外和对内是有区别的。

20 世纪 90 年代后期,情况发生了很大的变化。一方面,有线电视网络形成,卫星加线缆成为中国电视广播的主要途径;另一方面,卫星传播的教育思路开始让位于产业思路,娱乐也逐渐成为新的产业生长点和媒介经济的新卖点。

随着大陆控股的"亚太一号"广播卫星发射升空,1995 年年底,中央电视台捆绑开播了 4 个卫星—有线电视频道:体育(第五频道)、电影(第六频道)、文艺(第八频道)及少儿、军事、科技、农业(第七频道),其中第五、第六、第八频道是加密收费频道。2001 年中央电视台增开英语频道(九频道)、科学、教育频道(十频道)和戏曲频道(十一频道)。2002 年开播西部频道(2004 年年底改为"社会与法"频道)。2003 年开办新闻频道,2004 年开办了少儿频道、音乐频道、西班牙语、法语频道。至此,中央电视台已有 16 个频道。

截至 2016 年年初,央视有 43 个电视频道,其中开路频道 30 个,数字付费频道

13 个。每天用 6 种联合国工作语言和朝、蒙、藏、维、哈萨克 5 种少数民族语言对内对外传播。有 6 亿中国观众每天收看中央电视台节目。央视国际节目在 171 个国家和地区落地播出,用户覆盖 210 多个国家和地区①。

2. 有线电视发展

由于不允许普通公民安装和使用卫星接收器,有线电视便成为连接卫星节目与中国家庭收视的重要中介。在发展卫星电视的同时,中国也在积极推进有线电视网络的建设。

中国从 20 世纪 60 年代初期开始研究有线电视技术。到 1985 年,全国已有 300 多个有线电视系统。1989 年,中国已有较大规模的"有线电视台"500 多个。

中国有线电视的大发展是在 90 年代以后,其标志是,自 1992 年始行政区域性的有线电视系统开始联网,各大中城市开始建立有线电视台。北京有线电视台于 1992 年 5 月 4 日率先在全国建成试播。同年,上海有线电视台成立,还与无锡等地采用光缆系统传输。1994 年,广东有线电视台成立。这些比较正规的有线电视台坚持先规划、后建设,与开路的地面波广播电视开展合作和竞争。

中国的有线电视网络分为三类:以转播信号为主的"共用天线系统"、兼营分配信号与播放自营节目的"有线电视站"和专事播放节目的正规"有线电视台"。随着有线电视走上有序发展的轨道,作为电视接收事业的共用天线系统和作为节目播发系统的有线电视台成为扶植的重点。1994 年 2 月 3 日,广播电影电视部发布《有线电视管理规定》,取消有线电视站。进入新的世纪后,中国的有线电视台奉令与地面波电视台合并。此时,在城镇中,传统的电视广播在很大程度上已经倾向于卫星加有线接收的方式了。

3. 卫星直播节目

随着卫星传播的日益普及,采用卫星直播的电视节目逐渐日常化。直播具有同步进行的时效性、时间自然流淌的纪实性、细节丰富的真实感、事件进行过程中的悬念性和观众同时观赏的现场感等诸多优势,随着转播费用的逐渐下降,卫星直播日益常规化。

中国电视工作者最初见识现场直播是 1972 年美国总统尼克松访问中国时三大广播公司的现场报道。中国最初采用卫星是转播体育比赛。1984 年 10 月 1 日,

---

① 中央电视台:中央电视台简介,http://www.cctv.cn/2016/02/17/ARTIoXBRYeNy9KNg3i4iTpO0160217.shtml。

中央电视台现场直播国庆 35 周年庆典,北大学生方队在通过主席台时突然打出"小平您好"的横幅,成为那个时代标志性的画面之一。在 1988 年全国人大、政协会议期间,中央电视台首次对多场记者招待会做了现场直播,中国老百姓得以目睹政府领导人言谈话语的风采。1990 年,中央电视台和四川电视台首次现场直播中国"长城"火箭发射美国休斯公司制造的"亚洲一号"卫星的实况,在国际上引起巨大反响。

1997 年被称为中国电视的直播年,此时中国电视的经济实力大为增强。为了规模空前的香港回归直播报道,志在与英国 BBC 竞争的中央电视台于 1996 年进口了多套便携式卫星地面设备,花了 8 亿元人民币。全世界仅有的 4 辆最先进的转播车,中央电视台就购买了两辆。在经过"日全食"等报道"热身"之后,中央电视台于 6 月 30 日至 7 月 3 日连续进行"香港回归"的直播报道,全程长达 72 小时。此后卫星直播成为常见的报道方式,内容包括法庭审理、体育竞技、文物发掘等等,报道方法从被动参与到主动策划,变"就事说事"到"没事找事",表现手法日益丰富、老练。

四、节目市场形成

随着"亚太一号"等卫星的升空,特别是采用数字压缩技术使卫星频道资源大增,1997 年后,中国省级电视台陆续上星,到 1999 年,30 家省级电视台全部登上了全国舞台。1997 年重庆直辖市设立。2007 年新疆生产建设兵团独立建制的卫视频道上星。至 2015 年,全国 31 个省级行政区划共有 32 个省级卫视机构。从技术能力上说,它们都可以与中央电视台进行全国竞争了。

1. 全国电视节目市场的形成

1996 年 3 月 31 日,采用普通话播音、拥有许多大陆专业人才的香港商业媒体凤凰卫视开播。与默多克的香港星空卫视联手的凤凰卫视善于商业包装,利用国内政策限制的诸多死角,发挥海外媒体新闻报道的开放优势。特别是通过转播新闻事件扩大了影响,内地用户大增。1995 年 3 月由新加坡华人蔡和平创办、与内地关系独特的华娱电视 1998 年 10 月也获准在广东落地。周边地区的卫星竞争突然加剧。

1998 年下半年,湖南卫视如一匹黑马,突然广受全国瞩目。它推出的《快乐大本营》《玫瑰之约》等模仿海外的娱乐节目迅速走红,短短数月,克隆、翻版者上百,"乱哄哄,你方唱罢我登场"。2003 年,上海卫星电视改版称上海"东方卫视",全新开播。此外,实力强大的广东、浙江、江苏、安徽等卫星电视也跃跃欲试,各擅其长。

最年轻的海南省则于 2002 年开办旅游卫视,走专业化的路子。

各个城市中的有线电视网络拥有大量的空余频道。1998 年改组成立的广电总局于 1999 年规定,各地有线电视台在转播中央人民广播电台、中央电视台、省广播电台和电视台、中国教育电视台节目和其他中央节目的前提下,可以在"自愿平等、互惠互利"的原则下协商解决引进外地电视的问题。于是,一个地方电视相互协作的全国性网络逐步建立起来。

与中央广播电视竞争广告的需要也吸引地方台以各种不同的方式组织起来,建立形形色色的合作关系。2002 年 1 月,由北京广播电台音乐广播频率发起,16 家省市广播电台成立"卫星音乐广播协作网",并正式开播。2002 年 6 月,29 个省级电视台决定以协作方式在卫星频道上播出广告。各省级卫视成立的"卫视频道广告联合体"当年 1—9 月广告投放量 161.9 亿元,占同期全国电视广告量的 26.7%,而 2001 年仅为 20.5%。

卫星频道的增加促进了广播电视节目市场的繁荣。在 20 世纪的最后几年,广播电视被称为市场和从事商业经营,已经不再羞羞答答了。

2. 中国电视节目市场的发展

中国最初是作为买主走进世界电视市场的。1984 年,中央电视台开始批量引进美国哥伦比亚广播公司(CBS)的各类节目。1986 年,中央电视台引进迪士尼影片,《米老鼠和唐老鸭》倾倒了无数中国观众。1987 年,20 世纪福克斯公司的影片固定在周末播放。这些经过慎重挑选的旧影片价格不高,风格传统。

在所有广播电视节目中,电视剧最先开始市场化。自从 1983 年大规模"四级办电视"开始,对电视节目、特别是电视剧的需求大量增加。于是,社会上出现了专门从事电视剧制作的机构。在这些机构中,有一些是由电影、戏剧等演艺单位派生出来的比较正规的节目制作单位,它们逐步成为各单位的电视剧制作部(中心);也有一些非文艺行业的大型企业事业单位,起初投资赞助拍摄反映和宣传本行业事迹的电视剧和专题片,后来发展成为以拍摄新闻和教育性节目为主的宣传性节目制作机构;更有一些专门靠拉赞助拍电视剧牟利的"草台班子"。电视剧的质量良莠不齐。经过 20 年市场的筛选和淘汰,一批较有经济基础和艺术实力的节目制作机构逐步站稳了脚跟,它们既为电视市场生产,又为录像市场生产。电视剧有越来越长的趋势,不再是单纯的艺术,而成了文化产品。

1993 年,中国经济加速市场化。广播电影电视部提出,对进入中央电视台黄金时间播出的一年 360 集电视剧首先实行"优质优价优播"的原则。电视剧市场顷刻兴旺起来。在此之前,电视剧交易大多实行无偿交换或者低价购买的方式,商业

化操作不成气候。

北京电视艺术中心在国内率先采用建立基地、室内搭景、多机拍摄、同期录音的方法,发挥出便捷、经济的电视制作优势。但轰轰烈烈的"《渴望》热"却是政治上的成功、经济上的失败。尚缺乏市场经验的北京电视艺术中心由于过早将《渴望》提供中央电视台播出,影响了它在地方台的广告收益,结果,与地方台签订的70多万元播放权协议只收回40多万元。被称为"中国第一部喜剧电视连续剧"的《编辑部的故事》卖出后,基本做到收支相抵。1992年,中央电视台以350万元的"高价"买下北京文化艺术音像出版社投资200万元制作的41集电视连续剧《爱你没商量》。虽然评论界与观众并不喜欢这部不太娱乐的言情剧,但产品的预售方式保证了制作者的收入;而中央电视台也在观众大呼小叫"不满意"而又忍不住要看的过程中获得了较高的收视率。此后,电视剧成功与否,最直接的指标是电视收视率,而不再是观众的感受了。电视媒介越来越热衷于煽动受众的消费情绪,引诱大众产生不管是对电视的收视欲望,还是对背后支撑电视的广告商品的购买欲望。电视日益市场化。

1999年前后,"制播分离"是中国电视界的热门话题。借助国外的经验,娱乐纪实性栏目遍地开花。在这些娱乐类型的栏目中,《中国娱乐报道》《新闻故事》等面向全国发行的制作内容较早尝试市场化的道路。此后,媒介播放、市场制作成为通行的广播电视节目架构。大众化电视剧和综艺类娱乐节目基本上都实行市场化运作了。

中国被称为"亚洲最大的节目市场"。1986年开始的上海国际电视节从1988年起隔年举办,每一次都成为信息交流和节目交易的重要机会;进入新世纪后,干脆每年举办。继上海国际电视节之后,广播电影电视部又决定逢单年举办四川国际电视节,与逢双年举办的上海国际电视节交替进行。但这种揠苗助长式的平衡政策并不成功,四川电视节只办了几届便难以为继。中外交流活动比较活跃的北京电视台自1987起多次举办国际儿童电视节目展播活动,既丰富了屏幕,又借选购优秀节目发行获得了经济效益,后来演变成每年一度的国际电视节目周。湖南自2000年起举办"中国电视金鹰奖"电视节,同时开展交易活动。这些情况说明,成功的市场是自然培育形成的,行政手段并不一定奏效。

3. 广播电视节目市场的管理

对影视节目需求量的增加,促进了节目源的开发。各种经济成分的电视节目制作机构应运而生。中国大众的文化生活极大地丰富,同时也更加分散多元了。不过,随着跨境接触越来越多,缺乏节目制作能力和综合竞争能力、特别是缺少资金的影视制作机构开始转向外部,合拍、协拍的情况越来越多,国外资金和外国来

源的节目也悄悄进入中国电视节目市场。对系统外广播电视节目制作和发行机构进行规范的需求提上了管理者的议事日程。

在网台分工、制播分离的大环境下,广电部和广电总局对制作机构的管理重心在社会机构、民营机构、境外机构。早在 1986 年,针对拍摄电视剧的草台班子泛滥成灾的状况,广播电影电视部便开始实行电视剧制作许可证制度。广电部规定,电视剧制作许可证分长期和临时的两种,无许可证的单位无权制作电视剧及录像制品,临时许可证只限所申报的剧目使用。获得长期许可证的主要是影视艺术单位。

起初,对系统外的机构制作电视剧是限制的,对私人,特别是与境外合作的机构则严加禁止。卫星电视发展起来后,广电部开始加紧对境内外以联合制作、协作制作、委托制作等方式制作电视剧和录像片的行为进行管理。广电总局社会管理司则从 1998 年 11 月 1 日起核发《广播电视节目制作经营许可证》和《电视剧制作许可证》。从 2000 年 1 月 1 日起,又对所有经过审查通过的电视剧(包括国产电视剧、合拍剧、引进剧)一律核发由广电总局统一印制的《电视剧发行许可证》。广电总局 2000 年 6 月 15 日发布的《电视剧管理规定》中规定,电视剧制作许可证分甲、乙两种,"禁止出租、出卖、转让或变相转让"。社会管理司对电视剧和电视节目制作机构实行年检制度,不完全合格的,被撤销资格,或者降低等级。

中国加入世界贸易组织,预示着中国市场的进一步开放,对电视节目制作与发行的管理也逐步放宽。广电部于 1996 年开始审批境外卫星电视频道的落地申请,限于星级宾馆、涉外单位等。广电总局则批准境外传媒机构凤凰、华娱、星空、亚视等卫星电视台于 2002 年在广东部分地区落地。2002 年 2 月 8 日,广电总局局长徐光春在一次会议上承认,"尽管我们没有承诺开放广播电视,但现在实际上外国电视已经有限度地进入了"[①]。

2003 年 12 月 4 日,广电总局以第 22 号令发布《境外卫星电视频道落地管理办法》,允许"具备与中国广播电视互利互惠合作的综合实力,承诺并积极协助中国广播电视节目在境外落地"、"同意通过广电总局指定的机构统一定向传送其频道节目,承诺不通过其他途径在中国境内落地"的境外媒体经申请被批准后在内地三星级以上宾馆落地;但原则上不批准新闻类频道。广电总局每年 7—9 月办理一次审批程序。2003 年有 28 家、2004 年有 29 家境外卫星电视频道获得批准。同时,广电总局积极推进广播影视"走出去"工程。所谓"走出去"工程,是指通过各种渠道,采用不同方式,使中国广播电影电视节目在国(境)外、特别是在当地的主流社会媒介渠道有效落地的举措。

---

① 徐光春:《在中国广播影视集团第一次工作会议上的讲话》,《中国广播电视年鉴》(2002),第 28 页。

　　紧接着中国进入WTO,广播电影电视总局在2001年12月《关于广播影视集团融资的实施细则(试行)》中,对电视剧制作机构、电影行业、广播影视报刊的发行、广播电视新闻网站、广播电视传输网络,都在一定程度上允许吸收广播影视系统外资本、国营体制外私人资本、境外资本参与经营了。不过,这个政策依然规定,广播电台、电视台及频道、频率等新闻媒体由国家主办经营,不得吸收境外资本和私人资本,只能吸收与新闻出版、广播影视有关的其他单位的资金,经批准进行节目制作、项目合作。

思考题

1. 90年代以来中国广播电视的发展有哪些表现?为什么?
2. 怎样看待中国电视的市场化、商业化倾向?
3. 加入WTO对中国广播电视有何影响?讨论相关的现象,并分析其得失。

第二节　产业转型和媒介集中

　　面对新的传播形势,中国加强了对媒介传播和公民接收活动的管理,颁布了一系列"规制"(regulation)性的法规和政策。中国广播电视开始推进法规建设和"依法"管理。

一、广播电视的治理与整合

　　20世纪70年代末期,两个同音词("法制"和"法治")开始进入中国社会话语体系。这两个词语常常混用的情况表明,人们并不清楚"法制"仅仅指制度化的法规体系,而"法治"则含有"法律至上"的含义。随着政治民主的进程和市场经济的发展,社会各界强烈呼吁依法治国,1978年12月中国共产党第十一届中央委员会第三次全体会议提出、1984年10月中国共产党第十二届三中全会重申了"有法可依""有法必依""执法必严""违法必究"的口号;1987年中国共产党第十三次全国代表大会报告则指出"法制要贯穿改革的全过程",并特别说明:"必须抓紧制定新闻出版……等法律,……使宪法规定的公民权利和自由得到保障,同时依法制止滥用权利和自由的行为。"这是20世纪中国最前卫的官方宣言。中国广播电视法制建设开始于这一时期。

　　1. 广播电视法制的发展
　　1986年,广播电视部扩大为广播电影电视部,在全国性的法制热潮中,也进入

积极立法的时期,一方面拟订行政法规和规章制度,另一方面着手起草《广播电视法》《电影法》。不过,广播电视法制的出发点和落脚点都是管理。正是传统管理的困难,导致广播电视系统对法制的重视。

但作为"七五"立法重点的《广播电视法》并没有按原先的计划于1992年起草完毕上报国务院。在紧锣密鼓的筹备几年之后,1991年12月,广电部部长艾知生建议,把立法的顺序根本颠倒过来,先搞具体的行政法规,把综合性的《广播电视法》《电影法》放在最后从长计议。艾知生的主要考虑是,《新闻法》尚未颁布,相关规定缺少依据。此后,广电部颁发了几个限制性的卫星和有线电视法规。

代替《广播电视法》的是1997年的《广播电视管理条例》,一个在原《广播电视法》初稿基础上拟定、经国务院发布的行政法规。《广播电视管理条例》涵盖全面,具有公开、明确的特点,但是集中体现了"重在管理"和"强调义务"的思路。这些"规制"更类似于行政措施,可与"管理"一词交替使用。

广播电影电视总局1998年诞生后,职能侧重对机构的审核管理和对媒介内容的监督,法规成为广播电视管理的主要工具和重要武器。此后,广播电视规制的颁布常规化了,广电总局发出了一系列的规则,加强审批手续,要求广播电视节目出品人、播音主持人、电视剧制片人均持证上岗,大量文件内容集中于对广播电视节目和广电媒介机构的管治方面。

2. "治散治滥"的整顿

从广播电视部1983年规定"四级办广播""四级办电视"的政策起,中国电视便开始迅速扩展规模。实践证明,"四级办电视"的政策是一个为中国电视带来极大繁荣的举措。但是,各地电视台不积极转播中央电视台的节目,更冷落省级电视节目,而热衷于播放有利可图的境外电视连续剧。随着环境的日趋开放,同时也是在商业竞争的压力下,基层电视台和转播站渐渐变得无所顾忌起来,不仅大量播放唾手可得的境外卫星电视节目,还出现擅自建站的现象;广播电视系统外的一些行业,也有意染指这一利润丰厚的垄断领域,并出现与私营资本及境外资本联合办有线电视台、设有线电视网的动向;特别是1998年广电总局改组时,按要求将网络的技术管理和设施建设移交信息产业部,于是,电信部门和广电部门就双方均可介入的新电子媒介开发领域产生了利益冲突。中国电视在繁荣的同时也变成电视机构"散"、电视节目"滥"的开端,新旧矛盾纠结在一起,管理变得日益复杂。

"治散治滥"在中国广播电视的管理语汇中具有特定的含义,主要指通过行政手段解决各机构擅自建台的问题,纠正电视台滥播滥放通俗娱乐内容、特别是境外电视节目的现象。

边远基层地区(县城以下)是广播电视传播薄弱的地方。从 1992 年 10 月开始,广播电影电视部对县电视台采取了统一供片(提供节目,特别是供应影视剧)的方法,自 1995 年起,节目管理进一步规范化,凡经广播电影电视部批准引进的境外有线电视节目,均需在节目片首打出社会管理司批复文号。

1996 年 12 月,中共中央办公厅、国务院办公厅发布通知,要求加强对新闻出版、广播电视业的管理。这个 1996 年 37 号文件奠定了广播电影电视治理整顿的基调。于是,广播电影电视部于 1997 年开始了"治滥治散"的工作。为此,广电部、广电总局屡次规定,并一再强调:地方广播电视机构的首要任务是完整传送来自中央的广播电视节目,不仅必须完整转播节目,而且必须转播广告。也就是说,政府不仅努力保护中央广播电视机构的传播导向,而且积极维护它们的经济利益。

对境外影视节目,2000 年广播电影电视总局在《电视剧管理规定》中规定了电视剧总播出时间 25%、黄金时间(18 时至 22 时)15%的限额,规定在 19 时至 21 时 30 分的区间内不得播放引进剧。1997 年,广播电影电视部设立卫星电视监测中心和节目视听评议机构,定期报告监测情况。

在治理整顿散滥现象时,广播电影电视部规定,县级广播电视播出机构三台(广播电台、电视台、有线电视台)合并;县级教育电视台也与当地广播电视台站合并;企事业有线电视台改为站,逐步纳入行政区域有线电视网。经过一年时间的治理整顿,1999 年广播电影电视总局检查,播出机构比治理前实际存在的数量减少了 68%①。

此时世界上媒介兼并成风。随着中国进入 WTO 的迫近,广播电影电视建立集团的工作也提上了议事日程。在行政力量的推动下,中国广播电视行业的整合与集团化迅速形成。

3. 机构整合与集团化

在整治"散滥"的基础上,2000 年年底,广电总局进一步规定,省市有线电视台均并入无线电视台,成为一个播出实体,并对各频道的节目设置进行统一规划和调整。2001 年 7 月 1 日以后,有线电视台的机构和呼号便不存在了。按照规定,市级电视台只允许保留一个电视频道;县级广播电视台不再独自开办电视频道,而在省级电视台提供节目的公共频道中获得一定的时段,播出少量自办的新闻、专题和文艺节目。广播电影电视总局对广电整合与集团化的设想是"广播、电视、电影三位

---

① 《关于进一步推进广播电视播出机构治理工作的意见》,《广播电影电视法规汇编》,中国广播电视出版社 2001 年版,第 232—234 页。

一体；有线、无线、教育三台合并；省、市（地）、县三级贯通"。这种以中央节目为主、省级节目为辅、地市级节目少量存在加上极小一部分县级节目内容的做法，正是当初广播电视部颁布"四级办电视"政策时的制度设想。

全国第一家广播影视集团（现湖南电广传媒股份有限公司）成立于 1998 年。2001 年 12 月 6 日，在中国正式加入 WTO 前夕，中国广播电影电视集团在广播电影电视部及其所管理的全部媒介和产业的基础上诞生。2001 年前后，山东、上海、北京、江苏、浙江、天津等省级广播影视集团也纷纷成立。当电信行业在三年的时间里经历两度拆分之际，广播电视行业却在致力于大一统。于是有媒体问道：在一个没有竞争（应该说是缺乏竞争）的行业内，公众利益如何保障[1]？

尽管实行商业化操作，广播电视在"两老"（老干部、老百姓）的基础上又增加了第三位主人——"老板"（企业家），但传统上传媒必须让"两老"满意的原则也不能少。当然，来自政府的法律和行政制约依然有力。2002 年，广电总局发布关于"净化荧屏"检查项目的通知，涉及谈话节目、娱乐节目、法制节目、竞猜节目、广告节目、电视剧等多种节目样式，对主持人着装、语言、举止和参与广告拍摄的情况、邀请境外嘉宾的情况做出明确规定。同年，总局发布通知，要求加强对反腐、涉案题材电视剧创作和审查的管理，对总量加以限制。2003 年，广电总局成立创作领导小组，加强了对重大革命题材和历史题材的电影、电视剧立项及完成片的审查。与此同时，2003 年 9 月 15 日，广电总局发布《广播电视广告播放管理办法》，第十九条规定，不得在人们用餐时播放容易引起反感的广告，如治疗痔疮、脚气等类药品及卫生巾等卫生用品的广告，管理可说细致入微。

二、商业繁荣和广播复兴

进入新的世纪后，广播电视的政治使命和行政方式依然存在，这是维持广播电视行业垄断地位及其丰厚利润的基础。同时，在新的"产业化"时期，广播电视节目的文化艺术质量已经不再是追求的主要目标，而成为达到目标的手段了——目标是高收听收视率、高收入、高利润。广播电视正在成为以节目为商品、以盈利为目的的"文化产业"。1995 年 11 月，北京和上海几乎在同时推出了各自的电视直销节目，亦即名副其实的电视商业。

1. 电视的变与不变

至 2004 年年底，经过调整，中央电视台已有 16 个频道，其中最重要的是综合

---

① 马克：《广电加速垄断》，《南方周末》，2002 年 3 月 28 日，第 14 版。

性的第一频道(CCTV-1)。从 2003 年 5 月 8 日起,一套节目改版,将黄金时段电视剧的播出时间提前,由原来每天播出一集增至两集,每周 7 天打通播出。"央视一黄"马上成为电视剧提供者激烈竞争的黄金资源。

此时,已经卸任的台长杨伟光认为,中央电视台 1992 年提出的"建设世界一流大台"的目标已经提前实现①。然而,如果不仅仅用硬件来衡量的话,那么中央电视台,包括整个中国广播电视,离成功似乎差得还远。

中国广播电视的开放、进取是因时、因事、因地而异的。2003 年 5 月 1 日中央电视台《新闻频道》试播前,正赶上美国发动伊拉克战争。2003 年 3 月 20 日北京时间 10 时 36 分战争爆发,中国广播网于两分钟后(10 时 38 分)便发布消息,其后,中央人民广播电台、中央电视台 4 套迅速跟上。各大媒体之间进行了一场新闻时效的争夺战。据说,在伊拉克,仅有的两家设备最先进的电视台一个是 CNN,一个就是 CCTV。"隔岸观火"的立场和有关部门的默许,使得中央电视台第一、第四频道以前所未有的开放姿态参与了直播战争过程的角逐,并积极推广战争知识,热心介绍新式武器,赢得"军迷"的赞赏。许多人据此认为,中央电视台会以同样开放的姿态经营具有直播优势的新闻频道。但是,紧接其后的"非典"事件②,立刻检验出中国"广播电视开放"的真实度。

起初,电视、广播与全国所有的新闻媒介一样,对"非典"爆发的真实情况三缄其口;同时,"客观报道"、忠实传达卫生部门官员的谎言。直到事实真相已经无法掩盖之后,2003 年 4 月 20 日,卫生部官员才在全国人民面前宣布:患者数目从 5 天前公布的 37 人猛增到 339 人,此后一度患者每天以成百的数字增加。不过,这种遽然改口的情景并没有让富有经验的中国新闻界尴尬,它们立即以熟悉的方式引导舆论,朝"抗击非典"的正面方向报道,在几个月的时间内热情赞颂了一批可歌可泣的英雄人物(主要是遭受医源性感染的医务人员)。但是,本该焕然一新闪亮登场的新闻频道也因而失去了光彩——鲜有重要新闻事件现场直播的央视新闻频道总体上内容平庸。

2. 节目市场的繁荣

中央电视台经济效益大增之后,在节目上加大了投入,曾大量投资制作电视剧《三国演义》《水浒传》,专题片《毛泽东》《邓小平》,动画片《西游记》以及一些重大革

---

① 杨伟光、吕岩梅:《从容"切换"人生精彩　激情"插播"事业华章——杨伟光纵论电视人生》(下),《现代传播》2004 年第 5 期,第 52 页。
② 严重急性呼吸道综合征(Severe Acute Respiratory Syndrome,SARS)在中国被称为"非典型肺炎"(简称"非典"),是 2003 年流行于中国许多地方、带来危重后果的一场呼吸道传染病疫情。

命历史题材电视剧,有一些"精品"剧目还卖到了国外。特别是《三国演义》《水浒传》《红楼梦》《西游记》等几部根据名著改编的电视剧,在国外掀起中国文化热。

其中《三国演义》的经济效益最好。拍摄时,每集制作费100万元,84集成本是8 400万元。播出前配3分钟广告,1秒钟卖一万,一集收入180万。卖给香港亚洲电视台,配上广东话播出,一集卖8 000美元。《三国演义》使一向收视率落后的"亚视"一度领先,其竞争对手香港无线电视台的老板邵逸夫为此不悦,责问下属为什么没有买《三国演义》,于是"无线"与"亚视"竞购《水浒传》,"亚视"出9 000美元一集,"无线"出12 000美元。《三国演义》卖给台湾的价格也是每集12 000美元。1997年,中央电视台进口电视剧只花了100多万美元,而出口电视剧收入达到600多万美元,经济效益显著①。

总体而言,电视剧是广播电视产业中生产力最强的一支。中国观众对电视剧是宽容的、依赖的。率先走进市场的中国电视剧呈现出千姿百态的繁荣景象,但也出现了种种商业化的"豪华风""滥情风""戏说历史风"。

2002年,一部《激情燃烧的岁月》突然走进大众的视野。这部反映军人家庭生活的历史故事事先并没有大肆张扬,可能也未必预期到后来的红火;但它以个性鲜明的阳刚角色和演员精彩的表演在那个"哼哼唧唧""卿卿我我"、充满脂粉气的环境中很快获得成功,一时盛播不衰。《激情燃烧的岁月》在很大程度上契合了中老年观众的怀旧心理,也得益于青年人对未曾经历过的年代的好奇心。但这种借助另类途径得来的成功似乎并不可靠。后来,续集《军歌嘹亮》虽然启用了正当红的实力派演技明星,仍然遭到冷落——它已经失去了新奇感。当然,这种"一盛一衰"的轮回还会继续。

可以保证经久不衰的,只有花样翻新的娱乐:《同一首歌》《幸运52》《开心辞典》《超级女声》……但这些节目与其说是文化的成功,不如说是商业的成功。人们会说这些节目热闹、热烈、热火,但事后回忆,它们似乎与意义无关。

3. 经济类频道走红

在商品经济繁荣的新时期,活跃的是经济。消费者成为电视观众的定位和代名词。以联合国确定的"国际消费者权益日"为由头,1991年3月15日,中央电视台经济部推出首届"消费者之友专题晚会",对坑害消费者的伪劣商品进行曝光。结果,10部热线电话几乎被打爆,有的无法打进电话的观众干脆将"问题"商品带

---

① 杨伟光、吕岩梅:《从容"切换"人生精彩 激情"插播"事业华章——杨伟光纵论电视人生》(下),《现代传播》2004年第5期,第53页。

到直播现场的门口请求曝光。此后"3·15"成为消费者每年一度扬眉吐气的日子。

1992年,10个部委的部长莅临"3·15"晚会。主持人敬一丹采访发生在安徽省的因热水器质量导致消费者死亡的事故案例。会上死者家属声泪俱下的哭诉导致晚会进行过程中安徽省有关部门的领导当即决定对厂商进行制裁。1995年晚会开始将矛头对准"假药"。1997年,韩国的"三星VCD"遭到曝光。1998年,斩断了2000多根手指的劣质切碎机被曝光;还对传销进行了揭露,紧接着,国务院于3月21日下令禁止传销。2000年本来确定的主题是医疗纠纷,但遭到卫生部干涉。此后的"3·15"晚会虽然越办越盛大,但对企业的震慑力和对人们的吸引力都趋于平淡。消费者希望每天都是"3·15",他们的权益能够得到常规的保障。

虽然中国的大众传媒更多的时候"眼睛朝上",但在2002—2003年,"三贴近"成为强劲的时代声音。北京交通广播电台开办了深受好评的《一路畅通》。江苏广播电视总台推出了直播的新闻资讯栏目《南京零距离》,以地域性提升亲和力,采用个性化的主持人和趣味性的互动内容关注老百姓的日常生活,并对政府部门的工作缺点进行批评监督。这些关注老百姓衣食住行,反映大众疾苦的内容被称为"民生新闻"。但是,商业性也非常突出的民生栏目使人们对其"公共新闻"的标榜产生疑问。

商业利益侵犯公民权益的现象在电视上的表现越来越多,针对垄断性广播电视媒介侵权及违法的诉讼案件时有发生。有代表性的案例是1999—2000年西安市民王忠勤诉西安有线电视台在播放电视剧《还珠格格》时滥插广告的问题。据王忠勤统计,当地电视台在播出《还珠格格》时,每集插播广告80条左右,每隔10分钟剧情就要插播一堆广告。不过,观众"维权"的案子大多败诉。

4. 广播产业的复兴

改革开放前中央人民广播电台有5套节目。1982年,开办对台湾的方言广播,1994年,又增加一套对台湾的广播节目。2000年增办第二套对各民族语言地区的少数民族语言广播。至此,中央台已有8套节目。1999年,中央台迁移到现代化的新址大楼。

2003是广电总局确定的"广播发展年"和"网络发展年"。这一年,全国新增34个专业性广播频率,广播收听率增加5%,覆盖率达到93.56%,全国广播经营性收入增加20%。中央电台广告收入增长24%;北京电台、广东电台创收2亿;上海、浙江、天津、深圳广播电台突破1亿。珠江经济广播电台继1986年打响了广播复兴的头炮之后,十年后的1996年12月15日又开通了网上实时广播;中国国际广播电台于1998年12月26日开通网站。2001年全国三分之一的地区开通了音频、

视频直播和点播节目,120 家各级广播电台上网;省级电视台除西藏、青海外大多上网了。

借"广播发展年"的东风,中央人民广播电台从专业化入手,进一步推进了体制的转型。早在 2002 年 12 月 2 日,中央台便试行广告公司承包经营方式,推出专业频率"音乐之声"。在这个实行承包制的"音乐之声"中,中央台实际上只保留了节目终审权。很快,引进境外音乐内容的"音乐之声"在北京取得 31.13％的收听率,成为产业转型成功的范例。

中央台趁热打铁,于 2003 年 6 月推出面向首都的生活资讯、娱乐服务频率"都市之声",于 2003 年 10 月 1 日推出对港澳和深圳广播的"华夏之声"(分别用两个频率,采用广州话和普通话播音)与"经济之声",于 2003 年 12 月 29 日推出对台湾的"中华之声"(用普通话)和"神州之声"(用闽南语),2004 年 1 月 1 日,推出新闻频率"中国之声"和面向少数民族广播的"民族之声"。至此,中央电台八套节目全部实现了专业化、对象化。转型后的中央台"都市之声""音乐之声""经济之声""华夏之声"几个频率实行了广告代理制,2003 年中央台净增广告收入 7 000 万元,全年广告收入 1.5 亿元,增长幅度近 30％。同时,中央台将 8 套广播节目同步在网上直播。中央台还成立了电视节目制作中心,推出付费电视频道"家庭健康"。

"广播发展年"的成功是产业的成功、经营的成功。全国最为成功的北京人民广播电台交通台一个台 2003 年便创收 1.5 亿元,位居全国之冠。几年之中,交通台在北京广播市场和广告收入两方面均占 25％左右,北京广播电台将近 60％的广告收入是交通台创造的[①]。此时,汽车时代已经到来,音乐和谈话节目成为广播的最大优势。2001 年,全国广播广告逐步走出低谷,广告年增幅超过报纸、电视。2008 年,全国广播广告收入 72.23 亿元,比 2007 年的 65.39 亿元增长 10.45％[②]。据统计,2014 年全国广播广告的收入是 159.94 亿元[③]。

三、产业化和新媒介[④]

截至 2014 年年底,中国有广播电台 149 座,电视台 159 座,比上一年略有减少;广播电视台 2 214 座,比上一年略有增加。国内广播电视覆盖率分别达到97.99％和 98.60％。全国有线电视用户达 2.35 亿户。中国持有《广播电视节目制作经营许可证》的机构 7 248 家,其中事业单位近千家,民营企业 6 058 家,约占总

---

① 晋雅芬、汪良:《向相对强势突围》,中国新闻出版报,2007 年 1 月 10 日,第 3 版。
② 《中国广播电视年鉴》(2009),第 279 页。
③ 《中国广播电视年鉴》(2015),第 517 页。
④ 本节数字多来自《中国广播电视年鉴》(2015),整合自不同的栏目。

量的 84%。2014 年中国年生产电视剧 429 部、15 983 集,纪录片 6 000 小时,动画片 13.85 万分钟。

广播电视广告还维持着增长趋势,但增长率明显下降。而且,中国广播电视发展的地区差异相当明显。2014 年,省级广播电视总收入最高的北京市收入 492.27 亿元,比 2013 年的 418.71 亿元增加 73.56 亿元,增长幅度 17.57%;最低的西藏自治区总收入仅 9.16 亿元,比 2013 年的 9.77 亿元还低。2014 年,北京市的广播电视收入为西藏的 53.7 倍,而 2013 年还仅为 42.86 倍,贫富差距进一步扩大①。

新媒介视听传播是广播电视节目的一个新亮点。2014 年,持证视听节目网站备案推出网络剧、微电影 1.5 万个,栏目 6 000 个(期),势头惊人。不过,广告朝新媒体迅速流动,逼迫所有传统媒体改弦更张,拥抱新媒介——媒介融合成为大趋势。

1. 商业经营探索

20 世纪 90 年代,广电总局倡导"制播分离",中央电视台开始全面的节目市场化探索。2003 年,因严格实行综合性"末位淘汰制","经营不善"的栏目被淘汰了 4 个。著名品牌《综艺大观》也因质量下滑被迫进行重大整改,并最终于 2004 年停播。与此同时,中央电视台下属的国营企业中国国际电视总公司经营业务包括广告、节目产业、节目代理、媒介活动、调查行业、境外卫星代理、付费电视等。同时,资本运作成为新的利润增长点,2014 年实现净收益 6 180 万元②。

2002 年年初,北京广播电视集团所属歌华有线电视网络公司先后与北京 10 个远郊区县签订了收购有线电视网络协议,率先在全国实现了"一市一网"、统一建设、统一管理和统一运营的格局。北京广播影视集团于 2003 年 12 月 16 日成立北广传媒集团有限公司,将歌华收归旗下,独占北京市场。

2003 年 7 月,原上海电视台财经频道和东方广播电台财经频率组成统一对外呼号的"第一财经",并创办《第一财经日报》,为全国首家面向投资者的综合性财经传媒。

湖南电视台在全国市场中也很抢眼。1993 年,湖南广播电视厅提出办"大广播、大电视、大宣传、大产业"的思路,1996 年湖南经济电视台的成立被认为湖南电视创新的开端。湖南"经视"走商营道路,当年就收入 3 200 万元,此后几年之内平均每年增长 2 000 万元,湖南省领导欣喜地夸奖它"一年等于十年"。湖南卫视

---

①　《中国广播电视年鉴》(2015),第 519 页。
②　《中国广播电视年鉴》(2015),第 299 页。

1997 年元旦开播,实施品牌战略,推出了《快乐大本营》《玫瑰之约》等名牌栏目。湖南投资拍摄的《还珠格格》《雍正王朝》收视率在全国均名列前茅。1998 年 12 月 23 日,湖南广播电视中心更名为湖南电广传媒股份有限公司,面向社会筹集资金,两次便募得 20 亿元。从 2000 年开始,四届金鹰艺术节固定在湖南举行,已经成为可以盈利的商业品牌。2000 年 12 月 27 日,湖南在全国率先成立广播电视集团,合并卫视、经视、有线三台,实行人、财、物的统一管理,并不断推出轰动一时的新节目:《超级女声》《快乐男声》……

但勇于创新的湖南广电改革有盲动的一面。2001 年年底,正值电广传媒 2002 年广告招商之际,一家财经类杂志的封面文章"虚火的电视湘军"揭露了湖南广电集团过度发展和管理不善的种种漏洞,包括四面出击、严重亏损等问题。然而,集团广告招商却取得不错的成绩①。最终,国资委确定电广传媒"以股抵债"的金额总数达 5.39 亿元②。显然,如果电广传媒不是一个垄断经营、因而注定"可持续发展"的国有传媒上市公司,很难想象股民和业界会对它继续保持信心。

对广播电视产业化过程中种种变相出售国有财产谋取商业利益的行为,中国法律还没有"说法"。全国第一家主打旅游牌的海南卫视改版后实行商业化经营,除了《海南新闻》等少数节目外,旅游卫视的大部分节目都在北京制作,其人员向社会招聘。2003 年 8 月,海南广播电视台与北大华亿影视文化有限公司签署合同,出售海南旅游卫视 49% 的股权,代价为 2.7 亿元,合同将从 2004 年 1 月 1 日开始实施。谁料,2003 年 12 月 1 日,合同尚未实施,海南旅游卫视便被北大华亿"转嫁"给保利文化了,"套现"所得 4.1 亿元。这桩离奇的生意使人们对广播电视公共资源的有偿转让充满疑虑③。

2. 数字化发展

有线电视数字化是广电总局为中国广播电视发展指示的方向之一。2004 年被广电总局确定为数字发展年和产业发展年。总局发布了《广播电视有线数字付费频道业务管理暂行办法(试行)》,批准开办 34 个付费电视频道和 7 套付费广播节目,全国 49 个城市和地区开始了有线数字电视试点。2003 年 9 月 1 日,中央电视台、北京广播影视集团、电影频道中心共 9 套付费电视和中央广播电台 4 套付费

① 张浩:《电广传媒低调招标 电视湘军成绩斐然虚火不再?》,载《经济观察报》,转引自网络(http://www.rednet.com.cn)。
② 阮志孝:《电广传媒"以股抵债"风波引发的思考》,第八次全国传播学研讨会论文(北京),2004 年 10 月。
③ 《关于"保利集团资本运作控制旅游卫视经营权"的市场研究报告》,百度文库。

广播开始在全国试播。北京、上海、江苏建立了收费系统。

加入 WTO 以后,中国电影和音像已部分、有限度开放;国外大型传媒集团已经有条件地进入局部地区;国外文化产品、文化资本及其携带的文化价值观正在汹涌而入。因此,广电总局对下一步广播电视产业化的设想是强化优势产业(电视),振兴弱势产业(广播、电影、动画),发展新兴产业(数字设备、机顶盒)。产业努力已经成果初现。

3. 广告流向转变

产业化也是广电总局为中国广播电视发展指示的方向。1982 年,全国广电系统收入仅 9.83 亿元,基本依赖财政拨款。2002 年全国广电收入达到 514 亿元,其中广告收入 280 亿元,占总收入的 54.47%;财政拨款 75.84 亿元,仅占 14.75%[1]。此后广播电视收入不断增加,虽然其他"多种经营"也在发展,但广告始终是收入的大头。

引人注目的是新媒介近年来的崛起,尤其是广告资金大规模流向新媒介的动向。在广播电视界从业者特别是电视名人纷纷跳槽、创业,弃传统媒体而就新媒介的同时,广告资源也在流向新的领域。央视 2015 年黄金资源广告招标首次纳入包括跨屏互动、台网捆绑和纯网络产品等新媒介广告产品,结果包括春晚互动在内的新媒介广告招标一举收获 2.7 亿元[2]。而据业内人士披露的数据显示[3],当年《新闻联播》《天气预报》两档节目前后的 6 个单元总共 9 块标版的中标结果,仅有一个 10 秒标版比前一年中标均价稍高,涨幅为 1%,一个 5 秒标版中标结果与前一年均价持平,其余 7 个标版均明显下滑。这一广告投放转向的事例具有风向标的意义。

四、广播电视"走出去"和新老媒介融合

2008 年发生在中国、影响到世界的一件大事是中国举办第 29 届奥林匹克运动会。规模盛大、富丽堂皇的北京奥运会开幕式电视直播以具象的方式展示了"中国崛起"的事实。然而,面对世界的怀疑和警惕,中国认识到:面对"西强我弱"的国际舆论,有向世界说明和解释中国的需要,有改善中国国际形象的需要。

电视的形态与国际传播的策略都在变化之中。从传统电视到网络视频,今天的新型电视已经不是我们熟悉的"电视"含义。在媒介融合的"互联网＋"生态中,观众既是接受者,有时又是传播者。人们不大分得清:谁是传播者,是谁在说话;

---

① 《国家广电总局关于促进广播影视产业发展的意见》,《中国广播电视年鉴》(2004),第 16 页。

② 《中国广播电视年鉴》(2015),第 298 页。

③ "综艺＋":《央视 2015 广告预售总额创新高 核心资源价格下滑》,http://www.zongyijia.com/News/News_info? id＝28696。

谁是接受者,他/她是否相信你的话。人们不大确定:传播的渠道是否可信;传播的内容是否可靠。在后现代的逻辑与氛围里,与习惯的"一分耕耘一分收获"不同,必须承认非常规思维的有效性,国际传播必须巧用力、用巧力。

2009年,全球经济在金融危机的背景下总体上衰落不振。与此相反,中国经济在宏观调控计划的刺激下却逆势上扬。正是在这一年,中国主流媒体包括视听传媒在党和国家的指示下开启了大规模"走出去"的行动。在"走出去"的媒体中,引人注目的是传统媒体向电子媒介的转向,和新旧媒介之间的融合;最突出的代表一度是新华电视。

1. 新华电视的全球传播

2010年1月1日,"新华新闻电视网"(CNC)中文普通话频道试验播出,7月1日,覆盖全球的CNC英语频道正式上星播出。从一开始,CNC就是专注国际传播的媒体——它未获准在国内落地。作为最具国际传播优势的新华社的重大创新举措,CNC的出现曾引起全球传媒的关注;然而,6年过去了,新华电视无声无息,不仅未能成为中国进行全球传播的航空母舰,甚至在国内也鲜为人知。

事实表明,CNC面对的是国家传媒机构及其宣传使命与商业传播模式及其市场压力之间的内在矛盾。从一开始,CNC便遭遇了国际受众和国内同行的双重质疑。CNC还必须承受国内广播电视界的排挤和国家传播政策的限制,无法通过国内市场这个可行的培育机制来积累电视传播经验,增强国际竞争实力。种种情况证明,CNC的未来之路实不乐观。

但是,CNC的加入对于中国电视新闻体制的改革却是一次有意义的尝试。长期以来,中国传媒机构画地为牢,各占一方,这种"守土有责"的观念在媒介融合时代已经过时。而在新的传播生态中,所有大众媒介新一轮的融合、重组与定位势在必行。CNC如能打破中央电视台(CCTV)在广播电视领域一家独大的局面,不仅对大众的传播服务,而且对CCTV的新闻改革,都会产生积极的影响。不过,这种改革的效果要在体制机制转变的前提下才可能发生。

2. 广播电视"走出去"

自2008年以来,广播电视积极响应党和国家号召,重点加强国际体系和国际传播能力的建设,创造条件走出国门。

截至2014年,具有多语种优势的中国国际广播电台通过自建、委托建设和委托制作等各种方式,在境外设置了102个整频道落地的电台,采用43个语种,每天播出时数累计达2 500多小时。国际台的"国际在线"网站,使用65种语言对外传

播;同时,与广西、海南等广播电视台合作,采用越南语、泰语、柬埔寨语、英语、马来语、菲律宾语、印尼语和汉语中的普通话和粤语,对北部湾和南海地区进行对外传播。

通过数年的努力,中央电视台国际频道的整频道用户已达 3.87 亿,仅 2014 年便增加 3753 万,以"植入式"落地的项目,用户已达 1 亿;通过"植入式"传播,向海外媒体推送外宣节目 51 批次、756 期。节目外销金额两年突破亿元,《舌尖上的中国》《超级工程》等影视片进入外界公众的视野。

中央电视台还特别注重构建国际传播的新媒体平台,推出主打短视频 CCTVNEWS APP。英语新闻频道在 YouTube 上的点击量 2014 年超过了 CNN 的国际频道账号,在 Facebook 平台上的主账号粉丝增长速度超过了俄罗斯的 RT、英国的 BBC 和半岛电视台的国际频道账号。新媒介的活跃可以部分地增进对外宣传的影响,但在传统电视屏幕上,中国电视还未能有效地进入千家万户。

3. 融合网络新媒介

传统主流媒体与网络新媒介融合是一种普遍的趋势。在这个方面,对内传播也像对外传播一样明显。虽然新华电视在国外的传播显然没有成功,但主流媒体的新媒介实践对国内公众却发挥了超出预想的作用。人民网、人民日报微博、客户端和微信公众号,包括《人民日报》海外网和"学习小组""侠客岛"等陆续推出的新媒介网络产品,扩大了《人民日报》的舆论阵地,在海内外产生了广泛的影响。而广播电视业的新媒介运用也出现了长足的发展。

志在"走出去"的中国广播电视媒体大多采用了新媒介的渠道进行国际传播。

近年来,视听新媒介发展迅速,网络视频的用户和市场规模都呈持续快速的增长[①]。2014 年,中国网络视频用户已达 4.39 亿,占网民人数近 7 成;全国手机电视用户也达到 5 400 多万。网络视频的传播市场不断扩大。截至 2014 年年底,全国有 28 家省级及以上机构获准开办了网络电视台,6 家广电机构开办了手机电视集成服务,7 家广电机构运营着互联网电视集成平台。全国有 605 家获得许可的互联网视听节目服务机构,并不断从移动新媒介中获利。如爱奇艺的视频流量中,移动流量从 2010 年的 10%上升到 2013 年的 50%、2014 年的 60%。

4. 广播电视管理

广电总局对广播电视的管理忽松忽紧,既有越位,也有缺位,但总体偏紧。例

---

① 以下数据见《中国广播电视年鉴》(2015),第 179 页。

如,为了支持网络节目的生长,广电总局一度实行比较宽松的"自播自审"政策。但随着 2014 年、2015 年网络视频爆发式的增长,管理尺度收紧。

2014 年,有人统计了广电总局自 2000 年以来发布的一系列禁令,包括对新媒介的禁令,发现"(广电)总局管得越来越多,下发的限禁令也是越来越详细"①。

广电总局对广播电视的管理具体而微。就"必须"播出而言,2011 年,正值建党 90 周年大庆,总局要求各地电视台停播已经列入计划的谍战剧、穿越剧、涉案剧以及苦情剧,改播红色电视剧。对"不得播出"的内容规定最多,如"凶杀暴力涉案剧"、戏说"红色经典"、情感类节目的低俗化。此外,禁止宫斗戏、涉案戏、穿越剧在上星频道黄金档播出,不允许有丑闻劣迹的人物上电视节目做嘉宾。还有大量限定条件的规定,如"超女"等选手年龄必须满 18 岁,港台主持人在内地主持不得连续超过 3 期。对婚恋交友类、才艺竞秀类、情感故事类等七类型节目实行播出总量和播出时间的控制。要求中文播音员和主持人一律使用标准规范普通话,不得使用方言俚语、网络用语,不在普通话中夹杂不必要的外语。电视养生类节目只能由电视台策划制作,不得由社会公司制作。不符合规定的会要求停播,如韩剧《流星花园》,以地方方言译制的境外广播电视节目(如《猫和老鼠》),丰胸、减肥、增高等电视购物广告。

应该说,实施对广播电视媒介及其传播的监管是十分必要的;对新兴的网络视频传播,对常打擦边球的互联网色情、暴力、黑社会、凶杀等内容,都特别需要加强管理。广电总局对播出节目需要版权许可的规定,对证券节目与证券咨询机构的商业化合作的限制,对影视剧中烟草品牌和变相广告的禁止等,都是合理的要求。

然而,有一些规定在社会上引起了较大的影响。2009 年 4 月,广电总局下发新规《关于加强互联网视听节目内容管理的通知》,禁止未取得许可证的电影、电视剧、动画片等在互联网上传播。实际上,一些网站已经买到版权,并在网络上播出并获得了很高的点击量。这项禁令对如火如荼的美剧观看是当头一棒。2011 年 7 月,在"三网融合"的热潮中,广电总局严禁通过互联网经机顶盒向电视机终端提供视听节目服务,直接影响到正在兴起的互联网与传统电视的自由组合。2014 年 4 月,广电总局发布被称为"一剧两星"的"限播令":自 2015 年开始,同一部电视剧每晚黄金时段联播的卫视综合频道不得超过两家,播出不得超过两集,迫使晚间集中播放电视剧的卫视频道急寻对策。

政策和管治的过程不乏博弈。2012 年 7 月,广电总局下发《关于进一步加强

---

① 《超 60 项限令:国家新闻出版广电总局 15 年禁限令一览》,传媒评论,http://www.aiweibang.com/yuedu/3634839.html。

网络剧、微电影等网络视听节目管理的通知》,要求互联网视听节目服务单位按照"谁办网谁负责"的原则,对网络剧、微电影等自制网络视听节目进行审核,一度放任网络剧大肆发展。其后,随着暴力和软色情现象不断出现,特别是针对经营者"打擦边球""冲击底线"的媚俗倾向,2016 年,广电总局重申加强管治:"电视台不能播的网络就不能播"①。面对大量下架的热播网剧,网友愤愤不平。2016 年 4 月,最新的管理规定——《关于进一步加强电视上星综合频道节目管理的通知》——又通过网络扩散开来②,规定具有重要的"纠偏"意义③。

思考题

1. 中国广播电视法制的发展概况。
2. 中国广播电视治理整顿和整合的发展状况。
3. 如何评价广播电视的集团化?
4. 如何评价中国传媒"走出去"?

---

① 《广电总局网络视听节目管理司罗建辉司长：电视台不能播的网络就不能播》,淘梦网,2016 年 2 月 27 日。

② 《关于进一步加强电视上星综合频道节目管理的通知 全文解读》,法律法规网,http://www.lc123.net/xw/cj/2016-04-17/341593.html。

③ 《"限娃令"叫停"星娃"刷脸吸金》,《文汇报》,2016 年 04 月 18 日第 3 版。

第七章 香港、澳门、台湾广播电视史略

由于历史和政治的原因,作为中国一部分的台湾以及香港、澳门的广播电视事业是各自单独进行的。1997 年,香港回归祖国,1999 年,澳门回归祖国,中国各地区之间交往逐渐密切。不过,由于实行"一国两制"的基本国策,香港和澳门在广播电视的管理体制和节目操作层面与内地并不相同。

中国加入 WTO 之后,随着全球化趋势的加强和中国在世界经济中卷入越来越深,内地与港澳之间的来往、台湾海峡两岸的接触越来越多。在各地区相互了解不断增强的同时,政治经济方面的矛盾、摩擦和冲突也在所难免。广阔而繁荣的大陆广播电视市场吸引了越来越多的港台专业人士和演艺人才,他们纷纷北上和西迁。一方面,港台人才和专业经验促进了大陆广播电视的发展;另一方面,也带来了港台影视空心化的趋势。作为独立的地方市场,港台地区广播电视似乎日渐凋敝;而融入整个中华文化大市场,无论对于局部还是整体而言,都会是一种双赢的选择。

第一节 香港的广播电视事业

鸦片战争后,英国根据 1842 年的《南京条约》侵占香港岛,根据 1860 年的《北京条约》侵占九龙,并于 1898 年强行租借新界 99 年。1997 年 7 月 1 日,香港回归祖国,实行"一国两制",成立特别行政区。

一、广播事业

在香港,业余无线电爱好者最早开展广播试验活动,于 1923 年开始播放新闻、音乐。1928 年,港英政府接管经营,于 6 月 30 日正式成立香港电台,用英语播音。1934 年增设中文台,以粤语播音。1941 年 12 月,日军侵占香港,曾以"香岛放送局"的名义播出。1945 年 9 月 15 日,英国重新管制香港电台,

1948 年 8 月正式命名为"香港广播电台"。在此期间,香港只有这一家官办的广播电台。

1949 年 3 月 21 日,英商开办"丽的呼声"有线广播电台,结束了香港官方电台独家广播的时代。丽的呼声设有粤语中文台(银色网)和英文台(蓝色网),除自办节目之外,也转播香港广播电台的节目,用户直线上升,广播网遍布香港地区。1956 年 7 月,又开办第二个中文台(金色网),专门以广州话、潮州话、上海话播出方言节目。丽的公司在全盛时期的 1957 年还开办了黑白有线电视广播,此后精力转向电视,广播电台于 1973 年停播。

1959 年,香港第二家商营的"商业广播电台"于 8 月 26 日开播,办有英文、中文两套节目,以广告收入支持经营。1963 年又增加一个中文台。丽的有线广播停播后,该台成为唯一的一家商营广播电台。

1990 年,港英政府招标开办第二家商营广播电台。1991 年 7 月,新城广播电台开始播出,三个频率分称"新闻台""劲歌台"和"金曲台"。从此公商电台三足鼎立。不过,真正的竞争是在政府的香港广播电台和商营的商业广播电台之间进行的。长期以来,香港的新闻报道由政府严格控制,主要转播 BBC 的新闻,并播报港府新闻处提供的消息。直至 1973 年和 1974 年,香港电台和商业电台才分别成立了各自的新闻部。

1976 年 4 月,香港电台成为亚洲第一个采用调频立体声播出的电台。1981年,商业电台也开始调频广播。

香港的广播电视管理机构原来是成立于 1987 年的香港广播事务管理局。广管局下设投诉委员会与业务守则委员会作为咨询机构,行政管理则由影视娱乐处及下属的广播事务管理科具体实施。广管局实行法治管理,根据法规条例(《广播条例》《电讯条例》《广播事务管理局条例》)进行行政监管;根据广播电台和电视台的《节目标准》和《广告标准》,采取以市民投诉为主的监察方法,对违规节目及媒介发出劝喻、强烈劝喻、警告、严重警告等批评。

2012 年 4 月,独立法规机构香港通讯事务管理局根据《通讯事务管理局条例》成立,接管了前电讯管理局和广播事务管理局的职能,下设电讯、广播两大部分,全面监管广播业和电信业。这也是世界媒介融合趋势带来的变化。

2014 年香港有 4 个私营商业广播机构。除了老牌的商业广播有限公司之外,香港数码有限公司等新技术媒体按照牌照规定,均已推出数字声音广播。

二、电视事业

从电视在香港诞生的时候起,港英政府就决定不设立官方电视台,所以香港实

行的是商业电视制度,电视台都是私营的。这种政策延续到回归之后。

1. 商营电视台

1957 年 5 月,英国资本的"丽的呼声(香港)有限公司"创办"丽的电视台",以有线方式播出黑白电视节目。丽的电视起初只有英语台,面向懂英语的上层观众;1963 年 9 月增设中文台,但也只是将从欧美买来的影片配上中文字幕播出,后来才用广州话配音。用户需交费,线路也仅限于香港岛市区,最多时仅 10 万用户。"丽的"一家垄断香港电视的局面达十年之久。

1967 年 11 月 19 日,另一家商营电视台加入角逐。这便是电视广播有限公司(简称"无线电视台",英文字头 TVB)。"无线"台的电视不用电缆,不必交费,也设有英语、华语两套节目,称"翡翠台"(华语)和"明珠台"(英语)。初期是黑白颜色,1971 年开办彩色电视,很快夺得优势,观众人数骤升,广告财源滚滚而来。1983 年 8 月,无线电视台改组,成立香港电视有限公司,故又称"港视"。

形势逼迫丽的改弦更张,于 1973 年 12 月和 1974 年 4 月分别将华语台(本港台)和英语台(国际台)改为彩色无线电视台。然而,无论是播放质量还是节目内容都无法与"无线台"媲美,在竞争中一直居于下风。由于连年亏损,股权数次变更,英国资本于 1981 年退出,澳洲财团接手。1982 年,丽的电视台被香港商人邱德根完全收购,改名"亚洲电视有限公司"(简称"亚视",英文字头 ATV)。港视与亚视的收视率与广告收入的比例长年保持在 8 比 2 与 7 比 3 之间。1975 年 9 月,香港第三家电视台"佳艺电视台"曾以华语节目参与竞争,但不到 3 年即宣告倒闭。此后,港英政府接受香港电视咨询委员会建议,不再批准第 3 家广播电视台。

香港的广播电视技术发达,电视台自 1976 年起采用卫星转播新闻、体育和娱乐节目,也对内地产生很大影响。而港视和亚视两家电视台为了争夺观众,均将重点放在华语节目晚间的黄金时段上。为了迎合市民口味,黄金时间几乎都是播放娱乐节目。亚视擅长制作长篇电视连续剧,如《大侠霍元甲》《陈真传》《武则天》等,都取得了很高的收视率。港视则以娱乐节目见长,创办于 1967 年的综艺节目《欢乐今宵》连续播放多年,每周从星期一到星期五播放 5 次,内容多样,轻松欢快。港视还擅长制作大型特别节目,一年一度的"香港小姐竞选""金唱片颁奖礼"等歌舞综艺节目气派恢宏,色彩绚丽,深受市民欢迎,其流风余绪也影响到内地的娱乐形式。为了竞争,港视日益看重电视剧尤其是武侠电视剧的制作。香港的电视剧题材多样:社会写实、戏说历史、谐趣、警匪、侦探、青春、家庭、讽刺,等等,情节曲折,节奏紧张,贴近生活,富于吸引力。自回归后,香港影视界与内地关系日益密切,广播电视合作增多。近年来,香港影视业越来越不景气,许多香港艺员到内地发展,

投资内地影视的娱乐公司也逐渐增多。

入主亚视扭亏为盈的老板邱德根于 1988 年身陷讼事、1989 年出售电视台。自此之后,亚视股权屡经易手,经营江河日下,直至拖欠员工工资。最终,以执照期满、未获续牌而于 2016 年 4 月 2 日零时起停播。4 月 1 日"23 时 59 分 57 秒,亚视主频道、模拟信号的'本港台'正播出的一个旅游节目戛然而止,满屏飘飘雪花点,宣告了大中华地区第一家电视台就此从大气电波中消失。亚视的其余所有频道也同时消失"①。而另外一家香港电视台 TVB 也在 2011 年年初由邵逸夫家族将所持股份卖给香港和台湾商人,标志着"由邵逸夫夫妇创造的香港影视奇迹已经终结,邵氏 TVB 文化也走到了尽头"。据无线电视 2016 年 3 月公布的 2015 年度业绩,在竞争对手亚视"溃不成军,坐等关门"的情况下,TVB 持续经营业务方面仍落得 428 万港元罕见亏损②。

2. 广播电视的公共服务及其他

香港虽然没有官方电视台,但香港政府为了宣传和教育,规定由官方的香港广播电台制作公共事务电视片,免费提供商业电视台播放。香港电台电视部成立于 1970 年,起初拍摄黑白影片,后发展到彩色影片、录像节目。节目内容有时事短片、电视剧、纪录片和讨论节目。电视部自 1971 年开始,还制作面向中小学生的教育节目,也由商业电视台播放。

香港当局于 1989 年 9 月公布《电视广告修订条例》,撤销之前对电视新闻节目插播广告的禁令,每日可插播广告 3.5 分钟以下,但仍限制新闻节目接受赞助。亚视即于 10 月 2 日开始在新闻节目中插播广告。香港广播事务管理局属下的投诉委员也常常接到市民对电视节目的投诉,其中大部分涉及暴力与色情内容。

3. 有线电视与卫星电视

1989 年,香港行政局批准开办有线电视,将设立有线电视网络和开办电视频道的专利权授予香港有线传播有限公司。1993 年 10 月 31 日,香港九仓有线电视台(简称"有线台")正式开播,标志着香港电视业进入技术上多元化发展的新时期。

香港是一个国际化的大都市、免税港口,经济上实行自由政策。许多卫星公司是以香港为基地、提供"非以香港为主要目标市场服务"的传媒机构。各种合资方式成立的国际传媒机构可以在香港播出收费的电视频道。

---

① 程鹤麟:《59 年历史的香港亚视,其失败命中注定》,腾讯大家,2016 年 4 月 3 日。
② 同上。

在以香港为基地的卫星电视机构中,最引人注目的莫过于国际传媒大亨默多克所有的星空卫视(Star TV)了。1990年,香港政府批准和记黄埔有限公司、中信公司、香港大东电报局组成合资公司,通过"亚洲一号"卫星经营泛亚洲卫星电视广播服务。1991年5月15日,香港卫星电视公司(后用"星空卫视"的中文名字)开办。1993年7月,世界媒介大王默多克通过并购成为"星空卫视"的老板。1994年"星空卫视"才获准开办广东话节目。默多克在中国左奔右突,最终未能占领中国市场。2010年,新成立的具有国资背景的华人文化产业投资基金控股原属新闻集团全资拥有的星空卫视频道四项服务。这是该基金的第一个投资项目。

1996年3月31日,采用普通话播音、覆盖中国大陆及台港澳地区的凤凰卫视正式开播,它立足香港,拾遗补阙,很快在中国大陆赢得市场。1999—2000年度凤凰卫视已经盈利5 030万港元。凤凰收入的90%源于广告,其中内地占7成、海外仅占3成①。凤凰卫视善于包装主持人,打公关牌。1998年"两会"期间,新闻主持人吴小莉做《直击两会》报道,刚上任的朱镕基总理在中外记者招待会上亲自点她的名,给她提问的机会。2000年6月股票成功上市后,凤凰卫视增办资讯台和美洲台,加上原有的中文台、电影台、欧洲台,共办有5套节目。凤凰卫视原来由默多克的新闻集团和凤凰卫视行政总裁刘长乐的今日亚洲有限公司共同控股。凤凰卫视于2000年在香港挂牌上市后,中国移动通信集团参与,成为第二大股东,星空传媒位居第三。2013年10月19日,凤凰卫视公告称传媒大亨默多克已不再持有凤凰卫视股份。

2000年7月6日,香港新的《广播条例》(第48号条例)颁布实施,宣布颁发新的收费电视牌照。2000年12月1日,香港上市公司"路讯通"开始在香港最先进的豪华公共汽车上安装液晶电视机,采取信息娱乐全方位出击的策略,很快取得显著效果,各传媒机构纷纷免费提供"巴士版"节目,以获取更多的受众。与广播一样,香港的电视数字化变革也在进程之中。

第二节　澳门的广播电视事业

澳门受葡萄牙的殖民统治,被"租借"长达100年。1999年12月20日澳门回归祖国,成立特别行政区。澳门的无线电广播开始于1933年,已有80多年的历史。但是,电视问世以后很久,澳门都没有自己的电视台,居民靠接收香港电视台节目获得娱乐服务。

---

① 胡一峰:《初探凤凰卫视的市场策略》,《电视研究》2001年第5期,第73—74页。

一、广播电台

1933 年 8 月,业余无线电爱好者在澳门葡萄牙政府邮电署的屋顶上建立了一座试验性广播电台,当时尚没有管理机构和法规。起初,电台以葡萄牙语播出新闻,播放音乐。1948 年澳葡当局宣布由新闻旅游处管理广播事业。1963 年,原有的广播电台被当局接收,交给邮电署经办。不过,直到 1980 年 1 月 27 日,这个为政府所有和经营的广播电台才有了"澳门广播电台"的正式名称。1982 年,澳门广播电视公司成立,股权全部为澳门政府所拥有,下设管理部门经营广播电台。1985 年,澳门广播电台采取商营方式经营,开始播放少量广告。1988 年 1 月,澳门广播电视公司将少量股权卖给私人财团,后接受社会入股,成立有政府资金 50.5% 的有限公司,从此成为由澳葡当局间接管理的广播机构。

1950 年,澳门出现了第二家广播电台。这个名为"绿邨"的广播电台起初是一家业余广播电台,用葡萄牙语和粤语播放节目,后因播出赛马消息出名,在香港也拥有了一些听众。从 1964 年起,绿邨广播电台只用粤语播音,并开始采取商营方式播出广告。1967 年,大陆"文革"波及港澳,在香港"反英抗暴"运动中,澳门绿邨广播电台被"造反派"接管两年;1969 年归还后成为完全的商业广播电台,不谈政治,主打娱乐,以提供赛马和赛狗消息招揽听众,覆盖面达整个珠江三角洲。

二、电视事业

澳门电视事业开办于 1984 年 5 月,采用葡萄牙语和粤语播出,主要播放葡萄牙语、英语和华语进口影片、电视系列片和特别节目。因为是双语播出,播放葡语节目加中文字幕;播放粤语节目加葡文字幕;播放英语节目则需要加两种文字的字幕。中葡语两位节目主持人坐在一个画面里,交替解说。1989 年,澳门电视台增大发射电力,开始向香港播出。1990 年 10 月,分为中文台和葡文台两个频道。

1999 年 1 月 20 日,中葡联络小组批准了《澳门有线电视专营合约》,4 月,国际投资的澳门有线电视有限公司与当局签署了为期 15 年的专营合同。澳门有线电视公司于 2000 年开播,提供中央电视台、广东、福建、云南等大陆卫星频道的节目,并收费提供打包的特种频道服务。

到 2014 年澳门有公共广播服务机构澳门广播电视股份有限公司,从事全面的广播电视和新媒体服务;有澳门莲花卫视和澳亚卫视两家主要的卫星广播服务机构;还有一家有线电视公司"澳门有线电视",提供电视的公共接入系统,并以专营方式提供收费服务。

第三节　台湾的广播电视事业

　　台湾自1895年《马关条约》后受日本的殖民统治,1945年台湾光复,回归祖国。1949年国民党残余势力退守台湾。虽然大部分民营及少量官办广播电台留在了大陆,但作为民国广播事业主体的党政军官办广播电台却随之迁台。当今台湾的广播电视事业虽然起源于"日据"时期,但其发展主要是在大陆打下根基的。

一、广播事业基础

　　早在1925年6月,日本在国内开始广播事业的同时,日本"总督府"便在台北建立了播音室,进行试验性广播。1928年11月,日本殖民政府在台北成立台湾广播电台,使用日语开始播音。其后,在台南、台中、嘉义、花莲四处建立广播电台,从事殖民宣传;并仿照日本模式,成立"台湾广播协会"进行管理。

　　日本投降后,1945年11月,国民政府派员接管了日本的上述5座广播电台。1949年,国民党政府及其中央广播电台等官办广播电台先后迁移至台湾。同年11月6日,"中央广播事业管理处"改组为"中国广播公司",管辖台湾广播电台及其下属的台中、台南、嘉义、花莲、高雄、台东6个分台,并办有对本省、对国外(1949年10月10日开播,呼号"自由中国之声")和对大陆(1950年开始)的广播。

　　台湾实行官、商并行的双重体制,民营电台大多是在本地开办的,并于1954年7月成立了民营广播电台联合会。从50年代中期开始,陆续出现专业化广播,例如1971年3月警察广播电台开播了台北交通专业电台。

　　1968年7月31日,"中广公司"在台北的调频广播电台正式播音,1969年建成调频广播网。到20世纪80年代末期,台湾已有广播电台32家(其中党政军12家,发射功率强大;民营20家,但全部发射功率不到总功率的1/30)。

　　早在1948年,国民党政府即有创办电视的计划。当时,由中央广播事业管理处向美国购得发射机6部,开展试验,构想是将发射总台设在南京,在上海等地设立分站,由南京播放新闻和文教节目,上海播放大众娱乐节目。后因国民党撤离大陆,计划夭折。1951年,台湾"行政院"决定,电视事业原则上采用民营企业制度,即美国式的商营制度,以倡导自由竞争。1952年,"中国广播公司"派员赴英国、美国考察电视,带回美国代为设计和拟订的"中国电视台创办计划"一份,后因耗资巨大(80万美元)而作罢。1956年,台湾电力公司从美国带回小型闭路电视设备一套,在台北各处公开演示。1957年8月,远东企业公司又在台北、高雄、金门等地示范表演,为电视催生呐喊,从而诱发"台湾将采用美国机器于双十节开办电视"的

传言。1957年和1958年,台北世界新闻专科学校等机构先后开始训练电视人才。

其后,台湾将发展电视事业的期望转向近邻日本,成立了电视研究小组。1960年蒋介石续任"总统"。在就职仪式上,电视研究小组借助 NEC(日本电气公司)等日本公司的技术和财力,与"中国广播公司"合作,在公共场所设立电视机50台,进行实况转播,造成轰动。1961年10月,台湾"立法院"通过了交通部拟定的三种电视法规,即《电视广播电台设置暂行规则》《黑白电视广播技术标准规范》和《电视广播接收机登记规则》。至此,台湾电视扫描技术标准规定为美国 NTSC 制式。

管理台湾广播电视事业的机构是"行政院"新闻局广播电视处。1976年1月,台湾颁布"广播电视法",允许民营(私营商业)电台播出广告,其余广播电台不得播放广告。1982年6月,经过修订的"广播电视法"颁布,增加了要求广播电视机构将经营盈余充作提高广播电视事业水准及发展公共电视基金的项目,并增订了对录像节目和广播电视制作业的管理规定。

二、电视网台的发展

在1960年成立的教育广播电台的基础上,由"国立教育资料馆"与合作单位共同创立的"国立教育电视实验广播电台"于1962年2月14日问世了。这是台湾地区第一个电视台,地址就在教育资料馆楼上,所用发射机由交通大学制造,最初发射电力100瓦。试验一年后,于1963年12月1日正式播出,名称去掉"实验"二字,发射机功率增至1 000瓦,覆盖整个大台北地区。1964年,教育电视台改装美国无线电公司(RCA)2 000瓦发射机,可覆盖台湾北部地区,但由于财源困难,播出的始终是黑白电视。

教育电视台开播时独此一家,虽然信号微弱,且采用黑白画面,仍能吸引观众。节目内容以课堂教学与社会教育为主。然而数月后,当发射电力强大的台湾电视公司问世以后,教育电视台相形见绌,在惨淡经营9年之后,终于在1971年7月停播,后归于台湾中华电视台。

1961年2月,台湾省政府设置"台湾电视事业筹备委员会",决定寻求国际资金与技术合作,发展电视事业。委员会拟定的五项原则是:第一,外商投资不得超过总投资的49%;第二,合作范围包括建立电视机制造厂;第三,节目由中方主持;第四,外商须提供技术及人员培训;第五,公司性质为民营。经与美国、日本、西欧各国洽谈,最后选定富士、日立、日电、东芝四家日本公司作为合作伙伴。协议书规定:公司资本,中方占60%,其中49%为台湾省政府投资,11%为民间投资;日方占40%,由四家公司分摊。董事名额按出资比例分配。初期1.5万台黑白电视机向日方购买,3年后发展为10万台。1962年4月,台湾电视事业股份有限公司(简

称"台视",英文字头 TTV)正式成立,附设日本国内开始淘汰的黑白电视机装配厂。

1962 年 10 月 3 日,台视开始试播。一周后的"双十节"正式开播,特邀蒋介石夫人宋美龄启动电钮。台视是台湾地区第一家商业电视台,初期发射电力 5 000 瓦,每日播出节目 5 小时,台湾北部地区收视清晰,加之节目内容生动,大大超过业已存在的教育电视节目,顿时引起大众兴趣,电视机销量直线上升。自 1963 年起,日方技术人员陆续撤出。1964 年,为扩大电视网,台视增资一倍,完全由中方认股。于是,日方投资比例由 40％降至 20％。至 1968 年,台视为建立彩色电视中心,再度增资,使资本总额达一亿元。此时,日方股权仅占 12％。

受到即将开播的"中国电视公司""节目彩色化"宣传的威胁,1969 年 9 月,台视抢先播出彩色外国影片。12 月,又首次试播了彩色电视现场节目《群星会》。1970 年 4 月,《群星会》成为台视第一个固定的现场直播彩色节目。到 1972 年台视庆祝成立 10 周年时,彩色节目比例已占 80％。台视利用首家商业电视台的机会,独家经营商业电视 7 年,生意蒸蒸日上。

台视开办前后,有意创办电视者已大有人在。及见台视开播一年多即有盈余,个个跃跃欲试。于是,"国民党政府"决定在台视完成全岛联网后就开放第二家商业电视台。其时申请者多达数十家,僧多粥少,频道不够分配。最后由蒋介石拍板决定,以"中国广播公司"为核心,联合各民营电台及社会各界人士,集资创办一座电视台。经议决,官办中国广播公司投资 50％,各民营电台共投资 28％,社会各界集资 22％,筹集资金新台币一亿元,于 1968 年成立"中国电视事业股份有限公司"(简称"中视",英文字头 CTV)。

中视最初借用中国广播公司新建的大厦作为台址,1983 年后兴建"中视大厦",1987 年 2 月启用。中视计划一次建成覆盖全岛的电视广播网,节目则以彩色播出,并发展卫星转播,以为竞争手段。1969 年 10 月 31 日正式开播,发射机功率 10 千瓦。两年后,全岛电视广播网建成。中视开办时每周播映 57 小时节目,并率先实现了彩色化。又首先推出轰动全台湾的电视连续剧《晶晶》,每日播出半小时。从此,连续剧成为各家电视台争夺观众的看家法宝,被视为决定收视率的关键。1982 年,中视又首先引进香港武打电视剧《楚留香》,此后,其他电视台纷纷仿效,竞相以香港电视连续剧和武打片招徕观众。中视开播初期,广告收入欠佳,民营股份不堪赔累,纷纷退股,而由国民党收购。因而中视实际成为"党营商业"。

中视成立后,与台视平分秋色,既有竞争,又有合作。1970 年 3 月 6 日,成立了"中华民国"电视学会,负责学术研究及台际协调工作。

1968 年,教育电视台难以维持。于是"教育部"与"国防部"商议改组。"国防部"拨款投资,"教育部"以教育电视台的设备投资,共同经营。1971年2月,"中华电视台"(简称"华视",英文字头CTS)正式成立。10月10日试播,10月31日正式开播,设在台北、中部、南部的转播站发射功率均为10千瓦。华视成立后,台视、中视、华视三家电视台遂成鼎足之势。

华视午间和晚间播放综合节目,每日约8小时,上午播放空中教学节目。1974年,华视开始播放350集电视连续剧《包青天》,9月又开播256集电视连续剧《保镖》,这两部古装武侠剧播放时期之长和收视率之高都是创纪录的;因而导致"行政院"新闻局下令,自1978年5月起,连续剧的长度不得超过30集。

台湾电视业的重大变化是第四家新无线电视台的开业。随着新技术的开发,20世纪90年代后期民进党支持的团体获得筹办许可。1997年6月11日"全民电视台"(简称"民视",FTV)采用甚高频频道开始播出。广播电视加强了民进党的宣传,2000年,民进党上台执政。

三、公共电视的出现

长期以来,台视、中视、华视三分天下,虽称"民营",但官股均多于民股,各有政、党、军靠山,在岛内竞争激烈。节目制作虽日趋精良,但节目内容趋于低俗,电视经常成为大众及报纸批评的对象。为纠偏济困,台湾各界提出了"公共电视"的设想。

1980年,"行政院长"孙运璇提出了"公共电视"的建议。1982年,新闻局修改"广播电视法",要求三大电视台提供部分经营利润,成立广电事业发展基金,为三个商业电视台培养人才,及为未来的公共电视事业打下基础。1983年,新闻局成立"公共电视节目制播小组"(简称"公视小组"),负责节目制作,9月1日,责成华视增设超高频教育电视专用频道,专门播放空中教学节目及公共电视节目。1984年5月20日,中视频道上出现了第一个公共电视节目——《大家来读"三字经"》。

因为超高频电视机当时尚不普及,华视教育频道迟迟未能启用。公共电视节目采用三家商业电视台按日轮流、顺序播出的办法,每日播出一个小时。然而,公共电视节目每日游走于不同的电视台,穿插于一般商业电视节目之间播映,很难使观众留下印象,并形成约会意识。且每次播出一个小时的公共电视节目,孤军奋斗,无法产生持续的影响力。在一群关心公共电视的学术、文化界人士的努力推动下,经大量民间游说及"立法院"内各政党的密集协商,1997年5月31日,"公共电视法"三读通过。1998年7月1日,财团法人公共电视文化事业基金会正式成立,公共电视台同日开播。

台湾公共电视台(简称"公视",英文字头PTS)是为服务公众而成立的一家全

民共同拥有的独立公共媒体,它宣称不受任何政府、政党及利益团体的控制。公共电视创立的目的是为了弥补商营电视的欠缺,主要任务是提供全方位的公共服务。因此,公共电视制播的节目注重妇女、儿童、本土居民的特殊要求,内容上以教育、环保、文化艺术为主,并力求高质量。公视的出现改变了台湾广播电视的生态结构,为台湾电视史掀开了新的篇章。

公共电视主要的节目来源是:一是委托社会力量制作;二是向国外公共电视台购买。经费来源:一是政府预算拨款,二是政府根据"广播电视法"向商业电视台征收"税后盈余基金",其中一部分用于资助公共电视。遵循"公共电视法"的规定,公视的经费来源可以包括企业赞助(但不得促销特定的商品或服务,且企业不得参与节目的制播过程)、个人捐赠和经营创收费用。2006 年 7 月 1 日,公视与中华电视公司合组为台湾公共广播电视集团(TBS)。

四、有线电视、节目制作及其他

台湾电视节目的自制率不断提高。不仅外来节目逐步减少,而且自 1972 年起,3 家电视台制作的电视剧和综艺节目还销往香港地区以及新加坡、泰国、菲律宾、美国和加拿大等国家的华语社会。大陆改革开放以后,对台湾的电视节目需求增加,大陆和台湾地区广播电视交流趋于频繁。

台湾电视技术事业也发展迅速。20 世纪 70 年代上半叶,借助公用微波通讯系统,电视已实现对全省的电视覆盖,电视机已经普及。台湾于 1965 年 1 月第一批加入国际通信卫星组织(1977 年被驱逐),从此开始利用卫星传播电视节目。此后,3 家电视台竞相从事越洋电视转播,尤其是体育节目转播。

但台湾的有线电视政策久拖不决,致使岛内长期没有合法的有线电视台。于是,在某些收视情况不良的山区及一部分社区和大饭店,安装可以播放录像节目的共用天线或闭路电视系统的现象自 1969 年以后越来越普遍。这些有线电视系统大多播放武侠、警匪、爱情等内容的录像片,其中不乏色情性的"成人影片",且90%由海外传入。这些有线电视系统被习惯性地称为"第四频道",以区别于台视、中视、华视 3 大电视网。台湾的录像事业很发达,增长迅速,在全球名列前茅。

中国改革开放以来,随着海峡两岸文化交流的增加,广播电视来往也日益频繁,但官方政策限制很多。1987 年 9 月 2 日,台湾 3 家电视台开始播报大陆主要城市的天气概况,以配合民众赴大陆探亲。鉴于民众对大陆兴趣高涨,1988 年 9 月 2日,新闻局公布"现阶段电视台播出大陆风光片及奥运会转播尺度的处理原则",规定每台每周播放大陆风光片不得超过两小时;奥运会可以转播大陆和台湾地区选手的比赛以及大陆队争夺冠亚军的比赛。1988 年 9 月 12 日,中华电视台开始播出

《锦绣山河》，这是台湾的电视台正式播放第一部大陆风光片，是从日本 NHK 拍摄的《大黄河》和《丝绸之路》上剪辑下来的。此后，大陆风光片成为台湾观众最欢迎的电视节目之一。

在节目制作方面，1989 年 4 月，台湾当局制定了《现阶段电影事业、广播电视事业、广播电视节目供应事业赴大陆地区拍片及制作节目报备作业实施要则》，于 5 月 18 日公布实施。影视界立刻掀起了"大陆热"，成为当年影视界重大新闻。1989 年 6 月，3 家电视台同时播放反映大陆风土人情的电视片《八千里路云和月》《放眼看大陆》。1992 年 7 月，福建电视台《海峡同乐》栏目成为大陆第一家赴台拍片的摄制组。

1988 年，台湾当局首先开放民众接收直播卫星信号的权利；接着开放了经营者租购卫星转发器播放节目的权利；其后开放了卫星节目中继业务和地面站的经营业务。1993 年以前，全岛只有 32 家广播公司，官办 12 家，民营商业 20 家。1993 年以后，台湾实行电波开放政策，至 2003 年 12 月，获得营业执照的广播电台有 174 家，已经在播的广播电台约 150 家。这些电台分为大中小三种类型：全岛的、地区的、社区的，多数电台为社区类型的中小功率电台。广播电台通过联播、联营、策略联盟等手段扩大经营规模；并采取类型化方式从事针对性的传播。例如，专业电台有新闻、轻音乐、交通信息、证券市场等。

非法的"第四频道"也合法化了。1993 年 8 月，台湾《有线电视法》完成立法程序。根据行政区划，新闻局将全岛有线电视的经营区域划分为 51 个，并自 1994 年 10 月 1 日起受理有线电视系统申请。由于情况变化很大，1999 年《有线电视法》修订后名称改为《有线广播电视法》。《有线广播电视法》的修订要点包括开放对外籍人的投资限制、防止垄断经营、放宽部分跨媒体经营的限制、规范上游频道经营者收购下游系统的限制条款、强化受众权益的保护等。同年，台湾电视节目全面实施分级制。

台湾对卫星电视实行开放政策。1999 年 2 月 3 日，台湾公布实施《卫星广播电视法》，媒介开放政策从此趋向完备。1999 年 11 月 15 日，台湾首家直播卫星电视台（太平洋卫视，DTH）开播，2000 年 6 月，台湾开播数字电视。台湾主要的广播电视台均已开始向数字化转型。

台湾和大陆之间交流日益增多。近年来，台湾综艺节目火爆，并通过互联网等方式流传大陆，《康熙来了》《全民大闷锅》等在大陆青年中反响热烈。同时，越来越多的广播电视人才来到大陆发展，一直火热的《康熙来了》于 2016 年 1 月停播，两位知名主持人正在或者将要移师大陆市场，引来台湾业界一片唏嘘。

思考题

1. 香港广播电视是怎样发展起来的?

2. 澳门广播电视的发展过程。

3. 台湾广播电视与大陆有何异同之处?

第八章 广播电视的节目演变

改革开放之前,中国电视事业尚未充分形成,广播一枝独秀。改革开放之后,电视的极大发展夺去了广播的光辉,这不仅因为电视声像俱备,更加娱乐;而且因为看电视的集体感强,更适合作大一统的传播媒介。因此,本章主要介绍各种类型电视节目的发展,兼及广播。

第一节 广播电视新闻

中国广播电视新闻一直发挥着政治舆论武器的作用。在电视诞生之前,广播是党和国家的主要政治喉舌,是中国最重要的宣传工具之一。在"十七年"广播的黄金时代,新闻时事宣传是广播的核心内容。在电视占据了新闻传播的舞台中心之后,广播开发出更多的音乐和谈话内容。

中国电视新闻的成长主要在 1978 年改革开放以后,在 30 多年的时间里,电视逐渐成为使用多种语汇传播广泛信息的重要新闻窗口。

世纪之交,广播电视新闻事业与中国所有新闻媒介一样经历了转型,在恪守政治宣传使命的同时,它日益变为盈利的产业。

一、广播新闻的传统

长期以来,中央人民广播电台有两个最重要的新闻栏目。中央台的第一个重点栏目《首都报纸摘要》(《报摘》)于 1950 年 4 月 10 日开播,1955 年 4 月更名为《中央报纸摘要》,7 月又更名为《新闻和报纸摘要》,延续至今。《报摘》曾是全国人民早晨起来了解一天国家议程的最重要的"消息总汇"。但是,在很长的时间里,《报摘》中缺少中央台自己采访的"本台消息"。1954 年,中央台进口了一批录音机,每台重几十公斤。因此,除了极少数特殊事件和典型报道,早期《报摘》极少带音效特征的"带响儿"的新闻。

中央台的另一个重点新闻节目是创办于 1951 年 5 月 1 日的《各地人民广播电

台联播》栏目(《联播》)。《联播》的政治影响力曾首屈一指：它是党和政府重要国事新闻的首发渠道。1956年10月,广播事业局规定全国各地广播电台必须转播包括《联播》《报摘》在内的三个栏目;中央领导人对重要宣传内容常常批示："今晚广播,明日见报","今晚广播"就是指在《联播》中首次宣布。不过,在漫长的广播黄金时代,广播"自己走路"的能力还很低,《联播》像《报摘》一样,播出的大多是别人的消息;它更多起到的是"传声筒"的宣告功能。

在"文化大革命"以前,中央台的广播新闻评论节目经历过"两起两落"的过程。早在1946年9月,延安新华广播电台便增加了《广播评论》节目;进城以后,延续到中央人民广播电台。但在政治运动不断的情况下,除了政治大批判,正常的批评和评论并没有开展起来。1950年,当中共中央决定在报纸刊物上展开批评和自我批评的时候,广播局却认为：由于无线电广播在国外也可以听见,容易给敌人提供造谣污蔑的材料,因此不适宜播出人民内部的批评和自我批评[①];从而对广播批评订下了许多清规戒律。后来,根据苏联经验,干脆规定广播中只能讲成绩,不能讲缺点,国内国外一律。从此,广播遗留下根深蒂固的排斥批评的传统。直到20世纪80年代,广播批评才重新出现。然而此时,电视已经确立了第一电子传媒的地位,批评和评论的影响力超过了广播。

在电视时代,中央台的《联播》栏目失去了原有的新闻首发地位。为了与电视竞争,从1987年起,中央台的《联播》节目从延续多年的20时提前到18时30分。1993年《各地人民广播电台联播》更名为《全国新闻联播》。但晚上注定是电视的时间。早晨的《报摘》命运稍好一些,仍然有许多中老年人习惯于清晨听广播(所谓"早听响,晚看像")。当汽车时代来临,开车族在收听"路况信息"的同时,也通过清早的广播获知了当日最紧要的新闻简报。

二、电视的"新闻纪录片时代"

早期中国电视新闻从主要形态到基本观念都得自新闻电影,继承的是苏联模式的新闻纪录片。所有新闻都注重宣传。同时,又依每部片子的时间长短和时效高低,分为新闻片和纪录片两种。

1. 初期的电视新闻

1958年5月1日,北京电视台首次播出的第一个节目是配合时令的庆祝"五

---

① 《关于广播电台如何进行批评和自我批评的指示》,转引自《中华人民共和国广播电视简史(1949—2000)》,中国广播电视出版社2003年版,第53页。

一"国际劳动节工人农民代表谈"大跃进"计划的座谈会。此外,算得上新闻节目的是中央新闻纪录电影制片厂摄制的反映干部下放劳动的纪录影片《到农村去》。新影厂的《新闻简报》和长短纪录片后来成为长期支撑电视台的新闻节目来源。

同年 5 月 15 日,北京电视台第一次自办新闻节目,播放了 4 分钟的《图片报道·东风牌小轿车》。图片报道通常采用新华社的照片,电视在摄像处理时加上解说词。这种方法在后来相继成立、条件更差的地方电视台使用较多。

北京电视台首次播放的"本台记者"拍摄的新闻影片是当年 6 月 1 日的《中共中央理论刊物〈红旗〉杂志创刊》。第一部电视纪录片是《英雄的信阳人民》。北京电视台最初的几位摄影记者都来自中央新闻纪录电影制片厂、八一电影制片厂等电影制片单位,后来的一些摄影记者则是北京电影学院摄影系的毕业生。新闻纪录影片的拍摄以摄影师为中心,拍摄内容与新闻电影一般无二:除了政治性会议或国家领导人的外事活动之外,大多是宣传性的先进工作经验介绍和模范典型人物报道,形式上与电影纪录片也大同小异。不同之处在于,新闻纪录电影是配好音乐、音响的成品,而电视片是半成品,解说词是在播出时现场配播的。因此,播放电视新闻比放映新闻电影忙乱得多;也因此,电视片生产周期短,成品迅速。

早期的新闻片和纪录片都是黑白颜色,使用 16 毫米胶片,但它在构图、采光、剪接和配乐方面尽量向电影靠拢。像苏联影片一样,中国的纪录电影和电视片也都十分讲究技巧:画面端庄,剪接流畅,有头有尾,面面俱到。摆布和补拍是常常采用的方法。后来,一批早期的摄影师转入艺术性电视纪录片的创作,大都自然而顺利。

1958 年 10 月 1 日,北京电视台首次转播天安门广场的国庆游行。1959 年 4 月 18 日,首次转播的会议实况是在第二届全国人民代表大会第一次会议上周恩来总理作政府工作报告的情景。实况转播具有电视的特点和优势。1959 年国庆节前,人民大会堂内安装了一套黑白电视中心设备,从此,天安门广场上的活动转播起来更为便利。

直到 1958 年 11 月 2 日北京电视台才开始口播《简明新闻》,每次 5 分钟。稿件起初是由中央人民广播电台提供的。后来成为著名节目主持人的沈力是第一位电视播音员。但是,北京电视台对口播新闻的认识处于经常性的摇摆之中,忽轻忽重。由于过分强调电视的"形象性",此后口播新闻断断续续,时有时无。

对于重大的宣传任务,北京电视台争分夺秒,全力以赴。每年"五一""十一"的庆祝游行,电视台不仅实况转播,而且拍摄新闻片和纪录片,以最快的速度与观众见面。有时候,白天的活动晚上新闻就能播出,那是电视工作者废寝忘食、连续作战的结果,在洗印条件很差的北京电视台,时效是相当惊人的。随着新演播室的启

用,1960年元旦,北京电视台设立了固定的《电视新闻》专栏,每周3次,每次10分钟,专门播放新闻片和纪录片。

比北京电视台条件更差的地方电视台大多只能口播新闻或者用图片报道支撑新闻节目。一些电视台自拍的少量新闻影片尚须送北京洗印;北京电视台也向外地发放电视新闻影片的拷贝。不过,大部分宣传性的电视片时效甚低,面貌雷同,到了夏收才报春种,雨过天晴、烈日当空却报道奋战阴雨,被人们称为"旧闻新播"。难以捕捉的突发性事件和不利于形象展示的新闻内容都被排斥于电视报道之外,加上对批评性报道和社会新闻的政治限制,电视新闻所反映的社会生活面是很狭窄的。

2. 早期的国际交往

与人们想当然的猜想不同,中国电视新闻开始时并非完全封闭。它与外部世界的交流,最初主要集中在社会主义阵营内部,并且深受其影响。1958年5月8日,北京电视台首次播出外国节目:民主德国为庆祝"五一"节及北京电视台试播发来的贺词和电视新闻片。此后,北京电视台播出了《苏联新闻》《罗马尼亚新闻》等以各国专辑形式出现的国际新闻影片。从1959年下半年起,北京电视台设立每周一辑、每辑数国的《国际新闻》专栏。

北京电视台也向外寄送节目,自拍的新闻片是只附外文解说词稿的16毫米无声黑白影片。中国与已有电视的苏联、罗马尼亚、波兰、匈牙利、民主德国、捷克斯洛伐克和保加利亚先后签订了交换电视片的合作协定。但随着中苏关系恶化,苏联和东欧国家的新闻在中国屏幕上消失了。

北京电视台自1960年开始与西方进行商业合作,选购英联邦国际新闻影片社的新闻影片,此后国际新闻增加到每周两次。后来,中国又陆续与阿联(今埃及)、古巴、朝鲜、阿尔巴尼亚和越南建立了合作关系。1963年后,在"立足北京、面对世界"的宣传方针下,电视片(主要是新闻片)的出国意识增强了。

北京电视台对来自西方的新闻片选择甚严,采用率不高。电视台感兴趣的是"世界反美怒潮日益高涨"这样对中国来说是好消息的新闻;最喜欢编辑的专题是《美帝在越南的暴行》等纪录片;对资本主义国家的科学发明、技术进步视而不见,对外国人民的生活方式则大多嗤之以鼻。1965年4月,电视观众在看到美国驻越南大使馆被炸时,兴高采烈地欢呼起来。在"文化大革命"中,极左思潮登峰造极,电视新闻千篇一律,国际新闻停止了。

"9·13"林彪事件前后,"左倾"偏激情绪开始降温。毛泽东对涉外工作作了10次批示,指出"国家不同,做法也不能一样","不能强加于人","不要自吹自播"。

电视台开始反省,并陆续恢复了对外联络。1971年8月,《国际新闻》恢复不定期播出,1973年后增加到每周2—3次。

在"文化大革命"中,为了保证"安全播出",同时由于制作条件改善,播出的已是配好声音效果的合成片了。1966年年初,北京电视台开始使用电视录像设备。在彩色电视开播之后,彩色胶片取代了黑白胶片,可以传送电视节目的全国微波通讯干线也陆续扩展。1976年1月周恩来逝世的3条电视新闻片是中国首次通过国际通讯卫星发出的新闻。

三、发展与改革

"文化大革命"结束后,广播电视发生了深刻的变化。理论宣传开始拨乱反正,从鼓吹"活学活用"转向提倡实事求是的风气,宣传报道从"以阶级斗争为纲"转向"以经济建设为中心",社会教育从强调"突出政治"转向宣传精神文明。广播电视开始重视"自己走路",继而逐步"扬独家之优势、汇天下之精华"。

1. 恢复传统发扬新风

中央人民广播电台开始从"快"入手推动新闻改革,要求广播记者在自采自编的消息中减少"最近以来""不久之前"的内容,增加"昨天"和"今天"的报道;在坚持宣传先进典型的同时,也增加了经济生活和大众服务的内容。1976年在合肥召开的电视新闻会议提出了解决电视片"假、慢、长、空"的任务。

1978年元旦,《新闻联播》正式开办。年底,中央电视台开始使用电子新闻采访设备(ENG)。ENG和电子编辑机的启用大大简化、加速了电视新闻采编的过程,解放了生产力。而电子特技技巧的运用又丰富和美化了屏幕。电视的爆发不可避免地引起外界的侧目。在中国各主要新闻系统中,电视起步最晚,队伍年轻,习惯于吃现成饭,受特殊照顾。过去,并没有谁要求他们去抢新闻,去竞争。因此,虽然拍惯了新闻纪录影片的电视记者现在使用的是可以即时录放的新闻采访设备了,但纪录片的观念并不容易改变,从摄影师向新闻记者的转变是一个过程。直到1987年,在备受好评的中共十三大电视报道中,在多次记者招待会上,唯一没有提问的主要新闻单位便是中央电视台。于是,有人不无刻薄地称电视记者是"机器架子"。

中央领导人非常重视电视新闻的宣传引导作用;电视新闻把关人也十分看重自己的政治责任,于是便有了许多客观和主观的束缚。从20世纪80年代以来,电视新闻的"三堂会审"(由广电部、电视台、新闻部门三级负责人共同审查将要播出的电视新闻节目,特别是《新闻联播》内容)的制度奉行多年,衡量标准宁严勿宽。

多年来,《新闻联播》除了外表改观之外,一切操作遵从惯例,它是传统电视新闻的最后一个坚固堡垒。

2. 新观念、新方法

广播电视都开始了批评报道,而电视的表现特别引人注目。虽然早在 1979 年中央电视台就播出过有关"王府井停车场小轿车"的批评报道;1980 年还开办了新闻述评类的专题栏目《观察与思考》,但几起几落。不过后来,《观察与思考》成为"焦点"节目的先驱。

中央电台的广播新闻评论早在 1979 年便开始恢复,并稳扎稳打地取得了许多获奖作品,但直到 1994 年 10 月 1 日,新闻述评栏目《新闻纵横》才诞生,晚于《焦点访谈》。《新闻纵横》是紧紧跟踪热点新闻的评述性节目,每次 20 分钟,融报道和评论于一体,也是中国最早开办的广播舆论监督性栏目之一。

新闻改革一点一点地开始了,但过程曲折,进度缓慢,有时进一步,退两步。新闻的进步首先是从国外获得灵感,从形式逐渐改进的。从国际新闻开始突破。20世纪 80 年代,思想解放运动乘风破浪,中央电视台决定:今后凡是重大的国际政治活动和国际会议、各国的群众运动、重大的科研活动和现代化设施、各国的社会新闻、文化、生活、体育等领域,都可酌情作客观报道。于是,国际新闻的报道面拓宽了,窗口开大了,国际新闻的来源更加充实。

《国际新闻》的成功促进了中国电视新闻工作者的反省。与《国际新闻》相比,国内宣传冗长、呆板、迟缓,反差过于鲜明了。1981 年 4 月,广播事业局在青岛召开全国电视新闻工作座谈会,讨论了"全国一盘棋、共同办好《新闻联播》"的问题。青岛会议之后,各地加快了微波通信网的建设,上传下送一路畅通。新闻改进的成果首先是从形式更新上表现出来的。1981 年 7 月 1 日,《新闻联播》改进编排,将国内新闻片、国内口播新闻、通过卫星收录的国际新闻录像以及国际口播新闻混合编排,重新设计"版面",取消了新闻配乐。《新闻联播》面目一新,开始突破"新闻纪录影片"的裹白。

早在张香山担任广播事业局局长的时候,他就曾在《电视周报》上以"时任"的笔名连续发表 10 篇文章,一再强调电视台是"新闻宣传机关",不是"缩型影剧院"。1982 年 5 月,广播电视部的新任部长吴冷西更是重视新闻。从中国共产党第十二次全国代表大会开始,《新闻联播》节目成为重大政治新闻的首发渠道。

3. 新尝试、新现象

1983 年春在北京召开的第十一次全国广播电视工作会议号召"以新闻改革为

突破口,推动整个广播电视宣传的改革",提出了建立新闻中心、培养全能记者等一系列计划。这次会议还批准了后来引起很大争议的"四级办电视"的政策。

（1）来自地方的变化

一大批市县级电视台热热闹闹开办了,各级领导干部当仁不让地扮演着屏幕主角,并热衷于当"电视明星"。"本地新闻"成为会议新闻的大本营。摄录设备已经不再是电视台的专用品了。这些机器使用简便、用途广泛。许多非电视单位用作宣传手段、纪录手段、教学手段、通讯手段。电视设备的普及使电视新闻有了庞大的业余通讯员网。许多突发事件在偶然中被捕捉到了。最突出的例子是台湾中华航空公司机长王锡爵驾机投奔大陆,他的飞机降落在广州白云机场时,被成都电讯工程学院正在拍摄飞机起落的摄像机无意中拍到了。

许多地方台的新尝试早于中央电视台。1982年1月,上海电视台首先开办晚间的第二次新闻。1982年7月,广东电视台增加白天综合节目,增设了午间新闻。几年后,这两个电视台的每天新闻次数达到4—5次,超过中央电视台;在新闻特别是经济新闻的迅速和鲜活方面有时也略胜一筹。1986年10月,杭州电视台开办每周三次的《早晨好》专栏节目。1987年元旦,广东电视台每天开办以新闻专访为特色的《早晨》节目。1983年3月,广东电视台创办了旨在褒贬的两个社会性新闻栏目:《文明之花》和《立此存照》。1984年5月,上海电视台创办了具有社会性、服务性、交流性的新闻栏目《观众中来》。这些节目为后来的观众参与交流节目甚至后来的"民生新闻"闯开了路子。

1983年9月,广东电视台在开办第二台时,改新闻节目为半直播的形式(直播口播稿和部分录像片的解说词)。1984年2月,上海电视台建成了采、编、录、播"一条龙"的新闻中心,其后,口播新闻也改为直播。1986年10月,上海电视台首先开办英语新闻节目。1987年6月,上海电视台实行倡导竞争的一台二台独立体制,电视一台开办了国内第一个大型的新闻杂志节目《新闻透视》。上海电视台还与周围城市电视台横向联合,形成了地区性的电视新闻协作网。尽管中央电视台仍是无可争议的全国性电视中心,中国的电视台却不再是一个只从上到下垂直流动的传播系统了。

（2）中央广播电视的新闻改进

1984年元旦,中央电视台设立《午间新闻》。1985年3月,《晚间新闻》应运而生,一度办得有声有色。而《新闻联播》的重要性、严肃性限制了这个王牌节目的活力,使它趣味不足,"分量重"但往往枯燥的头条新闻经常被人忽略。由于"先国内、后国际"的编排惯例,许多观众要等到《新闻联播》时间过半,才打开电视机收看《国际新闻》。因此,当1986年1月29日《新闻联播》将美国"挑战者"号航天飞机升空

失事的消息放在头条播出时,虽然这种打破常规的安排得到了各方面的赞扬,一时却也引起了通常不看前面新闻的许多观众的强烈不满。

中央电视台于1984年参加了亚洲太平洋广播电视联盟亚洲电视网的新闻交换,并通过厦门电视台收录台湾的《华视新闻》,还派出了驻香港记者。1986年开始,中央电视台与欧洲、美国及各种国际组织交换新闻。新闻来源大大丰富。国内地方新闻也由每周固定传送几次改为每天开通,新闻时效大大提高。

电视界在观念方面的进步最为明显。中央电视台对全国人民代表大会常委会审议《企业破产法》过程的报道,因"张口有声"而引起了热烈的反响,被赞扬为"打消了对立法过程的神秘感""激发人们参与政治生活的热情"。1986年以后,新闻界开始纷纷追求"公开性"。从1987年六届人大、政协五次会议期间中央电视台录像播出八场记者招待会的尝试开始,到1988年七届人大、政协一次会议现场直播中外记者招待会形成常规,中央电视台的会议报道方式有了新突破。在七届一次会议上,中央电视台记者终于在记者招待会上提问了。1987年10月,中国共产党第十三次全国代表大会闭幕后,广播电视对中外记者酒会的实况报道反响热烈。

不知是从什么时候开始,电视有了不声不响但一步一个脚印的变化。社会新闻增加了。过去讳莫如深的重大灾害事故,此时基本做到了"有闻必录"。社会新闻时时敲响生活的警钟;同时也满足了人们寻求刺激的心理。铺天盖地的法制报道广受欢迎,因为它是另一种形式的社会新闻。

批评性报道也增加了。一开始小打小闹,从公共卫生、市场秩序入手。这些批评震动并不大。但它使社会(包括群众与领导人)逐步增强了对广播电视批评的承受力。接着,对官僚主义的揭露和对社会歪风的抨击引起强烈反响,调查性报道开始引人注目。

电视台开始调查收视情况,研究观众心理,与观众的交流增强了。新闻节目日益注重服务性与参与性,凡是为群众排忧解难、代言心声的节目,尽管程度不同,无一例外受到广大观众欢迎。"十三大"之后,电视新闻中出现了领导与群众"对话"的热潮。

1986年12月,中央电视台第二频道开办了包括新闻在内、面向北京的英语综合节目,1987年2月起向全国播出。在这个借助卫星开办的中央电视台第二套全国节目中,起骨干作用的是每次40分钟、每天播出两次的经济性《综合信息节目》。1989年12月18日,《综合信息节目》改为《经济半小时》,成为中央电视台的主要经济节目。1989年1月,中央电视台开办每天晚间5分钟的《体育新闻》,1995年1

月发展为专门的体育频道。

4. 新阶段、新探索

在邓小平视察南方谈话精神的指引下,中央电视台于 1992 年 8 月 31 日在第二频道开办《经济信息联播》,设立《市场指南》《信息国道》《供求热线》《产品大世界》《企业之星》《国际大市场》《国际经济信息》《股市行情》等定期或不定期栏目。1992 年 10 月 21 日,邓小平的秘书打电话给中央电视台称,自节目开办以来,邓小平几乎一天不落地收看;邓还说,《经济信息联播》内容丰富,节奏明快,信息量大,对中国的经济发展、社会主义市场经济的发育将会起到积极的作用。得到肯定的中央电视台大受鼓舞。

（1）新闻与经济共繁荣

几年中,中央电视台经济发展的步伐是明显的。1991 年 3 月 15 日,中央电视台经济部首次开办现场直播的《经济半小时》特别节目"3·15 国际消费者权益日消费者之友专题晚会",设立 10 部专线电话,回答消费者的咨询,回应对产品和服务质量的投诉电话,大受欢迎,当晚收到电话 400 余个,晚会后又接到各地来信和来电 6 000 多件。从此成为一年一度的盛事。

从 1993 年 3 月 1 日起,中央电视台第一套节目新闻播出增加到 12 次,实现了整点播出、部分新闻节目直播和重要新闻内容的滚动播出。1994 年 4 月 1 日,创办《焦点访谈》《世界报道》新栏目。《世界报道》推出后,《晚间新闻》改版,采用直播,以科技、文化、卫生为主要内容。加上《体育新闻》的吸引力,集团效应使得每晚 22 时至 22 时 30 分出现了新闻收视率的第二个高峰。国际频道（CCTV-4）的对外新闻也从 15 分钟增加到 30 分钟,其中的《中国报道》以与国际"接轨"的面貌赢得许多知识阶层观众的喜爱。1995 年 4 月 3 日,中央电视台推出午间新闻栏目《新闻 30′》,开办伊始,就以快捷的新闻报道和批评性的内容引人注目。自此,在中央电视台的屏幕上,早、中、晚三个时段都有了供观众了解最新发生的事实及其发展的新闻板块。以新闻报道改革为契机,中央电视台于 1994 年成立了新闻评论部。

在这一阶段,不仅与广告和推销结缘的经济新闻繁荣昌盛,时政新闻报道也开始盈利。据各种不同的估计方法,中央电视台几个频道中大部分收益来自新闻综合内容的第一频道;而第一频道的主要收益来自《新闻联播》《气象报告》前后的黄金时间广告板块,新闻评论部也成为重要的盈利部门。

（2）评述和言论同兴盛

与新闻盈利的现象一同到来的,还有评述和言论节目及中国式"舆论监督"现象。新闻媒介对下级政府部门的监督和对社会不法行为的揭露具有极大的政治权

威,因而常常迅速促成问题的解决。

1993 年 5 月 1 日,中央电视台开办了晨间新闻杂志节目《东方时空》,其中的《焦点时刻》是一个新闻评论性的板块。《焦点时刻》由于触及群众关心的热点问题,开办不久立刻好评如潮。在《焦点时刻》启示下,中央电视台新闻评论部在原《观察与思考》栏目的基础上于 1994 年 4 月 1 日创办了"事实追踪报道,新闻背景分析,社会热点透视,大众话题评说"的《焦点访谈》节目,每次 13 分钟,涉及一个主题,有调查,有分析,有解释。由于栏目时间好(紧接着《新闻联播》和《天气预报》)、内容新,几年之中成为又一热门节目,并与《东方时空》和后来的《新闻调查》互相呼应,实现了新闻时事节目的立体纵深效果。

《焦点访谈》主办者提出的选题宗旨有三个,即"领导重视""群众关心""普遍存在"[①],"能正确地引导舆论,做好党和人民的喉舌"[②],其权威性和质量获得好评。1998 年,中央电视台新闻评论部根据电视传播的特点,为《焦点访谈》启用了另一句新的定位语:"用事实说话。"在指导思想没有根本变化的前提下,《焦点访谈》在改变说话的方式上做出了不懈的努力和成功的探索。

《焦点访谈》受到万众瞩目,不仅因为它获得了"黄金时间中的黄金时间",而且因为它的特色是舆论监督——这是老百姓对批评报道约定俗成的叫法。舆论监督是中国人创造的词语,它的实际含义是媒介监督和新闻批评。虽然实际上《焦点访谈》的批评类节目比例从来没有超过全部话题的四分之一,但留给观众最深刻印象、广受社会欢迎的节目,无一例外是监督性的,特别是监督政府官员、监督权力滥用的内容。

与《焦点访谈》目标一致但更加深入详尽的新闻栏目是《新闻调查》。从第一期"宏志班"播出后,《新闻调查》便确立了"调查性""新闻性"和"故事性"的追求,更加有意识地模仿美国新闻杂志栏目《60 分钟》的成功经验。《新闻调查》的表现也更加专业化。由于电视生动形象的特点,许多并非《新闻调查》发现的题材却经过它的传播而获得了更大的社会影响。例如,创造了中国股市神话的蓝田集团 2001 年 12 月栽倒在一篇短文面前。这篇 600 字的短文是中央财经大学财经研究所研究员刘姝威写给《金融内参》的。此后刘姝威受到了各种威胁和压力。不过,一期《新闻调查》节目后,刘姝威的处境大为改观,而且当选 2002 年 CCTV 推出的中国经济年度人物。

《新闻调查》倾向于探究更复杂的社会现象。它不像《焦点访谈》那样立论鲜明,结论下得斩钉截铁。在争议性的问题上,《新闻调查》把问题留给人们自己去思

① 王旭东:《〈焦点访谈〉选题透视》,《中国广播电视年鉴》(1995),第 350 页。
② 杨伟光:《坚持以正确舆论引导人是办好"焦点"的关键》,《中国广播电视年鉴》(1995),第 86 页。

考,一点一滴地培养着理性的精神和宽容的态度。《新闻调查》的专业主义立场和客观报道态度常常受到业界的赞扬。但是,深入(也就常常意味着冗长)的调查过程有时难以吸引观众紧紧跟随;它寓倾向于调查过程中的做法有时也会让喜欢黑白分明的中国老百姓摸不着头脑。前卫的客观主义态度在滞后的中国舆论环境中难免遇到"叫好不叫座"的尴尬。

在市场经济中,愚昧和贪婪导致一幕幕匪夷所思的造假"活剧":木耳可以用墨水染黑,大米可以用毒油增白,蔬菜可能布满农药,肉肠可以"拆洗"了再装。与《新闻调查》《新闻观察》的专业主义策略稍有不同的栏目是大量使用"隐性采访"方式进行"偷拍"的《每周质量报告》。自栏目 2003 年诞生以来,通过记者的隐藏镜头,观众目睹了许多令人作呕的制假现场,也看见了许多麻木不仁甚至振振有词的面孔,格外引人注目。

中央电视台《今日说法》是 1999 年 1 月 2 日创办的以"重在普法、监督执法、推动立法、为百姓办实事"为宗旨的法制节目,它把复杂的法律纠纷变成了大众话题。《今日说法》采用以案说法、大众参与、专家评说的方式,讲解生活中的法律知识,追求雅俗共赏的传播目标。诉讼案件中 80% 属于民事纠纷,如婚姻家庭问题,有故事,有"看点"。法制节目有大众基础,各地兴办热情很高,由此也开发出一批真假莫辨的"调解关系类"生活节目。

四、新环境、新问题

面对重大新闻事件,栩栩如生的电视常常能够获得更多的青睐。早在 1980 年 11—12 月,中央电视台便对林彪、江青案的审理进行了全程录像。虽然播出的内容经过严格选择,但国内外观众反应仍然空前强烈。此后,重大电视新闻从人大政协会议报道开始,一步步放开。90 年代后期,直播成为常规武器。

进入网络时代,全球信息与传播技术(互联网、手机、微博、微信等)极为发达。此时的中国,则正在经历经济改革深入攻坚与社会关系剧烈变动的新阶段。公民表达自身诉求的愿望极为强烈,参与新闻传播的热情空前高涨。在公民参与时代的新闻舆论场域,也出现了许多新闻失范的乱象,并引起广泛的社会争议。随着中国经济实力的发展,中国传媒开始"走出去"工程,试图扭转不利的国家形象,并在全球造成更大的中国影响。

1. 面对新闻事件

2003 年 3 月 20 日,伊拉克战争爆发,到 4 月 15 日美国宣布伊拉克战争的主要战斗结束为止,中央电视台国际频道(CCTV-4)开始了长达 20 多天、超过 400 小

时的"直播战争",采用前方后方连线、演播室访谈、随时插播消息和屏幕文字滚动等多种形式,极大地满足了部分公众对战争的窥视欲,收视率提高了 28 倍。央视第一频道(新闻综合频道)和九频道(英语频道)也以同样的热情参与了新闻竞争。某些观察家分析,中央电视台在伊拉克战争报道中的所作所为标志着中国新闻媒体开始与国际接轨。

不过,随之而来的"非典"却又一次给人们头上浇了凉水,破灭了专家们对"新闻公开性"的热心期待。这次近年来最重大的公共卫生悲剧事件在初期密不透风的封锁之后,最终是按"高奏凯歌"的传统套路来做的;同时,加上了近年来商业电视开发出的悲情故事诉求,做得波澜起伏,有声有色,却仍然体现出对"公众知情权"的传统轻视。对北京奥运会前后的汶川地震、西藏暴乱的报道,对近年来的金融动荡和经济下滑,这种选择性报道新闻事件的惯例一如既往。

2. 倾向民生疾苦

2002 年 1 月 1 日,江苏广播电视总台城市频道开办了一小时的新闻杂志栏目《南京零距离》,每天 18 时 20 分至 19 时 20 分播出 60 分钟。《南京零距离》关注群众生活中的日常事、平常事,注重社会新闻的趣味性和服务性,一时好评如潮,被称为"南京电视晚报"。

人们给以江苏《南京零距离》为代表的一批都市新闻、市民新闻、市井新闻取名为"民生新闻"。"民生新闻"立足本地的人物和事件,关心弱势群体、社会环境、社会公德。"民生新闻"的舆论监督比较接近舆论的"大众"特点,反映的是小人物的生存困境和琐屑苦恼,与《焦点访谈》式的精英媒介自上而下的新闻监督大异其趣。中国的电视新闻更加多元化了。

在新的信息和传播技术加入现代化进程的环境中,新媒介和公共参与创造的"无影灯"效果带来了媒介生态的很大改观,社会媒介有时设置了传统主流媒介的新闻议程、政府的决策议程,亦即公共议程。日益透明的环境促进了法治国家的建设和新闻改革的进展。

然而,由于专业素养的普遍低下,在公民新闻和非专业记者中,存在更多的不规范、不合法行为。例如,偷拍成为特有的"曝光"方式,屡禁不止;人肉搜索战果累累,难免伤及无辜。总体而言,由于"公民记者"和"社会媒介"鱼龙混杂、良莠不齐,其公信力往往比不上传统媒体。

3. 新媒介时代的职业道德与媒介伦理

就传统的主流媒体而言,查明事实真相也并不容易。调查类新闻报道常常采

用的暗访偷拍的方法还极易引起争议。2007 年 7 月 8 日,北京电视台侧重调查报道的《透明度》栏目以"纸做的包子"为题,播出了记者訾北佳"暗访"北京一个非法加工点售卖"纸箱馅包子"的节目。后经查明,这是记者虚构"暗访"、造假制作的"报道",当事人被判刑。此事暴露出新闻界滥用权利的现象,也给从业者敲响了遵纪守法的警钟。

事实上,"给钱就登"(被称为"红包新闻")和"给钱才不登"("红包不闻")等严重的违法乱纪现象已经极为普遍,甚至导向媒介机构和新闻从业者以"舆论监督"名义敲诈勒索的行为,这既是违法犯罪,又是伦理脱轨。2012 年 9 月至 2013 年 8 月,广州羊城晚报报业集团下属的《新快报》记者陈永洲因编造湖南某上市公司 10 余篇负面报道,被长沙警方跨省刑拘。10 月 26 日,身穿囚衣的陈永洲在中央电视台的新闻节目中露面,亲口承认受贿 50 万元,且不经采访刊发失实报道。一年后,陈永洲被判刑。法院认定陈永洲犯有损害商业信誉罪和非国家工作人员受贿罪,执行有期徒刑一年十个月,追缴犯罪所得人民币三万元。

无独有偶,2014 年 9 月,时任南方报业传媒集团 21 世纪传媒股份有限公司总裁等职务的沈灏及多名下属因涉嫌敲诈勒索,以报道负面新闻要挟企业(特别是上市公司)提供"保护费"而被起诉。沈灏曾经写出过"总有一种力量让我们泪流满面"的《南方周末》新年献词,被认为是新闻专业主义的知名代表,因此在新闻界引起很大震动。沈灏也像陈永洲一样,被迫在中央电视台的新闻中认罪悔过。次年,沈灏被判刑 4 年。

显然,陈永洲的有偿新闻和沈灏等人的敲诈勒索,都是严重的违法乱纪行为。但央视对陈永洲和沈灏等人的"示众式"报道和以法律、纪律、道德与伦理名义进行的媒介审判,也是一种非专业的表现。显然,中国新闻媒介的行为与专业伦理道德的标准之间,差距还很远。

4. 中国传媒走向世界

2008 年北京奥运会使中国的国际形象十分醒目。然而,鲜明的形象并不意味着良好的形象。奥运会后,"中国威胁"的论调反而日渐高涨。于是,党中央提出"大外宣"的号召,要求中国媒体"抢占先机,赢得话语权,掌握主动权,提高舆论引导能力和国际传播能力"[1]。中国新闻传媒的这些对外传播举措被形象地统称为"走出去"工程。

---

[1]　王建峰、吕莎:《媒体"走出去":提升中国媒体国际传播能力》,《中国社会科学报》2009 年 11 月 20 日。

2009年7月,中央电视台开播阿拉伯语频道,9月,增加俄语频道,由此形成中、英、法、西、阿、俄6种语言和8个国际频道对外传播的新格局。9月,中国国际广播电台"国际在线"新增6种语言网站,语种达到59种。12月28日,被称为网络视频"国家队"的中央电视台网络电视台(CNTV)举行开播仪式。三天之后的12月31日,新华社宣告开办电视新闻网(CNC),首个(中文/普通话)频道于2010年1月1日播出;7月1日,面向全球、24小时播出的全英文新华新闻电视网正式开播。

面对新华社的国际报道经验和全球传播网络,CCTV遇到了真正的"对手"。这种担心直接导致了CCTV-9的改版。从2010年4月26日晚间开始,中央电视台第九套节目英语国际频道改版为英语新闻频道,频道的标识也从CCTV-9调整为CCTV-NEWS。此后,央视播出的国际元素大为增加。

不过,由于政策对非广播系统节目信号国内落地的限制,CNC电视迄今未能做大做强,也没有形成真正的国际影响力。同时,风起云涌的网络新闻也遭遇对其采访权和报道权的种种限制,除了转载媒体机构正式发布的消息之外,纯粹的网络新闻始终停留在传闻、流言的发展阶段。

思考题
1. 中国电视新闻的纪录片时代有何特点?
2. 中国广播电视新闻最重要的改革是什么?
3. 广播电视新闻改革的突破可能在哪里? 应该在哪里?

第二节 电 视 剧

中国的电视剧诞生于1958年,大致经历了20年的童年时期,此后迅速发展,大步进入成熟期,并迈向国内外节目市场。

一、漫长的童年时期

刚刚诞生的电视剧由于物质技术条件的限制,难免简陋粗糙,但那个时代的电视工作者对工作的认真态度却是无可比拟的。那一时期的电视剧注重思想教育,一直抓得很紧的阶级斗争也在不断警告人们不要离弦走板。演中心、唱中心的题材决定论左右着文学艺术包括中国电视剧的发展。

1. 演中心、唱中心
1958年6月15日,试验期间的北京电视台(中央电视台前身)播出了第一部电

视剧《一口菜饼子》。剧情简单,说的是剧中的妹妹饭后拿一块枣丝糕逗狗玩,被其二姐发现,引出一段对旧社会痛苦生活的回忆。这个题材选自《新观察》上的同名小说,是为了配合党中央关于"忆苦思甜""节约粮食"的宣传精神而创作的,主题是不应"好了伤疤忘了疼"。由于适合形势,还被编成广播剧、话剧多次上演。《一口菜饼子》反映了当年在生活问题上非常喜欢小题大作的中国的时代精神和历史特征。其后,9月4日,已宣布正式播出的北京电视台在报刊发表消息的同一天,以最快的速度播出了根据上海广慈医院抢救严重烧伤的炼钢工人丘财康的真实事迹创作的电视剧——《党救活了他》。10月,新成立的上海电视台播出了第一部电视剧《红色的火焰》。广州电视台、天津电视台成立后也相继播出了自己创作的电视剧。

有人说,电视剧具有"新闻性",因此,根据形势,迅速抓住真实的新闻题材进行艺术创作,是电视剧应当充分发挥的一大优势。例如,电视剧《女状元》是为了配合人民公社大办食堂而创作的;《辛大夫和陈医生》宣传破除迷信,解放思想,不用开刀而治疗阑尾炎;《一打手套》配合增产节约运动;《生活的赞歌》反映工业战线的技术革新。另一些人则认为,这样做是把深入反映生活的复杂艺术劳动简单化了,难免生硬地摆布生活,图解政策。当时,紧跟形势、配合任务的电视剧尽管少有成功的作品,但对这种电视剧的理论支持却总是在政治上占上风。

紧跟形势的电视剧有时还具有"预告性"。1962年1月13日,北京电视台播出了根据美国作品改编的揭露非美活动委员会对美国进步人士进行迫害性审判的《莫里生案件》,第二天《人民日报》刊登了抗议美国迫害进步人士的消息。1963年8月17日,北京电视台播出了反映美国种族和阶级矛盾的电视剧《火种》,而那天正好是报纸广播报道20万美国黑人举行大规模示威游行、抗议种族歧视和迫害的日子。1965年,在援助越南抗击美国的活动中,北京、上海、广州都演出了根据越南民族英雄阮文追的故事编写的电视剧,其中广州电视台的《像他那样生活》因描写烈士与新婚妻子生离死别的经过,剧情感人,产生了强烈反响,应观众要求重播两次——在直播年代,那便是重新演出两次。

也有比较贴近生活的作品。根据女作家柯岩同名独幕剧改编的《相亲记》是个喜剧,表现纱厂女工和饭店服务员男婚女嫁的故事和新的择偶标准。北京市副市长万里号召服务员都看看这部电视剧,以增强职业的自豪感;中国戏剧家协会主席田汉则称赞电视剧是"文艺的轻骑兵"。由于广受欢迎,《相亲记》一连演播4次,并曾赴广州交流——在直播时代,这便意味着整个剧团搬迁式地巡演。

2. 直播电视剧

早期电视剧基本采用直播方法,表演、播出和观赏是同步进行的,与戏剧演出

和电影拍摄都不相同。演员一面为看不见的观众表演，一面要配合忙忙碌碌的摄制人员，小心翼翼，免得走出景框；摄制人员则既要考虑构图、角度、焦距，又要顾及自身的位置和声响，竭力避免弄出杂音或走入镜头，紧张忙乱，形同战斗，稍有不慎，即出差错。直播电视剧形式上更接近舞台剧而不是电影。由于直播节目无法保存，各台之间也难以交换。

在电视节目中，支撑台脚的是剧场转播和电影播映。一般说来，电视台与这些姐妹艺术单位的关系都很友好。在那个时代，讲究发扬共产主义风格，斤斤计较是不光彩的。

电视剧从多种姐妹艺术中汲取了营养。除了舞台剧和电影之外，它还直接从广播节目中引进了串讲的方式以衔接情节。如《一口菜饼子》由角色之一的姐姐回忆串讲；《火人的故事》由一位朝鲜老汉给三名儿童讲故事，问答串讲；《江姐》用画外诗歌朗诵形式串讲；《桃园女儿嫁窝谷》由剧中的角色用评书串讲；《窝车》由侯宝林、郭全宝用相声串讲。

从1958年到1966年，八年的时间里全国共播出了约200部电视剧。其中北京电视台播出90部。由于电视机数量极少，直播次数又有限，虽然电视工作者进行了可贵的艺术探索，但一过即逝的电视剧没有给观众留下多少印象。

3. 开始录像

"文化大革命"开始前，北京电视台已经开始使用录像设备。制作手段的进步本应带来创作方法的解放，然而，接踵而至的是电视剧的十年荒芜。

"文革"中也曾录制过几部"为政治服务"的电视剧，如中国电视史上唯一一部用黑白录像设备制作的宣传"反对修正主义"的《考场上的斗争》。这个电视剧根据报纸上的新闻报道编写，制作于1967年，说的是中国留苏学生在苏联某大学参加一次考试，就肖洛霍夫的小说《一个人的遭遇》发生的争论。1973年彩色电视试播后，北京电视台根据一篇以"农业学大寨"为题材的小说《架桥》改编成彩色电视剧，但因内容贫乏、表演虚假以及技术不过关而未播出。上海电视台在1975年录制、播放了电视剧《公社党委书记的女儿》，写知识青年上山下乡、扎根农村的故事。考虑到时代精神的偏颇和传播媒介的政治影响，电视剧工作者可能倒要庆幸录像这朵技术艺术之花尚不成熟呢。

二、发展与繁荣

1978年是中国电视剧复苏的开端。电影界还在忙于"解放"旧影片，为已故的受害影人平反昭雪，中央电视台却先声夺人，播出了8部电视剧。其中最早的一部

是 5 月 22 日播出的《三亲家》。由于电视界鸟枪换炮，改用录像机录制，加上外景使用的影片，使久违了的电视剧以改变了形态的"小电影"面貌迅速与观众见面了。

1. 走上发展之路

在最初播出的 8 部电视剧中，《有一个青年》反响热烈。这是根据作家张洁的获奖小说《有这样一个青年》改编而成，描写一个由于动乱而缺乏教养、但仍不失内心美好的青年的理想追求，反映了"四人帮"被"粉碎"后，人们对美好情操的赞许和对医治精神创伤的渴望。上海电视台在张志新烈士事迹见报仅一月之后，便播出了电视报道剧《永不凋谢的鲜花》，发挥了电视剧迅速反映现实的特长。

很快，由于影视利益冲突，电视界失去了电影这个最大的节目源，发生了"粮草"危机。为了解决节目供应问题，中央电视台从香港买来了电视系列剧《大西洋底来的人》，循环的惩恶扬善故事迷住了长期闭塞的中国人。广播事业局还号召有条件的电视台都大办电视剧。

1980 年 6 月召开的全国第二次电视节目会议决定，当年国庆和 1981 年春节期间举办以电视剧为中心的全国电视节目汇演大联播。国庆期间，在一个月的时间里，中央电视台播放了全国选送的 40 余部电视剧，成绩斐然，轰动一时。于是，1980 年成为电视剧大发展的一年，年产量从 1979 年的 19 部一跃增加到 130 多部。大多数电视剧歌颂欣欣向荣的生活，呼唤改革开放，反映了十一届三中全会以后全国人民欢欣鼓舞的精神状态。那年正值拨乱反正、落实政策的高潮，也出现了一批鞭挞"四人帮"及其罪恶的题材。

1980 年到 1981 年电视剧的大发展是生活与文学多年积累的硕果。但在丰收的同时，电视剧界也暴露出根底不够的缺陷。"撞车"题材屡见不鲜，电视界似乎"内囊尽上来了"。1981 年 2 月 5 日，中央电视台开始播出"中国第一部国产电视连续剧"——《敌营十八年》，播出未完即遭到一片批评指责声。有关领导认为，电视剧宣扬了"美男计"，歪曲了中共地下斗争的实况。许多当年的地下工作者指出，按剧中主人公的冒险做法，不要说潜伏 18 年了，要不了 18 天就会被敌人发现。在这个问题上，中国仍然比较正统，并不把电视当作单纯的娱乐消遣，而看作严肃的思想教育与高尚的文化欣赏。不过，《敌营十八年》也的确有胡编乱造的缺点，为了追求时尚而硬加的"床上戏"，后来在批判《苦恋》、反对资产阶级自由化的浪头中旧事重提，成了一大罪状。次年，在文化部机关报《文艺报》召开的座谈会上，作家、评论家和文艺编辑们批评了文艺商业化的倾向，有人指责电视是"精神污染"的媒介之一。

社会已感受到电视的冲击，也开始承认电视不同寻常的地位。话剧界、电影界

都在寻找新的出路,并逐步转向电视剧制作。1982年1月,以著名戏剧家金山为主任的中国电视剧艺术委员会成立,并以其社会号召力为电视剧的制作增添了新生力量。上海电影制片厂等电影制片单位开始尝试制作电视剧,并陆续成立电视剧部。1982年9月17日,中国第一家电视制片厂成立,这就是北京电视艺术中心的前身。1983年10月,艺委会电视剧制作部、广播艺术团电视剧团和中央电视台电视剧部合并成立中国电视剧制作中心。

1982年批量出现的一长一短两类电视剧引人注目。长篇连续剧利用了电子媒介连续播放的悬念优势,创作了比较成功的现实题材电视剧《蹉跎岁月》《赤橙黄绿青蓝紫》(中央台);古典题材电视剧《武松》(山东台);历史人物题材电视剧《鲁迅》(浙江台)等。电视短剧、小品则发挥了电视剧贴近生活、制作简便的特长。优秀的短剧、小品集有《多棱镜》(中央电视台)、《电视塔下》(上海电视台)、《人与人》(广东电视台)等。电视剧的特点和性质逐步为人们所认识,并越来越自觉地加以利用。

那一年,电影出了个《少林寺》,出版界大量出版武侠小说,加之《武松》和从日本传来的《姿三四郎》,影视侦探片、惊险片、功夫片有增无减。

电视作为重要娱乐媒介的地位正在形成。1984年5月6日,中央电视台开始播放《霍元甲》,7月7日,开始播放日本电视连续剧《血疑》。一时间,海外节目风靡了全国。译制片热一方面显示了中国文化的开放,同时也暴露出电视发展迅猛而制作业难以满足需求的困窘,特别是国产电视剧的艺术趣味和观众娱乐口味之间的疏离。

1986年年初,影视合并,在为电视增添力量的同时,也为电影提供了市场。后来,中央新闻纪录电影制片厂和北京科学教育电影制片厂分别于1993年和1995年划归中央电视台,充实了纪录片的制作力量。

2. 电视剧进入繁荣期

1983年,广播电视部委托《电视文艺》《中国广播电视》杂志和《电视周报》联合主办1982年度全国优秀电视剧评奖活动。这是全国电视剧正式评奖的第三次,从此诞生"飞天奖"。1982年至1984年,山东电视台以三部风格不同的连续剧——《武松》《高山下的花环》和《今夜有暴风雪》——连续三年夺得"飞天奖"。

1984年是中国全面经济体制改革出台的一年。2月,中央电视台播出了浙江电视台制作的《女记者的画外音》,响亮地呼出了人民要求改革的心声。1985年春节期间,中央电视台播放了改革题材的电视剧《新闻启示录》,在青年人和知识分子中间引起了小小的轰动。这部后来被称为"政论性"的电视剧以三个很不相同的记

者为线索,结构上采取多视点平行交叉和团块式开放组合的方法,截取了几个事件的片断,借用新闻采访的形式,以纪实式的手法和精选的细节反映当代人和当代生活,获得了一向不大看得起电视的电影专家的赞许。此时,在电影界,号称"第五代导演"的年轻电影工作者也推出了一批"探索片"。文化热、寻根热正在中国大陆兴起,改革、创新是一股潮流。

在改革活跃的时期,各种方法都在尝试。在"不好不坏,又多又快"的1985年,一部《四世同堂》鹤立鸡群,使北京电视艺术中心声名大震。《四世同堂》根据老舍同名小说改编,反映抗日战争时期日伪统治下北平人民的悲惨遭遇,是一部雅俗共赏、老少咸宜的电视剧。

1986年新春,刚刚成立一年的市级电视台——太原电视台推出了电视连续剧《新星》。《新星》以政治宣泄为特色,滔滔不绝的大段独白本是作为形象性艺术电视的大忌,但因为吐出了亿万人郁积的怨愤而大快人心。中国电视艺术中心奉献出反映工读学生生活的充满诗意的《寻找回来的世界》。《努尔哈赤》塑造了性格复杂的清太祖"马背皇帝"的形象,是最早引起观众注意的"清宫戏"之一。虽然电视剧总的倾向是平民化和通俗化,但也出现了《希波克拉底誓言》那样注重形式美、偏于表现主义的剧作。以医德为焦点的《希波克拉底誓言》采用了大量象征和夸张手法,令人耳目一新。

1987年影响最大的电视剧是根据古典名著改编的《红楼梦》。1988年,《西游记》又吸引了无数人——小朋友和成年人。表现黄梅戏艺人悲剧命运的《严凤英》、塑造了半新不旧的当代农民企业家形象的《葛掌柜》和刻画人物复杂内心的《秋白之死》是1987年引人注目的作品。1988年还出现了歌颂教师贡献的《师魂》、反映儿童生活的《好爸爸、坏爸爸》、表现家庭矛盾的《家教》和反映当代农民走向新生活的《篱笆·女人和狗》。1989年优秀电视剧有树立了警察新形象、寄托了人民理想的《有这样一个民警》。几年之中,各种题材、体裁和风格的电视剧百花齐放,争奇斗艳。

与国产电视剧的繁荣相对照的,是平庸的外国电视连续剧开始遭到冷落。絮絮叨叨的墨西哥电视剧《诽谤》被许多观众厌弃,人们开始对"血"的这个、"血"的那个不耐烦。不过,1985年播出的日本电视连续剧《阿信》却以其平实朴素的风格、一波三折的情节引人入胜。

中国电视剧制作中心制作、1988年播出的《末代皇帝》是持续了一段时期的"清宫戏热"中的一部上乘之作;更由于与获得奥斯卡奖的国际合拍电影《末代皇帝》前后推出,并得到中国观众更多的认可而享誉一时。上海影视界推出的1990年的电视剧《围城》以精致著称。安徽电视台制作的通俗剧《啼笑因缘》市场反应热

烈。中国第一部长篇通俗生活连续剧《渴望》、第一部连续的电视喜剧《编辑部的故事》都出自北京电视艺术中心。好看而深沉的《外来妹》是广东电视台的创新。山西电视台的《杨家将》在1991年收视率最高。随着商品经济的大潮汹涌,出现了越来越多反映现代都市商业内容的电视剧。

1989年10月,中央电视台首次举办全国单本剧、短剧、小品作品评选,意在提倡和发展短小精悍的节目。但势单力薄的单本剧无法抗衡规模效益的商业冲击。到90年代以后,即便独立成章,所有单独的电视剧都冠以一定的栏目名称,排成系列播出了。在各行各业的推动下,到20世纪90年代,中国电视剧的产量已达每年5 000—6 000部集。

三、走向电视市场

1983年大张旗鼓开始的"四级办电视"扩大了电视市场。节目制作能力甚差的多数县电视台为了求生存和谋发展,八仙过海,各显神通,千方百计"搞"电视剧,特别是播放海外电视连续剧。一时间,影视中武打成风,形成一股不小的冲击波。这些无力制作电视剧的小电视台的文艺节目大多采用播放录像的方式。

中国的录像放映活动是1983年年底发展起来的。从1984年下半年开始,当地加强了对录像放映活动的领导。1985年基本刹住了滥放海外录像的风气,打破了进口录像垄断市场的局面。80年代末、90年代初,中国的录像机销售迅猛增加。其后又掀起VCD、DVD机的普及高潮。进入新世纪,随着中国加入WTO,大众媒介对"版权"问题日益重视。

1. 大众化年代通俗剧兴起

20世纪90年代以后,随着电视剧数量的极大增长,除了特例之外,单本电视剧已经不可能再产生过去那样大的影响了。只有日复一日播出的连续剧和系列剧能够以累积的效果抓住人们的眼球。同时,艺术也不再是电视剧追求的主要目标;娱乐成为驱动收视率增长的法宝。

1990年,一部50多集的电视连续剧《渴望》热遍中华大地。这次,北京电视艺术制作中心取得的轰动较《四世同堂》有过之而无不及。被称为"室内剧"的《渴望》是中国以基地化生产方式制作的第一部大型家庭通俗题材电视剧,显然受到中国香港、台湾地区,以及日本、巴西、墨西哥同类电视连续剧和"电视小说"的启示。

《渴望》开启了中国以戏剧内容展现平民化人物特征的长篇电视连续剧的先河。这类电视剧多以便宜的多机拍摄、同期录音方式在影视基地制作,内容和形式

也日益多样。稍后,《爱你没商量》《皇城根》等通俗生活剧在播出后都遭到了尖锐的批评。所不同的是,在邀请新闻文化界先期观赏时,《爱你没商量》得到的是一片叫好声,只是在与社会见面后,舆论才发生了 180 度的大转弯;而《皇城根》在观摩座谈会上就出现了尴尬的气氛,出场后更是经历了少有的抨击。电视观众不喜欢《爱你没商量》中那位因不幸而变得怪僻的女主人公,他们也对《皇城根》中围绕着小小一粒金丹而展开的明争暗斗大惑不解。以“商业一条街”面目出现的《京都纪事》更是遭到反对商业性的观众的反感。《半边楼》虽然以知识分子生活为题材,但没有侧重表现知识分子的才华和个性,而是着力描写他们生存状态的可怜与无奈。于是,这部精致的电视剧赢得了社会心理的同情。

长期思想导向下的社会心理是允许知识分子作为弱者或者被讽刺的对象出现的。于是另一部以知识分子自我调侃为特色的《编辑部的故事》也获得了成功。《编辑部的故事》是中国第一部以幽默的语言为特色的电视系列喜剧。其后,更符合国际“情境喜剧”标准的《我爱我家》出现了。那是从美国学成归来的导演英达阖家参与的以家庭生活情景为喜剧内容的长篇系列剧。情境喜剧强大的市场号召力催生了一大批后续的成功产品:《候车大厅》《东北一家人》《炊事班的故事》等。进入网络时代,采用许多当今流行语言甚至网络语言的古装情境喜剧《武林外传》一度以时空倒错的荒谬感造成轰动。

尽管不时有《激情燃烧的岁月》《浪漫的事》等稍显“另类”的电视剧出现,并因稀有而引起一时的轰动,尽管“主旋律”电视和电影仍是各种文艺“工程”倡导的方向,但是电视剧界的目光,已经坚定不移地指向广阔的大众通俗娱乐市场。在这个市场中,屡试不爽的经验是:由收看的数量,而不是作品的质量决定产品的生死荣枯。

2. 走向电视节目市场

中国的电视剧行业一开始是以国家机构的身份在意识形态部门的领导下作为一种宣传手段发展起来的。工作人员的薪金、节目制作的费用均来自国家,创作内容也在有关机构的具体指导下安排。只要两眼向上,便有饭吃。然而,改革开放使这种形势发生了变化。

改革开放之初,通行的电视剧价格是每分钟 8 元的“稿费”,50 分钟一集的电视剧售价大约 400 元,而当时拍电视剧的成本大约每集 5 万元至 8 万元。此后水涨船高。从 20 世纪 80 年代后期起,有识之士开始呼吁电视剧走向市场。于是,有人试图既为电视生产,同时又为录像市场生产,一举两得。1990 年,中国电视剧制作中心录制的《庄妃轶事》、四川电视台录制的《死水微澜》、重庆电视台录制的《凌

汤圆》，走的就是这条路。

电视节目市场也是从电视剧开始的。中央电视台和北京电视台的电视剧制作中心从 90 年代便开始脱离电视台而独立经营。最早走市场化道路的电视剧是号称"第一部使用贷款、跨出国门拍摄的"《北京人在纽约》。出国拍摄需要 150 万美元，有意赞助的国内厂商一听 1 000 多万元的投资额，都打了退堂鼓。几经周折，剧组想到以北京电视艺术中心全部资产作为抵押申请贷款的方法，然而银行以无先例为由予以拒绝。走投无路的郑晓龙、冯小刚们在鼓吹商品经济的新闻报道激励下灵感大发，斗胆给中央领导写信，获得了支持。于是，先前拒绝贷款的银行立即高效运作起来，完成各项复杂的手续总共只用了 10 天。银行当即扣除 10 万美元利息，剧组到手 140 万。最后，中国电视剧制作中心以提供 5 分钟广告时间的"投资"参与合作，剧组终于在 1992 年 11 月踏出了国门。1993 年 10 月，《北京人在纽约》开始播出。起初的剧组到处求爷爷告奶奶拉广告，临播出时却变为企业追着剧组要求以双倍的价格做广告了。最终剧组不仅还银行 164 万美元本息，还略有盈余①。

因为忽略了市场操作，1990 年红遍国内的 50 余集电视剧《渴望》经济上并无多少收益。北京电视艺术中心吸取教训，接下来在《编辑部的故事》看片会上提出将全国电视台按地区经济实力分为三类，卖价分别为 4 万元、3.5 万元和 2.5 万元。投资 100 万元的《编辑部的故事》发行 4 个月后，收回资金 90 万元，第一轮就基本上收支相抵。1992 年，北京文化艺术音像出版社投资 200 万元制作的 40 集《爱你没商量》将国内播映权以每集贴片广告 1 分 45 秒的方式折合人民币 350 万元，一次性卖给中央电视台。人们惊呼"高价购买"。北京电视艺术中心拍摄的《京都纪事》虽然受到观众批评，但广告财源滚滚，投资 800 万元，在播出 60 集时已经收回成本，待全部 100 集播完，总共获得 1 600 多万元。在北京拍摄、呼声甚高的中国第一部情境喜剧《我爱我家》，先是卖给香港卫视中文台，然后卖给地方电视台播出，拖了一年才转回北京，自然收入可观②。此时，拍电视剧的人已经不仅仅想收回成本，而是想赚钱、赚大钱的问题了。

日趋激烈的市场竞争使越来越多的制片人认识到"卖"比"拍"更重要。于是，电视剧的期货大战纷纷上演。这种现象一方面表明电视产业的进步，另一方面也不可避免地带来各种市场弊端。由于买卖的是尚未拍完、甚至尚未开拍的电视剧，

---

① 刘军：《〈北京人在纽约〉筹贷始末》，《解放日报》，转引自《中国商报新生活周刊》，1994 年 2 月 23 日。

② 黄艾禾：《电视剧步入市场》，《市场报》1996 年 9 月 14 日。

炒作的功夫就变得十分要紧。

3. 电视剧趋向类型化

中国的巨大人口是电视剧市场繁荣的一个先决有利条件,庞大的观众群可以支撑一个相对多元的市场。因此,即使与大多数市场经济发达的西方国家相比,中国的电视娱乐也算是丰富多彩的。在那些国家,追求低廉成本的电视剧只能走类型化道路,采用工业化的生产方式,推出一批批大同小异,模式化的重复产品,创新的艺术品凤毛麟角。

新世纪之交,中国电视的产业化逼迫电视剧生产者自觉地研究市场,研究消费者,研究电视娱乐的规律性,最终也不能不走向类型化、模式化、产品化的电视剧道路。走进商业市场的电视剧在密切关注社会心理的同时,越来越注重类型包装。其中最有代表性的是历史剧(这是有中国特色的)和警匪剧(这是学自西方的)。学习港台剧、韩剧和日剧的经验,青春偶像片也成为时尚。一度,翻拍"红色经典"成为潮流,某些"人性化"的新版本英雄已经变得面目全非。都市新的生活方式导致家庭伦理剧的走红。在"中国崛起"的话语背景中,充满阳刚之气的军旅电视剧成为新的荧屏亮点。中国电视剧的类型已经很多,国际通行的类型剧应有尽有,包括悬疑、科幻。但是,成为"现象"的、富有中国特色的电视剧,当属正说和戏说历史的古装剧及"反腐"剧。

(1) "反腐"剧的成功

以"反腐倡廉"的使命感对社会进行观察与思考的"反腐剧"是近年来很受欢迎的一种中国独特类型的电视剧,它以警匪剧、侦探剧、现实题材社会问题剧等原有类型的各种戏剧元素排列组合,制作成一种既有戏剧效果又引起社会共鸣的热门电视剧。

1995 年岁末、1996 年年初,中央电视台在一套黄金时间播出了电视剧《苍天在上》,树立了一个反抗黑恶势力的市长黄江北的形象,通过戏剧手法将一场生死搏斗表现得跌宕起伏,每天晚上播放时几乎万人空巷。其后,作者陆天明再接再厉,创作了《大雪无痕》和《省委书记》。18 集电视连续剧《省委书记》塑造了一身正气而又富有人情味的高级干部形象;同时剧情复杂,矛盾冲突激烈:煤矿事故、凶杀案件、职工下岗、国有资产流失、招商引资、企业转制。为了避免被人"对号入座",作者特地构思了一个全国没有字头的 K 省和省委书记中没有一个姓此的"贡"书记。由于剧情合适,央视于 2002 年党的"十六大"召开前夕将其作为主旋律电视剧在第一频道黄金时间播出。有评论指出①,"支持理想的价值观和信念是国家集团

---

① 范志忠:《对电视连续剧"省委书记"的解读》,《电视研究》2002 年第 12 期,第 54—55 页。

理想的仪式必须采取的叙事策略",在此种电视剧中,最后的结果一定是"邪不压正",腐败分子虽然身居高位,"无一例外是副职",改革和反腐一定获得最终的胜利。这也成为一种模式。一度,反映中国社会环境的"反腐"剧在屏幕上数量增多、影响增大,招致广电总局下令控制①。

(2)历史剧与古装剧的流行

中国大陆的电视剧在海外市场上卖得最好的是根据古典文学名著改编的《西游记》《红楼梦》《三国演义》《水浒》等。从改编古典文艺作品开始,古装剧一直是中国电视屏幕上长演不衰的内容,历史剧更是中国电视剧"走出去"唯一成功的产品类型。1999年播出的古装剧《还珠格格》以虚构和娱乐见长;历史剧《雍正王朝》则以"正剧"的形式做翻案文章,一反史家对雍正皇帝"阴险残忍"的传统定论,塑造了一个宵衣旰食、励精图治的"有为皇帝"的新形象。其后中央电视台播出的《康熙王朝》,也以"反戏说"为标榜,号称"基本遵照历史史实,基本还原历史真实,基本再现历史人物"三原则,以新的方法讲述那段莫衷一是的历史。由于表演出色,《雍正王朝》中焦晃扮演的老年康熙、《康熙王朝》中斯琴高娃扮演的孝庄太后都获得了很高的评价。2002年播出的历史传奇剧《天下粮仓》以天灾、人祸为题材,反映了民以食为天、国以民为天、贪官污吏不除误国误民的主题,追求历史精神的表现。专家认为它既有深沉的历史真实感,又有浪漫的戏剧想象力②。但是,对历史真实性的不同判断标准却在其后的《走向共和》播出时引起了争议。

59集的长篇电视剧《走向共和》于2003年4月在中央电视台一套晚上8点以"黄金时间电视连续剧"的招牌播出,并准备重播。但首播引起了较大的争议。《走向共和》为历史人物孙中山、李鸿章、慈禧、袁世凯、光绪皇帝、康有为等塑造了全新的影视形象,北京人艺著名演员吕中扮演的慈禧不再是凶残狠毒的女独裁者形象,而表现为有人性、有感情的女人,一个有心机的政治家。戏中极力强调历来被认为"卖国贼"的李鸿章忧国忧民的一面,这种形象引来了最为激烈的争议。名为"走向共和"的这部电视剧对"共和"的真正代表人物孙中山描写得却最为苍白。《走向共和》的编剧承认自己写的并非真实的历史,但宣传所说的"揭示历史的本来面目"、片头片尾出现的一些貌似历史纪实的黑白镜头,却让人相信这就是历史。于是,央视终于未重播《走向共和》。

互联网时代的电视剧作品一改往日风貌,在作品中容纳了更为丰富的艺术表

---

① 如"全国广播电视概况"中提及,广电总局发出《关于切实加强反腐、涉案题材电视剧创作和审查管理的通知》后,有关部门加强了对反腐题材的审查和总量控制。引自《中国广播电视年鉴》(2003),第39页。

② 刘扬体:《体察历史的忧伤 ——〈天下粮仓〉品谭录》,《电视研究》2002年第4期,第20—22页。

现因素。献礼中国抗日战争胜利 70 周年的作品《伪装者》，融合谍战、偶像、青春励志、抗日、军旅校园等诸多类型元素，引发互联网上单日点击量过亿。而在同一时期上线播出的古装剧《琅琊榜》则同时包含武侠、宫廷、推理、仙侠、青春励志、偶像等元素特征，营造出多屏共振的影响力①。

据《中国广播电视年鉴》显示，2014 年中国电视剧产量为 429 部 15 983 集，其中现实题材占主流②。由于政府的宏观调控措施，历史剧、反腐剧、涉案剧数量得到控制，许多民营公司接受委托，制作"主旋律"电视剧，提高了电视剧的艺术含量，提升了主旋律电视剧的市场影响力。

4. 品味的博弈

利润驱动总是导致边缘冲击。2014 年年底，发生了争议广泛的"剪胸"事件。湖南卫视的热播电视剧《武媚娘传奇》自 12 月 21 日开播以来收视高涨，颜值、服装尤其是大尺度的"胸戏"是备受关注的看点。然而，该剧在播至 16 集时突然被叫停，据湖南卫视的说法，是"技术原因"。但有爆料说，停播是因为"露胸"尺度太大，被要求重剪再审。2015 年元旦恢复播出，武媚娘等美女脖子以下镜头全部被剪，"吻戏""鸳鸯浴"等情节被删③。

不过，尽管遭遇电视台暂时停播，《武媚娘传奇》在网络上的点击热度不减反增：停播期间，"该剧在优酷上仍以每日新增播放 3 000 多万的成绩持续增长，最高单日增长为 5 190 万"④，十数天内点播总量便以亿计。

"剪胸"事件招致广泛批评。有网上评论说：把那种不成比例、毫无美感的画面呈现给观众，是对观众的羞辱。还有更多的评论对广电总局的电视剧审查制度提出批评。据披露，电视剧的审查标准随意而粗放，尺度不一：卫视上星播出剧审查最严格；地面频道播出剧审查较宽松；网络引进的国外影视剧和网站自制自播的电视剧审查一度较为松动；而网络剧起初没有审查，由视频网站自播自审。在一定程度上，是这种宽严不一的审查尺度导致电视剧朝网络发展。

四、新媒介与全球传播

网络剧是近年来出现的一种新现象，指以互联网为唯一或核心播出平台的电

① 崔晓：《跨媒体传播　以质量取胜——2015 国产电视剧盘点》，《人民日报海外版》2016 年 1 月 4 日第 7 版。
② 《中国广播电视年鉴》(2015)，第 42 页。
③ 姬培蕾：《武媚娘传奇：广电总局一声令，"妃子"变身"大头贴"》，知著网，2015 年 1 月 2 日。
④ 同上。

视剧。中国民间富有极大的电视创作潜力,早已聚集了大量有实力的创作者和影视企业。然而,在传统的僵硬电视体制内,许多体制外的潜能没有发挥的空间。现在,网络提供了一个理想的施展机会。原生于网络平台的网络剧以取悦粉丝为目标,篇幅短小,适合碎片式零星观看;它具有"非正式"创作的亲和力,常常发布突破边缘、触碰底线的惊世骇俗之作;网民还常常以"弹幕"①等形式即时发表观感,"吐槽"等互动性参与行为成为后现代狂欢的来源。这些,十分符合互联网"原住民"的口味。

(1) 网剧进入市场

网络剧最初由短视频发展而来,大约出现于 2008 年以后。当时,中国网络视频市场尚处于初始期,不多的视频网站主要靠播放外国影视剧谋生;虽有一些用户生产的短视频内容,但尚未形成稳定的观剧受众。当时的媒介通道也不尽理想,无法为网络剧的流畅播放提供必要的技术支撑。然而,技术的改进和速度的提高堪称神速,大大领先于社会与文化的发展,也大大超出人们的预期。

短短数年间,网络传播便成为"气候"。截至 2015 年 12 月,中国网民规模已达 6.88 亿,半数中国人已接入互联网。其中,手机网民达 6.2 亿,占网民总数的 90.1%;通过 Wi-Fi(无线网络)接入互联网的网民比例高达 91.8%②。高速带宽保障了网络视频的发展,网络视听成为新一代主流传播渠道。面对变局,传统电视机构开始致力于媒介融合、网台联动、多屏播放,电脑、手机、平板电脑等网络设备可以"同步"观赏网络和电视台播出的电视剧;专注网上传播的网络剧则以爆发式的增长速度吸引了人们的眼球。

有人用"井喷"来形容 2011 年以来国内网剧从无到有、到繁荣的过程。据广电总局官员介绍,2013 年我国生产网剧 200 部 800 集,2015 年则达到 805 部 12 000 集,现象级作品出现,产业链延伸,付费比例明显提升,占比达受众的 17%,广告投入增速达 50%以上③。

2014 年被称为"网络剧元年"④,据统计,2014 年网剧产量达到 1 700 集,比前一年增长 45%左右⑤。2013—2014 年,网络剧播放覆盖人数和播放时长的增长幅

---

① "弹幕"是用户在观看视频的同时将观感和评论发送到服务器,并与视频同步播放的一种网上网下互动方式,类似飞行射击游戏里的"弹幕",因而得名。

② CNNIC:《第 37 次中国互联网络发展状况统计报告》(2016 年 01 月 22 日),http://www.cnnic.net.cn/hlwfzyj/hlwxzbg/hlwtjbg/201601/t20160122_53271.htm。

③ 刘阳:《网剧和电视剧,线上线下标准如何统一》,《人民日报》2016 年 3 月 24 日第 19 版。

④ 也被称为(视频网站)"自制剧元年",因为网络剧大多是由视频网站(而不是电视台)推出的。

⑤ 谢鹏:《视频网站自制剧的现状和前景分析》,百度百家,http://xiepeng.baijia.baidu.com/article/6494。

度均明显高于传统电视剧①。而且,相对于传统电视观众,网络剧观众集中于经济发达的东部,受众年龄轻、收入高。2015 年,355 部作品上线,单集成本超百万元成常态,点击量最高的近 30 亿次;且"阵容让人心跳,剧情让人心惊"②,偶像明星纷纷加盟,资本投入声势浩大。作为一种欣欣向荣的新兴产业,网络剧的内容也涵盖青春偶像、都市情感、悬疑、科幻、穿越等,剧情朝多元化、类型化的方向发展。网剧制作方面,也不再是低成本的小打小闹,而呈现大投入、精细化的"大片"倾向。显然,网络剧未来趋势看好。

（2）网络剧及视频管理

最初,为了支持新传播技术和传播媒介的发展,管理机构对网络剧采取了"自审自播"、网开一面的态度。但随着网络剧"疯长",视频世界乱象丛生,特别是一些热门网剧对传统政治标准和道德底线的漠视和冲击,当局政策逐步收紧。2015年,热播的《太子妃升职记》《盗墓笔记》《心理罪》《探灵档案》《上瘾》等网剧被主管部门要求全网下架。特别是网剧《太子妃升职记》,被批粗制滥造;但广受网民追捧,引起很大争议。

广电总局规定视频网站等视听节目播出平台实行牌照准入制。广电总局于2004 年 10 月 11 日开始施行《互联网等信息网络传播视听节目管理办法》,其中规定,从事视听节目传播业务必须取得《信息网络传播视听节目许可证》,播出电视剧必须取得《电视剧发行许可证》。随着网络剧的兴起,2012 年 7 月,广电总局又下发通知:从事生产、制作和播出网络剧、微电影的机构还须取得《广播电视节目制作经营许可证》。2014 年 1 月《关于进一步完善网络剧、微电影等网络视听节目管理的补充通知》规定,网络剧、微电影等上网播出前应完成节目信息备案;上网播出后,群众举报或广电行政部门发现节目内容有问题的,要立即下线。国家新闻出版广电总局网络视听节目管理司司长在某次会议上表示,网剧制作粗糙,有些剧的导向明显背离主流价值观,低俗化倾向突出,创作者主观意识媚俗,"故意打擦边球",有意冲击底线,并提出"线上线下标准一致,电视台不能播的网络就不能播"③。

2016 年 4 月,一部实行付费会员制的韩国热播电视剧《太阳的后裔》迎来大结局。根据爱奇艺的统计,这部剧的播放量达到 26.79 亿人次,远超人们的想象。据韩国媒体报道,《太阳的后裔》使得爱奇艺付费会员骤增 50%(按照爱奇艺 2015 年

---

① 艾瑞咨询集团:《中国网络剧行业研究报告》(2014 年),www. iresearch. com. cn,第 11—12 页。
② 张祯希:《网络剧步入"大剧时代"?》,《文汇报》2016 年 1 月 7 日第 1 版。
③ 曾索狄:《网剧审查将与电视剧统一标准》,《新闻晨报》2016 年 2 月 29 日。

年底公布的超 1 000 万会员数,保守估计,新增会员数量也可达 500 万),仅会员费一项就增加收入约 1.9 亿元。据专家分析,视频网站的观众主体已是 90 后和 00 后。他们比前辈更接受"付费观看"的理念,对盗版更加排斥。因此,"免费＋会员"的模式,已经成为视频网站探索会员制度的主要方式。以爱奇艺 1 500 万会员数为标准,一个月能为爱奇艺带来 3 亿元的现金流①。

视频公司营收的主要来源过去一直是广告。但是随着网络视频用户的迅速增长,加之网络播出成本持续增加,电视剧付费收视、会员收费等增值服务方式也不断成长,网络收视日益成为主流的视频收看方式。根据艺恩集团新发布的《2015 中国视频行业付费研究报告》,截至 2015 年年底,国内视频网站付费用户的规模达到 2 200 万,同比增长 133％②。视频网站的会员收入开始支撑"半边天"。从点播向会员模式发展。据报告,乐视的影视会员收入高达 27.1 亿元,已经超过了 26.5 亿元的广告收入。

思考题

1. 早期中国的直播电视剧有哪些特点?
2. 试分析中国电视剧走向市场的现象。

第三节　纪实类节目

纪实类节目,也称非虚构类节目,指采用各种技术手段记录事实后再现场景和行为的电视节目类型。在本文中,纪实类节目的内容,早期主要指社会教育性专题节目;后来则更具体地指电视纪录片。从形式上说,纪实类节目可分为单独播出的纪录片和由主持人衔接的较短纪录片以及演播室内容的专题或者专栏节目。中国电视人通常根据"主题"先行与否将纪实程度不同的纪录片命名为"专题片"和"纪录片",专题片以主题宣示为目标,纪录片注重观察与记载的过程与发现。

一、社会教育的传统

北京电视台(中央电视台前身)于 1958 年 5 月播出之后,社会教育节目占有相

---

① 徐晶卉:《视频网站付费会员制全新起步》,《文汇报》2016 年 4 月 16 日。
② 艺恩:《2015 中国视频行业付费研究报告》(2016 年 1 月),http：//www. entgroup. cn/Views/29930. shtml。

当重的分量。其中,主要的自办节目是在演播室里直播的。

1. 早期的演播室节目

试播时期最初的节目表显示,在每周播出两次的电视节目中,星期四的节目从19时05分到19时35分隔周分别播出半个小时文艺节目(包括小型歌舞短片和猜谜娱乐节目)和对儿童广播节目(知识性为主,也包括木偶、动画影片)。从19时35分到20时,隔周分别播出科技卫生和实用知识节目(包括科学教育影片)与政治节目(包括自摄新闻性综合报道影片)。20时以后是故事影片时间。其中,对儿童节目、科技卫生和实用知识,包括政治节目的大部分内容,都可以列入社会教育节目,并主要由直接(非艺术化地)反映现实的节目组成。星期日的节目主要转播剧场实况、运动场实况或播放故事影片,但前面要播出10分钟的《新闻周报》影片。

1958年9月2日,北京电视台正式播出,节目时间增加到每周4次(星期二、四、六、日)。1959年元旦,北京电视台节目增加到每周播出6次(星期一休息)。

随着电视的发展,自1960年1月1日起北京电视台试行固定的栏目时间表,每周播出8次,即在每晚之外,星期日早晨增加一次播出。增加最多的,是社会教育性的栏目,计有《文教节目》《学校生活》《卫生节目》《新书介绍》《科技节目》《体育爱好者》《集邮爱好者》《摄影爱好者》《图片报道》《影剧评介、音乐舞蹈讲座》《电视新闻》《国际新闻》《工业节目》《商业节目》《首都建设》《祖国各地》《新人新事新气象》《农业节目》《一周工农业节目综合报道》《大型纪录片》《简明新闻》等。增加的节目维持的时间都不长,主要因为不久后经济困难时期来临,经费和人员缩减,栏目下马。这是一段短暂的社会教育栏目的高潮时期。

在早期专栏中,儿童节目是比较活跃的内容。北京电视台少年儿童节目曾由中央人民广播电台少儿部实行业务托管,从而吸取了许多现成的经验,如每周一次的《少先队号角》《对学龄前儿童广播》《对学龄儿童广播》,通过介绍革命文物进行革命传统教育的《革命传家宝》,宣讲国内外大事的《在地球仪上》,传播科技知识的《聪明的机器人》,讲解文艺知识、欣赏文艺作品的《少年俱乐部》,介绍课外读物的《好朋友——书》,教小朋友做手工的《万能的手》和讲故事节目《有趣的故事》。这些节目注重知识性和教育性,但以今天的眼光看来不够活泼。

早期专栏节目中,《科学常识》和《医学顾问》属知识性、服务性兼备的节目,是电视科普园地里最早的两株“姐妹花”。后来,又增加了《生活知识》节目。这些科普节目得到了社会很大的支持。中国科学家协会和中华医学分会分别参与了“科学广播委员会”和“医学广播委员会”的工作。这些委员会建议节目选题,推荐撰稿人、播讲人,并协助审阅节目内容。节目大多是在演播室播讲的,许多著名医学专

家,如黄家驷、诸福棠、吴阶平、林巧稚、张孝骞等都曾参加播讲。像"小儿麻痹症和小儿麻痹疫苗""沙眼与沙眼病毒""断手再植""养生之道"等内容,直接关系到人民健康。《生活知识》是各类节目中观众来信称赞最多的。不过,后来在"文化大革命"中,这些与人民群众生活息息相关的节目被戴上"不突出无产阶级政治""讲吃讲穿"等罪名统统砍掉。

2. 对外宣传的纪录片

1960 年 8 月,周恩来总理接受了英国自由记者、独立制片人费利克斯·格林的采访,第一次通过电视向世界发表了中国政府对时局的看法和对世界的政策。周恩来特别强调,中国不愿意与美国打仗;台湾问题是中美关系根本改善的主要障碍。由于事关重大,这次采访是以念稿子的方式进行的。

1963—1965 年,中国曾 3 次派员参加阿联(现埃及)国际电视节。但其获奖的参赛节目——《金小蜂与棉铃虫》《对虾》和《水地棉花蹲苗》都是由北京科学教育电影制片厂拍摄的。由电视台送出国去的基本是新闻片。

3. 对内宣传教育片

1963 年,为了反映国内经济形势的好转,北京电视台到外地拍摄了《珠江三角洲》和《长江行》两部电视纪录片。这是北京电视台最早拍摄制作的光学有声片。其后制作了风光片《芦笛岩》等。那一时期较有影响的电视纪录片是《大庆铁人》《党的好干部焦裕禄》等政治宣传性专题片。

"文化大革命"前夕,从四川到北京,刮起了一阵"'收租院'热"。"收租院"是四川省大邑县"地主庄园陈列馆"展出的一组揭示解放前地主刘文彩逼迫农民交纳租米情景的大型泥塑群像,有 114 个与真人大小相同的人物塑像。"收租院"泥塑群像是四川美术工作者用 4 个半月的时间创作完成的,有连贯的情节,采用中国传统的泥塑方法,但借鉴西方雕塑艺术,作了一些"古为今用""洋为中用"的尝试。但是,"收租院"并不是一般的艺术作品,而是"文艺为无产阶级政治服务"的具体体现。"收租院"是在"以阶级斗争为纲"的思想指导下创作,带有强烈的意识形态色彩,是特殊时代的产物。北京电视台的参与,又使"'收租院'热"持续下去,并扩散到全国各地。在接着而来的"文化大革命"特别是"革命大串连"中,"收租院"成为红卫兵朝拜的阶级斗争教育"圣地"之一。

"电视讲话"成为进行阶级教育、思想教育和革命传统教育的有力工具。1966年 2 月 17 日,北京电视台邀请大庆"铁人"王进喜作电视讲话。当时,大多数人民(特别是青少年)真诚地、热情地崇拜以王进喜为代表的英雄模范人物。不过,在那

个思想偏激的年代，一切英雄模范人物，不论出身、经历、事迹和性格怎样不同，都被当作"活学活用毛泽东思想"的典范加以宣传，并成为一种理想主义的符号。他们的思想和行为被大大地简单化了。

在"文化大革命"中，既便于"抒无产阶级之情"又长于视觉形象愉悦的电视纪录片曾在百花凋零中一枝独秀。那时候，其他文艺形式无所作为，电视纪录片却以其富于革命激情而又多少带有艺术特色的形式反映着社会生活，成为处于文化饥渴状态下的中国人民欢迎的精神食粮。《三口大锅闹革命》《太行山下新愚公》《下课以后》《泰山压顶不弯腰》《走遍延边唱新歌》等，虽然不可避免地带有那个年代的种种痕迹，却也代表着那个时期电视节目的高水平。

4. 纪录片《中国》风波

"文革"进入后期，随着中国大门的开启，捷足先登的电视制片人蜂拥而来，力图揭示"神秘中国"的真面目。

被称为"电影大师"的意大利导演米开朗琪罗·安东尼奥尼的到来得到了中国总理的最后批准。在中国方面的大力配合下，他创作了一部名为《中国》的纪录片，以25万美元卖给了美国广播公司（ABC），并于1973年1月11日首先在美国电视上播放。据美国评论家指出，从片中可以看出，"红色中国"街道很清洁，也很安全。人民很愉快，儿童们很开朗，社会秩序良好，食品供应充足，不存在营养不良现象，人们对他们所取得的进步感到满意。也许因为所期待的"阴暗面"展示太少，美国《综艺》杂志认为，这部影片令人失望，使人感到乏味。总的说来，《中国》问世时，并未引起轰动。

一年后，事情发生了戏剧性的变化。1974年1月25日，自封"文化革命旗手"的江青在北京的"批林批孔"大会上说《中国》是"间谍加汉奸"搞的。紧接着，《人民日报》发表评论员文章，对影片大加挞伐，称之为"一个严重的反华事件"。后来，这部影片在内部放映，供批判用。

不论安东尼奥尼对中国有没有偏见，但在这个影片的评价上的确也有观念的不同。意大利是新现实主义电影运动的故乡。这种电影注重通过普通人的真实社会遭遇反映当代社会问题，拍摄方法注重真实感，尽量采用实景和自然光。而在20世纪60—70年代，正是由于电视的普及，导致西方公众对大量生活化纪录片的认可。影片《中国》向人们展示的是一个落后但不失生气的朴实无华的中国形象，给人留下的是积极的印象。因此，许多外国观众都不明白中国人何以如此大动肝火。

而中国人与西方人的电影观念不同。在"文革"中，中国观众对电影的期待还

是唯美主义的,是与"生活"区别对待的"艺术"。中国纪录片创作者煞费苦心选择、导演或摆布典型和模范;中国观众看到的是装饰得富丽堂皇的繁荣假象。新闻价值取向截然不同,反映社会面貌的手法大相径庭,对揭露疮疤的承受能力强弱悬殊——中国与西方的这些差异一旦同政治问题搅和到一起,事情就复杂化了。后来人们才知道,江青攻击《中国》的矛头是对准同意安东尼奥尼来华的周恩来的。

"四人帮"被打倒后,中国人民怀着深情观赏了纪念毛泽东和周恩来的纪录片。特别是在周恩来逝世一周年的时候,北京电视台播出了彩色纪录片《敬爱的周总理永垂不朽》,令人们重温了一年来曲折的政治变动。一批在"文革"初期被迫停办的社会教育栏目在"文革"后期也陆续恢复。

二、专栏节目的发展

早在"文革"期间,体育节目便率先恢复。1970 年 7 月 30 日,北京电视台以转播首都体育馆冰上体育表演的实况恢复了停播已久的体育节目。1973 年 10 月 21 日至 27 日,北京电视台与武汉电视台合作,将在武汉举行的全国乒乓球比赛的实况用微波线路传回北京。这是中国第一次进行远程电视实况转播。

体育节目不带明显的阶级性,在特定的情况下却能够为政治服务。1971 年,电视台转播了后来被称为"乒乓外交"的一系列乒乓球比赛。不过,体育的娱乐欣赏作用只有在加上了"社会主义"这个保险性的形容词之后,才可以放胆利用。体育首先要为政治服务,输赢是次要的。由于特别强调"友谊第一,比赛第二",有时,竞争激烈的比赛变成了彬彬有礼的推让。通常电视转播并不显示比分,好像运动员跑来跑去只是无目的也无结果的身体锻炼。

1. 专栏节目的恢复

早在 1972 年,《卫生常识》、《红小兵生活》(少年儿童节目)、《科学知识》便得以恢复。1974 年,随着中国国际环境的改善和对外交流的增强,《国际知识》也再次出现。这些都是不容易引起政治麻烦并具有比较迫切的实用价值的知识性教育性节目。文艺专栏的再现,则是"文化大革命"结束后 1977 年的事情了。

1977 年 5 月 23 日,《文化生活》专栏开办。10 月和 11 月,新开办《世界各地》和《外国文艺》两个专栏,特别取悦于知识分子和具有较高文化修养的观众。在迎接全国科学大会的日子里,1978 年 3 月,《科学知识》专栏改名《科学与技术》恢复播出。4 月,北京电视台开办了《体育之窗》新栏目。1978 年 6 至 7 月,已经改名的中央电视台通过国际通信卫星转播了在阿根廷举办的第十一届世界杯足球赛半决赛和决赛的三场实况。这是中国第一次通过通信卫星从国外传回的高水平国际体

育比赛,球迷们喜悦兴奋的心情难以言表。播出时,宋世雄在北京的电视机房里对着屏幕即时加配解说。不久他就脱颖而出,成为享誉全国的著名体育评论员。

1978 年 9 月 30 日,国庆前夕,中央电视台开办《祖国各地》专栏。这个栏目主要播出地理风光、文物古迹、建设新貌、风土人情等,通过传播地理、历史、文化知识,歌颂祖国,进行爱国主义教育。它被热爱它的观众称赞为"电视观光""坐游祖国"。

1979 年 8 月,中央电视台设立了《为您服务》专栏,主要介绍电视节目,回答观众来信。在商品经济历来发达、商业广播素有传统的上海,1981 年出现了一个服务性的新闻栏目《市场掠影》。广东电视台于 1982 年开办了《市场漫步》。但是,在这些专栏中,像后来许多其他相似的"经济"栏目一样,广告和信息是两块混淆不清的领域。广告在中国被划归"服务性节目",但它却因颇具强迫性而令人生厌。不过,广告的介入也带来了改进服务的远期效果:电视台日益扩大了与观众的交流。

1983 年元旦,《为您服务》改进编排,在原有的家事内容之外,增加了精神生活、社会生活方面的内容,增加了知识性和趣味性。特别引人注目的是,《为您服务》率先设立了一位固定的节目主持人,这便是沈力。她是 50 年代中国的第一位电视播音员,主持风格自然得体。在《为您服务》前后,全国各地出现了一大批受欢迎的服务性专栏节目,如广东电视台的《家庭百事通》等。无论是在什么地方,只要是为群众排忧解难、代言心声的节目,无一例外受到欢迎。

开放使得外语尤其是英语成为热门技能。1982 年 1 月,中央电视台开始播出一套别开生面的英语教学系列片——《跟我学》,立刻在社会上掀起了学习英语的热潮。从 1981 年 10 月开始刊登《跟我学》教材的《电视周报》,发行量一下子猛增 50 万份,达到 200 万份。而《电视周报》在 1981 年初创刊时,发行量只有 70 万份,经过 9 个月才达到 150 万份。中文版《跟我学》是中央电视台最受欢迎的一套英语教学节目,也被原制作者——英国广播公司(BBC)——认为是最成功的一套外国版本的《跟我学》。

大多数对象性的教学讲座系列节目都不如《跟我学》影响大,当然更比不上娱乐节目的红火热闹。但这是一个稳定发展的部分。1983 年 10 月,中国电视教育讲座《学拼音》在日本东京举行的第 14 届"日本奖"国际教育节目比赛中获得了"特别奖",这是授给"拥有有限的制作手段的单位"制作的优秀教育节目的。

2. 杂志化的探索

中央电视台曾进行过社会教育性专题节目的杂志化创新,在 1983 年国庆节播出过一个纪实与娱乐相结合、"非驴非马"的《九州方圆》,那种不拘一格、自由跳跃

的方式令观众既感到陌生又感到新奇。一年后,中央电视台播出续集,反响依然热烈。于是,1987年,中央电视台决定将《九州方圆》办成一个固定时间和长度、连续播出的系列节目,将所有位于边边角角、影响不广的专栏节目囊括一体,造成集中的影响。在此之前,中央电视台有7个专题栏目,除了电视纪录片之外,其余6个是《为您服务》《卫生与健康》《人物述林》《祖国各地》《兄弟民族》和《规矩与方圆》。其中,只有《为您服务》属于热门栏目,其他栏目都有各自的爱好者,可惜人数太少。

1987年1月2日,新版《九州方圆》在星期五黄金时段的《新闻联播》之后问世了,分为三个固定的板块:生活类的《红黄蓝绿》、时新性和政论性的《全景与特写》、山水风光类的《东南西北》,总长两个小时。第一期挺精彩,第二、第三期反映也不错。但渐渐地,观众的注意力不那么集中了。两个小时的安排本来是希望以对象性带动普及性,由此及彼,引人入胜,但杂志的浩大规模反而吓退了一些不甚坚定的纪实节目爱好者。一年后,《九州方圆》黯然收场。

其实,杂志化是电视传播的一种基本模式,但更适用于娱乐节目。例如,春节联欢晚会就是一盘盛宴的大杂烩。在新阶段《东方时空》的尝试中,时事节目也采用了杂志化的手段。后来,在《综艺大观》《快乐大本营》等娱乐节目中,人们发现,杂志化是很有效的受众聚合方式——关键是掌握受众的心理和发挥编排的技巧。

短短几年间,中国电视节目呈现出崭新的面貌。但是,人们头脑中僵硬的框框套套还不少。改变观念是从合作拍片开始的。

3. 纪录片的观念变化

1979年,中国电视界首次与国外合作拍片,题材是丝绸之路。在合作中,不同观念的撞击第一次被人们强烈地感受到。

改革开放的政策使中国向西方世界打开了大门,富裕的工业社会给贫穷的中国民众带来了巨大的思想冲击。随着国家领导人频频出访,新闻图像中外国街道上川流不息的汽车、住户内一应俱全的家用电器给中国观众留下了深刻的印象。通过"工业化"走向"现代社会"是中国人民的迫切希望。而在已经工业化了的日本,电视界多年来的共同梦想是揭开"丝绸之路"的神秘面纱,荒凉广袤的沙漠之海、年代悠久的西域之路曾引起人们对远古时代的无尽遐想,对蜗居于现代文明拥挤天地的日本人更具有无穷的魅力。当日本广播协会(NHK)获得与中国中央电视台合作的拍摄机会时,电视制片人欣喜若狂。

合拍工作进行了13个月,最后产生了45万英尺胶片。中国方面制作了15集《丝绸之路》;日本方面制作了13集。两个版本面貌颇不相同,于1980年5月分别在中国和日本开播。

日本广播协会为《丝绸之路》开展了声势浩大的宣传,紧紧抓住"异国风情""远古遐想"大做文章,极力激发观众的想象力和好奇心,因而在日本掀起了"《丝绸之路》热",收视率高达 20%——这在非娱乐性节目中相当可观。同时,日本广播协会出画册、印书籍,在短短的时间里迅速收回了成本。而中央电视台起初并没有独到的创作思想,即使有,也很浅。令它特别高兴的是可以得到一笔合拍收入,同时,在设备、业务诸方面得到帮助。于是,它把这部大型纪录片按照惯例拍成了一部反映中国西部社会主义建设成就的、纯粹的宣传片。《丝绸之路》在中国的播放没有形成系列,时间忽早忽晚、节目忽长忽短,而且因为宣传不足,在中国观众中回音寥寥。

其实,观念的不同在拍摄时就可以感到:日本导演想拍摄雨中渭桥上熙熙攘攘的人群,表现"渭城朝雨浥轻尘"的意境;中国方面却认为乱糟糟、脏兮兮的场面有碍观瞻,即刻阻挡。3 天后,经打扫并中断交通,中方对景观表示满意了;日本人却觉得已了无意趣。在拍摄摘哈密瓜的一组镜头时,由于意见分歧,相持不下,双方各拍各的。日本人拍了衣衫不整的当地农民,中国人拍了从文工团请来的漂亮女演员。当企图猎奇的日本人坚持要一位维吾尔族老人表演赤脚在摄氏 70 度的沙漠上行走时,愤怒的中国人终于忍不住叫了起来:"你们就是要强调贫穷!你们也是安东尼奥尼!"日本纪录片每每以黄昏的落日美景色作结尾,中国翻译看到后,意味深长地说:"在中国,我们采用'朝阳'。"观念上的拘谨,造成了中国纪录片在真实感、自然度、魅力和美感方面的差距。

《话说长江》是中央电视台第二次与日本合拍的电视纪录片,合作对象是私营的"佐田企画"社。片子在日本没有引起轰动;日本方面原来承诺的"协拍费"也大半落了空。当一大堆样片塞满办公室时,编导一时竟不知从何入手。从事电视纪录片 20 多年的戴维宇被派来收拾残局。没有人要求片子不同凡响,更没有人要求它一鸣惊人,戴维宇的任务是将素材派上个用场,也算没白花那笔垫付拍片的冤枉钱。戴维宇却有自己的打算,他想突破纪录片的模式,突出电视节目的特点。于是,《话说长江》首次在大型系列节目中树立了陈铎和虹云两位固定的节目主持人,采用章回小说体的"话说"方式,固定栏目、连续播出。尽管有人指出,陈铎、虹云两位还不算真正意义上的节目主持人,他们只能算是朗诵解说词的演员,但是固定出现的形象比画外音更能使观众产生交流的亲切感。在中国,一时形成"长江热"。

总导演戴维宇及其创作集体再次推出《话说运河》,以写实的态度客观反映运河的忧患。这次轮到某些观念陈旧的地方干部抗议纪录片把他们的领地拍得"破破烂烂"了。此后,大型电视纪录片还有《唐蕃古道》《黄河》等。

4. 政论性电视片的开掘

中国电视纪录片从各种渠道获得营养。1986 年,中央电视台播出宣传改革的电视政论片《迎接挑战》,采用了类似国外电视片《第三次浪潮》的表现手法:极快的节奏、大量的资料片和强有力的解说词。同年,为纪念红军长征胜利 50 周年,中央电视台播出了政治历史抒情片《长征,生命的歌》,它明显地受到美国著名新闻记者索尔兹伯里《长征:前所未闻的故事》的影响。1987 年建军节前后,中央电视台播出了《让历史告诉未来》,一批报告文学作者撰写的解说词为这部以历史资料片为主的纪录片增添了光彩。

三、纪实节目的成熟

中央电视台 1981 年 12 月 31 日开办的《动物世界》是一个久播不衰的栏目。1994 年 5 月,集欣赏性、知识性、趣味性为一体的《人与自然》开播。然而,在大多数时间,纪录片是寂寞的。为了打破相对冷清的局面,中央电视台曾尝试将纪录片与对象性的专题节目制成板块,以包揽更多的观众,可惜《九州方圆》的尝试没有成功。1987 年年初,中央电视台创办《地方台 50 分钟》,荟萃了全国电视纪录片的精华。

1. 纪录片专栏化

《地方台 50 分钟》是一个展览橱窗式的栏目,它为地方台的优秀专题节目提供了一方表现的天地。人们发现这个栏目整体水平很高,以至于 1990 年、1991 年、1992 年三年的电视文艺节目"星光奖"将大多数优秀纪录片和艺术片奖都颁给了在这个栏目中展示的作品。

《地方台 50 分钟》包纳的节目色彩纷呈,风格各异。这些纪录片习惯上被称为专题片,并有较多的艺术加工。但纪录片突出的问题是"叫好不叫座"。后来,出于对观众耐受力的考虑,这个栏目改名《地方台 30 分钟》,缩短了时间,并最终消失。

1993 年 10 月,中央新闻纪录电影制片厂并入中央电视台,原来为新闻电影开设的栏目由《纪录电影之窗》改名《纪录片之窗》。1995 年,北京科学教育电影制片厂也划归中央电视台。随着电视频道的专业化,中央电视台的科学、教育频道(CCTV-10)于 2001 年 7 月开播,成为主要播放纪录片和纪实节目的频道。《探索·发现》等包含国外纪录片的栏目内容,一时成为知识阶层的最爱。

2. 用国际语言讲中国故事

1991 年,一部返朴归真的 4 部 12 集电视纪录片《望长城》引起了电视界内外的

一片叫好声。这是又一次中日合拍的电视纪录片,合作的对象是东京广播公司(TBS)。最初,由军队知名作家写出了文学台本——前几年,以这样的方式拍出了《长征,生命的歌》等成功之作。但熟悉的套路似乎很难再抓住观众。同时,就在《望长城》开拍前不久,北京电视台等长城沿线的10家省级电视台刚刚完成并播出了37集的《万里长城》,并在全国评比中获得了特等奖,就天时、地利而言,中央电视台并不占优势。为出新,为求异,《望长城》的总导演刘效礼及其同伴绞尽脑汁。最后,集体的智慧产生了几条原则:① 为了求得逼真的效果,所有拍摄素材都必须带有同期声和现场效果声,不搞后期配制的假声;② 要记录"过程",让生活自己"说话";③ 要舍得篇幅,用长镜头表达完整的信息。摄制组决定把笔墨泼洒在长城两侧人民的生活上。《望长城》于1991年11月18日开始播出,大量采用的长镜头和同期声使这部片子不同凡响,主持人焦建成顿时成了明星。

《望长城》的创新在中国电视界引起了广泛的注意和争鸣。赞扬者认为,《望长城》具有现代纪录片的纪实品格,在中国电视纪录片的发展史上是一个里程碑;批评者则认为,《望长城》选材不精,节奏拖沓,有自然主义的毛病。《望长城》带动了一大批纪实类电视纪录片的出现。几年之中,纪实类电视片成为时尚。

1991年10月,宁夏电视台、辽宁电视台联合摄制的对比西部农民和东部渔民生活和观念的电视纪录片《沙与海》获得"亚广联电视奖"大奖。这是中国第一部获得这个奖的电视纪录片。1993年10月,记叙鄂伦春族最后一代狩猎人从传统山林走向现代定居生活的电视纪录片《最后的山神》又获得该年度亚广联电视大奖,这是中央电视台首次获此殊荣。《沙与海》与《最后的山神》的获奖,标志着中国电视纪录片创作者开始致力于用国际语言讲中国故事,并越来越注重采用国际流行的各种表现手法了。

参照国外经验于1993年5月开办的早晨节目《东方时空》是一个采用综合板块形式制作和播出的时事杂志栏目,其中的《生活空间》板块具有较强的纪实性。此后中国出现了一大批访谈式的、纪录性的纪实节目。纪实中的对话交流也成为新的潮流。当中央电视台开始拍摄纪录片《邓小平》时,邓小平还健在。这部花了三年时间拍成的12集人物传记片于1997年元旦开始播出,2月19日邓小平便逝世了,播出的时机引人注目。

2006年年底,一部论从史出、名为《大国崛起》的12集纪录片给一向平静的纪实节目市场投下了"一颗重磅炸弹"。《大国崛起》的资料十分丰富,画面相当精致,令观众倍感新鲜。热播接着热议,带动了网上收看、光盘发行、丛书出版……这种红火的状况甚至让编导者意外。《大国崛起》艺术上走的仍然是"思想加资料"的轻车熟路;但它背景独特,机缘巧合应和了国家意识和社会思潮——当时正是"中国

崛起"论调流行的时候。而先期推出的呼声很高的纪录片,如《故宫》和《圆明园》,虽然在创作和生产机制方面尝试创新,却没有《大国崛起》那样的收视幸运。不过,从浩瀚资料中删繁就简,能够清晰表达的当然是大大简化了的历史。而且,由于话题的敏感性,拟议中的续集《大国衰落》暂时便只能束之高阁。

3. 纪实栏目市场化

有意识地放下身段,对传统文化进行娱乐策划,是一档成功栏目《百家讲坛》摸索出的经验。《百家讲坛》创办于 2001 年 7 月,与倡导"文化品位、科学品质、教育品格"的科教频道(CCTV-10)同时诞生。起初,《百家讲坛》想办的是一个"开放式大学",给无缘大学课堂的公众一个圆梦的机会。直到收视率亮起红灯,面临末位淘汰的危险,《百家讲坛》才被迫改弦更张。于是,从阎崇年串讲《清十二帝疑案》和刘心武考证《红楼梦》,学术不再是关注的目标,"有趣"成为追求的标准。继而,《百家讲坛》推出了"品"三国的易中天,读论语的于丹,在学术通俗化、传统文化娱乐化的道路上越走越顺畅。栏目出书,卖碟,财源滚滚;主讲人也随之"畅销",被戏称为"学术超男(女)"。当然,"培训主讲人"的过程对于长期浸淫于学术的文化人是个艰难的转型,《百家讲坛》被讲《聊斋》的教授马瑞芳戏称为"魔鬼的床"①。不过最终,无论是"开讲"的教授还是"旁听"的学者都闹明白了,《百家讲坛》只是电视节目,并非学术文化。然而,让普通百姓分清"知识"和"娱乐"的区别,大概还需要走遥远的路程。当学术的娱乐化竞争不过娱乐的底线化时,《百家讲坛》的盛况再也不能持续了。

然而,市场化趋势是一股不可扭转的潮流。上星播出,便意味着全球传播。现在,纪录片创作者不仅需要面向国内市场,其中的一些先行者也已经开始探索,尝试着开掘国际市场了。

4. 中国纪录片探索国际市场

随着频道资源的逐渐丰富,2000 年后,侧重纪录片的专业频道陆续诞生,如2002 年成立的上海电视台纪实频道、2005 年成立的重庆电视台科教频道、2007 年改版的中国教育电视台人文教育频道(CETV-3)、2008 年正式开播的湖南电视台金鹰纪实频道、2014 年上星播出的北京电视台纪实频道等。但在 2009 年的时候,只有 2001 年开播的中央电视台科教频道(CCTV-10)可以覆盖全国。这些纪录片频道机制灵活,在向世界传播中国海派文化、巴蜀文化、湖湘文化、京派文化的同

---

① 《马瑞芳揭秘〈百家讲坛:这张"魔鬼的床"〉》,搜狐网,2007 年 8 月 27 日。

时,通过各种方式完成了公司化改制和市场定位。

与世界纪录片市场一致,中国纪录片频道的内容提供主要采取自制、委托制作、贸易与联合制作等基本模式。自制节目中,具有重大政治意义和文化价值的特别制作大多由电视台或国家相关部门直接拨款,如庆祝回归的《澳门十年》、纪念新中国成立的《辉煌 60 年》等。委托给其他电视台、影视公司、工作室或者独立纪录片人制作的内容,既形成固定栏目,也组成系列节目,如《档案》《往事》《新中国教育纪事》等。

就纪录片的文化传播而言,作为综合播出平台的中央电视台第一频道(CCTV-1)在全国影响力最大,大型宣教型纪录片往往指定在其晚间黄金时段播出。但是,支撑中国纪录片商业市场最重要的力量,却来自民营与海外公司制作、集中于自然和历史领域、具有收视竞争力和广告吸引力的节目,如《寰宇地理》《传奇中国》《狂野动物》等。进入 21 世纪以来,共同投资、联合制作也日益成为纪录片走向世界的重要途径,如中央电视台与 BBC 联合制作了《美丽中国》等项目。一些精品大片,如《复活的军团》《故宫》等系列纪录片经过国际版改编、借助国际传播平台相继走向世界。

2011 年新年伊始,中央电视台纪录频道以中、英文同时开播,致力于打造纪录片的高端传播平台及中国纪录片的国际传播平台。于是,以中央电视台纪录频道设立为标志,加上中国网络电视台、搜狐、新浪等视频网站纷纷开设纪录片频道和纪录片栏目,2011 年被称为中国的"纪录频道年"。

中央电视台纪录频道作为生产和传播纪录片、覆盖全国的高端平台,很快成为中央电视台的重要品牌。为此,央视连续向社会招标,出手大方;同时,各大网站大规模收购纪录片,民间制作和交易量明显提升。民营传媒机构趋于活跃,社会资本涌入纪录片行业。因此,2011 年也被称作"中国纪录片市场启动年"①。制播分离为市场开辟了广阔的空间,纪录片行业获得了立体的生存空间。

中国纪录片是从引进外国影片逐步发展到主动参与国际合作的。随着中国国力的增强和国家关于中国文化"走出去"的号召,中国电视国际化的步伐也越来越大。早在 2005 年,央视与故宫博物院联合拍摄的 12 集大型纪录片《故宫》便在国内引起收视热潮。但《故宫》不同寻常之处,还在于它开启了中国纪录片的一种大片类型,并通过与美国国家地理的合作,使两小时的国际版《故宫》成功地走向了世界。十年后,《故宫》国际版已发行全球 160 多个国家。

央视纪录频道创立后,立即推动国际合作,分别与意大利联合制作了《利玛窦,

---

① 《〈2011 年中国纪录片发展研究报告〉近日发布》,《人民日报》2012 年 4 月 6 日。

延续至今的传奇》,与韩国合作制作了《望京》,与德国联合摄制了《海上丝绸之路》,与法国联合摄制了《喜马拉雅大淘金》,与英国联合摄制了《改变地球的一代人》《生命的奇迹》等。

2012 年,成立不久的央视纪录片频道推出了一部热销中外的《舌尖上的中国》,不仅在国内创造了收视奇迹,而且远销海外。《舌尖上的中国》着力挖掘中国传统文化的魅力,通过海外华人内心深处抹不掉的思乡情结,推动中国文化走向世界。《舌尖上的中国》在海外首轮发行额即达到 35 万美元,创造了中国纪录片海外发行的单集最好成绩。2012 年 11 月,央视 2013 年黄金资源招标,《舌尖 II》单片广告达到 9 000 万元①。借助《舌尖上的中国》创造的品牌效应,《舌尖 II》成功地将文化影响转换为市场效益,产业链从传统的广告、音像、图书等拓展到电商甚至股票,使整个《舌尖》的综合收益超过 5 亿元②。

随着电视纪录片日益市场化,行业进入深度调整期,民营公司几家欢乐几家愁。市场化程度较高、资本雄厚、盈利模式多元的大公司越做越大;而市场适应能力较弱、依赖电视台委托项目制作生存的小公司则步履艰难,甚至被迫转行。

随着新媒介的发展与媒体间的融合,视频网站、门户网站和主流媒体的音视频部,都对纪录片投以热情。网络成为宣传、发行和销售纪录片新的传播空间,除媒体、市场和政府之外,"众筹"成为重要的融资渠道。

思考题

1. 试述中国电视社会教育节目的发展。
2. 电视纪录片的发展轨迹是怎样的?
3. 纪录片是如何走向国际市场的?

第四节 电视综艺

综艺节目是最有电视特点的类型之一,除了文艺欣赏之外,它还有欢聚、娱乐的功能。长期以来,中国电视综艺节目首要的代表是一年一度的中央电视台春节联欢晚会。《综艺大观》也曾是定期的周末联欢晚会。但是,随着社会变迁,杂俎式的综艺节目失去了文艺欣赏的氛围,越来越朝参与式娱乐的游戏节目方向发展。

---

① 张同道、胡智锋:《2012 年中国纪录片发展研究报告》,《现代传播》2013 年第 4 期,第 83—84 页。
② 张同道、樊启鹏等:《2014 年中国纪录片发展研究报告》,《现代传播》2015 年第 5 期,第 109 页。

一、电视文艺传统

在早期,最吸引电视观众的,除了电影之外,是电视转播的戏曲戏剧节目。演播室直播的文艺节目也是早期电视的内容之一。"文化大革命"之前,北京电视台每年都要举办新年联欢晚会,或者自办,或者转播,但影响都没有超过"笑的晚会"。

1. 文艺演出和戏剧转播

1958 年 5 月 1 日,试验期间的北京电视台开始播出。在时事性的庆祝"五一"座谈会之后,文艺节目与观众见面了。首次播出的内容有诗朗诵《工厂里来的三个姑娘》《大跃进的号角》、舞蹈《四个小天鹅》《牧童与村姑》《春江花月夜》。

北京电视台首次进行剧场实况转播是在 1958 年 6 月 26 日,内容是伤残军人演出的文艺节目。此后,北京观众多次欣赏到著名京剧艺术家的表演,如梅兰芳的《穆桂英挂帅》,尚小云的《双阳公主》,荀慧生的《红娘》,马连良和张君秋的《三娘教子》,张君秋、叶盛兰和杜近芳的《西厢记》,周信芳的《四进士》等。其后,北京电视台对当时流行的舞台剧目逐一进行转播:歌剧《刘三姐》《洪湖赤卫队》《江姐》,昆曲《十五贯》等。

第一次大规模的文艺节目实况转播是在 1959 年 10 月 1 日。当时北京电视台通过电缆传送,直播了天安门广场上庆祝建国 10 周年的文艺晚会实况。此后,每逢"五一"、"十一",电视台都要转播盛大的焰火晚会等节目。

早期北京的电视观众还有幸观赏到著名的外国文艺团体的演出,如苏联芭蕾舞团表演的《天鹅湖》、著名苏联舞蹈家乌兰诺娃主演的《吉赛尔》《海侠》的片段。每到新年,北京电视台要组织一场文艺演出,做成贺岁节目,与当时的东欧社会主义国家交流。1960 年春节,北京电视台开始组织综合性的文艺晚会。

北京电视台于 1960 年新建成大、中、小三个演播室后,播出文艺节目的条件大大改善。这一时期,电视编导力图运用电视手段进行再创作,以丰富文艺节目的表现力,例如黄一鹤尝试以越剧戏曲影片为小提琴协奏曲《梁山伯与祝英台》配画,在镜头处理和解说运用方面颇有创意;邓在军导播了舞蹈《赵青独舞》;杨洁与莫宣导播了甬剧《半把剪刀》;王扶林、金成导播了话剧《七十二家房客》。其后,北京电视台尝试二度创作,将话剧《伊索》、革命现代京剧《红灯记》、评剧《双玉蝉》和《祥林嫂》、昆曲《李慧娘》、川剧《燕燕》等一一搬进演播室。

20 世纪 60 年代,一批地方电视台成立和发展起来,文艺节目成为电视工作者发挥创造力的主要天地之一。天津电视台将相声《昨天》改编为喜剧《笑着向昨天告别》,以相声形式为串场解说,别致有趣。吉林电视台加工播出了话剧《雷雨》、吉

剧《桃李梅》等。

周恩来总理十分关心电视文艺这朵新花。1961年5月9日,在北京电视台播出河北梆子《挡马》和《杜十娘》时,周总理来到演播室。他反对戏曲演出照搬国外歌剧将乐队设在前面乐池的做法,说音响很大的锣鼓伴奏喧宾夺主,盖过了演员的演唱;他建议在戏曲唱导板、台上没有演员时给乐队出图像,因为他们是幕后英雄。

1964年前后,以广州电视台为代表的地方电视台开始掀起演"革命现代戏"的热潮,大量播放以阶级斗争为主要内容的现代题材戏剧。而从1965年2月开始,北京电视台又在100天内连续播出以援越抗美为主题的音乐、舞蹈、戏剧节目44次,占当年文艺节目的40%。配合中心任务组织大规模文艺演出的做法是中国电视文艺的传统。

2."笑的晚会"

三年困难时期(1960—1962),人民需要休养生息。中国共产党对政治、思想、文化各方面的政策进行了调整,随后文艺界出现了某种松动。1961年至1962年,戏曲界在"挖掘传统"的口号下开放了一批传统剧目,外国戏剧与电影也较多出现在中国的舞台和银幕上。一度,社会上大演喜剧成风。"迅速反映现实"的电视屏幕立即有了反映。

根据党中央的精神,1961年,建成于大跃进时代的北京电视台第一次制定了"非跃进"的、强调扩大取材范围、以提高节目质量为重点的工作计划。广播事业局局长梅益在批示同意时还指出,电视应比广播更进一步地和当地人民的生活联系起来,不但要有意义,而且要引起观众的兴趣,山水风景也应该有,扩大取材范围还包括今后有更多的娱乐节目。于是,北京电视台要求文艺组举办一些有益无害、不太强调政治内容的娱乐性节目,以健康的笑声活跃群众的生活。正是在这种情况下,三次"笑的晚会"应运而生,成为早期电视引起热烈反响的文艺事件之一。

第一次"笑的晚会"是1961年8月31日播出的,导演笪远怀,节目内容完全是相声。播出后收到100多封来信,表示欢迎,要求再办。受到鼓舞的电视台于是举办了第二次"笑的晚会"。这次仍以相声为主,但为了弥补第一次晚会视觉形象不足的缺点,增加了其他形式的戏剧节目,如话剧片段、独角戏、洋相和笑话。演播时参考外国电视台的做法,布置了一个茶座式景区,演员分散围坐着,既是表演者,又是现场观众,使晚会气氛更为轻松活跃。这次节目开始聘请名家来当艺术指导,总导演是耿震,电视导演是王扶林等。北京人民艺术剧院的方琯德担任节目串联,即主持人。一开始,他从扇子背后露出一张苦脸,说自娘胎出来从不会笑。这时马季上台演第一个节目"笑一笑",使方的苦脸稍有好转,然后逐个节目发生变化,直至

最后哈哈大笑。

这次演出的最后一个节目事后引起了争议。这是多口相声《诸葛亮请客》,类似现今的荒诞剧。说的是,失街亭之后,诸葛亮命令众将士出兵,将士不肯,定要诸葛亮请客。正僵持间,一位迟到的演员手里提着一包"高级点心"赶来,诸葛亮便借花献佛,分给将士每人一块。得到点心的将士欣然离开,只有那位饿着肚子的演员反而没有分到,苦着脸无可奈何。演出后,国务院办公厅有位负责人来信指出,在粮食紧张的情况下演这样的节目,是讽刺了当时的粮食政策。但在对晚会的一片赞扬声中,这种批评意见并未引起电视台的重视。

1962年国庆前夕,第三次"笑的晚会"开场了。这次晚会特邀北京电影制片厂的导演谢添和著名相声演员侯宝林担任艺术指导,特邀导演是青年艺术剧院的杜澎。电视导演仍是王扶林等。一班人想标一点新,立一点异,着重表演,减少说唱,加强形象性。于是确定晚会以表演小品为主,并动员中国各个顶尖艺术单位参加,组成了强大的演员阵容。

开场屏幕上,几张笑脸从画面四角移出,凑成"笑的晚会"四个字。节目五花八门,有话剧演员无实物练习小品《吃鸡》,有模仿北京街头小贩吆喝声的《市井大合唱》,有讽刺不肯让座的小品《在公共汽车上》,有讽刺不遵守公共秩序的钓鱼人和游泳者的《一张照片》,有模拟公鸡下蛋的小品《来亨先生》,有后来被上纲上线批判为"宣扬和平共处"的小品《驯虎女郎》,有被荒诞处理了的京剧、话剧片段和独唱、对唱,还有著名电影演员陈强从延安时期就保留的活宝节目《光棍哭妻》,等等。这些节目有的事先未经审查,有的演出中临时变了样。演员们反对审查,他们说,艺术创作的规律是凭灵感,喜剧表演主要靠激情,一审查,就不可笑了。

第三次"笑的晚会"引起了更大的争议。大多数观众还是赞赏的,但出现了一些尖锐的批评。署名"对你们的节目表示愤怒的一观众"来信说:国庆节前夕"笑的晚会"中的大部分节目是多年来在机关、团体内部举办的小型晚会上司空见惯的、不登大雅之堂的、非艺术性的、迫不得已在朋友们面前耍耍活宝以博得谅解的一笑的洋相,想不到居然在国庆前夕,在参加庆典的外宾云集的中华人民共和国首都的电视节目中播出,简直是令人难以想象。这纯粹是以廉价的方式来向小市民趣味讨好①。这封有代表性的观众来信反映了一些严肃的观众对电视及其节目相当郑重的看法。

其实,第三次"笑的晚会"并没有违背"有益无害"的初衷,有的节目虽格调不

---

① 此信包括本节中的内容大多来自尚未公开的档案,引证及详情见郭镇之:《中国电视史》,中国人民大学出版社1991年版,第45—48页。

高,也并非全无意义。但经过几次类似的晚会,观众的期待提高了。尽管演员们越来越卖力,表演越来越出格,一些观众仍认为某些节目"并不好笑"。更多的批评是说它"庸俗低级"。此时,重提阶级斗争的中共八届十中全会刚刚结束,社会思潮进一步"左倾":为笑而笑也不行,无害多了便是有害。于是电视台统一了思想,认为三次"笑的晚会"都有问题:第一次是思想性不强;第二次有了"为笑而笑"的倾向;第三次则是"修正主义"的了。后来,在很长的一段时期内,"笑的晚会"成了不光彩的贬义词,甚至在"文化大革命"之前就被扣上许多政治大帽子,受到内部批判。

"笑的晚会"的遭遇有时代和政治背景。1964 年 6 月,毛泽东严厉批评文艺界"15年来,基本上(不是一切人)不执行党的政策,做官当老爷⋯⋯最近几年竟然跌到了修正主义的边缘。如不认真改造,势必在将来的某一天,要变成像匈牙利裴多菲俱乐部那样的团体"①。这种语调显示了"文化大革命"前"山雨欲来风满楼"的严峻形势。于是,戏曲《红梅阁》《李慧娘》《桑园会》《武家坡》,歌剧《蝴蝶夫人》等都被禁播。

"笑的晚会"也一别多年。但是,20 年后,以相声、小品为骨干的春节联欢晚会从内容到形式都脱胎于"笑的晚会"。自然,"笑的晚会"所提示的"正确对待观众趣味,恰当估量观众水平"的教训,也值得后来者深思。

3."文化大革命"中的电视文艺

"文革"中文艺节目百花凋零。但如果说"文化大革命"中只有 8 个样板戏,则并不准确。当然,文艺舞台上侥幸逃脱、偶尔出现的"漏网之鱼",大多是应付某一宣传任务尤其是涉外任务而又一时无现货可取时的降格以求,而且往往是斗争的产物、争议的缘由。

1970 年,集体重新填词的《毕业歌》等四首革命历史歌曲被解禁。10 月,为了纪念中国人民志愿军赴朝作战 20 周年,开放了《奇袭》《英雄儿女》《打击侵略者》等几部旧影片。1971 年,《红灯记》《沙家浜》《白毛女》等样板戏被拍成了电影。1974年,北京电视台播放了宣传阶级斗争的影片《火红的年代》《艳阳天》和《青松岭》。1975 年年初,《海霞》《创业》先后问世,后来受到江青攻击。10 月,为了纪念红军长征胜利 40 周年,播放了《长征组歌》和话剧《万水千山》,也被江青等斥之为"都是为老家伙评功摆好",并再度封存。

当时,人们在电视屏幕上偶尔也能看到一些外国文艺团体的演出,但只限于与中国志同道合的国家与团体,表演的节目也都是充满了战斗精神的革命文艺。一次,北京电视台转播日本松山芭蕾舞团演出的《白毛女》,闭幕时,屏幕上出现了扮

---

① 毛泽东:《关于文学艺术的两个批示》,《人民日报》1967 年 5 月 28 日第 1 版。

演反面人物"黄世仁"和正面人物"白毛女"的演员手拉手向观众谢幕的场面。这种"阶级调和"的"事故"立刻引起观众的强烈反应。"文革"中文艺作品数量极微,且一放而过,没有形成多大的影响,因此在人们的印象中,与那十年相联系的便只有样板戏中那些巍然耸立的高大形象了。

1976 年,"文化大革命"结束了。文艺节目首先恢复。诗歌朗诵音乐会、革命历史歌曲、"文革"以前的电影、"文革"末期专为毛泽东录制的一批传统节目以及外国影视片渐次出现。在"怀念周总理"的晚会上,歌唱家郭兰英在演唱《绣金匾》时唱到"三绣周总理,人民的好总理,鞠躬尽瘁为革命,我们热爱您"时,晶莹的泪水夺眶而出,台下和屏幕前的人也热泪盈眶,充分表达了那个年代人民的爱憎。

二、电视综艺创新

"文革"结束,专栏节目有了新的生机;进入改革年代,文艺节目开始繁荣。转型时期,以娱乐为特征的电视综艺节目越来越兴盛。电视综艺节目中影响最大的应属节庆晚会。近年来,以各种形式的"真人秀"为号召,综艺节目热火朝天,吸引了更多的眼球。

1. 超级春晚

节庆晚会的代表非春节联欢晚会莫属。"文革"期间晚会停办。1978 年 2 月 6日农历除夕,北京电视台恢复春节晚会,规模不大,但反响热烈。1979 年除夕,已经由北京电视台改名的中央电视台播出了"迎新春文艺晚会",李谷一采用"气声"演唱的一首《乡恋》传遍了大江南北。当然,当时的春节晚会还不是后来那样的超级节目。

（1）横空出世

1982 年冬,导演黄一鹤受命组织 1983 年的春节联欢晚会,新的挑战使他跃跃欲试。第一次大规模的春节联欢晚会赶排了一些趣味性很强的反串节目,如袁世海、李谷一、姜昆合演的《刘三姐对歌》等。在观众热线电话再三要求下,李谷一不仅一连唱 6 支歌,还"演唱"了有争议的《乡恋》,采用的是放录音、对口型的方式。春节联欢晚会头一炮打响了。

在筹备 1984 年晚会时,鉴于党中央提出"一国两制"构想的背景,黄一鹤邀请了到大陆定居的原台湾电视节目主持人黄益腾（阿原）参加主持,还请来了香港影星陈思思,歌星张明敏、奚秀兰到场助兴。编导们把可以搜罗到的社会上的几乎全部绝活儿都展示出来:有歌舞杂技,有豫剧、京剧、粤曲、越剧、相声、评书;有名噪

一时的海灯法师表演武功、侯氏家庭气功表演;陈佩斯、朱时茂的戏剧小品"吃面条"和马季的单口相声"一个推销员"更是令人捧腹。从台湾来的李大维、黄植诚分别向在台湾的亲人献了歌。晚会持续6个小时,但人们并不觉得冗长。又因为这一切发生在"清除精神污染"搞得过火并无疾而终之后,黄一鹤几乎成了"反潮流"的英雄。从此,超级节目诞生了,春节联欢晚会在中国具有了不同寻常的意义和分量。电视观众欢欣之余,众口一词:希望明年更精彩。

黄一鹤大受鼓舞,开始更多创新尝试。1984年首次以商业方式成功地在美国洛杉矶举办的奥运会激发了他的想象力。他想要进行新的冒险:抛弃"茶座式"旧模式,要气势磅礴、壮丽辉煌的大场面! 1985年春节联欢晚会的地点改在北京工人体育馆。半年前就开始发行彩券,大作宣传。除夕晚上,胃口早就被吊得高高的观众引颈翘首,足足看了半个钟头的广告,才盼星星盼月亮地迎来了晚会的开场。然而,那是一场令人失望的晚会。虽然一些节目不错,但整体架构既欠精彩,表演又很拖沓,加之场地空旷,灯亮不足,显得形神俱散。春节晚会引起了公愤,成了新年里的热门话题。老百姓说,晚会破坏了我们的情绪,害得我们年都没有过好! 3月2日,中央电视台在《新闻联播》中就晚会的失败和发售彩券的错误公开认错——这在中央电视台多年历史上是绝无仅有的一次。自然,也有理解和劝慰。而中央电视台也给了黄一鹤将功补过的机会。

黄一鹤不敢再造次了,1986年,他乖乖地回到了演播室中、茶话桌旁。晚会受到好评,《人民日报》登出了新华社通稿,标题是:去年批评信三麻袋,今年表扬信一千封。1987年,由邓在军导演的晚会请"对越自卫反击战"的伤残英雄演唱《血染的风采》,以动情的歌声掀起晚会的高潮。此后,她总结出"相声、小品、歌舞为晚会三大支柱"的心得。一度,春节联欢晚会成为"吃饺子、放鞭炮、看电视"的中国新民俗的最重要一部分。

国际广播电台曾尝试英语转播,但春节晚会对外国人的吸引力没有那么大。中央人民广播电台曾以广播谈话"聊年"的方式提供另类的娱乐,地方电视台还推出一台台各具特色的联欢节目,但在很长时期内,它们都不可能与中央电视台的这个超级节目竞争。

当然,超级节目春节联欢晚会也有局限。在整个民族欢庆的日子里,电视节目限定了喜庆、团圆的内容。演员要选最好的,节目要选最精的,再富饶的矿藏也经不住无休无止的开采。年复一年,观众的标准日益提高,兴趣逐渐降低。春节联欢晚会作为一种习惯的仪式延续下来,但它的黄金时代已是历史。

(2)驾轻就熟

自20世纪90年代中国的市场经济转型开始,又是四分之一个世纪过去了。

中央电视台春节联欢晚会年年办,由战战兢兢到驾轻就熟,由原来大叹苦经、想撂挑子到现在商业开发、大肆炒作,导演也换成年轻一辈。春节联欢晚会投入的资金越来越多,商业化程度越来越高,从 1983 年投入不足 20 万元到 2005 年商业产出的大约 3.5 亿元。其时,商家要获得中央电视台春节晚会现场直播的一张入场券,据说需赞助 10 万元;400 万元广告赞助才可能获得圆桌贵宾一席之地。在晚会节目之间不仅加上了许多热线、短信的促销活动,广告用语和植入产品也浸润到节目中。春节晚会的商业利润越来越丰厚。春节晚会的盈利气息也越来越浓重。与此同时,中央电视台改变了过去让演员们义务劳动的方式,开始按《劳动法》支付象征性的报酬,每位演员从 1 000 元到 8 000 元不等①。随着互联网和网络视频的出现,节目的观众逐渐分流。大腕明星们虽然看重春晚的露脸机会,但对约束甚多的表演方式渐渐失去热情,开始游走于经济实力雄厚的几个地方电视台。央视这个独家吸金节目的鼎盛时期似已过去。

作为中华民族文化仪式的超级狂欢节目已经失去了高尚、神圣的意味。每年中央电视台都宣称"春晚"取得了成功,相映成趣的则是网上尖酸刻薄的批评。网络吐槽成为许多年轻人观看春晚的主要动机之一。

2011 年是重庆卫视领航"非商营"的一年。在时任央视领导的要求下,2012 年春晚总导演哈文率领一个求新求变的年轻团队,执导了一场"致敬春晚 30 年"、没有搞笑人物、没有植入广告的"干净"春晚,内容可圈可点。但高度关注引来的广泛批评显然使哈文灰心;待执导 2013 年的非商业春晚,哈文已经没有了当初的锐气。那一年,在民间颇享盛名的郭德纲首次上春晚,显然水土不服,未能带来赵本山效应。事后,人民日报下属的人民网评论此次春晚"相声小品道德说教略显生硬"②。对哈文第三次执导的 2015 年春晚,新上任的领导提出了"三个不用"的原则:低俗媚俗的节目不用、格调不高的节目不用、有污点和道德瑕疵的演员不用。娱乐内容尽显疲态,春晚渐渐走入死胡同。

在商业经营方面,央视却在不断"创新"。2014 年,首次启用擅长贺岁电影及调侃娱乐的导演冯小刚执导春晚,娱乐性有所提升。然而,类似"华谊兄弟联欢晚会"的冯氏春晚,引来"公器私用"、"利益输送"的强烈反弹,被证明不可持续;同时,商业营销气势汹汹,卷土重来。值得注意的是,春节期间的"微信红包"成为"移动支付年"的开场锣鼓,几乎演变为一场"全民狂欢"。眼见商机可用,2015 年,央视与腾讯公司合作,大力推出羊年春晚的微信"摇一摇"互动形式,不仅成为新的吸金

---

①　黄婉华:《春节晚会是个聚宝盆》,《赢周刊》,转引自《市场报》2005 年 2 月 1 日第 8 版。

②　《央视春晚相声小品道德说教略显生硬》,《人民日报》2013 年 2 月 20 日。

利器,甚至抢了节目的风头。据披露,2015年春晚期间,微信红包收发总量达10.1亿次;微信"摇一摇"的互动总量达110亿次,最高峰值时互动量高达8.1亿次/分钟。春晚过后,微信一夜之间新增2 000万支付用户①。收视率提高的央视与用户群扩大的腾讯实现了"双赢"。

春节联欢晚会已成为中央电视台每年广告招标的重点黄金资源。2016年,支付宝通过竞标,成为下一个与央视春晚互动合作的独家伙伴。为了拿下这个标的,据说支付宝投标超过2015年微信投入的5倍;单是为发"咻一咻"红包,马云的支付宝便一举甩出8亿人民币②。

不过,"新人执导"的猴年春晚是一台宣教气味浓厚的集会,意识形态表达直露,文艺表演大多乏善可陈。晚会过后,官方舆论和民间舆论出现了两极化的走向。主流媒体照例,甚至刻意宣传对春晚"好评如潮",如央视的调查宣称:通过对全球58个国家和地区的403位"海外华人观众"的电话访问(其中有效访问193位,占47.9%;平均每个国家和地区3.3人),"高达95%的海外观众对今年春晚表示满意或基本满意"③;但公众评价大多认为,这是一台"最差春晚"。

值得注意的是,春晚仍然是海外华人珍视的欢聚时刻——对他们而言,思乡和依恋之情的释放是更重要的"春晚"内涵;只是评价同样出现了两极化的趋势。根据某海外华人网站对"央视2016猴年春晚我最喜爱的节目评选"中一次并不严格科学的网络调查,2 000多名投票者中,高达66.4%的观众持负面评价,持正面评价的仅占16%;而尽管42.2%的海外华人网友给春晚打了0分,表示无语,这次综合评分仍达百分制的34.5分④,可见少量支持者打分之高。如果这个结果不是源于"水军"的活动,那么可能的解释便是:年轻的海外学子尤其是80后、90后留学生,对意识形态似乎并不十分敏感,对政治宣传也没有那么反感。

猴年春晚成为一场真正的商业狂欢。"咻一咻"(抢红包福卡)成为2016年春晚的重点。据事后央视广告经营管理中心主任披露:2016年支付宝"咻一咻"抢红包的参与人数达到1.63亿,比2015年多了4 300万人;互动次数是前一年的29.5倍,达到了3 245亿次,峰值达到每分钟210亿次⑤。春晚过后,志在拓展社交关系链的支付宝收获了11亿对好友关系。不过,由于马云公司设计的"抢福卡"红包规

① 任学安:《央视的新年新故事》,央视网,2016年3月10日。
② 同上。
③ 《央视:95%海外观众对2016央视春晚满意》,财经网,2016年2月8日。
④ 《海外华人网站公布海外华人2016春晚评选调查结果》,凯迪社区,2016年2月9日。
⑤ 任学安:《央视的新年新故事》,央视网,2016年3月10日。

则事后被发现有"愚弄群众"之嫌①,引起部分网民极大愤慨。

2. 综艺栏目

综艺栏目是各种内容和形式的文艺节目经设计搭配,集合播出的一个栏目。在中国大陆电视台中最先实现栏目化播出的是广东电视台。1981年,广东电视台推出了《万紫千红》文艺专栏。在广东经验的启示下,上海电视台开办了综艺栏目《大世界》和《大舞台》。

中央电视台最早推出的电视文艺栏目是1977年开办的《外国文艺》。1984年,中央电视台试行栏目化播出,推出了《曲艺与杂技》《周末文艺》等广受欢迎的综艺性栏目,并不断改进。中央电视台于2000年开办综艺频道(CCTV-3)、2001年开办戏曲频道(CCTV-11)。各地电视文艺节目也纷纷走上综合性、栏目化的道路,"综艺"渐成概念。

1990年3月14日,中央电视台在《周末文艺》及其后《文艺天地》的基础上扩展了一个新的名牌栏目——每两周一期、每期50分钟的《综艺大观》。《综艺大观》类似微型"春晚",以短小精悍的节目、轻快的编排节奏,特别是现场直播的方式吸引观众的参与,由相对稳定的节目主持人与现场观众面对面交流,一时成为热门。观众最喜爱的《综艺大观》主持人是倪萍。

全国电视文艺从1987年开始设立"星光奖"。最初获奖的《九州方圆》采用的"综艺形式"还不能为人所理解,节目也不够轻松、娱乐。此后,《综艺大观》曾多年独占鳌头。然而,由于形式老化,人气渐失,收视率下滑,第251期《综艺大观》节目在中央电视台第一频道最后一次直播后,转入专业化的第三频道。此后它越来越不景气,2004年国庆长假后,14岁的《综艺大观》终于落下了帷幕。

1988年,北京、上海、广东、福建四个电视台联合引进由泰国正大集团出资、香港制作的《正大纵横》综艺专栏,采用了特邀嘉宾(明星或名人)猜谜、现场观众参与的形式,十分成功。1990年,中央电视台接手,与正大集团联合制作,于4月21日推出《正大综艺》,一度成为收视率的热门。《正大综艺》侧重国外旅游知识和景点的介绍,猜谜的形式也生动活泼。因独此一家,长期吸引着固定观众。不过,随着旅游栏目的增多和旅行地理等频道的出现,《正大综艺》也面临观众的流失,几经改版,仍难掩颓势。

---

① 游戏规则要求用户打开支付宝"咻一咻",争抢5张福卡红包("富强福""和谐福""友善福""爱国福""敬业福"),但"敬业福"卡发放明显不足。见破土工作室:《春晚红包大战,比缺了敬业福更闹心的是……》,http://j. news. 163. com/docs/28/2016021120/BFINM98S9001M98T. html。

随着频道资源增加,在全国各地都出现了一些娱乐性的访谈节目,如对明星夫妻的访谈,对出名的和不那么出名的娱乐新秀的访谈。其中,中央电视台2000年年底推出的对著名演艺明星的人物访谈栏目《艺术人生》以怀旧性和舒缓式的叙事风格主打中老年人观众群体,借助揭示明星成长的背后故事,借助亲朋好友、昔日故旧的细节回忆,制造一种温馨动情的氛围。善于煽情的主持人朱军常常引得感情丰富的演员们热泪盈眶。

世纪之交,广告客户看好的另一类娱乐节目是电视竞赛。丰富多彩的奖品、释放个性的游戏参与常常带来异常火爆的场面。

3. 竞赛和游戏

中国的电视竞赛节目兴起于20世纪80年代。1980年,在开放中得风气之先的广东电视台率先推出"'六一'有奖智力竞赛"。1981年,中央电视台开始举办"北京中学生智力竞赛",连办几年。上海电视台的电视竞赛则花样翻新,不拘一格,由知识型扩展到技能型,大大增加了联系群众、联系生活的广度;同时,借鉴国外经验,十分注意竞赛节目的娱乐性、游戏性,如"外国友人唱中国歌曲电视大奖赛"和"上海杯伉俪、情侣、姑嫂、婆媳即兴表演大奖赛",带给人们的,与其说是欣赏,不如说是娱乐。

广告的参与助长了全国"电视竞赛热"的温度。真人秀式的"电视游戏热"则是20世纪90年代以后从国外引进的。

(1) 引进娱乐模式

《快乐大本营》是湖南电视台于1997年7月开办的一档综艺性娱乐节目,主打游戏,辅之以歌舞及其他娱乐形式,在晚间黄金时段每周播出一次。这个节目每期都会邀请当红的电视剧剧组或是演员、歌手或是导演作为嘉宾,吸引了大批粉丝,是湖南卫视上星以来始终保持的名牌节目,热播至今。1998年,《快乐大本营》开始在全国走红。其后,各地都出现了一大批相似的以"快乐""欢乐"为题的娱乐栏目。

1998年10月,中央电视台二套节目推出了以竞猜、博弈为内容的《幸运52》,因主持人李咏无拘无束的风格而吸引了大批青年观众。2000年7月,二套推出由王小丫主持的《开心辞典》。两位游戏节目主持人一度成为整个央视的明星代表。但经过反复调整,两个名牌栏目先后于2008年和2013年停播。

《幸运52》和《开心辞典》号称以"知识"竞赛为内容,以竞技游戏为手段,这种参与式的游戏娱乐节目在中国被称为"益智类节目"。虽然它们与某些胡编乱造的游戏节目不可同日而语,虽然参与者和观众可能会记得一些知识的细枝末节,但那些琐碎的考题显然不能使人聪明多少。选手和观众参与的,只是一个快乐的交流

和游戏过程。这两大名牌也是从国外引进模式,以娱乐(就观众而言)和经济(就电视台而言)为目标的类型化节目。主持《幸运 52》的主持人李咏轻松风趣,善于调动气氛,使得满台活色生香。2003 年 10 月央视第二频道改版,增加了为李咏量身定造的游戏节目《非常 6＋1》,依然成功。但在经历了不那么成功的《咏乐汇》之后,李咏于 2013 年离开央视,回到母校担任教师,同时仍然活跃在各地屏幕上。

(2) 改造中国娱乐

2000 年 12 月,中央电视台推出以系列演唱会为主的《同一首歌》栏目。《同一首歌》充分利用了中国特色的经营方法,借用央视招牌、调动地方资源,巡回全国演出,成为商业操作的成功案例。

在全球化的时代,国外风行的"选秀"节目也传到了中国,最初的成功模仿者是湖南卫视的《超级女声》。湖南卫视从 2003 年起开始探索以音乐选秀为外壳的娱乐性节目,逐步摸索出一整套商业运作的成功之道。

"2005 快乐中国蒙牛酸酸乳超级女声"提出了"想唱就唱"的口号,沿用不分唱法、不计年龄等无门槛免费报名的方式,在长沙、广州、成都、郑州、杭州五大唱区共吸引了 15 万人参赛。千奇百怪的参赛者和刻意"出位"的评论员带来了另类的娱乐效果;丝丝入扣的商业设计也老练地控制着人们的喜怒哀乐、"悲欢离合";加上节目采用大众投票决定选手去留的淘汰方式,在全国上亿观众中掀起了一场"超级"旋风,成为声势浩大的全民狂欢运动。从 3 月开始,历时近半年,最终,李宇春等三位超女胜出,湖南卫视、移动通信公司、广告商和媒介策划公司均赚得钵盈盆满[①]。

2005 年《超级女声》一直伴随着争议,即使在 8 月 26 日落下帷幕之后,毁誉的声音也并未消失。赞之者称《超级女声》为"平民文化的崛起"、"中国民主改革的试金石";斥之者称为"集体迷狂"、"权力幻觉"、"娱乐的催泪弹、民主的催眠剂"等。

毫无疑问,《超级女声》在娱乐精神方面实现了一次重要的突破,但它和民主政治并无明显的联系。更重要的是,《超级女声》等选秀节目是在缺乏有效制衡的环境中商业利益对公众生活的大规模入侵,这一点却很少有人明确指出。《超级女声》之后,《快乐男声》进展不顺,不仅因为受到当局或明或暗的弹压,也因为不断揭出的商业炒作内幕。

还有一档不能不提的选秀节目是《星光大道》。《星光大道》于 2004 年 10 月由

---

① 以下内容综合自网上报道,主要资料来源有:叶伟民、段羡菊:《中国电视娱乐节目迎来"真人秀本土化"时代》,新华网;王晓渔:《娱乐的催泪弹、民主的催眠剂——关于"超级女声"的评论的评论》;大地勇士:《从超级女声看平民民主意识的觉醒》;热土潇湘:《超级女声—中国民主改革的试金石》;《超级女声,民主的自慰工具》;《超级女声的民主意识论》;张天蔚:《不要对"超女现象"做过度诠释》,《北京青年报》2005 年 8 月 30 日,等等。

中央电视台第三（综艺）频道推出，在很长的时间里，毕福剑是主持人。这档节目的突出特点是"百姓自娱自乐"。《星光大道》在节目中设计了环环相扣的周冠军、月冠军、年度冠军，为各行各业的普通劳动者提供了一个展现自我的舞台，送他们走上了成名之路。例如2005年度总冠军阿宝，便由一个普通农民成为原生态歌手的标志。《星光大道》在收视率上一路领先，曾经是中央电视台综艺节目的翘楚。不过，在2015年4月毕福剑爆出"视频门"①之后，犯了政治错误的毕福剑不再出现于公共场合。在短暂停播几周之后，复播的《星光大道》改换了主持人。

这种选秀娱乐节目常常被称为"真人秀"。真人秀（reality show）是综艺节目中一种特殊的类型，主要特征是在游戏规则下的即兴表演，而且通常以非职业的平民作为演员（所谓"素人"）做本色表演。但是，作为需要博取收视率的节目，真人秀也掺入了越来越多的编排和演练；同时，越来越依赖职业明星的"圈粉"能力营造人气。

真人秀分室内室外两种，游戏是形式，表演是目的。室内真人秀注重戏剧化冲突和表演性；室外真人秀则强调自然实景中的行为和记录性，两种途径都以精神愉悦和感官刺激吸引"粉丝"投入情感，最终获得影响力和最终的经济效益。

中国最热门的真人秀节目大多与才艺比拼有关，例如选秀节目《中国好声音》《我是歌手》等。虽然选手的歌唱和表演的确不失精彩，但在竞赛过程中明星或者非明星产生的花絮和话题，才是吸引粉丝关注的最大热点。近年来，也出现了《中国汉字听写大会》《中国诗词大会》等传播中国传统文化的竞赛节目，虽热度不及娱乐，但有一定文化价值。此外，主要由明星参与、表现亲子关系的野外活动类节目，如《爸爸去哪儿》等，由于明星的"吸粉"能力，也大受电视台欢迎。"萌娃"的娱乐表现常常令场内场外的观众乐不可支，却很少有人讨论保护这些幼童身心健康的严肃话题。还有一些情感类、求偶类的真人秀节目将私人问题公开化、表演化，在提供娱乐的同时，也面临着道德争议。

思考题

1. 试述中国电视文艺和综艺节目的发展过程。
2. 你认为电视综艺节目具有哪些社会功能，满足了受众的哪些需求？
3. 电视综艺节目存在哪些不良倾向，如何克服或者解决？

---

① 2015年4月，毕福剑涉及政治调侃的视频被传到网上，产生了很大社会争议。

主要参考资料

一、英文书籍

Barnouw，E.（1990），*Tube of Plenty — the Evolution of American Television*，New York：Oxford University Press

Dayan，D. and Katz E.（1996），*Media Events：The Live Broadcasting of History*，Cambridge，Massachusetts，London，England：Harvard University Press

Dominick，J. R.，Sherman，B. L. and Copeland，G.（1993），*Broadcasting，Cable and Beyond：An Introduction to Modern Electronic Media*，2nd Edition. NY etc. McGraw-Hill，Inc

Eastman，S.，Tyler，H.，Sydney W.，Klein L.（1989），*Broadcast/ Cable Programming：Strategies & Practices*，Third edition. Belmond，California：Wadsworth Publishing Company

Euromedia Research Group（1992），"The Media in Western Europe"，*The Euromedia Handbook*，London Newbury Park New Delhi：Sage Publication

Howard，H. H.，Kievman，M. S. and Moor，B. A（1994），*Radio，TV，and Cable Programming*，Second edition. Ames：Iowa State University Press

Kingsley，H. and Tiballs，G.（1989），*Box of Delights：The Golden Years of Television*，London：Macmillan Ltd

Noam，Eli（1991），*Television in Europe*，New York：Oxford University Press

Smith，A.（1995），（ed.），*Television: An International History*，New York：Oxford University Press

Sterling，C.，H.，and Kittross，J. M.（2002），*Stay Tuned: A History of American Broadcasting*，3ird Edition，Mahwah，New Jersey/ London：LEA

Publishers

二、中文书籍(按作者姓名拼音排序)

艾知生,《广播影视工作谈》,中国广播电视出版社,1997 年

陈汉元(主编),《电视剧论集》,人民出版社,1993 年

陈政三,《英国广播电视》,(台湾)三民书局,1988 年

当代中国丛书编辑部编,《当代中国的广播电视》(上)(下),中国社会科学出版社,1987 年

邓小平,《邓小平文选(1975—1982)》,人民出版社,1983 年

董昀(主编),《韩剧攻略》,中国传媒大学出版社,2009 年

方汉奇、张之华,《中国新闻事业简史》(第二版),中国人民大学出版社,1995 年

方庆浩(主编),《电视技术论集》,人民出版社,1993 年

广播电视部政策研究室、《当代中国的广播电视编辑部》编,《梅益谈广播电视》,中国广播电视出版社,1987 年

广播电影电视部办公厅档案处、综合处编,《广播影视工作文件选编(1984—1992)》(上)(下),中国广播电视出版社,1994 年

广播电影电视部政策研究室、《当代中国的广播电视》编辑部编选,《广播电视工作文件选编》,上下册(1978—1980;1981—1983),中国广播电视出版社,1988 年

国家广播电影电视总局法规司编,《广播电影电视法规汇编》,中国广播电视出版社,2001 年

国家广播电影电视总局社会管理司,《广播电视行业管理手册(修订本)》,中国广播电视出版社,2001 年

国家广电总局发展研究中心课题组,《发达国家广播影视管理体制和管理手段研究》,中国传媒大学出版社,2007 年

国家广电总局人事教育司/法规司编,《广播电视法规选编》,北京广播学院出版社,2003 年

洪民生(主编),《电视声画论集》,人民出版社,1993 年

黄望南主编,《黄一鹤的电视艺术道路》,中国广播电视出版社,1993 年

蒋丽莲,《广播电视发展史话》,(台湾)黎明文化事业公司,1984 年

李瞻,《电视制度》,(台湾)三民书局,1982 年

梁建增编著,《焦点访谈:从理念到运作》,学习出版社,1998 年

苗棣、毕啸南,《解密真人秀——规则、模式与创作技巧》,中国广播影视出版

社,2015年

沈纪(主编),《电视文艺论集》,人民出版社,1993年

时间(主编),《实话实说》,华龄出版社,1997年

孙玉胜,《十年——从改变电视的语态开始》,生活·读书·新知三联书店,2003年

王传玉(主编),《电视宣传管理论集》,人民出版社,1993年

王朔,《无知者无畏》,春风文艺出版社,2000年

韦光正,《西德传播业现况》,(台湾)联合出版事业公司,1988年

吴非、胡逢瑛著《俄罗斯传媒体制创新》,南方日报出版社,2006年

夏骏、王坚平(主编),《目击历史——〈新闻调查〉幕后的故事》,文化艺术出版社,1999年

徐光春(主编),《中华人民共和国广播电视简史(1949—2000)》,中国广播电视出版社,2003年

阎长林,《胸中自有雄兵百万》,工人出版社,1983年

杨伟光(主编),《电视新闻论集》,人民出版社,1993年

于广华(主编),《荧屏岁月记》,人民出版社,1993年

于广华(主编),《中央电视台大事记》(1955.2—1993.3),人民出版社,1993年

于广华(主编)《中央电视台简史》,人民出版社,1993年

张振华(主编),《中国广播电视概要》,北京广播学院出版社,2003年

赵玉明(主编),《中国广播电视通史》,北京广播学院出版社,2004年

赵玉明、王福顺(主编),《中外广播电视百科全书》,中国广播电视出版社,1995年

中国国际广播电台研究室、中央电视台研究室编,《世界各国广播电视概况》,中国广播电视出版社,1997年

中国社会科学院新闻研究所编,《中国共产党新闻工作文件选编》(上、中、下),新华出版社,1980年

中华人民共和国广播电视简史编辑部编,《改革开放中的广播电视(1984—1999)》,中国国际广播出版社,2001年

中央电视台新闻评论部编,《正在发生的历史:新闻调查·1998》,光明日报出版社,1999年

中央电视台新闻评论部编/孙克文主编,《焦点外的时空》,生活·读书·新知三联书店,1997年

钟艺兵、黄望南(主编),《中国电视艺术发展史》,浙江人民出版社,1994年

朱景和(主编),《电视专题论集》,人民出版社,1993年

三、报纸期刊(按报刊名称拼音排序)

《北京青年报》

《电视研究》

《广播电视研究》

《国际新闻界》

《经济观察报》

《经济日报》

《南方电视学科》

《南方周末》

《人民日报》

《世界广播电视参考》

《市场报》

《现代传播·北京广播学院学报》

《新闻与传播研究》

《中国电视报》

《中国广播》

《中国广播电视年鉴》,1986—2015

《中国广告》

《中国纪录片发展研究报告》,2009—2015

《中国商报》

四、视频参考资料(按中外节目出版年代排序)

《电波帝国的兴起》(历史纪录片,美国公共电视台,英语,1991)

《传播学大师麦克卢汉》(人物纪录片,加拿大广播公司,英语,2003)

《新闻编辑室》(Newsroom,网络播出的美剧,HBO,2012)

《纸牌屋》(House of Cards,美剧,网络剧,Netflix,2013)

《中国式教育》(Are Our Kids Tough Enough? Chinese School,BBC,2015)

《丝绸之路》(首次中外合拍纪录片,中央电视台与日本广播协会,1979)

《春节联欢晚会》(综艺节目,中央电视台,1983—)

《世界在你面前》(专题片,纪念中国电视30年,中央电视台,1988)

《渴望》(电视连续剧,中国第一部市场化转型电视剧,北京电视艺术中心,1990)

《焦点访谈》(新闻评论栏目,中国式舆论监督典型,中央电视台,1994—)

《我爱我家》(中国第一部情境喜剧,中国国际文化艺术中心,1994)

《新闻调查》(新闻调查性栏目,中央电视台,1996)

《快乐大本营》(综艺栏目,引进真人秀模式,湖南广播电视台,1997)

《幸运52》(综艺栏目,引进真人秀模式,中央电视台,1998)

《故宫》(纪录片,成功走入国际市场,中央电视台,2005)

《电视的记忆》(专题片,纪念中国电视50年,上海文广新闻传媒集团,2008)

《非诚勿扰》(真人秀栏目,江苏电视台,2010)

五、郭镇之已经发表的相关著作(作为资料来源,按发表时间排序)

《旧中国的上海广播事业》,合编,档案出版社/中国广播电视出版社,1985年

《中国电视史》,中国人民大学出版社,1991年

《北美传播研究》,北京广播学院出版社,1997年

《传播论稿》,北京广播学院出版社,1997年

《中国电视史》(中国艺术简史丛书,插图本),文化艺术出版社,1997年

《电视传播史》,北京师范大学出版社,2000年

《聚焦〈焦点访谈〉》,郭镇之、赵丽芳(主编),清华大学出版社,2004年

《中外广播电视史》,复旦大学出版社,2005年、2008年

附录：主要中英文译名对照表

（按中文拼音排序）

阿姆斯特朗（Edwin Armstrong）

"艾米"奖（Emmy Awards）

奥斯邦（E. G. Osborn）

贝尔（Alexander Graham Bell）

贝尔德（John Logie Baird）

波波夫（Alexander Stephanovitch Popov）

布罗考（Tom Brokaw）

德佛雷斯特（Lee de Forest）

电气音乐公司（Electric and Musical Industries，EMI，即百代公司）

调幅制（Amplitude Modulation，AM）

调频制（Frequency Modulation，FM）

都市传媒（Metromedia）集团

独立电视（Independent Television，ITV）公司

独立电视局（Independent Television Authority，ITA）

独立广播（电视）局（Independent Broadcasting Authority，IBA）

多系统运营机构（Multiple System Operator，MSO）

方斯沃兹（Philo Farnsworth）

费辛顿（Reginald Fessendon）

福克斯广播公司（Fox Broadcasting Co.）

戈登森（Leonard Goldenson）

格林（Hugh Carleton Greene）

哥伦比亚广播公司（Columbia Broadcasting System，CBS）

公共电视广播公司（Public Broadcasting Service，PBS）

有线-卫星电视公共事务网（美国）（the Cable Satellite Public Affairs Network，C-Span）

加拿大广播公司（Canadian Broadcasting Corporation，CBC）

家庭影院（Home Box Office，HBO）

康拉德（Frank Conrad）

科佩尔（Ted Koppel）

克拉克（Arthur Charles Clarke）

克朗凯特（Walter Cronkite）

克劳斯比（Bing Crosby）

空中（Sky）电视台

拉瑟（Dan Rather）

里思（John Reith）

联邦贸易委员会（美国）（The Federal Trade Commission，FTC）

联邦通讯委员会（美国）（The Federal Communications Commission，FCC）

卢森堡广播公司（Compagnie Luxem-bougeoise de Telediffusion，CLT）

马可尼（Guglielmo Marconi）

美国电话电报公司（American Telephone & Telegraph Company，AT&T）

美国广播公司（American Broadcasting Company，ABC）

美国无线电公司（Radio Corporation of America，RCA）

美国之音（The Voice of America，VOA）

莫尔斯（Samuel Morse）

默多克（Rupert Murdoch）

默罗（Edward R. Murrow）

奈飞（Netflix）

尼普可夫（Paul Gottlieb Nipkow）

帕尔（PAL）电视制式

佩利（William S. Paley）

全国电视标准委员会（The National Television System Committee，NTSC）

全国公共广播公司（National Public Radio）

全国广播公司（National Broadcasting Company，NBC）

日本广播协会（NHK）

萨尔诺夫（David Sarnoff）

塞康姆（SECAM）制式

社区天线电视(Community Antenna Television，CATV)

甚高频(VHF)

"斯普特尼克1号"(Sputnik 1)人造卫星

特纳(Ted Turner)

通用电气(General Electric，GE)公司

卫星新闻采集设备(Satellite News Gathering，SNG)

沃特斯(Barbara Walters)

西联(Western Union)公司

西屋电气(Westinghouse Electric，WE)公司

显像管(kinescope)

新闻采集设备(ENG，Electronic News Gathering)

亚历山德森(Ernst. F. W. Alexanderson)

英国广播公司(British Broadcasting Corporation，BBC)

英国卫星广播公司(British Satellite Broadcasting，BSB)

英国卫星空中广播公司(British Sky Broadcasting，BSkyB)

映像管(iconoscope)

有线电视新闻网(美国)(Cable News Network，CNN)

詹宁斯(Peter Jennings)

佐里金(Vladimir Kosma Zworykin)

后　记

　　《中外广播电视史》(第三版)是复旦大学出版社出版的教材《中外广播电视史》(2005年版、2008年版)的改编本,目的是将原来针对研究生的教材通俗化,使其面向本科生兼研究生。《中外广播电视史》出版后获得过一些好评,第一版被评为"2006年北京高等教育精品教材";第二版被列入"普通高等教育'十一五'国家级规划教材",得到了清华大学和复旦大学出版社的共同资助,还被评为"清华大学2012年优秀教材评选一等奖"。本书(第三版)则受到清华大学"'985'三期名优教材建设项目"的立项资助。

　　修订后的教材主体思路仍然是广播电视事业"科技""体制"和"节目"的"发展过程",不过,在结构上作了较大的调整。十数年来,全球广播电视的发展变化速度惊人。在外国部分(上篇),第二版中许多表现为"发展趋势"的苗头现象,现在已经变为现实。因此,第二版第四章的内容("高科技化""全球化"和"市场化")经增删改写后,并入第一章("广播电视的科技与事业"),列为第四节。在中国部分(下篇),香港、澳门、台湾近年来与大陆的广播电视交往日益密切,大陆与港澳台地区广播电视市场的关系变得你中有我、我中有你。因此,第二版第九章"香港、澳门、台湾广播电视史略"移入中国广播电视体制的整个发展脉络,仍然独辟一章,列为第七章。其后才是中国广播电视的节目演变。

　　其次,本版教材仍然注重历史发展的稳定性。尽管广播电视的发展变化日新月异,很难把变动中的方方面面、诸多现象一网打尽;但是,本教材仍然力求对具有历史认知价值的、值得记载的事实加以关注,特别是将数字化和网络传播带来的广播电视的新变化记录在案,爬梳精简后予以呈现。

　　此外,考虑到越来越年轻的学生与历史日益疏离的状况,本版教材也调整了原版《中外广播电视史》的许多内容,力求简明扼要。主要的变化有:

　　对外国人名,本版采取的原则是:尽人皆知的通用人名,如列宁、爱迪生等,以及外国首脑政要的名字,不列出英文;对在某一历史场景中偶尔出现的人物,在首

次出现时,交代英文原文,使得希望继续钻研的学生找到入门路径,但不列入附录的译名表。也就是说,在译名表中出现的,是学生需要知道甚至记得的人物和事物。

作为一本编著的教材,出于综合融会的特点,本版内容也在注释方面尽量简化。关于历史部分,本书的基础是以往做过的许多研究。外国部分(上篇)的主要素材来自英文书籍和资料,无论是材料还是观点,更多地采用他人的研究成果。中国部分(下篇)的基础是最初本人的硕士和博士研究项目,加上多年来所做的专题研究、点滴搜集的资料和耳闻目睹的事实。本书只是在新近发生的事实部分加上了必要的少量注释。书末仍然附上主要的文献资料来源。此外,文献资料中附有我在讲课时比较常用的一些视频资料的名单。这些资料大多可以购买,或者从网上下载,在课堂上作有限使用。

本书对广播电视的现状作了较多更新,对近年来发生的一些影响深远或者意义重大的事件做了简要的概述。当然,对历史的理解和认识是不会终结的,许多事件若干年后可能会有进一步的讲述和评价。

史书不能凭空创造。因此,历史是只能"编"而不能"著"的。那么史家的工作是什么呢? 司马迁说"究天人之际,通古今之变,成一家之言"。编写历史者的职责是从广泛的来源搜集史料,考订其真实的程度,记载下来;并将各种来源的信息融会贯通,想象当时的情景,以一种个人化的方式表述出来。

本书的重点仍然是在电视上,广播的部分比较薄弱。这种倾向固然因为本人多年来以电视为主要研究领域的学术取向,同时,一个客观的情况也是,在当代,电视对个人和对社会的影响要比广播大得多。从技术特征来说,广播是更适宜本地化传播的;而电视却是更为全国化和国际化的媒介,是在世界上更为可比的大众传媒。当然,随着网络视频的迅速发展,传统广播电视的未来走向也在探索之中。这种新旧媒介之间、新旧媒体之间的融合正在火热进行中,我们且拭目以待。

研究广播史,最初是北京广播学院(现在改名为"中国传媒大学")的赵玉明教授引我入门。其后,中国人民大学的方汉奇教授指导我进行了博士项目的电视史研究。多年来,导师们对我多有教导和帮助,在我的研究成果中浸有他们的心血。

根据本人的博士论文由中国人民大学出版社出版的 1991 年版《中国电视史》、文化艺术出版社 1997 年出版的由本人缩写的"中国艺术简史丛书"版《中国电视史》、2000 年北京师范大学出版社出版的本人编写的《电视传播史》奠定了本教材的基础。本人感谢所有曾经为这些书付出过劳动的出版社和编辑朋友。

我还要感谢所有我访问过的广播电视人,包括熟识的和原本不认识的人士,包括打听过情况的、求证过真伪的专业工作者,特别是中央电视台各个部门的许多工作人员,他们的人数实在太多,难以一一列举。感谢《世界广播电视参考》《现代传播》《中国广播》《南方电视学刊》等杂志一直以来向本人提供的大量资料。此次修订,中国传媒大学的曲宗生老师及时送来新近几年的《中国广播电视年鉴》,为我补充了急需的资料。复旦大学出版社的编辑章永宏先生和朱安奇女士也对本教材的修订给予了悉心的指导和细心的编校。本教材的改编工作还得到了本人所在的清华大学科研经费的资助,在此一并致谢。最后,也要感谢我的家人对我的厚爱。敬请读者批评指正,敬请方家不吝赐教。

图书在版编目(CIP)数据

中外广播电视史/郭镇之著. —3 版. —上海：复旦大学出版社,2016.8(2024.1 重印)
(复旦博学·当代广播电视教程·新世纪版)
ISBN 978-7-309-12441-5

Ⅰ. 中…　Ⅱ. 郭…　Ⅲ.①广播事业-新闻事业史-世界-高等学校-教材
②电视事业-新闻事业史-世界-高等学校-教材　Ⅳ. G229.19

中国版本图书馆 CIP 数据核字(2016)第 164598 号

中外广播电视史(第三版)
郭镇之　著
责任编辑/章永宏　朱安奇

复旦大学出版社有限公司出版发行
上海市国权路 579 号　邮编：200433
网址：fupnet@ fudanpress. com　http://www. fudanpress. com
门市零售：86-21-65102580　　团体订购：86-21-65104505
出版部电话：86-21-65642845
上海新艺印刷有限公司

开本 787 毫米×960 毫米　1/16　印张 21　字数 373 千字
2024 年 1 月第 3 版第 9 次印刷
印数 45 401—50 500

ISBN 978-7-309-12441-5/G·1616
定价：46.00 元

如有印装质量问题,请向复旦大学出版社有限公司出版部调换。
版权所有　侵权必究